本书由国家社科基金项目"气候变化问题安全化的国际趋势及中国外交对策研究"(11BGJ035)资助

气候变化问题安全化的国际趋势及中国外交对策研究

董勤 著

中国社会科学出版社

图书在版编目（CIP）数据

气候变化问题安全化的国际趋势及中国外交对策研究/董勤著. —北京：中国社会科学出版社，2018.12
ISBN 978-7-5203-3668-0

Ⅰ.①气… Ⅱ.①董… Ⅲ.①气候变化—影响—中国—对外政策—研究 Ⅳ.①D820

中国版本图书馆 CIP 数据核字（2018）第 281476 号

出 版 人	赵剑英
责任编辑	谢欣露
责任校对	石春梅
责任印制	王 超

出　　版	中国社会科学出版社
社　　址	北京鼓楼西大街甲 158 号
邮　　编	100720
网　　址	http://www.cssgw.cn
发 行 部	010-84083685
门 市 部	010-84029450
经　　销	新华书店及其他书店
印　　刷	北京明恒达印务有限公司
装　　订	廊坊市广阳区广增装订厂
版　　次	2018 年 12 月第 1 版
印　　次	2018 年 12 月第 1 次印刷
开　　本	710×1000 1/16
印　　张	21.5
插　　页	2
字　　数	320 千字
定　　价	89.00 元

凡购买中国社会科学出版社图书，如有质量问题请与本社营销中心联系调换
电话：010-84083683
版权所有　侵权必究

前　言

"冷战"结束后,世界格局出现了重大变化。美国成为世界上唯一的超级大国,试图塑造由其独霸全球的"世界新秩序"。与此同时,欧盟和日本等也争取在世界政治舞台上扮演更重要的角色。一些发展中大国快速发展起来,成为"一超多强"世界格局中的重要力量。随着全球两大军事集团紧张对峙格局逐渐消除,国际社会开始把非传统安全问题提到国际政治议事日程上来。2005 年,联合国发布题为《大自由——实现人人共享的发展、安全和人权》的秘书长报告,对安全的概念、种类和特征进行了系统的阐释和总结,标志着非传统安全正式成为国际政治议程中的重要议题。

"冷战"结束后,国际气候谈判与合作对世界各国的权利与义务所产生的影响在不断加大。大国为维护本国的国际利益和国内利益,开始围绕气候变化问题展开国际博弈。2005 年《京都议定书》生效,国际气候谈判的焦点开始切换到 2012 年后国际行动安排上来。由于大国之间围绕 2012 年后碳减排方案的分歧加剧,国际气候谈判一度陷入僵局。

在 21 世纪初政府间气候变化专门委员会(IPCC)发布气候变化第三次评估报告之前,气候变化的科学不确定性一直是科学界和国际政治界广泛关注的问题。2001 年政府间气候变化专门委员会(IPCC)发布了其第三次评估报告。报告不仅很确定地指出,从 1861 年以来全球平均表面温度上升了,还对此前长期困扰科学界的一些问题做出了回应。2007 年政府间气候变化专门委员会(IPCC)发布了其第四次评估报告,从生态、食物、健康和水资源等方面对气候变化对人类的存在性威胁进行了阐释,为气候变化问题安全化进程提供了科学基础。此后，欧盟率先在国际层面提出气候变化问题安全化的政治动议。欧盟在一些重要的国际场合积极向国际社会宣传其对气候变化安全的观念和主张，尤其是在安理会与联合国大会上通过相关话语凸显气候变化的存在性威胁，努力影响国际社会对气候变化安全含义的认知，推动气候变化问题安全化的政治议程。与此同时，一些联合国组织与机构对气候变化安全化进程也发挥了十分重要的推动作用。

2007年4月，安理会召开以气候、能源与安全为主题的公开辩论。2009年，联合国发布题为《气候变化和它可能对安全产生的影响》的秘书长报告，从多个角度分析了气候变化与国际安全的关联性，集中反映了国际社会成员在气候安全问题上的认知。在2011年7月的安理会第6587次会议上，超过90%的代表在发言中明确表态，认为气候变化是一个安全问题，表明气候变化安全化施动者所提出的相关观点已经得到了作为听众的其他国际社会成员的广泛认可与支持。

2014年11月12日，中国与美国发表了《中美气候变化联合声明》，明确提出应对气候变化将增强国家安全和国际安全，反映了南北大国在维护气候安全、开展国际合作方面所取得的重大突破，为国际社会针对气候安全采取全球行动奠定了重要基础。2015年11—12月，在巴黎召开的《联合国气候变化框架公约》第21次缔约方大会通过了《巴黎协定》。《巴黎协定》更加突出了气候变化安全威胁的严峻性和应对行动的紧迫性，把气候变化界定为人类社会的"紧迫威胁"，并制定了打破常规的行动方案。2016年11月4日，《巴黎协定》生效，标志着气候变化问题安全化的国际趋势基本形成。

随着气候变化问题安全化的国际趋势逐渐形成，很多国际行为体的气候外交策略也随形势发展而调整。这些国家或是根据国际和国内形势的发展变化重新权衡利益得失，并在巧实力外交理念指导下及时调整气候外交立场和政策；或是高度重视国际行为体之间在气候安全认知方面的互动关系，努力提升自身在国际安全事务中的话语权威；或是从道义、科学和法理等角度为自己的主张寻求依据，增加自身对国际规范的塑造力。这些国际行为体的做法具有一定的借鉴意义。

气候变化安全化对国际气候谈判产生三方面影响：国际气候谈判的政治逻辑发生重大变化，安全优先的理念逐渐成为国际共识；现行国际气候谈判程序机制面临重大挑战，很多国际行为体开始要求在安理会框架下谈判并决策气候变化问题；随着国际社会气候安全认知的深入，进一步降低地球大气层中温室气体浓度的要求将更为迫切，新兴发展中大国的减排压力将进一步加大。在气候变化问题安全化的国际趋势中，中国气候外交面临三方面的重大挑战：如何对气候变化问题安全化是否符合中国利益做出更准确的判断并据此确定中国的基本立场；如何在气候变化问题安全化进程中建立话语权威；如何在气候变化安全化进程中提高对国际气候规范的塑造力。

针对气候变化安全化进程对国际谈判的影响以及中国所面临的挑战，中国气候外交的总体应对思路是坚持把全球利益和本国利益紧密结合起来的多边主义外交理念，在未来的国际气候谈判与合作中成为一支更加聪明的力量。从更具体的角度看，中国需要更加聪明地寻求本国安全关切与他国安全关切的交汇点，提升气候安全话语权威，加强对国际气候安全观构建的引导能力。与此同时，中国还需要更加聪明地寻求本国战略利益与他国战略利益的交汇点，提升对国际程序性规范和实体性规范的塑造力，推动构建有利于全球气候治理合作共赢的国际规范体系。

在气候变化问题安全化的国际趋势基本形成之后，随着气候变化科学研究、国内外安全理念以及气候安全认知的不断发展变化，中国对气候安全的外交表态也应当随之而完善。中国应当以新安全观为指导，从气候安全问题的形成根源、基本特征以及应对气候安全挑战的基本框架等方面向国际社会系统阐释中国认知与理念。首先，中国应向国际社会明确指出，气候安全问题是全球发展南北失衡的产物；其次，中国须向国际社会阐明，气候安全是一个需要国际社会合作应对的共同安全问题；最后，中国须向国际社会阐述气候安全只有在可持续安全模式下才能得到根本解决的理念。

在气候变化安全化的大背景下，美国、欧盟和日本等国际行为体多次在联合国大会和安理会等国际重要会议上要求安理会对气候变化问题采取干预措施，实质是要求让安理会在气候变化问题上扮演国际最高组织的角色，成为解决气候安全问题的最后决策机关。对此，中国在气候外交中须以科学事实、法律规则和国际原则为依据，反对安理会干预气候变化问题，维护广大发展中国家在气候变化问题上的平等决策权利。多边平等协商程序是由《联合国气候变化框架公约》缔约方会议设定的处理与履约有关问题的机制。在气候安全问题上，国际社会成员在观念和立场等方面存在着重大差异，只有坚持多边平等协商的气候安全决策机制，才能有效加强不同国际社会成员之间的沟通与协调，充分形成全球合力，共同应对气候变化这个全球性的安全挑战。

气候变化问题安全化必然导致打破常规，建立新的国际规范，以更加有效地应对气候变化安全挑战。要落实《巴黎协定》所确定的行动目标，很多更加具体的国际气候规范亟待制定。与此同时，国际社会在很多相关问题上仍然存在重大分歧，一些国家的气候政策摇摆又为国际气候规范的制定增加了不确定性。中国作为发展中大国，在国际气候规范的制定中需要积极发挥引导作用，提高对国际气候规范制定的塑造力。

维护全球气候安全，归根结底还是要依靠先进的科学技术。未来国际气候规范制定的核心环节在于，如何形成有利于维护全球气候安全的国际气候技术合作规范。在当前形势下，气候变化技术的国际推广和应用面临着知识产权方面的障碍。尤其对于是否需要制定气候技术专利强制许可国际协议来促进国际技术转让的问题，发达国家与发展中国家还存在着尖锐的分歧。中国在外交工作中应抓住气候变化问题安全化的重要契机，努力推动国际社会制定气候技术专利强制许可协议，帮助发展中国家尽快掌握更多的先进气候变化技术，促进《巴黎协定》有效实施，为促进全球气候安全问题得到根本解决做出应有贡献。

感谢江苏高校优势学科建设工程资助项目"雾霾监测预警与防控"的支持！

目 录

导 论 ·· 1

第一节 问题的提出与研究意义 ······································· 1
第二节 研究现状综述 ·· 3
 一 国外研究现状 ·· 3
 二 国内研究现状 ·· 25
 三 研究现状述评 ·· 31
第三节 研究方法、分析框架与创新 ······························· 33
 一 研究方法 ·· 33
 二 分析框架 ·· 34
 三 创新之处 ·· 36
第四节 行文设计与结构安排 ·· 44

第一章 气候变化问题安全化的时代背景 ···························· 46

第一节 非传统安全问题的凸显 ······································ 46
 一 "冷战"后世界格局的转变 ································· 46
 二 非传统安全问题的国际关注 ································· 56
 三 非传统安全的国际博弈 ·· 64
第二节 气候变化问题的国际博弈 ··································· 68
 一 气候变化问题的政治化 ·· 68
 二 气候变化问题的欧美博弈 ···································· 76
 三 气候变化问题的南北博弈 ···································· 81
 四 《京都议定书》生效后国际气候谈判僵局 ··········· 83

本章结论 …………………………………………………… 87

第二章　气候问题安全化国际趋势的形成 ………………… 89

　第一节　气候变化被视为存在性威胁 ……………………… 89
　　一　科学层面的认知变化 ………………………………… 89
　　二　国际政治层面的认知变化 …………………………… 99
　　三　国际组织的作用 …………………………………… 106

　第二节　气候安全的国际认知变化 ……………………… 109
　　一　气候安全认知的开端 ……………………………… 109
　　二　气候安全认知的重要国际文件 …………………… 111
　　三　气候安全认识的深化 ……………………………… 113

　第三节　《巴黎协定》与气候变化安全化 ……………… 117
　　一　气候安全威胁与打破常规 ………………………… 117
　　二　气候安全威胁与《巴黎协定》 …………………… 118
　　三　气候变化国际行动的新规范 ……………………… 122

　　本章结论 ………………………………………………… 125

第三章　中国面临的挑战与应对思路 …………………… 127

　第一节　气候安全化与气候外交灵巧化 ………………… 127
　　一　美国奥巴马政府的角色转型 ……………………… 127
　　二　欧盟的全球气候安全事务影响力 ………………… 143
　　三　小岛屿发展中国家的国际规范塑造力 …………… 146

　第二节　气候安全化与中国气候外交 …………………… 151
　　一　气候安全化与国际气候谈判 ……………………… 151
　　二　中国气候外交的新挑战 …………………………… 154
　　三　中国的角色转换 …………………………………… 163
　　四　中国的气候外交策略 ……………………………… 178

　　本章结论 ………………………………………………… 183

第四章　国际气候安全观的构建 …… 184

第一节　对气候安全的外交表态 …… 184
一　科学研究进展的深入 …… 185
二　国际气候安全认知的深入 …… 187
三　新安全观的发展 …… 188
四　国内气候安全认知的深入 …… 191

第二节　气候安全的理念阐释 …… 192
一　南北发展失衡的产物 …… 192
二　国际合作应对的共同安全问题 …… 196
三　可持续气候安全 …… 200

本章结论 …… 204

第五章　气候安全平等决策机制 …… 206

第一节　气候安全决策与安理会 …… 206
一　气候变化安全含义的扩大化 …… 206
二　气候安全决策与科学依据 …… 210
三　气候安全决策与法律依据 …… 213
四　气候安全决策与国家平等原则 …… 223

第二节　多边平等协商决策机制 …… 225
一　观念差异问题 …… 226
二　观念的沟通与协调 …… 229
三　多边平等协商机制与国际实践 …… 243

本章结论 …… 251

第六章　国际气候规范塑造力 …… 252

第一节　对国际气候规范的引导作用 …… 252
一　后巴黎时代概况 …… 252
二　国际气候规范制定的困难与阻力 …… 254
三　美国气候外交政策的摇摆 …… 259

  四　多边主义的气候外交 …………………………………… 263
第二节　国际气候技术合作规范的构建 ……………………………… 276
  一　发展中国家与先进气候技术 …………………………… 277
  二　专利压制问题 …………………………………………… 281
  三　知识产权国际制度的改革 ……………………………… 286
  四　气候技术专利强制许可国际协议 ……………………… 289
本章结论 …………………………………………………………… 304

结　论 …………………………………………………………… 306

参考文献 …………………………………………………………… 313

英文缩写表 ………………………………………………………… 335

导　论

第一节　问题的提出与研究意义

20世纪80年代末90年代初，气候变化问题开始进入国际政治议程。21世纪以后，气候变化的安全含义开始引起国际社会的关注与重视。2007年以来，联合国安理会和联合国大会先后数次围绕气候安全问题展开了公开辩论，绝大多数联合国成员都针对气候安全问题表达了自己的立场和观点。

气候变化与世界上所有国家都息息相关，国际气候政治的发展趋势也将对世界各国的国际地位和国内经济、社会与环境发展产生重大影响。中国作为国际气候政治中的重要行为体，有必要关注以下问题：气候变化问题安全化的国际趋势是否已经形成？如果形成，气候变化问题安全化的国际趋势对中国外交构成哪些新的挑战？中国应当如何应对这些新的外交挑战？

研究上述问题具有重要的现实意义。具体而言，主要有以下五个方面：

第一，对于中国在国际气候政治中保持并提升话语权与影响力具有重要意义。中国不仅是全球主要温室气体排放体，还是全球最大的发展中国家，长期以来在国际气候谈判与合作中处于重要位置，中国的相关立场、观点和政策也受到了广泛的国际关注。气候变化问题安全化将对未来国际气候行动发展方向产生全局性影响，因此，对此问题深入进行研究分析，可以帮助中国在国际气候谈判与合作中提出能够得到国际广泛认可与支持的立场、观点和政策，有利于中国保持和提升在国际气候政治中的话语权和影响力。

第二，对于中国保持和提升对国际安全议程的话语权与影响力具有积极意义。气候变化问题安全化不仅涉及国际气候谈判与合作，而且涉及国际安全事务的决策机制，尤其是涉及联合国安理会的职责与权能。因此，对气候变化问题安全化的发展趋势进行深入研究并提出相应对策，有利于中国保持和提升对国际安全事务的话语权和影响力。

第三，对中国提升在全球经济议程中的地位和作用具有积极意义。减缓、适应、资金与技术已经成为全球气候治理的四大支柱，这四大支柱的建设与全球经济议程中国际贸易、国际投资、国际金融以及国际知识产权制度的发展与完善密切相关。不仅如此，应对气候变化与低碳经济转型密不可分，而低碳经济已经成为全球经济议程中十分重要的议题。因此，深入研究气候变化问题安全化的现象及其对国际气候行动的影响，并提出相应对策，有利于提升中国在全球经济议程中的地位和作用。

第四，对促进国内经济、社会与环境可持续发展具有积极意义。对任何一个国际行为体而言，其应对气候变化的国际政策对国内发展都有重要的促进或制约作用。一个国际行为体如果在国际气候谈判中接受了与其发展阶段与发展需求相适应的国际法律义务，那么就会促进其国内经济、社会与环境的可持续发展。相反，就会对国内经济、社会与环境可持续发展起到制约作用。因此，深入研究气候变化问题安全化对国际气候谈判与合作的影响并提出相应的外交对策，有利于帮助中国在气候外交中更好地统筹国际和国内两个大局，促进国内经济、社会与环境可持续发展。

第五，对促进全球气候治理向有利于维护人类命运共同体利益的方向发展具有积极意义。对于全球气候治理而言，21世纪是最为关键的时期。如果人类不能在这个关键时期把全球平均气温升幅控制在安全限度之内，全球气候治理可能面临失败的结局。气候变化问题安全化这个新现象对全球气候治理的影响是复杂的，它既可能促进国际社会更加团结起来共同应对气候变化，也有可能加剧全球气候治理中原有的利益分化和对抗。显然，只有国际社会团结起来共同应对气候变化才符合人类命运共同体的利益。因此，中国作为人类命运共同体的重要成员，对气候变化问题安全化的国际趋势进行研究并提出符合全球共同利益的外交对策，对于促进全球气候治理向有利于维护人类命运共同体利益的方向发展具有重要作用和积极意义。

与此同时，本书的研究也具有一定的理论意义。气候安全是国际政治中出现的新问题，对该问题进行研究有助于进一步对现有的安全概念和安全观理论进行检验，有助于促进安全理论研究的丰富与发展。

第二节　研究现状综述

一　国外研究现状

与本书研究相关的国外研究主要集中在以下六个方面：

（一）气候变化问题安全化进程

迈克尔·布若斯卡（Michael Brzoska）重点从以下两个视角来对气候变化问题安全化现象进行分析：其一，气候变化问题是如何被安全化的？其二，在气候变化问题被安全化后，传统的安全政策对于气候变化这个新的安全问题是否依然有价值？[1] 迈克尔·布若斯卡主要采取文献比较的方法开展分析研究，得出了以下两方面结论：一方面，推动气候变化问题安全化有助于让气候变化问题得到更多的关注，这是各方面力量推动气候变化问题安全化的主要原因；另一方面，气候变化问题安全化后，运用传统的安全政策与手段来处理气候变化问题的可能性也在增加，但是这种做法存在一定的风险。[2]

---

[1] Michael Brzoska, "The Securitization of Climate Change and the Power of Conceptions of Security", pp. 137 – 144, http：//www.sicherheit – und – frieden.nomos.de/fileadmin/suf/doc/Aufsatz_SuF_09_03.pdf, May 1, 2017.

[2] Ibid..

布罗赫（Hans Günter Brauch）采用哥本哈根学派的安全化理论来对气候变化安全化现象进行了分析。布罗赫认为，在气候变化问题安全化的进程中，很多安全化行为体的"语言—行为"已经在观念上使得很多听众确信气候变化是一种在国际安全、国家安全和人类安全框架下的存在性威胁，因此有必要采用超常规的、积极的、及时的方式来应对气候变化，以防止在 21 世纪出现灾难性的后果。① 布罗赫还对气候变化问题安全化的转折点进行了分析，指出 2007 年是全球气候变化问题转变为一个安全问题的重要转折点。一方面，2007 年以后公众舆论开始把气候变化问题视为一种"极为重要的威胁"，并且认为自己可能受到气候变化的直接危害；另一方面，英国和德国等重要国际行为体都在 2007 年开始认为全球安全威胁已经发生重大变化，国际安全问题的关注焦点应该转换到对全球气温升高以及由此而带来的经济、社会损失与相关的资源安全问题。布罗赫认为，随着气候变化问题安全化，全球气候治理将赢得更多的政治支持和公众支持。②

博伊诺（R. Boeno）等人分析了一些发达国家与发展中国家对待气候变化问题安全化的不同态度。博伊诺等人认为，西方国家把气候变化问题纳入其主流安全战略中的一个重要原因是利益驱动，而在一些发展中国家看来，气候变化安全化可能会成为西方国家干预发展中国家主权的"合法"借口，尤其是如果把气候变化界定为一个军事性威胁的话，那么就需要通过部署武装部队干预所谓的"资源性冲突"，这样"气候变化威慑"就会被纳入国际安全议程。③

谢弗（Mike S. Schäfer）等人对不同国家的公众媒体在气候安全问题上的话语和措辞进行了实证分析与研究。谢弗等人以 9 个国家的 101000 余篇报刊文章为研究对象，发现在时间分布方面，与气候变

---

① Hans Günter Brauch, "Securitizing Climate Change", p. 27, http://www.afes-press.de/html/Brauch_ISA_NY_2.2.2009.pdf, May 1, 2017.
② Ibid..
③ R. Boeno, V. Soromenho-Marques, "Climate Change and Securitization: The Construction of Climate Deterrence", p. 614, http://repositorio.ul.pt/bitstream/10451/22441/2/ICS_Boeno_Alteracoes_ARI_en.pdf, May 1, 2017.

化有关的文章中包含有与安全有关的言辞在1996年至2010年期间出现了明显增多的趋势，尤其是在2007年到2009期间达到了顶峰；在国别分布方面，不同国家的公众媒体涉及气候变化有关的文章中使用与安全化有关的语言的频率存在差异，其中西方国家、新加坡与泰国使用的比较多，印度、南非使用的比较少；在关注的焦点方面，谢弗等人发现，西方国家的关注焦点主要集中在气候变化对能源安全的影响，而印度、南非与泰国则更加关注气候变化对食物安全和水安全的影响。① 在此基础上，谢弗等人认为，公众媒体对气候安全有很大的关注度，一方面这使得采取政治行动应对全球气候安全挑战具有了合法性，另一方面也为安全专家在长远的国防规划中做好应对气候安全威胁的方案提供了依据。②

尤尔根·申弗朗（Jürgen Scheffran）在对气候变化问题安全化现象进行分析的同时，提出了在制定相应安全政策时需要兼顾南北双方利益的观点。尤尔根·申弗朗认为，美国前副总统戈尔和联合国政府间气候变化专门委员会（Intergovernmental Panel on Climate Change, IPCC）于2007年被授予诺贝尔和平奖，表明国际社会认可了环境与安全之间的关系，国际社会需要共同努力以把气候变化稳定在可以避免造成全球安全问题爆发的水平上。③ 尤尔根·申弗朗还认为，为了避免在国际气候合作中出现利益分歧，南北双方的最重要的利益都需要在合作中得到维护；为了应对气候安全风险，需要一个能够兼顾各方面利益的预防性安全政策。④

尼克·梅比（Nick Mabey）分析了气候变化对全球安全议程的影响，对气候安全的性质进行了探讨，并在此基础上提出了相应的建

---

① Mike S. Schäfer, Jürgen Scheffran, Logan Penniket, "Securitization of Media Reporting on Climate Change? A Cross – National Analysis in Nine Countries", pp. 14 – 15, DOI: 10.1177/0967010615600915, https://www.researchgate.net/publication/282666745_Securitization_of_media_reporting_on_climate_change_A_cross – national_analysis_in_nine_countries, May 1, 2017.
② Ibid..
③ Jürgen Scheffran, "The Gathering Storm: Is Climate Change a Security Threat?" *Security Index*, Vol. 15, No. 2, 2009, p. 29.
④ Ibid..

议。尼克·梅比认为，气候变化已经成为全球安全议事日程中的重要问题，联合国安理会讨论气候变化问题就表明，气候变化将在未来数十年根本改变全球战略性安全背景，不断增长的资源稀缺问题、越来越严重的环境退化问题以及突发性的气候变化问题将成为人类在未来必须要面临的挑战，因此气候变化对人类社会构成了硬安全威胁（Hard Security Threat）。[1] 尼克·梅比还预测了气候变化对未来全球安全环境的影响。尼克·梅比认为，在未来数十年中，气候变化将成为自"冷战"结束后改变全球战略性安全环境的重要变量，如果得不到控制，气候变化安全的影响程度将与世界大战相当，并且持续时间将达到数个世纪。[2] 尼克·梅比对现行应对气候变化政策进行了评估，认为现在的应对政策是缓慢的和不充分的，即使是在全球气候治理中扮演领导者角色的欧盟，其应对气候变化预算也仅占到其国防预算总额的0.5%左右。[3] 在此基础上，尼克·梅比针对未来的全球气候治理的政策与措施提出了建议。尼克·梅比认为，需要采取更直接的干预性措施来预防气候变化风险；需要让政治领导人和社会公众更加理解气候变化的安全含义以及气候变化得不到控制的后果与成本；需要把气候安全视为重要的和现实的国家利益，以促进采取更迅速的应对行动。[4] 尼克·梅比还认为，气候变化也是一个安全机遇，全球转型为低碳经济将会促进整个经济体系的能源安全系数提高，世界各国在降低对化石能源依赖性的同时，以争夺化石能源为目标的地缘政治紧张局势将得到缓解。[5]

西蒙·多尔比（Simon Dalby）等人借助"人类纪"（Anthropocene）的概念与理论对气候安全进行了分析。他认为，在气候安全问题的研究与讨论中，气候变化对地球系统的深远影响尚未引起足够重

---

[1] Nick Mabey, "Delivering Climate Security: International Security Responses to a Climate Changed World", pp. 3-4, http://e4g.digital-pencil.com/docs/E3G_Delivering_Climate_Security_-Edited_Summary.pdf, May 1, 2017.

[2] Ibid..

[3] Ibid..

[4] Ibid..

[5] Ibid..

视；科学研究表明我们现在处在"人类纪"时代，在这个时代中人类活动为地球生物圈中引入了新的生物物理学方面的因素，并开始改变那些可能决定主要地球系统进程中的物理参量，使用"人类纪"这个概念可以帮助理解我们已经生活在一个人类活动的量能足以对地球系统进程产生重大影响的时代。① 在"人类纪"的背景下讨论气候安全问题，有助于理解气候变化只是地球系统进程发生改变的一个方面，因此有必要把气候变化与地球系统的其他进程改变联结起来整体加以考虑。② 索萨（Rohan D'Souza）则认为，"人类纪"的概念、理论及在此基础上所提出的应对气候变化的社会对策，对发展中国家而言并不令人鼓舞：一方面，这种科学理论忽视了长期以来国际政治上的不公正和地区与国家之间的不平等，主张不分国界地在全球范围内采取共同干预措施，实际上是很难促进南方国家与北方国家共同开展行动的；另一方面，把全球气候治理的决策权交给全球科学精英的做法也使得南方国家感到焦虑，因为这些科学精英大部分属于北方国家，南方国家感觉到在全球气候治理决策机制中失去了应有的权力。③

一些学者以气候变化与水安全、食物安全以及健康安全等的关联性为重点展开研究。埃克斯坦（Gabriel Eckstein）认为，气候变化将以前所未有的方式加剧全球水资源危机，这对人类适应能力构成挑战；国际社会必须接受这个现实，即气候变化是一个全球性现象，必须采取集体与协调的应对措施，因此国家对其领土及自然资源拥有主权的原则必须服从于上述现实。④ 休·图拉尔（Hugh Turral）等人认为，气候变化将对农业领域的水资源管理产生深远的影响，发展中国

---

① Simon Dalby, "Rethinking Geopolitics: Climate Security in the Anthropocene", *Global Policy*, Vol. 5, No. 1, 2014, pp. 1 – 8, DOI: 10.1111/1758 – 5899.12074.

② Ibid..

③ Rohan D'Souza, "Nations without Borders: Climate Security and the South in the Epoch of the Anthropocene", *Strategic Analysis*, Vol. 39, No. 6, 2015, pp. 720 – 728, DOI: 10.1080/09700161.2015.1090678.

④ Gabriel Eckstein, "Water Scarcity, Conflict, and Security in a Climate Change World: Challenges and Opportunities for International Law and Policy", *Wisconsin International Law Journal*, Vol. 27, No. 3, 2009, pp. 460 – 461.

家将会出现降雨波动、灌溉水源缺乏等问题,气候变化还使得维护生态系统平衡的局势更加严峻,而维护生态平衡则对农业生产水资源具有重要的支撑作用。① 米丝拉(Anil Kumar Misra)认为,在全球水资源压力持续增加的背景下,气候变化将会导致一些地区的降雨急剧下降,并导致一些地区降雨频率减少和降雨强度增加,这些可能导致干旱与洪涝灾害更加频繁,而且大部分干旱或半干旱国家将很难满足居民对于水和食物的需求。② 在此基础上,米丝拉为减少气候变化对水资源和农作物产量的影响提出了一些建议,其中包括:那些在气候变化方面最具有脆弱性的地区应当采取管理气候变化风险的战略;那些干旱或半干旱国家应当资助与气候变化和水资源数据搜集有关的研究项目;所有在气候变化方面具有脆弱性的国家应当努力改善其农业灌溉基础设施;气候变化脆弱地区应当大范围地实施雨水收集、废水重新利用等项目;需要在全球范围内促进公众提高保护水资源意识并投入保护水资源行动。③ 康格拉韦(Richard Y. M. Kangalawe)对气候变化与食物安全、健康安全的关联性进行了实证分析。康格拉韦以坦桑尼亚为例,认为该国的许多地区在环境变化方面具有很大的脆弱性,食物安全与居民健康问题是其中的重要方面;由于与食物安全密切相关的农业生产与降雨的关联度很大,因此当洪涝与干旱等极端气候事件发生时就时常会出现食物安全问题,也就是说食物安全与不安全在很大程度上会受到气候变化所导致的降雨变化的影响。④ 康格拉韦认为,环境变化同样会对坦桑尼亚的居民健康产生显著影响,全球气温

---

① See H. Turral, J. Burke, J. M. Faurès, "Climate Change, Water and Food Security", pp. 129 - 130, http: //www. vipp. es/biblioteca/files/original/4f76d55cb58608c5342d 40ee63f5c d7e. pdf, May 1, 2017.

② Misra, A. K., "Climate Change and Challenges of Water and Food Security", *International Journal of Sustainable Built Environment*, 2014, pp. 11 - 12, http: //dx. doi. org/10. 1016/ j. ijsbe. 2014. 04. 006, May 1, 2017.

③ Ibid. .

④ Richard Y. M. Kangalawe, "Food Security and Health in the Southern Highlands of Tanzania: A Multidisciplinary Approach to Evaluate the Impact of Climate Change and Other Stress Factors", *African Journal of Environmental Science and Technology*, Vol. 6, No. 1, 2012, pp. 64 - 65, DOI: 10. 5897/AJEST11. 003.

升高将会导致该国高地疟疾发病率上升，此外腹泻和呼吸疾病等与气候有关的健康风险也将上升。① 康格拉韦还指出，与气候变化有关的健康安全问题还将导致从事劳动的人员减少，对农业生产造成负面影响。② 因此，康格拉韦认为，在采取措施应对全球气候变化所形成的食物安全与健康安全挑战时，需要重视压力因素的多重性和相互依赖性。③ 乌罗卡斯（H. L. Wlokas）对南非的食物安全、公共健康安全与气候变化的关联性进行了实证分析。乌罗卡斯认为，食物安全与健康问题是南非在应对气候变化时需要重视的两个关键性问题，如果在适应和减缓气候变化行动中不严肃对待这两方面问题，那么本来已经值得担忧的健康与营养问题将得不到改善。④ 乌罗卡斯强调，解决与气候变化密切相关的食物安全与健康问题不仅需要在国家层面采取行动，而且需要加强和改善地区和国际合作。⑤

一些学者以气候变化与武装冲突的关联性为重点展开研究。哈尔瓦德·比海于格（Halvard Buhaug）等人认为，气候变化既会导致"热战"（Hot War），也会导致"冷战"。⑥ 一方面，气候变化将导致炎热的赤道地区的不稳定状态加剧，出现武装冲突；另一方面，气候变化也将导致寒冷的极地地区争端加剧，从而导致军事冲突。⑦ 在此基础上，哈尔瓦德·比海于格强调，武装冲突具有毁坏性，会加剧社会在气候变化问题上的脆弱性，因此在世界不稳定地区，结束暴力冲

---

① Richard Y. M. Kangalawe, "Food Security and Health in the Southern Highlands of Tanzania: A Multidisciplinary Approach to Evaluate the Impact of Climate Change and Other Stress Factors", *African Journal of Environmental Science and Technology*, Vol. 6, No. 1, 2012, pp. 64 – 65, DOI: 10.5897/AJEST11.003.

② Ibid..

③ Ibid..

④ H. L. Wlokas, "The Impacts of Climate Change on Food Security and Health in Southern Africa", *Journal of Energy in Southern Africa*, Vol. 19, No. 4, 2008, pp. 18 – 19.

⑤ Ibid..

⑥ James R. Lee, *Climate Change and Armed Conflict*, Routledge, New York, 2009, pp. 14 – 17.

⑦ Ibid..

突是增强社会对气候变化适应性的最有效方法。① 艾瑞克·加兹克等人认为，关于气候变化与暴力冲突之间关系的研究在很大程度上是在大量的自然科学研究激发下产生的，这些科学研究分析了人类燃烧化石燃料等活动与地球气温上升、当地降雨变化和干旱等现象之间的关联性，如果我们承认气候变化自然科学研究的结论，我们就必须至少在概念上接受气候变化对暴力冲突行为有着重要的影响。②

值得引起注意的是，一些学者对上述研究结论持不同观点。阿拉瑞奥（Margarita V. Alario）等人分析了自然资源、政府能力等因素对内战的影响，发现受到政府控制的自然资源因素对冲突发生并没有影响，而政府腐败等因素对内战的发生有很大的影响。③ 阿拉瑞奥等人的研究结果显示，17世纪的环境危机都因为不良的政府治理而恶化，并在很多情况下因为良好的政府治理而改善，因此无论自然资源是丰富还是稀缺，内战发生都与政府治理有很大的关联性，可以说政府治理才是理解暴力冲突问题的关键。④ 在此基础上，阿拉瑞奥等人得出结论：国内制度和国家间制度对于管理自然资源以及自然资源的可持续利用具有最为关键的作用。⑤

一些学者以气候变化、气候安全与"气候难民"之间的联系为重点展开研究。贝齐·哈特曼（Betsy Hartmann）以"气候难民"威胁与气候冲突之间的关联性为切入点，分析了军事力量介入气候安全问题的利弊。贝齐·哈特曼认为，不论暴力冲突与大规模迁徙是否取决于气候变化以外的其他诸多因素，把气候变化作为暴力冲突和大规模

---

① Halvard Buhaug, "Climate - Conflict Research: Some Reflections on the Way Forward", DOI: 10.1002/wcc.336, p.7.

② Erik Gartzke, Tobias Bohmelt, "Climate and Conflict: Whence the Weather?" DOI: 10.1515/peps-2015-0022, p.6, http://erikgartzke.com/assets/peps-2015-0022.pdf, May 1, 2017.

③ Margarita V. Alario, Leda Nath, Steve Carlton-Ford, "Climatic Disruptions, Natural Resources, and Conflict: The Challenges to Governance", Journal of Environmental Studies and Sciences, DOI: 10.1007/s13412-015-0252-x, https://www.researchgate.net/publication/276506022_Climatic_disruptions_natural_resources_and_conflict_the_challenges_to_governance, May 1, 2017.

④ Ibid..

⑤ Ibid..

迁徙的主要原因存在着过于简单化的倾向,这种威胁分析模式忽视了很多具有相应的冲突解决机制的贫困社区在处理环境资源等问题时并没有诉诸暴力。贝齐·哈特曼还对"气候难民"的概念、成因及法律基础进行了分析。贝齐·哈特曼认为,虽然气候变化有可能导致人群失去居所,但是人群失去居所的程度并不仅取决于气温上升多少以及海平面因此而受到的影响等,而且也取决于适应措施是否能够有效帮助居民和社区应对环境压力;大规模迁徙的原因是十分复杂的,不能简单地由归因于环境问题或气候变化问题;"气候难民"并不具有国际难民法律基础,因为联合国《关于难民地位的公约》并没有明确提及因为环境问题而失去居所的难民问题,因此轻易地使用"环境难民"或"气候难民"的标签将不利于为难民提供有效的法律保护。[1]在此基础上,贝齐·哈特曼认为,突出"气候难民"问题与"气候冲突"问题不利于有效解决气候变化问题,因为在应对气候变化行动中真正需要解决的是以下问题:如何合理分配对二氧化碳进行限额排放的利益,如何处理能源成本上升和绿色技术投资的关系,如何把气候变化适应行动与脱贫援助工作更好地结合起来。[2] 最后,贝齐·哈特曼得出结论,不需要动用军事力量来维护气候安全,这样做将不仅不必要地把气候变化政策军事化了,而且也把发展援助工作军事化了。[3]

(二) 气候变化问题安全化与国际博弈

安吉拉·莉贝瑞图 (Angela Liberatore) 分析了气候变化的安全含义并为欧盟提出了相应的政策建议。安吉拉·莉贝瑞图首先分析了气候变化问题安全化的背景,认为长期以来贯穿国际气候变化政策的一条主线就是竞争与合作,国际气候谈判表明了不仅国际政治中的南北分歧是客观存在的,而且发达国家之间的欧美分歧也是客观存在的。[4]

---

[1] Betsy Hartmann, "Rethinking Climate Refugees and Climate Conflict: Rhetoric, Reality and the Politics of Policy Discourse", *Journal of International Development*, Vol. 22, 2010, pp. 233 – 246.

[2] Ibid..

[3] Ibid..

[4] Angela Liberatore, "Climate Change, Security and Peace: The Role of the European Union", *Review of European Studies*, Vol. 5, No. 3, 2013, pp. 83 – 84.

安吉拉·莉贝瑞图认为，在全球气候治理中处于不同立场的大国之间争议的一个核心问题就是分配问题，即应当由哪些人以什么条件承担多少温室气体减排义务，在国际社会为此问题纠结时，气候变化可能会与更为严重的紧张局势相联系的可能性出现了。①

安吉拉·莉贝瑞图还对有关气候变化安全含义的讨论进行了归纳，认为主要围绕以下三个主线展开：其一，一些人认为，推动把气候变化作为一个突出的政治问题加以对待的唯一方法是将其定义为一个国家安全问题；其二，一些人认为，鉴于气候变化的全球性、经济与社会根源及其影响，应当将其视为一个人类安全问题；其三，一些人的主张介于上述两者之间，强调气候变化对国际安全和集体安全所构成的威胁。②

安吉拉·莉贝瑞图还分析了未来三种不同气候安全情景下欧盟在国际政治中的地位与角色。安吉拉·莉贝瑞图认为，在第一种情景下，安全概念被"绿化"，气候变化与安全的关联使得欧盟和国际社会更愿意采纳宽泛的安全概念，并把环境、经济、社会因素与地缘政治下的紧张局势或暴力冲突联结起来。在此种情景下，欧盟利用其资源为解决环境、经济与社会问题做出贡献意味着，欧盟为解决安全问题提供了有效的公共产品，这有助于欧盟国际地位的提升；在第二种情景下，气候战争的概念被国际社会所接受，国际社会不断地增加对气候变化与安全相关性的重视程度，导致一些安全行为体可以把以前被严格地限制在民事领域的事务认定为安全问题，"气候变化战争"这个词成为一个新的标签，这个新标签可以证明，进一步加强边境控制、增加对难民和移民的限制、发动先发制人的战争来夺取自然资源的合法性，这样《联合国气候变化框架公约》将被边缘化，安理会将会在气候安全问题中扮演重要角色，而作为"民事性力量"的欧盟在国际政治不断强调军事力量的背景下也将被边缘化；在第三种情景

---

① Angela Liberatore, "Climate Change, Security and Peace: The Role of the European Union", *Review of European Studies*, Vol. 5, No. 3, 2013, pp. 83–84.
② Ibid., pp. 86–87.

下，国际社会在气候变化问题上几乎无所作为，由于把气候变化与安全关联起来，国际社会重新对气候变化予以了一段时期的关注，此后石油以及其他各种高能耗产业努力开展游说以淡化国际社会对气候变化风险的关注，国际气候谈判陷入困境，《联合国气候变化框架公约》所建立起来的全球治理体系以及欧盟在其中所扮演的角色被视为无效的多边主义的典型。①

在此基础上，安吉拉·莉贝瑞图为欧盟提出了政策建议。安吉拉·莉贝瑞图认为，对于欧盟而言，气候变化问题安全化意味着欧盟需要成为维护和平与安全的重要行为体；通过在国际气候变化政策中发挥领导性作用，欧盟已经找到了应对气候安全的手段和路径，如果欧盟能够在下一步把其关于气候变化在何时和以何种方式成为"威胁倍增器"的分析变为"主流"意见的话，那么欧盟就可以进一步巩固其地位；欧盟可以把其危机管理能力应用到应对气候变化国际合作的经济、社会、技术等手段中去。②

坎贝尔（Kurt M. Campbell）等人从维护美国利益的角度出发，分析了气候安全对国际形势的影响，并为美国提出了相应的建议与对策。具体而言，有以下十个方面：

一是国际博弈中将会出现更多的南北对抗。坎贝尔等人认为，国际平等的问题在整个气候辩论中都存在，发展中国家与发达国家在适应气候变化能力方面存在巨大差距，美国需要重视在应对气候变化挑战方面，发达国家对发展中国家援助不足可能导致的南北对抗加剧问题。③

二是移民和迁徙问题将会增加。坎贝尔等人认为，一方面气候变化所导致的大规模移民将成为"气候难民"大量进入的国家所需要面

---

① Angela Liberatore, "Climate Change, Security and Peace: The Role of the European Union", *Review of European Studies*, Vol. 5, No. 3, 2013, p. 93.

② Ibid., pp. 91 – 92.

③ Kurt M. Campbell et al., "The Age of Consequences: The Foreign Policy and National Security Implications of Global Climate Change", pp. 106 – 108, http://dc – 9823 – 983315321. us – east – 1. elb. amazonaws. com/sites/default/files/publications – pdf/CSIS – CNAS_AgeofConsequences_November07. pdf, May 1, 2017.

临的重大问题，另一方面美国将不得不面对重新安置上千万国内迁徙人口的问题，移民和迁徙所带来的不同文化与宗教的冲突将加剧国际矛盾。

三是与气候变化有关的公共健康问题将会增多。坎贝尔等人认为，气候变化将会对世界上比较贫穷地区居民的健康状况产生较大的负面影响，疾病增加的问题将会导致这些地区的经济状况恶化，需要重视因此而导致的不稳定加剧问题。[1]

四是在气候变化影响下资源冲突与资源脆弱性的问题将更为严峻。坎贝尔等人认为，未来数十年因气候变化而加剧的水资源稀缺将导致全球许多地区出现不稳定状态，气候变化还将对能源生产和消费产生影响，美国以及全球的能源基础设施也将会因为气候变化而具有更大的脆弱性，这些都会对世界政治格局产生影响。[2]

五是在全球应对气候变化的背景下与核有关的活动将增多，与此同时相关风险也会增加。坎贝尔等人认为，由于利用核能可以帮助减少化石燃料的使用并减少碳排放，因此气候变化可能意味着全球核能的复兴，这将使得全球核反应堆增多，尤其是那些缺乏核安全管理和操作经验的国家的核反应堆也将会增多，这将导致全球核安全状况恶化并加剧核扩散。[3]

六是在气候变化背景下全球治理所面临的挑战将增加。坎贝尔等人认为，无论是对富国还是对穷国而言，气候变化都是对现行社会与政治体系的重大挑战，不仅如此，气候变化所带来的巨大压力，还将使得联合国和其他国际机构从全局的角度管理气候变化所带来的负面后果时面临十分严重的困难。[4]

七是国内政治影响和国家治理失败将会发生。气候变化将可能对

---

[1] Kurt M. Campbell et al., "The Age of Consequences: The Foreign Policy and National Security Implications of Global Climate Change", pp. 106 – 108, http://dc – 9823 – 983315321. us – east – 1. elb. amazonaws. com/sites/default/files/publications – pdf/CSIS – CNAS_AgeofConsequences_November07. pdf, May 1, 2017.

[2] Ibid..

[3] Ibid..

[4] Ibid..

现行政府管理模式的有效性和可行性产生重要影响，没有能力管理气候变化挑战的政府可能失去必要的公共支持，在全球气候变化状况十分严重的情况下环境因素可能会把那些已经处于治理失败状况的国家推向无政府状态。①

八是世界权力分布将可能以难以预料的方式发展。一方面，气候变化对全球不同的国家会产生不同的影响；另一方面，面对气候变化，有的国家可能采取有效的应对措施，而有些国家则可能没有能力采取同样有效措施。从长期角度看，这将会导致全球权力分布出现难以预料的后果，并对国际安全产生影响。②

九是中国将扮演关键性角色。坎贝尔等人认为，中国当代领导人所做的政治与经济决策将会对全球未来产生决定性的影响，现在中国已经成为全球最大的温室气体排放体，中国正在成为气候变化的主要驱动者。③ 坎贝尔等人还认为，中美之间正在建立一种"拒绝联盟"，在此联盟下中国和美国都利用对方的不作为来作为自己不采取行动的借口。④

十是美国在全球气候变化中需要有所作为。坎贝尔等人认为，美国难以在全球气候变化中独善其身，如果气候变化导致海平面出现实质性上升，这可能导致美国沿海地区的人口大量丧失。⑤ 坎贝尔等人还认为，如果全球其他地方因气候变化出现自然灾害，国际社会也会希望美国在国际救灾方面承担领导责任，而美国在这方面的良好表现则会提高美国的国际形象；在未来的全球气候政治中美国作为决策制定者的角色不可能被忽略，气候变化意味着美国需要重新定位其在全球中的角色。⑥

---

① Kurt M. Campbell et al., "The Age of Consequences: The Foreign Policy and National Security Implications of Global Climate Change", pp. 106 – 108, http://dc – 9823 – 983315321. us – east – 1. elb. amazonaws. com/sites/default/files/publications – pdf/CSIS – CNAS_AgeofConsequences_November07. pdf, May 1, 2017.

② Ibid..

③ Ibid..

④ Ibid..

⑤ Ibid..

⑥ Ibid..

艾伦·杜邦（Alan Dupont）等人重点从气候变化对水安全、食物安全、公共健康安全、能源安全等方面的影响进行分析，并为澳大利亚政府提出了六项政策建议：第一，澳大利亚政府应当在气候变化问题上采取更加具有战略性的措施，并设立跨部门的机构来检验气候变化政策与国家安全政策之间的联结性，尤其是要重点关注气候变化对国家食物、水资源、能源、健康和环境脆弱性等方面的影响；第二，澳大利亚情报机构应当重点关注气候变化所可能形成的风险，并努力争取获得对这种新兴安全挑战研究的主流地位；第三，联邦政府与地方政府应当共同探索更佳方案来统一对气候变化问题的认识；第四，澳大利亚应当在亚太地区的政府间合作应对气候变化行动中争取引领地位，并重点关注气候变化对地区安全与稳定的影响和气候变化对国家安全的影响；第五，政策制定者需要把诸多涉及气候变化的杂乱无章的信息整理成对气候安全的精确计算，政策制定者还需要在未来的规划中"考虑那些考虑不到的问题"；第六，最有效地减轻气候变化安全风险的方法就是降低温室气体排放水平。[①]

尼克·梅比等人重点从能源安全利益的角度分析了气候安全的影响并为经济合作与发展组织国家提出了相应对策。尼克·梅比等人认为，气候变化将改变国际战略利益关系、盟友关系、国家边境关系和经济关系等，气候变化问题的严峻性不仅将对国际关系的发展构成根本性变化，而且还将改变国际安全政策的关注焦点；气候变化地缘政治的影响将超出环境领域，如何处理气候安全将成为外交政策中更重要的组成部分；经济合作与发展组织国家必须认识到气候安全是一个更加重要的国家利益，经济合作与发展组织国家的能源安全利益将不可能通过加强与化石燃料生产国之间的关系而实现，而需要更多地通过与能源消费国开展技术开发与传播合作来实现，任何国家都不可

[①] See Alan Dupont, Graeme Pearman, "Heating up the Planet: Climate Change and Security", pp. 84 – 88, http://www.greencrossaustralia.org/media/35114/lip12_dupont_web.pdf, May 1, 2017.

能通过损害其他国家的气候安全来保障自身的国家能源安全。①

（三）中国气候外交政策的分析与评价

一些学者对中国气候外交政策的驱动因素进行分析。威廉姆斯（Lisa Williams）认为，中国气候变化国际立场主要由以下四方面因素驱动：能源安全、防止环境退化、经济结构重构和国际形象。在以上这些因素中能源方面的考量将在未来占据更为重要的地位。②威廉姆斯还认为，"国际社会"不一定要把试图通过一个国际协定来促使中国在国际法约束下采取某种政策作为影响中国的气候变化政策的唯一路径，实际上这也可能并不是最有效的办法，因为"国际社会"可以通过对中国政府制定气候变化政策的专家群体施加影响来间接地对中国的气候变化政策施加影响，例如可以通过更多的以应对气候变化措施为主题的国家间交流来影响中国的气候变化政策。③

坎贝尔等人认为，在美国被视为全球气候治理"拖后腿者"的同时，中国则被视为一直在回避气候变化问题的国际行为体。④坎贝尔等人认为，中国在气候外交中出现以上现象的原因在于中国过于迷恋经济发展，而且把气候变化视为发达国家在工业化进程中所造成的负面后果，因此不愿意承担责任。⑤坎贝尔等人还认为，中国气候外交有着明确的原则，那就是"不要对现有的产业进行限制，而是要通过开发与转让更清洁、效率更高的技术来激励开创新的商机"，因此中国把先进技术的国际转让作为未来国际气候合作的关键环节。⑥

---

① Nick Mabey, "Delivering Climate Security: International Security Responses to a Climate Changed World", pp. 5-6, http://e4g.digital-pencil.com/docs/E3G_Delivering_Climate_Security_-Edited_Summary.pdf, May 1, 2017.

② Lisa Williams, "China's Climate Change Policies: Actors and Drivers", pp. 20-21, https://www.lowyinstitute.org/sites/default/files/chinas-climate-change-policies.pdf, May 1, 2017.

③ Ibid..

④ Kurt M. Campbell et al, "The Age of Consequences: The Foreign Policy and National Security Implications of Global Climate Change", p. 97, http://dc-9823-983315321.us-east-1.elb.amazonaws.com/sites/default/files/publications-pdf/CSIS-CNAS_AgeofConsequences_November07.pdf, May 1, 2017.

⑤ Ibid..

⑥ Ibid..

一些学者以中国在2009年以后国际气候谈判中的立场和态度变化为重点进行分析。德罗戈（Dröge）等人认为，2009年后中国在国际气候谈判中的立场在逐渐发生变化，温室气体减排已经成为中国的一项政治目标。德罗戈等人还认为：一方面中国与美、欧在气候变化与能源问题上的合作也越来越紧密，另一方面中国还在继续与77国集团保持着紧密的关系；在2011年德班气候大会上，欧盟曾经试图分裂中国与发展中国家的关系，但是中国不仅仍然在77国集团加中国阵营中保持着重要地位，而且还与印度、巴西和南非等新兴发展中大国建立了很强的联盟关系。在此基础上，德罗戈等人建议，发达国家在与中国的气候变化谈判与交易中需要保持耐心。①

一些学者对中国在未来全球气候治理中所扮演的角色进行了分析与预测。艾莉·贝勒夫拉特（Elie Bellevrat）认为，中国在国际气候谈判中经常使用碳强度的概念来表达其应对气候变化行动目标，这表明中国未来的经济增长存在着相当大的不确定性，因此中国希望避免因为碳排放控制而妨碍对于维护社会稳定具有重要意义的经济增长。艾莉·贝勒夫拉特还对中国的"十一五"规划和"十二五"规划进行了系统的比较与分析，认为中国正在全力以赴地抓住机遇成为下一次工业革命中无可争议的领导者，而下一次工业革命则毫无疑问地与绿色经济是相联系的。艾莉·贝勒夫拉特还指出，由于中国需要面临着经济发展、结构转型、基础设施建设等重大挑战，因此中国未来在全球气候治理中所扮演的角色也还存在着不确定性。②

一些学者对国际公众对中国气候变化政策的认识与评价进行了分析。戈麦斯（Valerie Victoria Benguiat Y. Gomez）通过对公众媒体上的相关信息进行定性和定量分析，认为由于中国政府在应对气候变化方

---

① Dröge, Susanne, Acker, Gudrun, "China's Approach to International Climate Policy: Change Begins at Home", pp. 1 – 5, http://www.ssoar.info/ssoar/bitstream/handle/document/40187/ssoar – 2014 – droge_et_al – Chinas_approach_to_international_climate.pdf? sequence = 1, May 1, 2017.

② Elie Bellevrat, "Climate Policies in China and India: Planning, Implementation and Linkages with International Negotiations", p. 6, http://www.environmentportal.in/files/file/climate%20policies%20in%20india%20and%20china.pdf, May 1, 2017.

面的积极意愿和行动没有被国际公众所准确察知，因此国际公众对中国在《联合国气候变化框架公约》谈判中所持的立场和表现持负面评价。戈麦斯还分析到，虽然不能绝对地确定国际公众舆论对国际气候谈判和气候外交政策起到决定作用，但是研究结果显示，在某种程度上中国的公开宣言、行动以及谈判参与人对媒体的发言、专家对中国的评价与公众对中国的认知和态度具有关联性。在此基础上，戈麦斯认为，中国需要在国际气候合作中制定重塑国家形象的战略。①

（四）安理会在气候变化问题上应当扮演的角色

一些学者对安理会干预气候变化问题的必要性进行分析，为安理会在气候变化问题上行使决策权并采取相应行动寻求理论依据。彭妮（Christopher K. Penny）认为，对于气候变化这个新的安全威胁，国际社会虽然已经采取了很多非强制性的机制来加以应对，但是这些以自愿履行或多边援助为核心的非强制性机制并不足以有效解决气候变化的根源性因素，也不足以有效消除气候变化的危害后果，因此必须让安理会强制性机制在全球应对气候变化行动中发挥重要作用。② 在此基础上，彭妮进一步分析了气候变化与人类安全、国家安全和国际安全间的联系，并认为各国需要协调政治意愿，以此来推动安理会真正能够在气候变化问题上采取干预措施。③ 斯考特（Shirley V. Scott）等人认为，既然国际社会已经把气候变化当作一个安全问题看待，那么联合国安理会就应当做出具有广泛约束力的决议来应对气候变化所形成的威胁。④ 洛森（Torvareur Atli Tórsson）把气候安全威胁划分为直接威胁和非直接威胁两类。洛森认为，虽然气候变化的直接威胁并不适宜

---

① Valerie Victoria Benguiat y Gomez, "International Public Opinion on China's Climate Change Policies", *Chinese Studies*, Vol. 2, No. 4, 2013, pp. 161 – 168.

② Christopher K. Penny, "Greening the Security Council: Climate Change as an Emerging 'Threat to International Peace and Security'", *Int Environ Agreements*, No. 7, 2007, pp. 35 – 71.

③ Ibid..

④ Shirley V. Scott & Roberta C. D. Andrade, "The Global Response to Climate Change: Can the Security Council Assume a Lead Role?", Vol. 18, No. 11, 2012, pp. 223 – 224, http://brown.edu/initiatives/journal – world – affairs/sites/brown. edu. initiatives. journal – world – affairs/files/private/articles/18.2_ Scott. pdf, May 1, 2017.

由联合国安理会来处理，而应当由联合国环境规划署（UNEP）和政府间气候变化专门委员会（IPCC）等国际组织或其他国际行为体来处理，但是安理会应当处理气候变化的非直接威胁，因为这种非直接威胁与武装冲突密切相关。①

一些学者对《联合国宪章》相关规定进行分析，为安理会在气候变化问题上做出决策并采取相应的干预措施寻找法律依据。戴恩·沃伦（Dane Warren）对《联合国宪章》第7章的相关规定进行分析，认为根据《联合国宪章》的规定，鉴于联合国安理会在维护国际和平与安全方面承担着主要责任，因此联合国安理会有权自行决定何种情形构成《联合国宪章》第39条下所规定的"和平与安全之威胁"。② 如果联合国安理会认定气候变化构成《联合国宪章》第39条所规定的"和平与安全之威胁"，那么安理会就可以依据《联合国宪章》第7章的授权实施经济制裁甚至军事行动来减缓温室气体排放。③ 戴恩·沃伦还认为，联合国安理会不仅可以运用《联合国宪章》第7章的授权来强制联合国成员执行《联合国气候变化框架公约》，而且还可以通过自己的决定来为联合国成员设置新的应对气候变化的义务和责任。④ 丹尼尔·怀斯曼（Daniel Wiseman）认为，一方面，根据《联合国宪章》第6章的规定，安理会有权对任何争议或任何可能导致国际摩擦、争议的情势进行调查，并可以对相关当事方做出非约束性的建议；另一方面，一旦安理会根据《联合国宪章》第39条的授权认定相关情势属于和平威胁、破坏和平或侵略行为，那么安理会就有权以《联合国宪章》第7章为依据采取强迫性、约束性行动以维持或恢复国际和平

---

① Þorvarður Atli Þórsson，"New Security Threats and the Security Council: Climate Change as a Threat to Peace and Security"，pp. 119 – 120，http://skemman.is/en/stream/get/1946/3278/10334/1/Thorvardur_Atli_Thorsson_fixed.pdf，May 1，2017.

② Dane Warren，"Climate Change and International Peace and Security: Possible Roles for the U. N. Security Council in Addressing Climate Change"，pp. 1 – 17，https://academiccommons.columbia.edu/download/fedora_content/download/ac:187332/CONTENT/Warren_-_CC_and_International_Peace_and_Security_-_Roles_for_the_UN_Security_Council.pdf，May 1，2017.

③ Ibid..

④ Ibid..

与安全，尤其是有权以《联合国宪章》第 41 条为依据充分行使自由裁量权，并采取诸如经济制裁等强制性措施，甚至在当认为这些措施还不够充分时，有权以《联合国宪章》第 42 条为依据采取军事手段来应对安全威胁。①

一些学者为安理会对气候变化问题行使决策权并采取干预措施提出了具体行动建议。丹尼尔·怀斯曼认为，在短期内安理会在气候变化问题上采取强烈行动的可能性不大，安理会组建"绿色维和部队"或"气候与环境争议仲裁庭"短期内也不会纳入议事日程，安理会可以先把气候变化界定为"和平与安全之威胁"并在未来某个时间节点采取更深入的行动。②斯考特等人认为，虽然中国也制定了应对气候变化行动方案并存在着促进能源节约和可再生能源发展的需求，但是中国反对安理会参与气候变化问题的决策并采取相应的干预行动，因此美国需要推动中国改变观念，促使中国在安理会干预气候变化问题上不投否决票。③

（五）气候变化技术国际转让问题

艾略特·迪林格（Elliot Diringer）分析了促进气候变化技术转让的迫切性。艾略特·迪林格认为，促进现有的气候友好型技术的快速转让和应用应当成为国际气候制度中最优先的内容，因为主要经济体在减缓气候变化方面的承诺必然会增加对气候友好型技术的需求。④艾略特·迪林格还认为，三方面的因素将使得气候友好型技术的应用

---

① Daniel Wiseman, 'Securing the Climate: What Role for the Security Council in Addressing Climate Change?' *National Environmental Law Review*, No. 2, 2012, pp. 48 – 50, http://www.nela.org.au/NELA/Documents/NELR_Cover_2012_2.pdf, May 1, 2017.

② Ibid..

③ Shirley V. Scott & Roberta C. D. Andrade, "The Global Response to Climate Change: Can the Security Council Assume a Lead Role?" Vol. 18, No. 11, 2012, pp. 223 – 224, http://brown.edu/initiatives/journal – world – affairs/sites/brown.edu.initiatives.journal – world – affairs/files/private/articles/18.2_Scott.pdf, May 1, 2017.

④ Elliot Diringer, "Technology Transfer in a New Global Climate Agreement", p. 46, http://xueshu.baidu.com/s?wd = paperuri% 3A% 28553cb02e402f71b28a547d556eb454e7% 29&filter = sc_long_sign&tn = SE_xueshusource_2kduw22v&sc_vurl = http% 3A% 2F% 2Fciteseerx.ist.psu.edu% 2Fviewdoc% 2Fdownload% 3Bjsessionid% 3DEEB2472368399883E089218025F9D744% 3Fdoi% 3D10.1.1.148.2228% 26rep% 3Drep1% 26type% 3Dpdf&ie = utf – 8&sc_us = 2414550174243428267, May 1, 2017.

变得更为迫切：首先，减缓气候变化需要主要新兴经济体做出碳减排承诺；其次，发达国家也需要做出更强的碳减排承诺，这将会使得全球碳市场扩张；最后，发达国家需要对发展中国家应对气候变化能力建设提供帮助。①

一些学者通过定量分析的方法对气候变化技术国际转让的现状进行研究，并对气候变化技术国际转让的效果进行评估。德彻乐普瑞特等人通过对13种与气候变化相关的技术专利进行分析，发现60%左右的气候变化技术集中在少数发达国家。② 德彻乐普瑞特等人还发现，虽然气候变化国际转让问题在国际政治议程中被摆在很高的位置，但是实际效果并不乐观：一方面，与其他领域的技术国际转让相比，气候变化技术的国际转让率并没有表现得更为出色；另一方面，绝大部分气候变化技术国际转让仅仅在发达国家之间发生，发达国家向发展中国家转让气候变化技术占气候变化技术国际转让总数的比例尚不到四分之一。③

阿比萨（Fisseha Tessema Abissa）分析了发展中国家与发达国家在气候变化技术转让方面的观点与立场差异：首先，发展中国家认为，知识产权制度是气候变化技术国际转让的潜在障碍，而发达国家则认为，知识产权制度是促进气候变化技术开发的动力；其次，发展中国家主张采取专利强制许可制度来促进气候变化技术向发展中国家的转让，而发达国家则主张改善气候变化技术传播的环境；最后，发展中国家强调其需要以能够承受的价格获得气候变化技术，而发达国

---

① Elliot Diringer, "Technology Transfer in a New Global Climate Agreement", p. 46, http：//xueshu. baidu. com/s？ wd = paperuri% 3A% 28553cb02e402f71b28a547d556eb454e7% 29&filter = sc_long_sign&tn = SE_xueshusource_2kduw22v&sc_vurl = http% 3A% 2F% 2Fciteseerx. ist. psu. edu% 2Fviewdoc% 2Fdownload% 3Bjsessionid% 3DEEB2472368399883E089218025F9D144% 3Fdoi% 3D10. 1. 1. 148. 2228% 26rep% 3Drep1% 26type% 3Dpdf&ie = utf - 8&sc_us = 2414550174243428267，May 1，2017.

② Antoine Dechezleprêtre, Matthieu Glachant, Ivan Hascic, Nick Johnstone, Yann Ménière, "Invention and Transfer of Climate Change Mitigation Technologies on a Global Scale：A Study Drawing on Patent Data", pp. 36 - 37, http：//www. environmentportal. in/files/Invention% 20and% 20Transfer% 20of% 20Climate% 20Change. pdf, May 1，2017.

③ Ibid. .

家则强调加强知识产权保护以促进技术革新与转让。①

值得引起注意的是，对于知识产权制度对气候变化技术国际转让是否构成障碍，以及是否需要通过完善强制许可制度促进气候变化技术国际转让，学界也存在不同认识。

对于现行知识产权制度对气候变化技术国际转让是否构成障碍，卡梅伦·哈钦斯（Cameron Hutchison）认为，全球气候治理的深入发展将促进对新的气候变化友好技术的需求，因此企业之间在相应的国际市场中的竞争将会更加激烈，气候友好型技术的专利持有人会由于担心国际竞争，充分利用专利保护制度，拒绝向发展中国家转让先进的技术。② 在此方面，克丽丝汀·基士得耶（Christiane Gerstetter）等人持不同观点。他们认为，发展中国家在应对气候变化时，除了专利技术，还有非专利技术可以应用，因此知识产权并不对气候变化技术国际转让构成障碍。③

对于通过完善专利强制许可制度促进气候变化技术国际转让的问题，卡梅伦·哈钦斯认为，现行知识产权制度对利用专利强制许可（Compulsory Licensing）促进技术转让的做法并不有利，因此需要加以完善，以促进气候变化技术国际转让。④ 在此方面，克丽丝汀·基士得耶等人则认为，与保持技术研发动力的需求相比，专利强制许可制

---

① Fisseha Tessema Abissa, "Climate Technology Transfer at the Local, National and Global Levels: Analyzing the Relationships Between Multi-Level Structures Dissertation", *Doctoral Dissertation at the University of Twente*, 2014, p. 83.

② Cameron Hutchison, "Does TRIPS Facilitate or Impede Climate Change Technology Transfer into Developing Countries?" *University of Ottawa law & Technology Journal*, Vol. 3, No. 2, 2006, p. 537.

③ Christiane Gerstetter, Dominic Marcellino, The Current Proposals on the Transfer of Climate Technology in the International Climate Negotiations, pp. 13 - 16, https://www.researchgate.net/publication/228752537_The_Current_Proposals_on_the_Transfer_of_Climate_Technology_in_the_International_Climate_Negotiations, May 1, 2017.

④ Cameron Hutchison, "Does TRIPS Facilitate or Impede Climate Change Technology Transfer into Developing Countries?" *University of Ottawa law & Technology Journal*, Vol. 3, No. 2, 2006, p. 537.

度并非加强国际社会应对气候变化能力所需的制度。① 马斯柯斯（Keith E. Maskus）认为，虽然发展中国家和最不发达国家确实处在一个可以对专利权进行适当限制或排除的地位，这些限制或排除措施也包括专利强制许可制度，但是强制许可制度这种非自愿的制度很难保证技术转让的有效性。② 马斯柯斯还认为，与采用专利强制许可制度相比，自愿性质的专利池制度更加有利于促进气候变化技术的国际转让。③

（六）《巴黎协定》及后巴黎时代全球气候治理形势

一些学者分析了《巴黎协定》形成的历史背景。克莱门康（Raymond Clémencon）认为，虽然美国退出了《京都议定书》，但是美国为其退出所辩护的核心观点是有效的，即如果新兴发展中国家因为其快速发展而导致温室气体排放大量增加的局面得不到改变，发达国家做出任何减排承诺都是没有意义的。④ 克莱门康还分析了《巴黎协定》的不足：首先，《巴黎协定》缺乏具有法律约束力的排放目标；其次，《巴黎协定》没有确定具体的资金援助数额；最后，没有确定发达国家因其历史排放而对最不发达国家和小岛屿国家承担损害赔偿义务的条款。⑤ 虽然如此，克莱门康对《巴黎协定》的积极性也予以了肯定。克莱门康认为，人们必须接受一个现实，那就是在谈判中为每个国家都确定一个公平的、具有约束力的温室气体减排目标是不可能的，在主要的发达国家和新兴经济体之间并不存在真正的互信，因

---

① Christiane Gerstetter, Dominic Marcellino, "The Current Proposals on the Transfer of Climate Technology in the International Climate Negotiations", pp. 13 – 16, https：//www.researchgate.net/publication/228752537_The_Current_Proposals_on_the_Transfer_of_Climate_Technology_in_the_International_Climate_Negotiations, May 1, 2017.

② Maskus, Keith; Okediji, Ruth, "Intellectual Property Rights and International Technology Transfer to Address Climate Change：Risks, Opportunities and Policy Options", p. 38, http：//www.ictsd.org/downloads/2011/12/intellectual – property – rights – and – international – technology – transfer – to – adress – climate – change.pdf, May 1, 2017.

③ Ibid..

④ Raymond Clémençon, "The Two Sides of the Paris Climate Agreement：Dismal Failure or Historic Breakthrough?" *Journal of Environment & Development*, Vol. 25, No. 1, 2016, pp. 4 – 5.

⑤ Ibid., pp. 10 – 11.

此《巴黎协定》所采取的以各国自愿承诺为基础的自下而上式的全球碳减排机制确实是目前唯一现实的选择。①

一些学者对《巴黎协定》所反映的国际气候政治的新逻辑进行了分析。罗伯特·福克纳（Robert Falkner）认为，2015 年于巴黎召开的《联合国气候变化框架公约》第 21 次缔约方大会确实应当被视为国际气候外交的一个重大突破。②《巴黎协定》得到通过，反映出国际气候谈判改变了思路，即从试图形成一个针对所有《联合国气候变化框架公约》缔约方的具有法律约束力的强制性碳减排目标的冲突中挣脱出来，转而采取一种自下而上的方式来鼓励《联合国气候变化框架公约》所有缔约方做出自愿性的温室气体排放控制许诺。③ 与此同时，《巴黎协定》还要求其所有缔约方定期报告其许诺的实施进展情况，这样就可以为减缓气候变化努力增加政治动力。④ 通过这种方法，《巴黎协定》试图创造一种所谓的"柔性互动作用"（Soft Reciprocity）。⑤ 这种"柔性互动作用"的促进作用在于：一些国家在提出雄心勃勃的气候政策以后，另一些国家在受此激励后会提升他们应对气候变化行动的雄心。⑥

二 国内研究现状

与本书相关的国内研究主要集中在以下六个方面：

（一）气候变化问题安全化的进程

2015 年，《欧洲研究》组织了以"安全视角下的欧洲气候政治"为专题的研究，发表了一批研究成果，集中反映了国内学界在此方面的主要观点。李靖堃指出：英国作为欧盟重要的成员国，虽然在 1998

---

① Raymond Clémençon, "The Two Sides of the Paris Climate Agreement: Dismal Failure or Historic Breakthrough?" *Journal of Environment & Development*, Vol. 25, No. 1, 2016, p. 18.

② Robert Falkner, "The Paris Agreement and the New Logic of International Climate Politics", pp. 26 – 28, https://static1.squarespace.com/static/538a0f32e4b0e9ab915750a1/t/57a72a28e4fcb59aefff1ae8/1470573099440/Falkner_2016_TheParisAgreement.pdf, May 1, 2017.

③ Ibid..

④ Ibid..

⑤ Ibid..

⑥ Ibid..

年前其国家安全战略中对于气候变化问题几乎完全没有加以论述，但是自 2007 年以后却把气候安全问题作为国家安全报告的重要内容加以论述，这反映了英国的气候安全观在 2007 年后逐渐形成。① "冷战"以后传统安全问题已经不再对英国构成重大威胁，移民、能源和资源等问题对英国的安全挑战逐渐凸显出来，而气候变化问题则可能进一步加剧上述各种安全挑战。② 李慧明把气候安全政策分为国内和国际两个层面加以分析：从欧盟内部层面看，欧盟把气候变化问题摆在生态安全的高度加以部署，把应对气候变化作为欧盟生态现代化战略的重要组成部分；从欧盟外部层面看，欧盟把应对气候变化作为促进全球低碳转型的重要动力，这样也可以帮助拥有低碳技术优势的欧盟获取经济利益。③ 并认为，通过内部层面和国际层面的行动，有助于帮助欧盟实现生态安全、能源安全、经济安全和社会安全。④

一些学者对美国气候安全政策进行分析。于宏源通过问卷调查和数据分析，发现气候变化所带来的环境和健康问题已经引起美国公众与政界的高度关注，认为气候变化不仅对美国构成生态威胁，而且也对美国外交提出了新挑战。⑤ 赵行姝认为，美国不仅已经将气候变化纳入国家安全战略，而且美国国防部、商务部和能源部等部门都已经开始采取行动。⑥ 王淳认为，奥巴马政府强调能源安全与独立，试图通过气候安全政策在改善环境的同时帮助美国摆脱对进口化石能源的依赖，实现能源安全与能源独立。⑦ 艾喜荣对美国克林顿政府和小布什政府在气候变化安全化方面的政策进行比较研究，认为：安全化是政治行为体出于某种目的，通过主观性的话语操控，对听众的关注和

---

① 参见李靖堃《国家安全视角下的英国气候政策及其影响》，《欧洲研究》2015 年第 5 期。
② 同上。
③ 参见李慧明《气候变化、综合安全保障与欧盟的生态现代化战略》，《欧洲研究》2015 年第 5 期。
④ 同上。
⑤ 参见于宏源《气候安全威胁美国的国计民生》，《太平洋学报》2013 年第 1 期。
⑥ 参见赵行姝《气候变化与美国国家安全：美国官方的认知及其影响》，《国际安全研究》2015 年第 5 期。
⑦ 参见王淳《新安全视角下美国政府的气候政策》，《东北亚论坛》2010 年第 6 期。

认知进行引导，最终实现社会位置的确定和行为界定的过程。① 在此基础上，艾喜荣认为，克林顿政府通过对气候变化负面影响的话题凸显、信息强调和语言凸显等措施，推动实现了气候变化问题的安全化，而小布什政府并没有沿用克林顿政府的相关政策，而是在话语层面和实践层面采取了相反的政策，尤其是采取了降低气候变化问题话题凸显度和强调气候变化科学研究中的不确定性等话语策略，最终实现了气候变化问题去安全化。②

南京大学大气科学学院王玉洁等人对20世纪60年代以来的气象仪器观测数据进行分析，发现中国平均高温日数增加了近30%，暴雨日数和极端气候事件发生频率也有明显增加，并预测中国气候风险将加大。③ 在此基础上，王玉洁等人认为，需要从减缓和适应两方面采取措施来保障中国的气候安全。④ 李志斐重点对气候变化可能对中国周边地区的水安全影响进行了分析。李志斐认为，气候变化将导致中国周边地区水资源短缺，甚至有可能引发水环境移民问题，这些问题对中国既是挑战也是机遇：一方面，中国可以加强与周边地区的合作，积极成为公共产品提供者，增强在周边地区的领导力；另一方面，中国可以让周边地区分享中国的发展成果和中国促进共同安全的新理念，有利于中国在周边地区的经略。⑤ 张海滨从海平面上升、荒漠化、水安全和粮食安全等方面分析了气候变化对中国的安全挑战，认为气候变化对中国国家安全产生了广泛的影响，需要长远谋划和全局应对，并建议中国把气候变化政策置于国家安全框架下统筹部署。⑥

一些学者借助哥本哈根学派的安全化理论对气候变化安全化现象

---

① 参见艾喜荣《话语操控与安全化——克林顿政府与小布什政府气候变化政策对比研究》，博士学位论文，外交学院，2016年，第108—159页。
② 同上。
③ 参见王玉洁、周波涛、任玉玉、孙丞虎：《全球气候变化对我国气候安全影响的思考》，《应用气象学报》2016年第6期。
④ 同上。
⑤ 参见李志斐《气候变化与中国周边地区水资源安全》，《国际政治研究》2015年第4期。
⑥ 参见张海滨《气候变化与中国国家安全》，《国际政治研究》2009年第4期。

进行分析。马建英等人认为,一些国际行为体扮演了规范动议者的角色,通过"语言—行为"把气候变化识别为"存在性威胁",并且得到了"听众"的认可与支持。①

值得引起注意的是,一些学者对气候变化问题安全化持反对态度。陈迎认为,气候变化归根结底是一个发展问题,不应当被过度政治化。②

(二)应对气候安全挑战的国际气候谈判与合作

中国社会科学院城市发展与环境研究所的王谋和潘家华分析并论述了在国际气候谈判中需要重视促进经济发展与维护气候安全之间的关系。他们认为,气候变化已经威胁全球安全,为有效促进国际合作保障气候安全,需要以人均历史累积碳排放为重要指标来衡量应对气候变化国际机制是否公平;从人均历史累积碳排放的角度看,发达国家的排放水平是发展中国家的 6 至 10 倍,而中国虽然是全球第二大经济体,但是人均历史累积也只处于发展中国家的中等水平;如果不能实现"人际公平",发展中国家与发达国家就很难在相互信任的基础上开展应对气候变化安全挑战的合作。③ 赵行姝认为,美国奥巴马政府开始认识到气候变化对美国的国家安全构成威胁,美国在未来将进一步重视从安全角度应对气候变化,这将给中国和发展中国家带来压力。④

(三)对中国气候外交政策的分析与评价

朱焱以国家利益理论作为分析框架,把中国气候外交分为孕育、起步、坚守、调整、转折和新起点六个阶段,指出 2006 年中国发布《应对气候变化国家方案》是中国气候外交发生重大转折的标志性事件,并认为该方案明确以"保障经济发展为核心"为指导思想,较好

---

① 参见马建英、蒋云磊《试析全球气候变化问题的安全化》,《国际论坛》2010 年第 2 期。
② 参见陈迎《气候变化不宜过度政治化》,《人民日报》2007 年 4 月 25 日第 3 版。
③ 参见王谋、潘家华《气候安全的国际治理困境》,《江淮论坛》2016 年第 2 期。
④ 参见赵行姝《气候变化与美国国家安全:美国官方的认知及其影响》,《国际安全研究》2015 年第 5 期。

地维护了国家利益。① 朱焱还建议应当调动和统筹更多的资源服务于气候外交。② 杨毅认为，对经济利益的判断对中国气候变化政策起到决定性作用，中国在气候外交中主要通过维护发展中国家的团结来实现维护中国经济利益的目标。③ 杨毅还认为，为中国的工业化与城市化争取更大的温室气体排放空间是中国气候外交的约束性因素，而树立在保护全球环境方面负责任大国的形象则是中国气候外交的促进性因素。④ 赵行姝认为，从安全角度认识气候变化在中国才刚刚开始受到学界和决策层的关注，因此中国迫切需要在加强气候安全认知的同时，更多地借助与巴西、印度和南非等新兴发展中大国的合作，敦促美国加大温室气体减排力度。⑤

（四）安理会在气候变化问题上所应扮演的角色

张海滨认为，安理会举行关于气候变化问题的公开辩论，表明相关问题在国际政治中地位上升，但是由于气候变化是非传统安全问题，因此不宜在安理会讨论。⑥ 陈迎认为，虽然负责维护国际和平与安全的安理会与联合国大会、联合国经社理事会之间存在着不同的职责分工，但是由于非传统安全问题与传统安全问题之间的界限并不如以前那样明确，因此安理会从提高国际社会对安全威胁的认识的角度讨论气候变化问题无可厚非，然而不宜把气候变化列入安理会的主要议题。⑦

（五）气候变化技术国际转让问题

辛秉清等人分析了发展中国家在应对气候变化方面的技术需求，并认为高昂的专利费用和知识产权壁垒构成了发展中国家引进先进气

---

① 参见朱焱《中国气候外交研究》，博士学位论文，2014年中共中央党校，第143—149页。
② 同上。
③ 参见杨毅《国内约束、国际形象与中国的气候外交》，《云南社会科学》2012年第1期。
④ 同上。
⑤ 赵行姝：《气候变化与美国国家安全：美国官方的认知及其影响》，《国际安全研究》2015年第5期。
⑥ 参见张海滨《联合国与国际环境治理》，《国际论坛》2009年第9期。
⑦ 参见陈迎《气候变化不宜过度政治化》，《人民日报》2007年4月25日第3版。

候变化技术的重要障碍。① 张磊认为，中国应当推动国际社会在《联合国气候变化框架公约》下进一步就气候变化技术国际转让进行谈判，促进发达国家切实履行向发展中国家转让气候变化技术的义务。② 张磊还认为，中国应当在气候变化技术国际转让机制中扮演更重要的角色。③ 吴勇分析了对知识产权制度在气候变化技术国际转让中的作用所存在的南北分歧，认为应当重视知识产权国际制度在促进气候变化技术国际转让方面所存在的不足，因此应当建立符合应对气候变化需要的国际知识产权制度。④ 尹锋林等人认为，一方面发达国家负有促进气候变化技术转让的国际责任，但是却并没有很好地履行其责任；另一方面现有知识产权国际制度对气候变化国际转让起到了一定的限制作用，需要进一步完善。⑤ 尹锋林等人还认为，在气候变化技术国际转让方面，学界的理论研究滞后于实践，因此很难对气候外交谈判提供具有指导意义的参考意见。⑥

（六）《巴黎协定》及后巴黎时代全球气候治理

潘家华认为，要落实《巴黎协定》的目标关键要实现全球社会转型；发达国家需要推动其生活方式转型，发展中国家则需要侧重推动其生产方式转型；为了实现全球社会转型，发达国家与发展中国家之间需要合作创新。⑦ 于宏源认为，《巴黎协定》帮助国际社会打破了全球气候治理京都模式的困境，把发达国家与发展中国家在《京都议定书》下的一分为二式的温室气体减排义务责任承担模式转变为在

---

① 参见辛秉清等《发展中国家气候变化技术需求及技术转移障碍》，《中国人口·资源与环境》2016年第3期。
② 参见张磊《联合国气候变化框架公约下气候技术国际转让促进机制研究》，《理论界》2013年第10期。
③ 同上。
④ 参见吴勇《建立因应气候变化技术转让的国际知识产权制度》，《湘潭大学学报》（哲学社会科学版）2013年第3期。
⑤ 参见尹锋林、罗先觉《气候变化、技术转移与国际知识产权保护》，《科技与法律》2011年第2期。
⑥ 同上。
⑦ 参见潘家华《转型发展与落实〈巴黎协定〉目标——兼论"戈尔悖论"之破解》，《环境经济研究》2016年第1期。

《巴黎协定》下的共同自愿减排模式，中国不仅需要适应全球向低碳模式转型的趋势，而且需要努力在《巴黎协定》后的全球气候治理中扮演"塑造者"的角色。① 王田等人认为，《巴黎协定》虽然为未来全球气候治理确定了原则和框架，但是很多具体的规则与制度还需要进一步谈判确定，《巴黎协定》不是全球气候治理的重点，而是全球气候治理这个"马拉松"的新起点。② 薄燕认为，"共同但有区别的责任"原则在《巴黎协定》中以动态的方式得到了体现，尤其是《巴黎协定》尊重各国以自主贡献的方式实施温室气体减排反映了南北双方在气候治理理念上的创新；未来南北双方还将围绕对"共同但有区别的责任"原则的解释进行博弈。③

三 研究现状述评

第一，在气候变化问题安全化方面，现有研究文献不仅对气候变化对水安全、粮食安全、健康安全和资源安全等方面所构成的挑战与威胁做出了比较详细与深入的分析，而且还以哥本哈根学派的安全化理论为分析框架，对气候变化问题安全化的进程进行了分析，形成了一个基本结论：那就是在应对气候变化国际谈判与合作中，一些安全化施动者通过"语言—行为"把气候变化界定为安全问题，并得到"听众"的认可与接受。上述研究成果为本书研究提供了重要的研究基础。

值得指出的是，虽然在气候变化问题安全化方面已经有了较为丰富的研究成果，但是仍然有一些具有重要意义的问题尚未引起学界关注和重视，因此对气候变化问题安全化的国际趋势的研究尚需进一步深入。

现有研究文献认为，2007年前后是气候变化问题安全化的一个重

---

① 参见于宏源《〈巴黎协定〉、新的全球气候治理与中国的战略选择》，《太平洋学报》2016年第11期。

② 参见王田、李俊峰《〈巴黎协定〉后的全球低碳"马拉松"进程》，《国际问题研究》2016年第1期。

③ 参见薄燕《〈巴黎协定〉坚持的"共区原则"与国际气候治理机制的变迁》，《气候变化研究进展》2016年第3期。

要转折点。值得进一步探究的问题是,为什么自17世纪开始气候变化问题就受到科学界的关注,自20世纪80年代开始气候变化问题就进入国际政治议程,但是直到2007年前后才出现气候变化问题安全化的重要转折点。欧盟等国际行为体的气候外交政策在2007年前后发生了重大改变,开始在国际气候政治中努力凸显气候变化的安全含义,是什么因素促使其发生了上述政策变化?为什么有些国际行为体在气候变化问题安全化进程中获得了相对于其他国际行为体更大的话语权和影响力?只有研究并解释这些问题,才能对气候变化问题安全化有更加全面和深刻的认识,也才能为中国如何做出正确的外交应对提出相应建议。

除此以外,虽然现有文献已经运用哥本哈根学派的安全化理论对气候变化问题安全化进程进行了分析,但是分析尚有待进一步深化,尤其是对气候变化科学议程如何对安全化政治议程发生影响以及不同国际行为体在安全化进程中的作用等方面的问题还值得进一步研究。

第二,对于气候变化问题安全化对未来国际气候谈判与合作的影响,现有研究文献做出了比较详细的分析,尤其是分析了气候变化对美国和欧盟等国际行为体所可能构成的安全威胁以及其可能采取的相关对策,这为本书提供了重要的研究基础。

值得指出的是,现有研究文献对中国等新兴发展中国家在气候变化问题安全化进程中所受到的影响及面临的外交挑战的分析尚显不足,值得进一步研究。

第三,在对中国气候外交政策的分析与评价方面,现有研究成果比较深入地分析了国际公众舆论和国内经济因素对中国气候外交政策的影响,这为本书研究提供了借鉴。

值得指出的是,在进入新的发展阶段后,中国的国内和国际发展需求也出现了重大变化,这必然会对中国的气候安全观产生影响,并进而要求中国对气候外交政策进行适当调整。在此方面,现有研究尚未予以应有的关注和重视,值得进一步研究和探讨。

第四,对于安理会在气候变化问题上所应扮演的角色,现有文献尤其是国外文献主要以《联合国宪章》第6章和第7章的相关规定为依据进行研究和论证,为本书研究提供了借鉴。

值得引起注意的是,现有文献对于安理会决策机制是否适合干预气候变化问题的研究尚存在一些不足,主要表现在对安理会干预气候变化问题是否符合联合国宗旨和国家平等原则关注与重视不够。除此以外,现有文献还缺乏对安理会决策机制与《联合国气候变化框架公约》下的多边协商机制的比较研究。

第五,在气候变化技术国际转让方面,现有文献从气候变化技术对全球气候治理的重要性、气候变化技术国际转让的障碍、发达国家与发展中国家在气候变化国际转让问题上的立场分歧等方面进行了分析与研究,为本书研究提供了借鉴和参考。

需要引起注意的是,现有文献对于以下一些问题尚缺乏深入的分析与研究:气候变化问题安全化将如何对气候变化技术国际转让机制产生影响?尤其是在气候变化安全含义日趋凸显的国际趋势中,国际社会应当如何进一步完善气候变化技术国际转让机制,以更好地实现气候变化技术专利持有人的私人利益与公共利益的平衡?

第六,对于《巴黎协定》的分析及其生效后全球气候治理的发展趋势,现有文献从《巴黎协定》的法律框架、《巴黎协定》对全球气候治理的促进作用等方面进行了分析与研究,并区分不同情景对《巴黎协定》的前途做出了预测,这些研究文献为本书提供了借鉴和研究基础。值得指出的是,现有文献对中国在后巴黎时代国际规范构建中所应扮演的角色尚缺乏深入的分析和研究。

第三节 研究方法、分析框架与创新

一 研究方法

本书主要采取以下研究方法:

第一,历史研究法。气候变化问题的安全含义引起国际社会的高度关注与重视并非一蹴而就。从科学角度看,气候变化问题从17世纪就进入了科学研究领域;从国际政治的角度看,气候变化从开始进入政治议程并逐渐从边缘议题向中心议题演化也经历了数十年的时间。通过对上述进程进行回顾与梳理,可以理清气候变化安全化进程的历史背景。

第二,比较研究法。不同国际行为体在气候变化问题安全化过程中所采取的外交政策和扮演的国际角色存在重大差异。为了分析不同国际行为体制定气候外交政策的驱动因素,本书重点以欧盟、美国和小岛屿发展中国家为比较对象,对这些国际行为体的国内和国际利益需求进行比较研究。

第三,案例分析法。案例研究不仅有助于分析因果关系,而且有助于假设验证。在本书研究中,在分析一些国际行为体利用气候变化问题安全化的国际趋势促进实现其政策目标方面,重点选择小岛屿发展中国家的气候外交政策为典型案例进行分析和研究。

第四,文献研究法。文献研究法有助于掌握待研究问题的一般印象和全貌。在本书研究中,在分析气候安全含义的发展与演进以及不同国际行为体在气候安全问题上的观点与主张时,主要采取了文献研究法。通过搜集、梳理并分析相关的学术文献和国际文件,以求能够比较全面地分析所需要研究的问题。

二 分析框架

本书对气候变化问题安全化的分析框架主要采用哥本哈根学派的安全化理论。长期以来,安全研究的焦点集中在军事与政治等物质主义层面。"冷战"以后,随着国际安全形势发生了重大变化,安全研究的关注焦点也开始发生重大变化,其中比较突出的是安全研究开始更加关注行为体之间在国际体系内的安全互动。哥本哈根学派安全化理论就是在这个时期出现的具有重要代表性的理论。

在哥本哈根学派看来,"安全"本质上就是一种特殊政治,这种特殊政治超越所有政治之上,具有最优先讨论的地位,需要采取超越常规的紧急措施加以应对。[①] 因此,"安全化"其实就是一种更为激

---

① [英]布赞、[丹]维夫、[丹]怀尔德《新安全论》,朱宁译,浙江人民出版社2003年版,第32—33页。

进的"政治化"描述。①

安全化施动者、指涉对象、威胁代理和听众是哥本哈根学派安全化理论中的安全行为体。安全化施动者是指那些启动并实施安全化进程的行为体；指涉对象是指因为安全威胁而需要得到保护的行为体；威胁代理是指安全威胁的来源；听众则是安全化施动者的安全话语的受众。②

"存在性威胁"（Existential Threat）、"语言—行为"（Speech-act）、"主体间性"（Inter-subjective）则是哥本哈根学派安全化理论中的核心概念。"存在性威胁"是指在特定的领域、针对特定的指涉对象所存在的严重威胁，③这种威胁的严重性导致"在常规政治中不应当无所顾忌地讨价还价，而应当被最高决策层优先于其他问题来果断地予以考虑及处理"。④所谓语言—行为，是指"做—说"行为同时也是施事行为，或曰，言即行。⑤哥本哈根学派安全化理论的代表人物奥利·维夫在借鉴日常语言学派的代表人物奥斯丁所开创的从行为角度研究语言使用的基础上，提出语言—行为是安全的核心；奥利·维夫强调说话者的主体作用和"做"的实践特征，认为以言语将某事贴上安全的标签，即构成安全，并声称选择给某事贴上标签并在一个句子中使用它，这种特殊概念的使用就是一种选择，是政治性的，因此从语言学理论来说，安全就是语言—行为。⑥安全化行为主体运用语言—行为来将一个问题用安全术语表达，并且说服有关受众认

---

① ［英］布赞、［丹］维夫、［丹］怀尔德《新安全论》，朱宁译，浙江人民出版社2003年版，第32—33页。
② 马建英、蒋云磊：《试析全球气候变化问题的安全化》，《国际论坛》2010年第2期。
③ 晋继勇：《全球公共卫生问题安全化——以世界卫生组织规范变迁为例》，《国际论坛》2008年第3期。
④ ［英］布赞、［丹麦］维夫、［丹麦］怀尔德：《新安全论》，朱宁译，浙江人民出版社2003年版，第37页；参见马建英、蒋云磊：《试析全球气候变化问题的安全化》，《国际论坛》2010年第2期；晋继勇：《全球公共卫生问题安全化——以世界卫生组织规范变迁为例》，《国际论坛》2008年第3期。
⑤ 参见叶晓红《哥本哈根学派安全化理论述评》，《社会主义研究》2015年第6期。
⑥ 同上。

识到存在危险，这种采用安全术语的表达为动员超越传统规则束缚创造了条件。① 所谓主体间性，是指在哥本哈根学派看来，安全是一种主体间现象。哥本哈根学派认为，安全化实践建构的是一个由安全行为施动者、指涉对象以及听众等"共享的对某种威胁的集体反应和认知过程"。②

哥本哈根学派安全化理论认为，一个成功的安全化需要具备识别存在性威胁、采取紧急行动以及通过破坏和摆脱自由规则来影响单元间关系这三个步骤。③ 在哥本哈根学派安全化理论中，"安全化"是指这样一个过程：掌握安全话语的安全化施动者通过"话语行为"来把某个问题识别为"存在性威胁"，以此对"听众"施加影响，使得"听众"认可安全化施动者所提出的问题是一个"存在性威胁"，同意在此问题上采取超常规的措施，并进而形成相应的国际规范。

三 创新之处

本书研究的创新之处主要表现在以下七个方面：

（一）气候变化问题安全化对国际气候谈判产生重大影响

首先，气候变化问题安全化使得国际气候谈判的政治逻辑发生重大变化。在气候变化问题安全化之前，公平原则是国际气候谈判最重要的基础。以公平为基础，就需要根据国际公平和人际公平的原则来分配碳排放权，这也是新兴发展中大国提出的在人均累积碳排放量趋同的基础上设计全球碳排放方案的主要依据。在安全视角下进行分析，上述方案将面临挑战。把气候变化作为一个安全问题处理，就意味着需要将其作为构成生存性威胁的紧急情势加以对待。面临生存性威胁，很多时候需要打破公平对待这个常规。气候变化问题安全化，意味着全球气候治理进入"急诊模式"。如果按照人均累积碳排放量相同的规则来设计全球碳排放方案，把全球气温升幅控制在安全范围

---

① 参见［新］梅利·卡拉贝若－安东尼等编著《安全化困境：亚洲的视角》，段青编译，浙江大学出版社2010年版，第4—5页。
② 参见［英］巴瑞·布赞、［丹］奥利·维夫：《地区安全复合体与国际安全结构》，潘忠岐等译，上海人民出版社2010年版，第36—37页；叶晓红：《哥本哈根学派安全化理论述评》，《社会主义研究》2015年第6期。
③ ［英］布赞、［丹麦］维夫、［丹］怀尔德：《新安全论》，朱宁译，浙江人民出版社2003年版，第32—33页。

之内的目标就难以实现。因此需要按照安全优先的理念，把确保全球气温升幅控制在安全范围之内设定为优先目标。

其次，气候变化问题安全化使得国际气候谈判程序机制面临挑战。在气候变化问题安全化以前，国际气候谈判基本上是在《联合国气候变化框架公约》及其《京都议定书》下的谈判机制中进行。在气候变化被视为一个安全问题以后，很多发达国家主张安理会应当成为讨论和决策气候变化问题的重要机构，安理会机制可以成为与《联合国气候变化框架公约》机制所并行的气候变化谈判与决策机制。

最后，新兴发展中大国的减排压力将进一步加大。虽然《巴黎协定》在全球碳减排行动方面取得了重大进展，但是目前成果仍然远不足以保障全球气候安全。即使从最乐观的角度预测，现行的各国国家自主贡献方案只能帮助在2100年前把全球气温升幅控制在3℃以下。为维护全球气候安全，提高碳减排目标必然会成为《巴黎协定》生效后国际气候谈判的重点议题。由于现有各国碳减排目标与维护全球安全的需要相比还存在巨大缺口，中国作为国际社会的重要成员还需要做出更大贡献。不仅如此，可以预见的是，随着国际社会在气候安全认知方面的进一步增强，把全球平均气温升幅控制在1.5℃以内的问题未来将成为国际气候谈判中更加重要的议程，中国等新兴发展中大国的减排压力也随之将更凸显出来。

(二) 中国在气候变化安全化国际趋势中面临新的外交挑战

借助哥本哈根安全化理论分析框架，可以把气候变化问题安全化进程分为三个阶段：气候变化问题被欧盟等国际行为体通过"语言—行为"的渲染和推动而被识别为存在性威胁；作为"听众"的其他国际行为体广泛接受把气候变化问题视为一个安全问题加以对待；国际社会形成相应规范确认气候变化是人类社会所面临的安全威胁并采取打破常规的政策或措施加以应对。

在上述三个阶段中，作为新兴发展中大国的中国在气候外交中都将面临重大挑战。

首先，气候变化问题安全化是否符合中国利益？中国应当如何确定其在气候变化问题安全化进程中的基本立场？如果中国接受、认同或支持把气候变化作为一个安全问题对待，那么中国就需要把维护气候安全作为优先考虑的事项，并为此采取打破常规的措施。为了避免地球温室气体浓度超出国际普遍认可的安全阈值，中国不仅可能需要因此而放弃以全球人均累积碳排放趋同为基础的碳排放方案，而且还需要做出碳排放总量尽早实现达峰值的承诺。因此，中国需要准确地做出利益判断并确定基本立场。

其次，中国在气候变化问题安全化进程中应当如何建立话语权威？安全化进程主要是通过安全主体之间的互动而实现的，尤其是安全化施动者的话语行为需要得到作为听众的其他国际社会成员的广泛认可与接受。因此，中国要想让自己在气候安全方面的立场、观点和主张能够得到其他国际社会成员的广泛认可与支持，就必须在气候变化安全化进程中建立话语权威。需要引起注意的是，在气候变化问题安全化进程中，建立话语权威并不容易。一方面，对于任何一个国家而言，安全都是涉及核心利益的问题，因此只有当其他国际行为体的相关话语符合其核心利益时，才有可能得到接受，否则很难形成折中与妥协。另一方面，除了国家行为体外，气候安全问题还涉及非政府组织、企业和个人等很多非国家行为体的切身利益。任何一个国际行为体的相关话语必须要能够符合大多数非国家行为体在气候安全问题上的合理利益，才能具有权威性。因此，对中国气候外交来说，建立气候安全话语权威是一项十分具有挑战性的工作。

最后，中国在气候变化安全化进程中应当如何提高对国际规范的塑造力？国际气候规范的重构或再塑，是气候变化问题安全化背景下国际社会对责任、义务和权利进行重新分配的必然结果。虽然在气候变化安全化进程中，《联合国气候变化框架公约》及其《京都议定书》的原则仍需要坚持，但是必然也需要随着形势与理念的发展变化而做出新的解读。除此以外，很多现有的气候变化国际规范需要被修订，很多新的气候变化国际规范也亟待制定。在未来的国际气候规范制定中，中国既会面临南北分歧，又会面临新兴大国与小岛屿国家、非洲国家和最不发达国家之间所存在的分歧。不仅如此，2017年美国在政府更替后其气候外交政策出现了重大变化，这为未来国际气候规范的制定又增加了很大的不确定性。因此，对中国气候外交而言，提高对国际规范的塑造力同样是一项十分具有挑战性的工作。

（三）中国须在气候变化问题安全化国际趋势中成为更加聪明的力量

在《巴黎协定》生效前，中国顺应气候变化安全化进程的国际趋势，从气候变化安全化的听众转变为气候变化问题安全化的积极推动者，这种角色转换是一个明智的选择。在此基础上，中国需要在《巴黎协定》生效后更好地坚持多边主义理念，努力把全球利益与中国利益更好地结合起来，争取在气候外交中成为更加聪明的力量，促进中国国际和国内战略目标更好地实现。在未来的气候外交中，中国需要重点做好以下两方面工作：一方面，更加聪明地寻求本国安全关切与他国安全关切的交会点，提升气候安全话语权威，构建能够为发达国家和发展中国家所广泛接受的气候安全观。另一方面，更加聪明地寻求本国战略利益与他国战略利益的共同点，提升对国际规范的塑造力，构建有利于全球气候治理合作共赢的国际规范体系。

（四）中国须依据新安全观阐释对气候安全的基本理念

中国应当以新安全观为依据，从气候安全问题的形成根源、基本特征以及解决问题的基本框架等方面向国际社会阐释中国认知与理念，以保持外交表态的一贯性和连续性，并逐步形成能够为国际社会所广泛认可与支持的气候安全观。

首先，中国须向国际社会阐明气候安全问题是全球发展南北失衡的产物。虽然气候安全问题在近年来才成为国际社会讨论的热点问题，但是其形成却是一个长期的过程。发达国家自工业化革命以来，通过过度占有资源和消耗资源的方式发展经济，这些长年累积排放的温室气体是地球大气系统中温室气体含量逐渐逼近安全底线的重要原因。20世纪80年代以后，虽然气候变化的危害性已经引起国际社会的广泛关注和高度重视，但是北方国家利用其在国际规则制定中所具有的话语权优势，不断采取阻挠和拖延策略，致使国际减排协议谈判成为一场长达近二十年的马拉松长跑，这又进一步加剧了全球气候安全问题的严峻性。不仅如此，从发达国家与发展中国家温室气体排放的性质进行对比分析，由于长期以来南北发展严重失衡，北富南贫现象客观存在，因此不仅北方国家的奢侈性排放的比例远超南方国家，而且南方国家还为北方国家承担了大量的转移性碳排放，这些都使得气候安全问题的严峻性更加凸显出来。

其次，中国须向国际社会阐释气候安全是一个需要国际社会合作应对的共同安全问题。共同安全与集体安全的概念存在着本质上的区别。一方面，在共同安全概念下，世界各国不像在集体安全模式下被划分为互相对抗的安全破坏者与安全维持者，而是被界定为需要彼此合作的竞争者。因此，在共同安全模式下，国际行为体之间是合作关系而不是对抗关系。另一方面，在共同安全的原则下，安全不可能通过制裁这种互相破坏的方式来获得，而需要通过同舟共济的方式来共同建设。地球大气层为全球所有国家所共有，地球大气层中温室气体浓度变化对地球环境与生态系统所造成的危害也将由全球所有国家共同承担，因此从根本上看气候变化问题是一个共同安全问题。在共同安全理念下，各国为维护本国气候安全利益所做出的努力都属于全球共同行动的重要组成部分，这就为应对气候安全国际合作提供了基础。气候变化是一个属于通过合作互助才能加以应对的共同安全问题，国际社会所有成员只有摒弃对抗思维，进一步增强共同安全意识，增强在资金、技术和能力建设等方面的务实合作，才能成功应对气候安全挑战。

最后，中国须向国际社会阐述气候安全问题只有在可持续安全的框架下才能得到根本解决。试图通过牺牲发展来谋求气候安全必然会发展与安全两失。试图通过牺牲安全来谋求发展也会导致同样的后果。必须坚持安全与发展并重的理念才能从根源上解决气候安全问题，人类社会也才能真正享有可持续的气候安全保障。坚持安全与发展并重，就需要认识到保障气候安全与推动低碳发展之间是相辅相成与互相促进的关系。一方面，保障气候安全是实现低碳发展所必须具备的条件；另一方面，推动低碳发展不仅可以直接减缓温室气体排放，而且还可以促进解决南北发展严重失衡问题，消除导致气候安全的根源性因素，实现可持续的气候安全。

（五）中国须推动国际社会坚持以国家平等原则为基础的气候安全决策机制

对于采取以安理会决策机制为代表的大国决策机制还是《联合国气候变化框架公约》下的平等协商决策机制来解决气候安全问题，世界主要国家发生了激烈的争辩。气候安全决策机制虽然主要涉及国际气候合作程序性规范的构建，但是也必然会对世界各国相关实体性权利与义务产生重要影响。因此，无论是从维护国际程序公平还是实体公平的角度出发，中国都要努力推动国际社会坚持以国家平等原则为基础的气候安全决策机制。

以安理会决策机制为代表的大国决策机制从本质上是一种以决策地位居于优势的大国为核心，形成决议并由所有国家执行的自上而下的决策机制。对于解决气候安全问题而言，这种决策机制并不适合。在这种决策机制中，由于广大弱小国家不具有平等的话语权与表决权，因此他们的合理利益需求很难得到体现，该机制所形成的成果难以得到世界各国的自觉遵守。《巴黎协定》所确定的维护气候安全的目标极具挑战性，需要世界各国共同努力，仅仅依靠大国的力量根本无法实现。

《联合国气候变化框架公约》下的平等协商决策机制本质上是通过平等对话、沟通和协调这种自下而上的方式把国际社会所有成员的合理利益需求汇集起来，逐渐增加理解，凝聚共识，寻求利益交汇点，最终形成能够体现所有国际社会成员核心共同利益的国际法文件。坚持平等协商的决策机制，有助于《巴黎协定》所有缔约方减少观念分歧，减少冲突与对抗，抓住把全球平均气温升幅控制在2℃以内的宝贵时间窗口，促进共同行动，维护全球气候安全。

（六）引导国际社会正确地对"共同但有区别的责任"原则进行动态解读

2011年德班气候大会以来，"根据各国实际情况"对气候变化承担共同但有区别责任的观点逐渐成为国际潮流。围绕如何根据各国实际情况的发展变化来动态解读"共同但有区别的责任"原则的问题，各国出现了重大分歧，这就使得制定气候规范的国际谈判面临新的挑战。对此，中国作为世界最大的新兴发展中国家，有必要引导国际社会对"共同但有区别的责任"原则进行正确的动态解读，努力减小发达国家与发展中国家之间的分歧，为国际气候规范的进一步完善起到积极的促进作用。

一方面，随着各国国情的发展变化，更应当强调全球碳减排方面的共同行动责任。自20世纪90年代以来，发展中国家的情况确实发生了很大的变化，尤其是新兴发展中大国在经济长期快速发展以后，能源消耗总量和二氧化碳排放总量都有显著上升。目前，仅中国与印度两个新兴发展中大国与能源相关的二氧化碳排放量占全球比例就超过了三分之一。从这个数据看，如果发展中国家尤其是新兴发展中大国不为全球碳减排行动承担责任，那么全球碳排放达峰值的时间必然会大幅度拖延。鉴于气候变化已经成为人类社会所面临的"紧迫的可能无法逆转的威胁"，因此全球共同开展碳减排行动已经成为保障全球气候安全的迫切需要。

另一方面，根据各国的实际国情，更应当强调在全球应对气候变化问题上发达国家与发展中国家不仅需要承担共同责任，而且需要承担有区别的责任。在区分应对气候变化责任方面，不应当对历史碳排放问题采取回避甚至无视的态度，这不符合科学事实。1950年以来发达国家的人均累积碳排放量达到发展中国家的人均累积碳排放的7倍多。即使中国和印度这样的碳排放总量较大的新兴发展中大国的人均累积碳排放量也仅为发达国家平均水平的十六分之一到六分之一，属于发展中国家的中等水平。由此可见，近年来新兴发展中大国碳排放总量增加的事实，并没有改变《联合国气候变化框架公约》所确定的把缔约方划分为发达国家与发展中国家这两种类型并据此承担有区别责任的基础和依据。因此，根据《巴黎协定》的规定，在应对气候变化问题上"根据各国实际情况"来承担共同但有区别的责任，就应当正视发达国家与发展中国家人均累积碳排放存在巨大差距这个实际情况，继续坚持发达国家与发展中国家承担有区别的责任的基本立场。那些主张在应对气候变化责任上改变《联合国气候变化框架公约》所确定的划分为发达国家与发展中国家两种类型的做法，并要求新兴发展中大国与发达国家承担相同责任的观点既不符合各国实际情况，也不符合基本的科学事实。

在如何解读"共同但有区别的责任"原则以保障全球气候安全问题上，要反对发达国家采取双重标准的做法。一方面，发达国家要求发展中国家放弃人均累积碳排放趋同的方案，主张发展中国家与发达国家共同参与碳减排行动，理由是气候变化已经构成了对人类社会的安全威胁，因此必须秉着安全优先的理念，采取打破常规的紧急措施。另一方面，当发展中国家要求发达国家在2020年前提升行动力度、国际支持机制和2020年后增强行动等方面承担有区别责任时，发达国家却不再强调安全优先的理念，而是反复强调各方面的困难，拒绝采取打破常规的紧急措施。中国须向国际社会阐明，如果发达国家不放弃在解读"共同但有区别的责任"原则时采取双重标准的做法，那么《巴黎协定》的有效实施将会成为遥不可及的目标。对此，中国应当发挥积极作用，努力引导《巴黎协定》所有缔约方尤其是发达国家缔约方从维护全球气候安全的角度出发，正确地根据实际情况对"共同但有区别的责任"原则做出符合人类命运共同体核心利益的动态解读。

（七）中国须在气候外交中努力推动国际气候技术合作规范的合理构建

维护全球气候安全，归根结底需要依靠先进的科学技术。《巴黎协定》生效后，制定有利于维护气候安全的国际气候规范成为国际气候谈判与合作的重要工作。中国在气候外交中应抓住气候变化问题安全化的重要契机，努力推动国际社会制定气候技术专利强制许可协议，减少国际气候技术合作所面临的制度障碍，促进《巴黎协定》有效实施，为全球气候安全问题得到根本解决做出应有贡献。

过度重视保护专利权人的私人权益而轻视维护公共利益是现行国际知识产权制度所存在的重大弊端。在整个国际知识产权制度体系中，专利强制许可制度对于维持专利权人的私人权益和社会公共利益之间的平衡起到至关重要的作用。于20世纪90年代开展的《与贸易有关的知识产权协定》（以下简称TRIPs）的谈判中，由于发达国家在经济实力、技术实力和国际制度影响力等方面远强于发展中国家，最终发达国家的意见占据上风，对强制许可制度施加了非常苛刻的限制条件。

气候变化已经成为一个全球共同关注的安全问题，把气候变化排除在TRIPs第31条所规定的"紧急情势"之外不符合全球公共利益。国际社会应当尽快通过谈判制定气候技术专利强制许可制度国际协议，并通过合理的制度设计来对全球公共利益与专利权人的私人利益进行适当的平衡。一方面，对纳入强制许可国际协议的气候变化技术进行严格限制，仅仅把维护气候安全所亟须推广和应用的气候技术纳入覆盖范围，这样既符合保障公共利益的宗旨，也可以把对私权的干预控制在最低限度。另一方面，对气候变化技术强制许可的实施条件加以合理限定，主要针对那些自己既不实施又不在合理期间内以合理价格许可他人使用专利的情况。气候技术强制许可的目的并不在于剥夺专利权人所预期的合理利润，而在于尽量减少以专利为工具压制竞争对手的行为，因此不会对气候技术创新构成障碍。气候技术强制许可制度国际协议可以确定以市场价格或评估价格为参照标准，在允许专利权人拥有合理利润空间的同时，增加技术受让方以能够承受的价格使用气候技术的机会。

第四节　行文设计与结构安排

本书分为导论、主体和结论三部分。导论部分提出了本书研究的主要问题，梳理了国内外研究现状，分析了现有文献的借鉴意义以及尚需进一步深入探究的问题，并对本书研究的现实意义、理论意义、研究方法、理论框架和创新之处进行了阐释。主体部分为以下六章：

第一章主要任务是阐释气候变化问题安全化的时代背景。一方面回顾与梳理"冷战"后非传统安全问题成为大国博弈新领域的进程，另一方面对气候变化问题政治化进程进行考察，并重点分析了围绕气候变化问题的大国博弈日趋激烈的国际形势。

第二章通过实证分析的方法对气候变化问题安全化国际趋势已经基本形成的观点进行论证。首先，考察了气候变化问题安全化施动者把气候变化问题识别为存在性威胁的进程；其次，分析了作为安全化听众的其他国际社会成员对施动者的安全话语从逐渐接受和认可到广泛支持的过程；最后，考察了国际社会成员在接受气候变化是人类社会的存在性威胁后，共同决定针对气候变化采取超常规的措施，并进而形成新的国际规范的过程。

第三章考察了美国、欧盟和小岛屿发展中国家在气候变化问题安全化进程中所采取的外交对策，分析了其对中国气候外交的借鉴意义。在此基础上，进一步分析了中国在气候变化问题安全化进程中所面临的新外交挑战及应对挑战的总体思路。

第四章以中国在气候问题安全化国际趋势中构建话语权威为重点，分析了中国在气候安全问题外交表态上所存在的问题以及相关外交表态应随形势发展而完善的必要性，并为中国在气候外交中如何科学阐释气候安全观提出了具体对策。

第五章以中国推动国际社会坚持正确的气候安全决策机制为重点，分析了安理会决策机制在解决气候安全问题上的缺点和不足，为中国在气候外交中如何推动国际社会坚持以国家平等原则为基础的气候安全决策机制提出了具体对策。

第六章以中国在《巴黎协定》生效后对国际气候规范的构建发挥引导作用为重点，研究了后巴黎时代国际气候规范制定所面临的困难和不确定性，分析了中国发挥引导作用的必要性，并为中国在气候外交中如何抓住重点对国际气候规范构建发挥引导作用提出了具体对策。

最后是结论部分。结论部分对上述各章所提出的问题和对策进行了总结，更加明确地提出了中国在气候变化问题安全化国际趋势中所面临的外交挑战以及需要采取的外交对策，同时也提出了本书研究的不足之处和尚待进一步研究的问题。

第一章 气候变化问题安全化的时代背景

第一节 非传统安全问题的凸显

"冷战"结束后,随着世界政治格局发生重大变化,国际社会的安全关切开始发生转变。如何应对新的全球性威胁的问题逐渐进入到国际政治的核心议程,一些大国也开始把如何应对非传统安全问题作为安全战略和外交工作的重要方面加以部署。

一 "冷战"后世界格局的转变

20世纪40年代,第二次世界大战结束,以美国与苏联两个超级大国争霸为主要特征的"冷战"格局逐渐形成。从20世纪40年代到80年代末,美国与苏联这两个超级大国之间在政治、军事与意识形态等方面展开了长达四十余年的对抗与角逐,世界上很多国家也以正式结盟或非正式结盟的形式分别加入了美、苏对抗的阵营,两大阵营之间在很长时间里形成了战略平衡,国际体系也形成了双极特征。[①]

20世纪90年代初,苏联解体,长达数十年的"冷战"正式结束。"冷战"后,世界格局出现了重大变化。[②] 一方面,"冷战"结束

[①] 参见桂立《共存与共处——70多年来苏美关系述评》,博士学位论文,2001年华东师范大学,第53—54页;Timothy J. White, "From Hegemonic Bipolarity to Autonomous Interdependence: The Role of Foreign Policy in the Post Cold-War World", *Annual Conference of the International Studies Association*, April 1, 1994, pp. 1–2.

[②] 参见[英]戴维·坎贝尔《塑造安全》,李中、刘海青译,吉林人民出版社2008年版,第2页。

后，由于另一个超级大国的解体，美国的政治、经济、军事与文化等实力远远超出其他国家，使其成为名副其实的世界第一大国，也是世界上唯一的超级大国。另一方面，美国政治精英们毫不掩饰其试图独霸世界的野心。曾担任过美国总统吉米·卡特的国家安全事务助理的兹比格纽·布热津斯基，对"冷战"结束后美国的地位做了以下描述："美国总统虽没有在国际上获得任何正式的祝福，但确实担当起了全球领袖之职。"① 美国著名专栏作家查尔斯·克劳塞默提出了"单极时刻"的口号，他认为"冷战"结束意味着美国称霸世界的"单极时刻"的到来。② 美国一些外交家甚至把"冷战"后的美国视为一个打遍世界无敌手的剑客。③

（一）美国

"冷战"后的美国全球战略的核心，是充分利用其世界唯一超级大国的地位极力塑造由其独霸全球的"世界新秩序"。在20世纪80年代末90年代初，作为政治、经济、军事等方面实力都远超其他国家的超级大国，美国开始对未来的世界格局进行战略规划。在美国看来，"冷战"结束后，美国虽然拥有了任何国家都不能相比的实力，但是如何让美国实力帮助美国在未来的世界格局中塑造以其为核心的国际体系，如何能够长期稳定地巩固与提升美国对国际秩序的影响力，这些都需要通过新的全球战略来规划与部署。在此背景下，老布什政府精心为美国设计了"冷战"后的全球战略目标。老布什政府提出，世界新秩序是以法律规则和原则为基础所形成的新的国际合作关系，这种新的国际合作关系以促进民主、促进繁荣和减少战争为目标。④ 在老布什政府看来，建立未来世界新秩序的核心在于确立美国独一无二的世界领导地位。1990年2月，时任美国国务卿的贝克尔

---

① ［美］兹比格纽·布热津斯基：《第二次机遇》，陈东晓等译，上海人民出版社2008年版，第1页。

② 参见王辑思、徐辉、倪峰主编《（一）美国"冷战"后的美国外交（1989—2000）》，时事出版社2008年版，第14页。

③ 同上。

④ K. R. Holmes, "Bush's New World Order: What's Wrong with This Picture?" p. 2, http://research.policyarchive.org/12708.pdf, May 1, 2017.

（Baker）在美国国会对外事务委员会举办的一次听众会上说：在这个正在挣扎着将要出生的新世界中，"美国的领导是无可替代的"。①

克林顿政府面临的是，在世纪更替之际如何进一步明确美国全球战略目标的重任。1997年5月，美国发布了《面向新世纪的国家安全战略报告》，该安全战略报告的第一部分即强调了美国在面对未来的机遇和挑战时所需要具有的全球领导地位。该安全战略报告提出：当前的全球安全环境充满了很多不断变化的、不确定的挑战，民主治理、市场经济、尊重基本人权等美国核心价值在这种安全环境下被全球许多国家认可和追捧，这为促进全球和平、繁荣与合作提供了新的机遇，并且美国过去的对手也开始与美国合作。②面对此种情形，美国并不是区别国内政策和外交政策而设定目标，而是针对当今世界国内政策与外交政策的界限正在不断模糊的实际情况，制定旨在在全球范围内发展美国利益和理念的经济和安全政策。③《面向新世纪的国家安全战略报告》认为，在这个世界中，美国应当认清自己所应当扮演的角色。④一方面，美国是一个拥有全球利益的国家，美国所面临的利益挑战经常是超越美国边境的，因此美国必须永远保持无与伦比的外交、技术、产业和军事能力来应对这些挑战；另一方面，人们总是看到国际社会在得不到美国领导时经常迟疑不决，行动无力，由此可见，美国在很多时刻是唯一有能力为国际社会应对挑战提供必要领导的国家。⑤虽然在美国克林顿政府所发布的上述安全报告的精心措辞中，没有明确提出美国应当成为新世纪的世界霸主，但是从其安全战略目标是把美国打造成为"唯一有能力为国际社会提供必要领导"的

---

① Stanley R. Sloan, "The US Role in a New World Order: Prospects for George Bush's Global Vision", p. 15, http://xueshu.baidu.com/s?wd=paperuri%3A%28490d42430ed3987b8f3310ad64f23720%29&filter=sc_long_sign&tn=SE_xueshusource_2kduw22v&sc_vurl=http%3A%2F%2Fdigital.library.unt.edu%2Fark%3A%2F67531%2Fmetadc812742%2Fm2%2F1%2Fhigh_res_d%2F91-294_1991Mar28.pdf&ie=utf-8&sc_us=12090679515509839756, May 1, 2017.

② "A National Security for a New Century", p. 2, http://informationcollective.org/wp-content/vp10uds/2013/07/1009.pdf, May 1, 2017.

③ Ibid..

④ Ibid..

⑤ Ibid..

国家可以看出，美国在21世纪维持和巩固其在全球的唯一霸主地位的战略意图已经十分明确。

作为21世纪第一位登台执政的美国总统，小布什（George W. Bush）面对新的安全挑战。小布什总统及其智库在质疑克林顿政府相对比较温和的全球战略是否能够让新世纪真正成为"美国的世纪"的同时，认为必须采取更多的强制性、单边性的措施，采取更加进攻性的姿态、更多的军事手段，来打击一切有可能对美国构成威胁的对手，来巩固美国的霸主地位。在此背景下美国新保守派竭力鼓吹"新帝国论"，并推动其成为主导美国政府和社会思想的理论。① 该理论的核心是试图建立一个主宰世界的"美利坚帝国"②，确保美国在新世纪的世界里拥有不容挑战的"单极霸权"。

（二）欧盟

值得指出的是，在美国试图推行"单极霸权"的同时，欧盟等在世界政治舞台上正在积极地争取扮演更重要的角色。虽然从总体而言这些国家或国家集团尚不能拥有像美国那样的全球主导性地位，但是在某些领域的全球性事务中，这些国家或国家集团通过精心设计战略目标，坚持实施符合其战略目标的政策与措施，不断增强自身在相应领域的话语权与影响力，已经能够在很多领域对美国的领导地位形成有力的挑战，这就形成了"一超多强"的世界政治格局。

"冷战"结束后，已经摆脱了苏联巨大军事威慑的欧盟不时地在一些国际事务中直接地对美国的做法表示反对。③ 在小布什政府发动伊拉克战争时，德国与法国就曾明确表示反对；在贸易壁垒方面，欧盟对美国则更少让步，双方不仅在世界贸易组织框架下多次在关税壁垒问题上发生摩擦与纠纷，而且在非关税贸易壁垒方面双方也龃龉不

---

① 参见唐仁模《美国"新帝国战略"的由来及特征》，《和平与发展》2004年第1期。
② 同上。
③ 参见王缉思、徐辉、倪峰主编《"冷战"后的美国外交（1989—2000）》，时事出版社2008年版，第71—75页；国玉奇、[俄] В. П. 丘德诺夫：《地缘政治学与世界秩序》，重庆出版社2007年版，第287—288页。

断；在产品标准方面，欧盟也毫不退缩地向美国发起挑战，先后多次对美国的诸如微软、英特尔等商业巨头开出巨额罚单。① 事实上，欧盟针对很多产品设定了全球标准，而美国虽然反对，但是在很多情况下也只好遵守欧盟所设定的规则。②

（三）发展中大国

值得指出的是，不仅传统的西方强国具有可能对全球性事务产生重要影响的能力，而且一些原先处于贫穷与落后状态的发展中大国在"冷战"后也快速发展起来，成为"一超多强"世界格局中的重要力量。

"冷战"结束后，一方面，两超争霸格局下的全球军事与政治紧张对峙的局势有所缓解，在此背景下包括发展中大国在内的世界各国都可以把更多的精力和资源集中到经济建设上来；另一方面，相对于"冷战"期间世界两极化发展格局而言，世界出现了多元化发展的趋势，"非友即敌"的国际关系模式逐渐改变，美国、西欧和日本等发达国家与发展中大国之间的贸易和投资活动逐渐增多，这些都为新兴发展中大国的快速发展提供了有利条件。在这样的时代背景下，发展中国家获得了宝贵的发展机遇期，中国、印度和巴西等发展中大国呈现出快速发展趋势，经济实力显著增强，尤其是在国际经济交往中所占份额不断扩大，与发达国家的差距不断缩小，到21世纪初时已经成为在世界经济活动中占据重要地位的新兴经济体。

1990年巴西农产品出口值仅占到全球农产品出口总值的2.4%，这个份额连2012年所占份额的一半都不到，而且1990年巴西的农产品出口值不仅落后于欧盟和美国，而且还远远落后于加拿大等发达国家，当年巴西的农产品出口值仅占到加拿大的44.4%。③ 2012年，巴西农产品出口总

---

① Jeremy Shapiro and Nick Witney, "Towards a Post – American Europe: A Power Audit of EU – US Relations", pp. 23 – 25, http://pasos.org/wp – content/archive/ECFR_EUUSrelations.pdf, May 1, 2017.
② Ibid..
③ "International Trade and Market Access Data", http://www.wto.org/english/res_e/statis_e/statis_bis_e.htm? solution = WTO&path =/Dashboards/MAPS&file = Map.wcdf&bookmarkState = {%22impl%22:%22client%22,%22params%22: {%22langParam%22:%22en%22}}, May 1, 2017.

值已经达到 860 亿美元，占全球农产品出口总值的 5.2%，其农产品出口总值仅排在欧盟与美国之后，处于全球第 3 位，分别比排在第 5 位的加拿大、排在第 10 位的澳大利亚和排在第 14 位的新西兰等发达国家超出 36.5%、126.3% 和 258.3%。① 上述数据表明，"冷战"后短短二十多年内巴西在全球农业生产中的地位得到了极大的提升。

自 20 世纪 90 年代以来，巴西在国际货物贸易活动中的地位也有了显著提升。1990 年巴西货物贸易出口值为 314 亿美元，仅占全球货物贸易出口总值的 0.91%；2000 年巴西货物贸易出口值达到了 551 亿美元，比 1990 年增加 75.5%；2012 年巴西货物贸易出口值达到了 2426 亿美元，比 2000 年增加 340%；2012 年巴西货物贸易出口占全球货物贸易出口总值的 1.3%，所占份额比 1990 年增加 42.9%。② 近二十余年来，巴西在货物贸易出口方面与澳大利亚和西班牙等发达国家之间的差距不断缩小。2012 年巴西货物贸易出口值已经占到澳大利亚的 94.5%。③ 与 1990 年巴西货物贸易出口值仅为澳大利亚的 79.1% 相比，两者之间的差距减少了约 15 个百分点。④ 2012 年巴西货物贸易出口值已经占到西班牙的 82.5%。⑤ 与 1990 年巴西货物贸易出口值仅为西班牙的 56.5% 相比，两者之间的差距减少了 26 个百分点。⑥

巴西在全球服务贸易中的地位提升则更为显著。1990 年巴西服务贸易进口值为 75.2 亿美元，占全球服务贸易进口值的份额为 0.86%，在全球排名为第 27 位。⑦ 2000 年巴西服务贸易进口值为 156 亿美元，比 1990 年增加了 107.4%；占全球服务贸易进口值的份额为 1.1%，所占份额比 1990 年增加了 27.9%；在全球排名为第 26 位。⑧ 2012 年

---

① "International Trade and Market Access Data", http://www.wto.org/english/res_e/statis_e/statis_bis_e.htm?solution = WTO&path =/Dashboards/MAPS&file = Map.wcdf&bookmarkState = {%22impl%22:%22client%22,%22params%22:{%22langParam%22:%22en%22}}, May 1, 2017.

② Ibid..

③ Ibid..

④ Ibid..

⑤ Ibid..

⑥ Ibid..

⑦ Ibid..

⑧ Ibid..

巴西服务贸易进口值达到780亿美元，比2000年增加了4倍；占全球服务贸易进口值的份额达到1.9%，所占份额比2000年又增加了72.7%；在全球排名为第17位，排名比2000年前进了9位。① 1990年巴西服务贸易出口为37亿美元，占全球服务贸易出口值的0.47%，在全球排名为34名。2000年巴西服务贸易出口为90亿美元，比1990年增加143%；占全球服务贸易出口值的份额为0.6%，服务贸易出口在全球所占份额比1990年增加27.7%；在全球排名为第33位，比1990年前进1位。2012年巴西服务贸易出口值达到380亿美元，比2000年增加了322%；2012年巴西服务贸易出口值占全球服务贸易出口值的份额达到0.9%，所占份额比2000年增加了50%；2012年巴西服务贸易出口在全球排名为第29位，排名比2000年前进了4位。②

"冷战"后，印度的发展成就也令世人瞩目。2012年印度农产品出口总值达到420亿美元，占全球农产品出口总值的2.6%，其农产品出口总值排在全球第8位，分别比排在第10位的澳大利亚和排在第14位的新西兰超出10.5%和75%。③ 与20世纪90年代相比，印度农产品出口值的增幅是十分惊人的。1990年印度农产品出口值仅占到全球农产品出口总值的0.8%，连2012年所占份额的三分之一都不到，到2000年这个份额也仅达到1.1%，在过去的二十年里印度占全球农产品出口的份额增长了两倍多。④

自20世纪90年代以来，印度在国际货物贸易活动中的地位也有了显著提升。1990年印度货物贸易进口值为236亿美元，占全球货物贸易进口总值的0.66%，在全球排名为27位；2000年印度货物贸易进口值为515亿美元，占全球货物贸易进口总值的0.77%，在全球排

---

① "International Trade and Market Access Data", http://www.wto.org/english/res_e/statis_e/statis_bis_e.htm? solution = WTO&path =/Dashboards/MAPS&file = Map.wcdf&bookmarkState = {%22impl%22:%22client%22,%22params%22:{%22langParam%22:%22en%22}}, May 1, 2017.
② Ibid..
③ Ibid..
④ Ibid..

名为 26 位；2012 年印度货物贸易进口值为 4897 亿美元，占全球货物贸易进口总值的 2.63%，在全球排名为 11 位，排名比 1990 年和 2000 年分别上升了 16 位和 15 位。① 2012 年印度货物贸易进口值已经超过了意大利、加拿大和澳大利亚等发达国家。②

1990 年印度货物贸易出口值为 180 亿美元，占全球货物贸易出口总值的 0.52%，在全球排名为 33 位；2000 年印度货物贸易出口值为 424 亿美元，比 1990 年增加了 135.6%；2000 年印度货物贸易出口值占全球货物贸易出口总值的 0.66%，所占份额比 1990 年增加了 26.9%；2012 年印度货物贸易出口值为 2942 亿美元，比 2000 年增加了近 6 倍；2012 年印度货物贸易出口值占全球货物贸易出口总值的 1.6%，所占份额比 2000 年又增加了 142.4%；在全球排名为 20 位，比 2000 年和 1990 年前进了 13 位。③ 近二十余年来，印度在货物贸易出口方面不仅与澳大利亚和西班牙等发达国家之间的差距不断缩小，而且还实现了反超。2000 年印度货物贸易出口值已经占到澳大利亚的 66.4%，与 1990 年印度货物贸易出口值仅为澳大利亚的 45.2% 相比，两者之间的差距减少了约 21 个百分点。④ 2000 年印度货物贸易出口值占到西班牙的 36.8%，与 1990 年印度货物贸易出口值为西班牙的 32.4% 相比，两者之间的差距减少了约 4 个百分点。⑤ 2012 年，印度货物贸易出口值则已经超过了澳大利亚和西班牙。⑥

从服务贸易的角度看，印度在全球的地位也有非常显著的提升。1990 年印度服务贸易进口值为 61 亿美元，占全球服务贸易进口值的份额为 0.7%，在全球排名仅为第 29 位。⑦ 2000 年印度服务贸易进口

---

① "International Trade and Market Access Data", http://www.wto.org/english/res_e/statis_e/statis_bis_e.htm?solution = WTO&path =/Dashboards/MAPS&file = Map.wcdf&bookmarkState = {%22impl%22:%22client%22,%22params%22: {%22langParam%22:%22en%22}}, May 1, 2017.

② Ibid..

③ Ibid..

④ Ibid..

⑤ Ibid..

⑥ Ibid..

⑦ Ibid..

值为189亿美元，比1990年服务贸易进口值增加210%，占全球服务贸易进口值的份额为1.3%，所占份额比1990年增加近1倍；在全球排名为第19位，排名比1990年前进10位。① 2012年印度服务贸易进口值达到1270亿美元，比2000年增加572.0%；占全球服务贸易进口值的份额达到3.1%，所占份额比2000年增加了138.5%；在全球排名为第7位，排名比2000年又前进了12位。② 1990年印度服务贸易出口值为46亿美元，占全球服务贸易出口值的份额为0.58%，在全球排名为仅为第30位；2000年印度服务贸易出口为160亿美元，比1990年增加了247.8%；占全球服务贸易出口值的份额为1.1%，服务贸易出口在全球服务贸易出口中所占比例比1990年增加近1倍；在全球排名为第22位，排名比1990年前进了8位；2012年印度服务贸易出口值达到了1410亿美元，比2000年增加了7倍多；2012年印度服务贸易出口值占全球服务贸易出口值的份额达到3.2%，所占份额比2000年增加了近2倍；2012年印度服务贸易出口在全球排名为第7位，排名比2000年又前进了15位。③ 与澳大利亚相比，2000年印度的服务贸易进口值和出口值与澳大利亚几乎持平，而2012年印度服务贸易进口值则为澳大利亚的两倍，服务贸易出口值为澳大利亚的2.7倍。④ 印度运输服务业发展尤为迅速。2012年印度运输服务业进口额达到589亿美元，占到全球运输服务进口总值的5.2%，这个比例不仅超过了占全球份额2%的加拿大和1.5%的澳大利亚，而且超过了占全球份额4.8%的日本，而2005年印度运输服务业进口额还仅占到全球运输服务进口总值的3%，仅为当年日本所占全球份额的一半左右。⑤ 与此同时，印度运输服务业出口值也迅速提升，2005年印度运输服务业出口总额占全球总额的份额仅为1%，只占到加拿大

---

① "International Trade and Market Access Data", http：//www.wto.org/english/res_e/statis_e/statis_bis_e.htm? solution = WTO&path =/Dashboards/MAPS&file = Map.wcdf&bookmarkState = ｛%22impl%22：%22client%22，%22params%22：｛%22langParam%22：%22en%22｝｝, May 1, 2017.

② Ibid..

③ Ibid..

④ Ibid..

⑤ Ibid..

运输服务业总额的58.8%,而2012年印度运输服务业出口额则达到了171亿美元,占到全球运输服务出口总值的1.9%,比加拿大当年运输服务业总额超出26.7%。①

自20世纪90年代以来,中国在国际经济活动中的地位显著提升。1990年中国货物贸易进口值为533亿美元,占全球货物贸易进口总值的1.5%,在全球排名仅为第17位;2000年中国货物贸易进口值为2251亿美元,占全球货物贸易进口总值的3.3%,在全球排名为第9位;2012年中国货物贸易进口值为18184亿美元,占全球货物贸易进口总值的9.8%,在全球排名为第3位,仅次于欧盟与美国;2012年中国货物贸易进口值超出德国55.8%,超出日本105.3%,超出英国163.6%。②

1990年中国货物贸易出口值为621亿美元,占全球货物贸易出口总值的1.8%,在全球排名仅为第14位,仅占美国的15.8%,占德国的14.7%,占日本的21.6%,占英国的33.5%。2000年中国货物贸易出口值为2492亿美元,比1990年增加了3倍;2000年中国货物贸易出口值占全球货物贸易出口总值的3.8%,所占份额比1990年增加了111.1%;在全球排名为第8位,排名比1990年前进了6位。③ 2000年中国货物贸易出口值占到美国的31.9%,占德国的45.2%,占日本的52%,占英国的87.3%。2012年中国货物贸易出口值为20487亿美元,比2000年增加了7.2倍;占全球货物贸易出口总值的11.1%,所占份额比2000年增加了近2倍;在全球排名为第2位,仅次于欧盟,排名比2000年前进了6位。④ 如果以国家为单位来衡量,中国已经成为全球货物贸易出口值最大的国家。2012年中国货物贸易出口值超出美国32.5%,超出德国45.6%,超出日本156.5%,

---

① "International Trade and Market Access Data", http://www.wto.org/english/res_e/statis_e/statis_bis_e.htm? solution = WTO&path =/Dashboards/MAPS&file = Map. wcdf&bookmarkState = {%22impl%22:%22client%22,%22params%22:{%22langParam%22:%22en%22}}, May 1, 2017.
② Ibid..
③ Ibid..
④ Ibid..

超出英国331.9%。①

新兴发展中大国经济实力迅速增强之后，它们必然会在全球性事务中争取更多的话语权和影响力。正如2008年1月21日时任印度总理辛格在和时任英国首相布朗举行的联合记者招待会上说，今后"任何一个国际机构如果还要把印度和中国这样的国家排除在外，就会让人们对其处理问题的能力产生怀疑"。②

二 非传统安全问题的国际关注

在"冷战"中，国际政治被超级大国对抗所主宰，在国际安全议程中占据绝对优势地位的话题是战争威胁。③"冷战"结束后，国际社会开始逐步适应全球两大军事集团紧张对峙格局已经消除的安全环境，并尝试着发现和寻找现实存在或具有潜在威胁的新的不安全因素，在安全观念方面也逐渐突破军事安全的传统框架，在此背景下国际社会在"冷战"结束前后开始把非传统安全问题提到国际政治议事日程上来。

早在"冷战"结束前夕，人类就敏锐地感觉到对国际安全的关注重点必须发生转移。1987年，第42届联合国大会一致通过了布伦特兰委员会提交的报告《我们共同的未来》，报告中指出，安全的定义必须扩展，以便包括日益增长的环境压力的影响。④

1991年，"冷战"刚刚结束，联合国秘书长就在《关于联合国工作的报告》中指出，在20世纪90年代，恐怖主义、走私毒品、环境退化以及因贫困而导致的社会崩溃等问题都可能成为新的安全挑战，旧模式对处理新安全挑战不会有帮助，用传统的分类来界定新的安全挑战也不够充分，要建设和平，为世界创造稳定的环境，就需要我们

---

① "International Trade and Market Access Data", http：//www.wto.org/english/res_e/statis_e/statis_bis_e.htm? solution = WTO&path =/Dashboards/MAPS&file = Map.wcdf&bookmarkState = ｛%22impl%22:%22client%22,%22params%22:｛%22langParam%22:%22en%22｝｝, May 1, 2017.

② 参见王嵎生《发展中国家的迅速兴起及其影响》，《亚非纵横》2008年第2期。

③ See Simon Dalby, *Security and Environmental Change*, Polity Press, Cambridge, UK., 2009, p.37.

④ 世界环境与发展委员会：《我们共同的未来》，王之佳等译，吉林人民出版社1989年版，第23页。

对一种全新的安全挑战做出创造性的反应。① 在那个时代，他虽然还不能明确提出未来的发展趋势，但是已经很敏感地认识到全球安全形势正在发生深刻的变化。他在报告中称："我们进入了一个两面性的时代，一面是希望，另一面是危险的放纵行为。在世界发展的一个主要方面，我们目睹了巨大的惊人变革。"②

2000 年，在"冷战"结束十年后，联合国秘书长在《关于联合国工作的报告》中总结了"冷战"结束以后国际安全形势所发生的变化，并尝试性地对新的安全因素加以分析。他在报告中称，在 21 世纪启程之时，我们越来越一致的看法是，安全再不能狭隘地定义为一种国家之间不发生武装冲突的状态，国际恐怖主义、艾滋病、毒品与武器走私、环境灾难等都意味着对人类安全的威胁，而且这些新的威胁正在迫使我们采取大量的更为协调的方法来处理这些问题；如果我们要在未来实现长期维持和平的目标，就必须要用创造性的思维来理解对人类安全构成威胁的各种因素，并采取综合性的措施加以应对。③

2003 年 9 月，面对新的安全威胁迅速发展的客观形势和国际社会共同应对新的安全威胁与挑战的迫切需要，联合国秘书长宣布成立一个威胁、挑战和改革问题高级别小组，并请泰国前总理阿南·班雅拉春担任该小组主席，其任务是评估国际和平与安全所面临的威胁，为加强联合国工作提出建议，以使联合国能够在 21 世纪为所有人提供安全。

2004 年 12 月，威胁、挑战和改革问题高级别小组向联合国秘书长提交了一份报告《一个更安全的世界：我们的共同责任》④，对国际安全形势、新的安全挑战与威胁以及相应对策进行了系统的分析与

---

① Secretary General of UN, *Report of Secretary General on Work of the Organization*, 1991, A/45/1.
② Ibid..
③ General Assembly, "Report of the Secretary - General on the Work of the Organization", Supplement No.1（A/55/1）, 2000.
④ 威胁、挑战和改革问题高级别小组：《一个更安全的世界：我们的共同责任》, A/59/565, 2004 年 12 月。

阐述。报告彻底突破了以军事安全为核心的传统安全概念的束缚，对新形势下的安全威胁与挑战作出了创新性的解读。

该报告首先阐释了非传统安全问题形成的时代背景。报告指出，人类进入21世纪后，全球仍然有超过1000万的人口缺乏洁净的水源，超过2000万的人口缺乏卫生设施，超过300万的人口每年死于与水有关的疾病，约8.4亿人口处于营养不良的状态，1400万人口每年因饥饿而死亡。[1] 报告认为应当从新的角度来界定安全问题，并提出，任何能够造成大规模死亡或可能缩短生命的事件或进程都可以视为对国际安全的威胁。[2] 报告指出，在南北差距和贫富差距进一步加大的时代背景下，很多新问题已经成为超越国界的安全挑战；在当今世界，安全威胁是相互关联的，对一个国家的安全威胁可以成为对所有国家的安全威胁，甚至在新的安全威胁面前，谁更加具有脆弱性或谁更加具有抵抗力并不那么清晰。[3]

该报告还进一步阐释了新安全威胁之间的关联互动性。报告指出，贫困、传染病、环境退化和战争相互之间以一种恶性循环的方式加剧彼此：贫困与爆发内战之间具有很强的关联性，疟疾和艾滋病等传染性疾病则会导致大量的人口死亡并进一步加剧贫困，贫困等问题又与环境退化密切关联，由于自然资源缺乏而形成的环境压力又转而会诱发暴力活动。[4]

威胁、挑战和改革问题高级别小组的上述报告不仅引起了国际社会的强烈反响，而且也受到了联合国秘书长的高度重视。联合国秘书长在2005年正式发布《大自由——实现人人共享的发展、安全和人权》，确认了非传统安全问题在国际安全议程中的重要地位。首先，该报告认为，在21世纪安全的概念必须具有更加广泛的含义，只有

---

[1] High – level Panel on Threats, "Challenges and Change, A More Secure World: Our Shared Responsibility Report of the High – level Panel on Threats, Challenges and Change", p. 17, http://www.un.org/en/ga/search/view_doc.asp?symbol=A%20/59/565&referer=http://www.un.org/zh/documents/index.html&Lang=E, May 1, 2017.

[2] Ibid., p. 20.

[3] Ibid., p. 20.

[4] Ibid., p. 20.

这样国际社会才能同时处理好旧的安全威胁和新的安全威胁，避免陷入安全困境。① 其次，报告具体分析了国际社会所面临的新安全威胁，认为国内暴力、有组织犯罪、恐怖组织和武器大规模扩散、贫穷、致命的传染性疾病、环境退化等新问题可能导致与战争同样的灾难性后果，所有这些新的威胁都可能导致大规模的死亡或生命周期缩短。② 最后，报告再次强调了全球化背景下各国合作应对非传统安全威胁的重要意义，认为穷国所受到的安全威胁，可能会波及富国，弱国所遭受的安全威胁，可能会波及强国，反之亦然。③

可以看出，从20世纪80年代开始，随着国际形势所发生的巨大变化，国际社会开始对安全概念进行深刻而广泛的反思与辩论，到2005年联合国发布的《大自由——实现人人共享的发展、安全和人权》，对安全的概念、种类和特征进行了系统的阐释和总结，这标志着绝大多数国际社会成员对国际安全形势的变革形成了基本一致的共识，这意味着非传统安全的重要性可以与传统安全问题相提并论，非传统安全正式成为国际政治议程中的重要议题。

相对传统安全博弈而言，非传统安全博弈更加错综复杂。在传统的军事安全斗争中，敌我双方通常阵营分明。在非传统安全国际博弈中却并非如此，各国时分时合，合中有分，有时甚至貌合神离，各行其是。当然，这种现象在传统安全博弈中也在一定程度上存在，但是在非传统安全国际博弈中却表现得更加明显。

不仅如此，相对传统安全博弈而言，非传统安全斗争目标更为多元化，手段更加复杂化。在传统安全国际博弈中，领土争夺是主要目标，军事斗争是主要手段，博弈结果往往是赢家通吃。在非传统安全国际博弈中，围绕着反恐、传染性疾病防控、环境治理等不同的主题，不同国际行为体在博弈中的目标有很大差别。与此同时，非传统安全国际博弈的手段也更加复杂，经济、法律和舆论等都有可能成为

---

① Secretary General of UN, "In Larger Freedom: Towards Development, Security and Human Rights", A/59/2005, March 21, 2005, pp. 24–25.
② Ibid..
③ Ibid..

不同国家行为体实现其目标的政策工具和斗争手段。

除此以外，在非传统安全国际博弈中，除了国家与国家集团继续在国际博弈中发挥重要作用外，国际组织、非政府组织、企业和个人等非国家行为体也在扮演着十分重要的角色，这就进一步增加了非传统安全国际博弈形势的复杂性。

在非传统安全国际博弈中，除了安理会继续在反恐、艾滋病等问题上发挥作用外，其他国际组织与机构的参与度及影响力也是传统安全国际博弈所远远不能比拟的。例如，艾滋病从一个传染性疾病演变到一个国际社会高度关注与重视的公共健康安全挑战，世界卫生组织、艾滋病毒联合规划署等国际组织和机构在其中所起的作用是至关重要的。

2000年7月17日，联合国安理会召开第4172次会议，议程为"安全理事会维持国际和平与安全的责任——艾滋病毒/艾滋病和国际维持和平行动"，此次会议是安理会第一次正式讨论艾滋病问题。在这次会议上，联合国艾滋病毒联合规划署代表的发言，极大地提升了国际社会对艾滋病的安全含义的认知。时任联合国艾滋病毒联合方案执行主任的彼得·皮奥特博士在会上发言认为，艾滋病对社会很多部门的不良影响已经达到相当的广度和范围，艾滋病可能对人类安全构成威胁并可能破坏全球稳定。[①] 此次会议还形成了安理会第1308（2000）号决议，该决议强调指出，如果不控制艾滋病毒/艾滋病的流行，全球稳定与安全将会因此而受到威胁。[②] 这实际上标志着艾滋病问题进入了国际安全核心议程。2005年7月18日，安理会召开了第5228次会议，联合国艾滋病毒联合规划署在这次会议上继续发挥了重要作用。时任联合国艾滋病毒联合规划署执行主任的彼得·皮奥特在会议的主题发言中十分明确地指出，艾滋病已经不仅被视为对发展和公众健康的威胁，而且同时也被"视为对国家安全和稳定的威胁"。[③]

---

① 安理会第4172次会议记录，S/PV.4172，2000年7月17日。
② 安理会第1308（2000）号决议，S/RES/1308（2000），2000年7月17日。
③ 安理会第5228次会议记录，S/PV.5228，2005年7月18日，第5—7页。

在非传统安全博弈中，个人和企业等行为体的影响作用同样不可忽视。一方面，个人以消费者的身份对推动国际社会重视环境退化问题起到重要作用。在全球环境意识日益增强的大趋势下，消费者对商品的环境负面影响更加关注和重视，几乎所有个人都可以通过其消费行为对相关国家或国家集团的环境政策施加间接的影响。与此同时，许多个人事实上还扮演着公众环境认知推动者的角色，对国家的环境政策甚至全球环境谈判进程都起到重要影响作用。例如，美国前副总统戈尔长期以来在环境问题上通过发表演讲、出版著作和制作电影等方式影响公众认知，戈尔的上述行动对美国国内和国际环境政策都产生了一定程度的影响。值得指出的是，个人在环境问题上扮演认知推动者角色的现象并不局限于西方国家，中国中央电视台前主持人柴静通过制作纪录片《柴静雾霾调查：穹顶之下》对公众的环境认知也起到了一定的推动作用。另一方面，企业在非传统安全国际博弈中也起到了非常重要的作用。各国企业正在越来越积极地开展绿色生产、生态标识和环境公益等活动，这使得各国在制定政策时不得不考虑到企业自愿行为对政策效力的影响，必然也会对相关议题的非传统安全国际博弈形势产生不可忽视的影响。

面对错综复杂的非传统安全博弈形势，世界上一些主要国家也开始在其安全战略中把非传统安全问题摆到重要位置上。

20世纪末，面对着正在发生深刻变化的国际形势，作为世界唯一超级大国的美国也在对其安全战略进行反思和调整。1997年5月，美国发布了《新世纪的国家安全战略》(*A National Security Strategy for A New Century*)，把美国的利益分为"增强安全"(Enhancing Security)和"促进繁荣"(Promoting Prosperity)两个方面，并在"增强安全"部分对一些非传统安全问题做出了阐释和部署。[①] 该安全战略提出，一些安全威胁是跨越国界的，这些安全威胁包括恐怖主义、毒品贸易、武器走私、国际有组织犯罪、难民迁徙、环境损害等，对美国及

---

① *A National Security Strategy for A New Century*, p. 2, http://informationcollective.org/wp-content/uploads/2013/07/1997.pdf, May 1, 2017.

其公民的利益构成了直接和间接的威胁。①

值得一提的是，21世纪初，虽然美国政府换届，共和党政府接替民主党政府执政，但是其安全战略继续把非传统安全摆在非常重要的位置。2002年9月17日，时任美国总统的小布什在白宫所发表的主题为"美国国家安全战略"（The National Security Strategy of the United States of America）的讲话中表示，美国的安全战略目标需要调整，美国的安全战略目标不能仅仅限于帮助世界变得更加安全，而且还应当包括帮助世界变得更加美好。② 应当看到，上述讲话中提出"美国的安全战略目标不能仅仅限于帮助世界变得更加安全"，实质上表明，美国在安全战略上不再局限于以军事斗争为主要特征的传统安全；上述讲话中提出"还应当包括帮助世界变得更加美好"的新安全战略目标，这就为美国在国际犯罪、环境、能源、传染性疾病等与社会公众日常生活关系更加密切的非传统安全问题上加强战略部署做出了方向性的指引。上述讲话实际上表明，美国经过多年的观察、思考与实践，对美国安全战略目标做出重大调整并把非传统安全问题纳入美国安全战略部署，已经成为美国不同党派所一致接受的安全方略。

与美国相比，世纪更替之际的欧盟所面临的安全形势变化可能更为复杂。一方面，随着苏联的解体，欧盟在军事方面的压力骤然减轻；另一方面，随着"冷战"后的经济发展，欧盟在经济方面比以前更加强大。与此同时，随着"冷战"结束，欧盟依赖美国作为其军事保护伞的需要也有所降低，欧盟在国际政治议程尤其是国际安全议程中提出自己独立的观点、要求和主张的空间也大为拓展了。在这种情况下，欧盟经过相当长时间的酝酿和筹备，在2003年发布了其成立以来的第一份安全战略报告。这份安全战略报告系统地分析了欧盟所面临的安全形势变化，提出了欧盟的安全战略目标，设计了欧盟实现

---

① *A National Security Strategy for A New Century*, p. 2, http://informationcollective.org/wp-content/uploads/2013/07/1997.pdf, May 1, 2017. p. 8.

② George W. Bush, "The National Security Strategy of the United States of America", p. 1, http://faculty.maxwell.syr.edu/rdenever/NatlSecurity2008_docs/NationalStrategy_HomelandSecurity.pdf, May 1, 2017.

安全战略目标的措施和政策框架。在这些方面，非传统安全问题都被置于十分重要的地位。

首先，在安全环境方面，欧盟认为，随着"冷战"的结束，全球形势发生了巨大的变化，安全挑战跨越边境是后"冷战"时期安全环境的一个重要特征，随着贸易与投资的流动、科技的发展、全球化进程的深入，非国家行为体在国际事务中开始扮演越来越重要的角色，欧盟安全的内部要素与外部要素不可分割地联结在一起。①

其次，在安全威胁方面，欧盟把恐怖主义袭击、有组织犯罪等非传统安全问题纳入其所面临的最严峻的安全威胁之中。欧盟认为，在当前的国际形势下，欧盟任何一个成员国都不可能面临大规模侵略的威胁；取而代之的是，欧盟将面临更加分散、更加隐蔽和更难以预测的新安全威胁；恐怖主义、大规模杀伤性武器的扩散和有组织犯罪等将对欧盟构成严重威胁。②

最后，在应对安全威胁方面，欧盟着重根据非传统安全的特点提出了新的理念。欧盟认为，在"冷战"结束以前，传统的防卫概念是以侵略这种安全威胁为基础的，但是随着新的安全威胁的出现，防卫的第一道防线不在欧盟的边境，而是在境外，欧盟必须在危机还没有开始时就采取行动。③为此，欧盟提出了一系列具体的政策措施，例如，与周围的邻国建立良好的安全合作，以防止有组织犯罪的蔓延；推动形成以有效多边主义为基础的国际秩序，以良好的国际治理促进形成良好和规范的国际社会体系。④

自21世纪初以来，中国也开始从国家安全战略的高度对非传统安全问题予以关注和重视。1998年7月国务院新闻办公室首次发布《1998年中国的国防》白皮书，此后于2000年10月发布了《2000年

---

① European Council, "A Secure Europe in a Better World: European Security Strategy", http://www.consilium.europa.eu/uedocs/cmsUpload/78367.pdf, May 1, 2017.
② Ibid..
③ Ibid..
④ Ibid..

中国的国防》白皮书，这两份白皮书都未明确提及"非传统安全"一词。① 2002年12月国务院新闻办发布的《2002年中国的国防》白皮书，开始对非传统安全问题予以了高度重视，先后9次提及"非传统安全"一词；2004年12月国务院新闻办发布的《2004年中国的国防》先后13次提及"非传统安全"一词；2006年12月、2009年1月和2011年3月发布的《2006年中国的国防》《2008年中国的国防》《2010年中国的国防》均先后7次提及"非传统安全"一词。②《2010年中国的国防》白皮书中还强调指出，新的全球性挑战对安全所构成的威胁明显增大，传统安全观念和机制难以有效应对当今世界传统与非传统安全问题交织的严峻局面。③

三　非传统安全的国际博弈

一些新的全球性挑战从国际政治的边缘性议题逐渐演变成为国际政治中的核心议题，并最终成为国际社会普遍认可的需要打破常规加以应对的优先议题，这实际上是一个逐渐安全化的过程。

安全化的理论可以追溯到20世纪80年代，当时在丹麦哥本哈根和平研究院（Copenhagen Peace Research Institute）的奥利·维夫（Ole Wæver）和其他学者们开始提出了安全化的理论。安全化理论的核心观念认为，在国际关系中一些事务成为紧急的政治问题或安全问题，是由于国际关系中的某些强大的安全化行为体主张这些事务已经构成了对一些目标的现实威胁，因此如果要让受威胁的目标能够维持生存的话，这些事务必须立即得到处理。④ 以环境问题安全化为例，可以发现，总是有一个或几个国际行为体宣称，国际社会应当立刻行动，在某项不可逆转的、对生命构成威胁的环境威胁还没有发展到无法应

---

① 参见《1998年中国的国防》《2000年中国的国防》。
② 参见《2002年中国的国防》《2004年中国的国防》《2006年中国的国防》《2008年中国的国防》《2010年中国的国防》。
③ 《2010年中国的国防》，http：//www.china.com.cn/ch-book。
④ Rita Floyd, Stuart Croft, "Geopolitics, History, and International Relations", p.156, http：//cris.unu.edu/sites/cris.unu.edu/files/European%20non-traditional%20security%20theory%20Stuart%20Croft.pdf, May 1, 2017.

对的时候，采取紧急措施以制止这个环境威胁。① 这种举动的逻辑实际上在于用安全化的语言来表述某项事务，声称该事务已经是一个安全问题，而这种做法无异于用语言的方式做出了行动性声明。② 值得指出的是，某个国际行为体宣称某项事务存在威胁，并不意味着安全化已经形成了，这其实只是一个安全化的举动，只有当特定的听众接受了安全化推动者用语言方式所做出的维护安全行动声明，该项事务的安全化才算形成。③

借助哥本哈根学派的安全化理论框架进行分析，可以发现，形形色色的非传统安全国际博弈实际上都主要围绕以下三个步骤展开：首先，某个问题被某个或某些在该领域内具有话语权威的国际行为体通过"话语—行为"的渲染和推动而被识别为存在性威胁；其次，作为听众的其他国际行为体广泛接受该问题为存在性威胁；最后，国际社会形成相应规范确认该问题属于安全问题并同意采取打破常规的国际政策或措施加以应对。

应当看到，这个安全化进程与参与博弈的大国利益密切相关。一方面，大国在安全化进程中都希望争取到与本国国际目标和国内利益需求相符合的角色。在安全化进程的初始阶段，参与博弈的国际行为体主要可以有两种选择：或是扮演安全化施动者，或是扮演听众。总体而言，作为努力争取对国际秩序具有更大影响力的大国而言，只要他们判断某项问题的安全化不与其本国的重大利益相冲突，总是愿意争取在安全化进程中扮演主动向其他国际行为体施加影响的安全化施动者，而不是仅仅满足于扮演听众的角色。另一方面，作为安全化进程中重要组成部分的新国际规范制定过程更是与大国利益密切相关。在安全化进程发展到一定阶段后，如果安全化施动者把某项问题识别为存在性威胁的话语能够得到听众的普遍接受，这就意味着与该问题

---

① Rita Floyd, Stuart Croft, "Geopolitics, History, and International Relations", p.156, http://cris.unu.edu/sites/cris.unu.edu/files/European%20non-traditional%20security%20theory%20Stuart%20Croft.pdf, May 1, 2017.
② Ibid..
③ Ibid..

利益相关的国际社会成员对于该问题属于一种紧急情势达成了基本共识，接下来顺理成章的行为就是要制定相应的国际规范来应对此种紧急情势。新国际规范制定的过程，实质上就是对相关国际社会成员的权利、责任和义务进行重新确认和分配的过程。作为需要拥有更大的国际和国内发展空间的大国而言，总是希望争取推动新国际规范的制定过程向更加有利于其利益需求的方向进展。

"冷战"以后，恐怖主义袭击、艾滋病和环境退化等一些本来并不被视为安全事务的问题出现了安全化趋势，这就对大国外交提出了新的挑战。具体而言，主要有以下三个方面：

首先，大国需要判断相关问题的安全化进程是否符合自身的国际和国内利益需求。如果符合自身的利益需求，那么就需要积极推动安全化进程；如果不符合，就需要努力阻止相关问题的安全化进程。值得指出的是，做出上述判断并不容易。一方面，大国的国际和国内利益需求远比小国复杂。例如，对一些小国而言，对于艾滋病问题安全化的进程很容易做出符合本国利益需求的判断，因为这样可以帮助他们得到更多的国际支持和援助，而在很多情况下这是这些小国最迫切的利益需求。但是，对于大国而言，情况则要复杂得多。艾滋病问题安全化有助于提升国际社会对艾滋病问题的关注度和重视程度，这当然也有利于这些大国解决其国内所存在的艾滋病问题，然而从国际角度看，这些大国不仅可能需要承担更多的国际资金、药品与物资援助义务，而且还需要容忍其他国家对本国企业所拥有的相关知识产权实施强制许可使用。另一方面，国际与国内形势并非一成不变的，而是不断发展变化的，这就增加了大国对相关问题安全化进程是否符合自身利益需求的判断难度。尤其是对于发展中大国而言，在这方面所面临的挑战尤其突出。"冷战"结束以来，很多发展中大国的国内经济总值、国际进口贸易总量和出口贸易总量每隔五至十年就上一个台阶。随着经济快速发展，不仅国内居民在经济、健康、卫生和环境等方面的需求和观念在发生重大变化，而且这些发展中大国对其在全球议程中的话语权和影响力所设定的战略目标也在发生变化。因此，如何准确地判断某问题的安全化进程是否在总体上符合本国的利益需求，对这些大国的外交是个新的挑战。

其次，大国需要在安全化进程中努力提高自身话语的权威性。在判断某问题安全化进程总体上符合自身利益需求的情况下，努力提高自身的国际秩序影响力的大国总是希望能够在新的国际安全事务中拥有与其大国地位所相符合的影响力。为此，大国需要在安全化进程中争取扮演安全化施动者的角色。值得指出的是，要扮演一个成功的安全化施动者的角色，关键在于具有话语权威性，因为安全化施动者的努力要想获得成功，关键在于其把某问题认定或识别为安全威胁的话语能够得到听众的接受。反而言之，如果一个大国的话语在安全化进程中得不到作为听众的其他国际行为体的普遍认可和接受，甚至遭到广泛的反对或抵制，那么很难认为其对相关问题安全化进程的外交应对是成功的，因为这种结果不仅不能够增强其对相关安全事务的影响力，反而有可能增加与其持相反观点和立场的大国对相关安全事务的影响力，这显然不利于提高其在国际议程中的地位和话语权。

需要引起注意的是，在诸多非传统安全问题进入安全化进程的当今世界中，要想在安全化进程中获得话语权威并不容易。一方面，随着"冷战"后国际安全议程中议题增多，像"冷战"期间那样在很长时间里保持相对比较稳定的正式或非正式的盟友关系已无可能，取而代之的是，不同国际行为体在不同的安全议题中根据自身的利益需求来划分阵营。不仅如此，有时即使在同一个安全议题中国家或国家集团之间的关系也可能随着各自利益需求的发展变化而不断变化。另一方面，国际组织、非政府组织、企业甚至个人等非国家行为体在非传统安全问题的安全化进程中都扮演着不可忽视的角色。在此形势下，任何国际行为体想要在安全化进程中获得话语权威，就需要深入分析不同国家和国家集团在不同发展阶段的利益需求，加强与国际组织、非政府组织和其他非国家行为体的沟通，并努力以科学和事实为依据来争取听众对其安全话语的接受、认可和支持。这对任何一个试图在安全化进程中获取话语权威的大国而言，无疑都具有很大的挑战性。

最后，大国在安全化进程中需要努力提高对国际规范的塑造力。在安全化进程发展到一定阶段后，国际社会成员会针对为他们所普遍认可的新安全威胁谈判制定新的国际规范。应当看到，新国际规范形成的过程通常是安全化进程中大国博弈最为复杂和激烈的阶段。一方面，新国际规范形成的前提是打破常规，而这些无论是以国际条约形式还是以国际习惯的形式所确定的常规都与大国的权利和义务密切相关，因此在相关问题领域内哪些常规可以打破、哪些常规需要维护就成了大国博弈的新焦点；另一方面，打破常规之后新规的建立更是一个重新调整国际权利、义务和责任的过程，大国在这个过程中需要通过积极的外交努力使新的国际规范能够更多地体现自身的利益需求。值得指出的，要能够把本国的利益需求更好地融入国际规范调整的过程中是一项十分具有挑战性的外交工作，因为这需要在国际道义和国际法等方面具有很强的说服力。

第二节 气候变化问题的国际博弈

"冷战"结束后，气候变化问题的政治含义逐渐凸显出来。由于应对气候变化国际合作涉及国际义务和权利的分配，因此逐渐成为受到大国关注的新领域。围绕应对气候变化问题，不仅欧盟与美国展开了激烈的国际博弈，而且新兴发展中大国与发达国家也展开了激烈的国际博弈。

一 气候变化问题的政治化

从17世纪开始，气候变化问题开始逐渐进入科学议程，人类开始对全球气温变化予以关注。在17世纪早期人类发明了温度计以后，科学工作者们开始用量化的方法来记录气候数据。[①] 从17世纪中期开始，科学界形成了人类有史以来的第一个气象网络，与此同时气温观测报告也开始被发表在科学杂志上。[②] 此后，科学界开始把对全球气

[①] Climate Change 2007: The Physical Science Basis, http://www.ipcc.ch/publications_and_data/ar4/wg1/en/ch1s1-3-2.html, May 1, 2017.
[②] Ibid..

温变化的研究作为一项重要的科学工作。

到了19世纪初，科学家开始关注二氧化碳对地球温度的影响。在19世纪早期，法国数学家佛瑞赫尔（Fourier）又进一步做出科学猜测，认为地球大气层中某些气体可以阻止热量离开地球，并因此而导致地球表面温度升高。① 1861年，约翰·廷德尔（John Tyndall）测算出二氧化碳和水蒸气可以吸收红外线辐射，并且大气层中这些气体的微弱变化能够显著地改变地球表面温度。②

19世纪中期以后，气象学界开始在国际范围内开展气象观测的合作。③ 1873年，世界气象组织正式成立，其目的在于促成形成全球气象观测的统一体系。④ 在此背景下，科学界开始有条件比较深入地对全球气候问题开展研究。1870年，科学家们已经能够向现代科学家一样比较精确地测算出大气层中的二氧化碳含量。⑤

19世纪90年代，全球气候变化研究取得了突破性进展。钱伯林（Thomas Chrowder Chamberlin）从理论上提出，地球气候变化可能通过大气层中二氧化碳浓度变化得到解释。⑥ 瑞典诺贝尔奖获得者、物理学家斯凡特·阿伦尼斯（Arrhenius）猜测，可能存在人类活动导致的大气层成分变化的现象，他认为，化石燃料的消耗可以导致大气层中二氧化碳含量的增加，因此可能对地球的气候产生影响。⑦ 斯凡特·阿伦尼斯估计，如果大气层中的二氧化碳含量增加一倍的话，那么将会导致地球表面温度提高4℃到6℃。⑧

---

① See Jamieson, "Managing the Future: "Public Policy, Scientific Uncertainty, and Global Warming", October 1988, Environmental Ethics Conference (Bowling Green, OH, September 9 – 10, 1988), pp. 2 – 4.

② Ibid..

③ Climate Change 2007: The Physical Science Basis, http://www.ipcc.ch/publications_and_data/ar4/wg1/en/ch1s1 – 3 – 2. html, May 1, 2017.

④ Ibid..

⑤ See Jamieson, "Managing the Future: Public Policy, Scientific Uncertainty, and Global Warming", October 1988, Environmental Ethics Conference (Bowling Green, OH, September 9 – 10, 1988), pp. 2 – 4.

⑥ Ibid..

⑦ Ibid..

⑧ Ibid..

虽然斯凡特·阿伦尼斯提出了大气层中二氧化碳浓度增加可能导致地球变暖的观点，但是他的这个观点很快就被科学界否定了。科学界发现水蒸气同样能够吸收红外线，因此认为，二氧化碳对全球气温的影响可能微乎其微。但是，斯凡特·阿伦尼斯被否决的观点却在大约40年后被英国工程师卡伦德（Callendar）复活了。

在气候变化科学的研究历程中，卡伦德曾经有很重要的影响。实际上，即使在世界气象组织成立后，全球气候变化问题的研究仍然存在很大的困难。由于各国气象观测数据及交换标准并不统一等问题的客观存在，科学界对全球平均气温要做出整体上的判断仍然十分困难。具体而言，主要有以下四方面的问题需要解决：一是以可使用的形式来获得数据；二是排除或矫正数据的错误点以控制质量；三是通过数据同一性评估和调整以确保数据的客观性；四是地区平均值背后存在巨大的地区差别，需要加以合理调整。① 为了克服上述困难，卡伦德开展了大量的工作。卡伦德检查了大约200个气象站的数据，通过把这些气象站的数据与相邻气象站观测数据相比较等方法来验证数据质量，认为其中只有一小部分数据是有缺陷的。② 在排除了一些数据质量无法保证的气象站后，卡伦德建立了一个来自全球147个气象观测站的全球数据资料体系。③ 通过研究，卡伦德相信几乎所有的由化石燃料燃烧而排放的二氧化碳仍然停留在地球大气层中，而且他倾向于用地球大气层中的二氧化碳浓度增加来解释18世纪末以来地球某些区域所观测到的温度轻微上升的现象。④ 值得一提的是，当时卡伦德并不把全球变暖视为对人类社会具有负面影响的现象，相反他把其视为是对人类是有益的现象。他认为：地球表面温度的小幅度上升将对地球某些区域的耕种活动有着重要的积极意义，而且一些地区的

---

① *Climate Change 2007: The Physical Science Basis*", http://www.ipcc.ch/publications_and_data/ar4/wg1/en/ch1s1-3-2.html, May 1, 2017.
② Ibid..
③ Ibid..
④ See Roger Revelle and Hans E. Suess, "Carbon Dioxide Exchange Between Atmosphere and Ocean and the Question of an Increase of Atmospheric CO_2, During the Past Decades", *Tellus*, Vol. 9, No. 1, 1957, pp. 18–27.

农业产量也可能因二氧化碳浓度增加而增加。①

到了20世纪中叶，美国斯克里普斯海洋研究所的科学家罗杰·雷维尔（Roger Revelle）和汉斯·修斯（Hans Suess）等人的工作成果使得科学界的主流群体开始高度重视全球变暖问题。普拉斯通过计算，认为如果地球大气层中的二氧化碳含量上升10%的话，那么全球平均气温将上升0.36℃。② 1956年，罗杰·雷维尔和汉斯·修斯发表了一篇题为"大气层与海洋之间的二氧化碳交换以及数十年来大气层中二氧化碳增加问题"的论文，比较集中地反映了当时科学界在温室效应问题上的主流观点。罗杰·雷维尔和汉斯·修斯认为，从19世纪中期开始，由于化石燃料的燃烧，大量的二氧化碳开始被排放到地球大气层中，由于化石燃料的燃烧速度持续增加，地球大气层中的二氧化碳含量也在逐年增加。③ 但是，罗杰·雷维尔和汉斯·修斯也指出，不应当把地球大气层中二氧化碳浓度上升全部视为化石燃料燃烧所导致的结果，因为海洋温度上升也可能导致大气层中二氧化碳含量增加，19世纪中叶以来人类不断扩大耕地面积从而导致森林面积减少，也会导致大气层中二氧化碳增多，海洋中有机物体的碳含量变化对地球大气层中的二氧化碳含量也有重要影响，因此应当把地球大气层中二氧化碳含量变化视为化石燃料燃烧与上述因素共同作用的结果。④ 在此基础上，罗杰·雷维尔和汉斯·修斯指出，在未来数十年中化石燃料的燃烧还将持续增加，如果全球工业文明所需要的燃料和能源继续快速增长，而原子能等发展只能在很小程度上满足这些增长的需求，那么到21世纪第一个十年化石燃料燃烧所排放的二氧化碳

---

① See Jamieson, "Managing the Future: Public Policy, Scientific Uncertainty, and Global Warming", Environmental Ethics Conference, Bowling Green, OH, September 9–10, 1988, pp. 2–4.

② See Roger Revelle and Hans E. Suess, "Carbon Dioxide Exchange Between Atmosphere and Ocean and the Question of an Increase of Atmospheric CO_2, During the Past Decades", *Tellus*, Vol. 9, No. 1, 1957, pp. 18–27.

③ Ibid..

④ Ibid..

将相当于20世纪中叶地球大气层中二氧化碳含量的20%。① 因此，罗杰·雷维尔和汉斯·修斯得出以下结论：考虑到未来数十年化石燃料燃烧而排放的二氧化碳将大幅增长，地球大气层中的二氧化碳含量预期将增加20%—40%，如此大的温室气体浓度变化将足以在全球范围内引发气候变化。②

20世纪70年代以后，随着越来越多的气象站投入使用，科学界的研究也越来越深入，一方面科学家们不断地把各地气象站观测得来的数据进行矫正以使其能够进入全球气象数据系统，另一方面科学家们也努力更好地把历史气象资料数字化，以使其能够与现代气象观测数据相比较。③ 在20世纪70—80年代，科学界终于取得了重大进展，尤其是汉森等人的工作成果使来自全球数千个气象站的不连续的气象观测数据在评估和调整后形成比较可信的全球平均值成为可能。④ 这就为把地球作为一个整体来研究其气温变化奠定了基础。

1981年，汉森等人在《科学》（*Science*）杂志上发表《大气层中不断增长的二氧化碳对气候的影响》（*Climate Impact of Increasing Atmospheric Carbon Dioxide*）一文。⑤ 汉森等人认为，1880年地球大气层中的二氧化碳浓度在百万分之280到百万分之300之间，1980年地球大气层中的二氧化碳浓度上升至百万分之335到百万分之340之间，这种变化主要是由化石燃料燃烧造成的；虽然森林开发与生物圈的变化对于地球大气层中二氧化碳浓度的变化也有影响，但是这种影响的重要意义是有限的；预计即使化石燃料的使用以缓慢的速度增长，到21世纪地球大气层中的二氧化碳浓度也将达到百万分之600。⑥ 汉森

---

① See Roger Revelle and Hans E. Suess, "Carbon Dioxide Exchange Between Atmosphere and Ocean and the Question of an Increase of Atmospheric CO_2, During the Past Decades", *Tellus*, Vol. 9, No. 1, 1957, pp. 18 – 27.

② Ibid..

③ *Climate Change 2007: The Physical Science Basis*, http://www.ipcc.ch/publications_and_data/ar4/wg1/en/ch1s1-3-2.html, May 1, 2017.

④ Ibid..

⑤ Ibid..

⑥ Ibid..

还对温室效应的机理做出解释。他认为，地球大气层中不断增加的二氧化碳关闭了地球向外界散热的窗口，这样就导致本来应向外辐射的热量停留在大气层中，使地球表面变暖，这就是所谓的温室效应机制。① 在这种温室效应机制下，如果地球大气层中的二氧化碳浓度从百万分之 300 上升到百万分之 600，那么地球温度将上升 2℃—3.5℃。② 汉森还对 21 世纪温室效应所可能导致的后果进行了预测。他认为，1980—2020 年，全球能源消耗预期将每年以 4% 的幅度增长；2020—2060 年，全球能源消耗将每年预期以 3% 的幅度增长；2060—2100 年，全球能源消耗预期将以每年 2% 的幅度增长。③ 化石能源的使用将受到资源可获得程度的限制，如果把人类可获得的化石能源充分加以运用的话，那么二氧化碳含量将远高于工业化前的水平。在快速增长的情景下，21 世纪末前全球平均温度可能上升 3℃—4.5℃；即使在慢速增长的情景下，21 世纪末前全球平均温度可能上升不超过 2.5℃。④ 汉森还对全球变暖的后果进行了分析。他认为，大陆冰川融化是二氧化碳增多所导致的全球变暖的一个可能后果，如果大陆冰川全部融化，那么海平面将大幅上升。⑤ 如果海平面迅速上升，那么南极西部的大陆冰川将变得脆弱，并可能因地球变暖而融化。⑥ 该区域附近的夏天温度是零下 5℃，如果该区域附近的夏天温度上升至零上 5℃，那么冰川融化将加快，大约一个世纪的时间海平面将会因此而上升 5—6 米。⑦ 如果海平面上升 5 米，那么美国路易斯安那州和佛罗里达州将被淹没 25%，新泽西州 10% 的地区将被淹没，全球几乎所有的低海拔陆地也都将被淹没。⑧

---

① Hansen, "Climate Impact of Increasing Atmospheric Carbon Dioxide", *Science*, Vol. 213, No. 4511, 28 August 1981, p. 957.

② Ibid..

③ Ibid..

④ Ibid..

⑤ Ibid..

⑥ Ibid..

⑦ Ibid..

⑧ Ibid..

此后，汉森等人成为推动科学界关注和重视全球变暖问题的代表性人物。1985 年年初，汉森等人更加明确地提出，地球大气层中的温室气体含量在发生变化，并且这种变化会对全球气候产生影响。[①] 在 1988 年的一次美国参议院举行的关于温室效应机制的听证会上，汉森对于人类活动所排放的温室气体导致全球变暖的观点更加坚定了，他表示温室效应的确凿证据已经摆在世人的面前。[②]

值得指出的是，虽然从 17 世纪中期到在 20 世纪 80 年代初期，气候变化的科学研究不断深入，但是政治界并没有实质性地采取措施对气候变化问题进行干预。换言之，气候变化问题尚未进入政治化的阶段。其中原因当然是多方面的，但不可否认的是，在"冷战"结束之前国际政治界的关注焦点在美苏两大集团所形成的政治与军事对抗之中，在这种形势下要动员国际政治资源应对气候变化这个相对并非那么迫切的全球挑战，显然时机还不成熟。

20 世纪 80 年代后期到 90 年代初期，"冷战"结束，国际政治界开始有可能对政治与军事对抗以外的挑战加以关注和应对，气候变化问题也开始进入了政治化的进程。

在联合国环境规划署（UNEP）、世界气象组织（WMO）和国际科学理事会（ICSU）发起的一项关于气候变化问题的科学调查的基础上[③]，世界气象组织与联合国环境规划署于 1988 年设立了政府间气候变化专门委员会（IPCC）。该委员会的任务是通过综合、客观、开放与透明的方法来对相关科学、技术和社会经济信息进行评估，加强对人类活动所导致的气候变化风险及其影响的科学基础的理解[④]，超

[①] J. Hansen, G. Russell, A. Lacis, I. Fung, D. Rind, "Climate Response Times: Dependence on Climate Sensitivity and Ocean Mixing", *Science*, Vol. 229, 1985, pp. 857–859.

[②] 参见 Michael D. Lemonie《温室效应气体与气候灾难》，吴受译，《世界科学》1990 年第 4 期。

[③] Mostafa K. Tolba, Iwona Rummel–Bulska, *Global Environmental Diplomacy: Negotiating Environmental Agreements for the World*, 1973–1992, MIT Press, Cambridge, MA, 1998, pp. 90–91.

[④] Leigh Glover, *Postmodern Climate Change*, Routledge, New York, 2006, p. 83.

过一千名来自世界不同国家的科学家参与了委员会的工作。① 显然，政府间气候变化专门委员会的成立为全球气候变化科学研究带来了重大变化，尤其是改变了此前各国科学家在气候变化研究方面所出现的分散化的状况，极大地加强了全球气候变化科学研究的国际协调，这不仅为气候变化科学研究增添了新的动力，而且使得为全球气候变化科学进展提供具有权威性的分析与评估报告成为可能，这就为进一步开展政治决策活动提供了科学基础。

1989 年 2 月，在加拿大召开了一个由政治专家和法律专家参加的会议，主要议题是研究保护地球大气层的措施。在这次会议上，联合国环境规划署提出，要把建立一个应对全球变暖的行动框架摆在优先地位加以考虑。② 此后，联合国环境规划署在很多国际会议上都强调全球变暖问题的严重性和应对行动的迫切性。1989 年 12 月在埃及开罗举行的世界气候变化大会上，联合国环境规划署再次强调了全球变暖问题的严重性，指出全球变暖所导致的海平面上升将对全球沿海地区治理增加巨大的经济成本，呼吁采取行动控制温室气体排放，并要求国际社会采取技术转让和植树造林等措施来应对全球气候变化。③

1990 年 9 月，联合国环境规划署和世界气象组织召开了一个由政府代表参加的特别工作组会议，开始为通过谈判形成一个针对气候变化问题的国际公约进行准备，会议上各国政府代表对国际气候谈判的结构安排和程序性规则进行了磋商。④ 1990 年 9 月 21 日，联合国大会讨论了气候谈判的问题，并通过决议成立了政府间谈判委员会，其任务是通过谈判制定《联合国气候变化框架公约》。⑤ 政府间谈判委员会成立后，主要设立了两个工作组，第一工作组的职责主要是准备

---

① Mostafa K. Tolba, *Iwona Rummel - Bulska*, *Global Environmental Diplomacy*: *Negotiating Environmental Agreements for the World*, *1973 - 1992*, MIT Press, Cambridge, MA, 1998, pp. 90 - 91.

② Ibid., p. 49.

③ Ibid..

④ See Matthew Paterson, *Global Warming and Global Politics*, Routledge, London, 1996, pp. 51 - 53.

⑤ Ibid..

与限制和减少温室气体排放、减少气候变化负面影响、区别世界各国之间的责任以及资金、技术和能力建设支持机制相关的谈判文本,第二工作组的主要职责是准备与法律和机构安排等程序性事项有关的谈判文本。① 此后,政府间谈判委员会(INC)先后在纽约、内罗毕和日内瓦等地召开了多次由各国政府代表参加的会议,不断推动《联合国气候变化框架公约》的谈判进程。1992年5月《联合国气候变化框架公约》得到通过,这标志着国际社会成员形成了共同意愿,同意动用政治资源来干预气候变化问题,这意味着气候变化问题不再仅仅是一个科学问题,而是已经正式成为一个政治问题。换言之,气候变化问题政治化的国际趋势正式形成了。

二 气候变化问题的欧美博弈

随着气候变化问题政治化进程的开始和逐渐深入,国际气候谈判与合作对世界各国的权利和义务所产生的影响也在不断加大,大国为了维护本国的国际利益和国内利益,开始围绕气候变化问题展开国际博弈。美国与欧盟这两个在"冷战"期间的政治盟友,在"冷战"后同样围绕气候变化问题展开了政治较量。

作为"冷战"后的全球唯一超级大国和当时世界上最大的温室气体排放体②,美国却无意真正为应对气候变化国际行动承担领导责任,反而在国际气候谈判的初期就表现出迟疑和消极的态度。在美国看来,一方面,"冷战"结束后,美国"一超"独大,可以充分利用其军事、政治、文化等优势,整合各种资源,巩固和提升美国的全球经济竞争力。在当时的历史条件下,能源消耗几乎主要依赖化石能源,因此经济快速发展必然要消耗大量的化石能源,并导致温室气体排放大量增加。美国虽然也一度在表面上在国际气候谈判中做出一些积极姿态以维护其世界领导地位,但是从维护其现实利益出发,美国实质

---

① See Matthew Paterson, *Global Warming and Global Politics*, Routledge, London, 1996, pp. 51 – 53.

② William A. Nitze, "A Failure of Presidential Leadership", in Irving M. Mintzer and J. Amber Leonard, eds., *Negotiating Climate Change: The Inside Story of the Rio Convention*, Cambridge University Press, New York, U. S., 1994, pp. 187 – 188.

上并不真正愿意形成一个可能对其温室气体排放构成严格限制的量化减排国际公约。另一方面，"冷战"后美国对石油等重要能源资源的国际控制力有了很大的提升，如果未来的温室气体排放增长空间受到限制，那么对这些重要能源资源的国际控制能力就不能最大限度地转化为经济效益，因此从保护其未来"石油红利"的角度出发，美国也不愿意签订一个具有法律约束力的对各国温室气体量化减排目标做出具体规定的国际公约。在1991年2月于美国举行的气候变化框架公约政府间谈判委员会第一次会议上，美国就表示反对在政府间谈判委员会第一工作组提交的方案中纳入"限制和减少"温室气体排放的措辞。[①] 1991年6月，在日内瓦召开了气候变化框架公约政府间谈判委员会第二次会议，美国继续反对为温室气体排放设定限制目标。[②]

从欧盟方面看，一方面，"冷战"结束，欧盟的军事威胁压力大为减轻，这就使得欧盟有可能集中更多的资源以争取更高的国际地位，帮助其在重大的国际事务中拥有更多的话语权和影响力，增加其对"冷战"后国际规则制定的"塑造力"，而应对气候变化国际合作正好为欧盟提供了一个良好的平台；另一方面，"冷战"结束后，欧盟东扩，东欧的新成员不断加入，一些新成员过于依赖重工业的经济结构亟待调整，而这对于欧盟实现温室气体量化减排目标具有非常重要的意义。从提升国际竞争力的角度看，如果欧美同时实施量化减排，则欧盟相对于美国就具有了竞争优势，这自然也成为欧盟不顾美国的反对而积极推动温室气体量化减排的重要动力。

事实上，20世纪80年代末90年代初既是"冷战"结束的关键时段，也是欧美气候博弈形势发生改变的重要时间节点。在此之前，欧盟对美国的气候外交政策总体上处于追随和配合的状态。欧盟于1987年年末通过的第四次环境行动规划中，除了提及对气候变化问题需要

---

① Matthew Paterson, *Global Warming and Global Politics*, Routledge, London, 1996, p. 53.
② Ibid., p. 55.

进一步研究外，甚至都没有再涉及气候变化问题。① 在此之后，欧盟的态度在短期内就发生了重大变化。1990 年 6 月，欧洲理事会在其发布的一份环境宣言中开始强调欧盟积极参与全球环境行动的责任，并认为欧盟有能力在全球环境事务中发挥领导作用。② 1991 年 2 月，在气候变化框架公约政府间谈判委员会第一次会议上，欧盟对美国试图降低温室气体排放限制力度的做法表示了明确的反对。③ 1991 年 6 月，在气候变化框架公约政府间谈判委员会第二次会议上，欧盟主要成员国对美国为国际气候合作设置障碍的做法再次予以了严厉的批评。④

总体而言，从 20 世纪 90 年代初到 21 世纪初，欧盟与美国的气候变化博弈经历了妥协、斗争与分裂三个主要阶段。

20 世纪 90 年代初，虽然欧美之间在气候变化框架公约政府间谈判委员会所举行的会议上开展了激烈的争辩，但是欧盟在美国的压力下做出了妥协。在谈判期间，作为欧盟重要成员国的英国为了打破欧美之间的僵局，向美国提出了一个综合性的妥协方案，时任英国环境大臣的迈克尔·赫塞尔廷（Michael Heseltine）在气候变化框架公约政府间谈判委员会第二次会议召开两周前前往华盛顿，向美国政府负责谈判的高级官员阐述其妥协方案。⑤ 事实上，英国的居中斡旋最终促成了欧美之间的分歧以欧盟的妥协而告终。1992 年 3 月至 4 月，在于美国纽约举行的气候变化框架公约政府间谈判委员第五次会议续会上，气候变化框架公约草案的最后谈判文稿基本上接受了英国对美国所提出的妥协方案，并由时任气候变化框架公约政府间谈判委员会主席的佩尔（Jean Ripert）把这份被视为"英美文本"的公约草案正式

---

① See Nigel Haigh, "Climate Change Policies and Politics in the European Community", in Tim O'Riordan and Jill Jager, eds., *Politics of Climate Change: A European Perspective*, Routledge, London, 1996, pp. 161 – 162.
② Ibid., pp. 162 – 163.
③ Matthew Paterson, *Global Warming and Global Politics*, Routledge, London, 1996, p. 53.
④ Ibid., p. 55.
⑤ Ibid., p. 55.

提交给谈判各国代表。① 1992 年 5 月，《联合国气候变化框架公约》签订，标志着欧盟与美国之间的气候变化博弈第一阶段以妥协告终，欧盟接受了该公约只对全球应对气候变化的宗旨、原则等框架性的问题做出规定的方案，而把如何设定具体的温室气体减排目标等问题留待以后谈判解决。

《联合国气候变化框架公约》签订后，公约的成员国随即开始了公约议定书的谈判工作，欧盟与美国之间的气候变化博弈也随之进入第二阶段。在这个阶段，欧盟与美国之间主要围绕两个方面的问题展开斗争。一方面，在温室气体减排目标方面，欧盟主张设定具体的温室气体减排目标，而美国先是主张不设定具体的温室气体减排目标，后来又主张设定相对保守的、不需要严格实施减排行动即可实现的温室气体排放控制目标。1997 年，就在京都气候大会即将召开之际，美国主管气候变化谈判的政府高官还在指责欧盟的碳减排方案是"不符合实际情况的""不现实的"和"不可能实现的"。② 另一方面，在实施温室气体减排的具体政策与措施方面，美国主张发展中国家也应当与发达国家一起承担温室气体量化减排义务，并且美国等发达国家可以通过花钱购买发展中国家超额减排量来大幅度抵扣其应当完成的减排任务，而欧盟则认为发达国家可以率先于发展中国家承担温室气体量化减排义务，并且认为美国试图从发展中国家廉价购买减排额度的做法实际上是试图逃避其减排责任。1997 年《京都议定书》签署，标志着欧盟与美国第二阶段气候变化博弈结束。《京都议定书》明确了发达国家的温室气体减排具体目标和时间表，但并没有对发展中国家设定具体的温室气体量化减排目标。

虽然从表面上看，欧盟与美国都签署了《京都议定书》，似乎双方再一次达成了妥协，但是实质上并非如此。从欧盟的角度看，这一

---

① Matthew Paterson, *Global Warming and Global Politics*, Routledge, London, 1996, p. 62.

② See Loren R. Cass, *The Failures of American and European Climate Policy: International Norms, Domestic Politics, and Unachiveable Commitments*, State University of New York Press, Albany, 2006, pp. 130-131.

次欧盟并没有做出实质性的妥协，《京都议定书》不仅为美国设定了具体的温室气体量化减排目标和时间表，而且也使得美国试图通过廉价收购发展中国家超额减排量来完成其大部分减排任务的愿望落空。从美国的角度看，虽然美国政府于1997年在日本京都召开的气候变化大会上签署了《京都议定书》，但是美国国会却明确表示不会批准《京都议定书》，而这意味着《京都议定书》无法对美国真正具有法律约束力。因此从这个角度看，美国也没有做出实质性的妥协。

《京都议定书》于1997年签订后，随之而来的问题是该议定书是否能够满足生效条件，这不仅直接关系到欧盟与美国在温室气体排放方面的权利与义务，而且还关系到欧盟与美国在全球气候治理中的话语权和领导力。因此，欧盟与美国在这一阶段的气候变化博弈更加激烈。美国政府于1997年迫于欧盟等国际行为体的外交压力签署《京都议定书》后，一直没有正式提交国会批准。事实上，早在美国政府派员参加于京都举行的《联合国气候变化框架公约》第3次缔约方大会之前，美国参议院就形成了一项法案，决定不可能批准一份不利于美国经济发展的气候变化国际条约。[①] 在美国克林顿政府签署《京都议定书》后，美国国会甚至组织了多次以克林顿政府是否在京都出卖了美国利益为主题的听证会，给克林顿和戈尔等政府领导人施加政治压力。2001年，接任克林顿担任美国总统的小布什（George W. Bush）直接宣布退出《京都议定书》，这一方面向国际社会表明了美国坚决反对接受一份具有温室气体量化减排目标的国际条约的立场，另一方面也在欧美气候变化博弈中撕下了最后一层"温情"面纱，向作为《京都议定书》最积极的推动者的欧盟摊牌，表明了如果欧盟不改变立场那么美国就不惜与其分道扬镳的态度。

美国小布什政府宣布退出《京都议定书》，这使得欧盟承受了巨大的政治压力。一方面，欧盟已经在推动《京都议定书》签署的过程中投入了巨大的外交资源，而根据《京都议定书》的规定，《京都议定书》的生效条件之一是批准该议定书的工业化国家温室气体排放量

---

① 参见董勤《美国气候变化政策分析》，《现代国际关系》2007年第11期。

必须占到工业化国家1990年温室气体排放总量的55%以上①，因此作为当时世界上温室气体排放量最大的工业化国家的美国宣布退出《京都议定书》，无疑就使得该议定书面临着几乎不能够生效的困境。如果欧盟屈服于美国的压力，那么欧盟此前所做出的努力就失去意义。另一方面，欧盟把未来的全球气候治理作为其提升国际地位的重要平台，如果其极力推动的《京都议定书》迫于美国的政治压力而不能生效，那么欧盟不仅将失去全球气候治理这个可以展示其国际领导力的重要平台，而且在其他的全球性事务中也将失去很多支持者的信任。在此形势下，欧盟决定不惜与美国在围绕《京都议定书》的前途与命运的博弈中决裂，并积极调动资源应对因美国退出《京都议定书》而带来的国际政治压力②，努力促成《京都议定书》的生效。2005年2月，在欧盟的积极推动和其他一些国际行为体的大力支持下，《京都议定书》终于满足了生效条件而正式生效。在当时的情况下，这意味着欧盟最终决定与美国在国际气候合作中分道扬镳。

三 气候变化问题的南北博弈

在气候变化问题上，不仅欧美等发达强国之间存在尖锐分歧，南北大国之间的立场与观点同样存在着重大差异。因此，南北大国博弈是气候变化国际博弈的另一条主线。

首先，在气候变化责任方面，南方大国侧重算历史账，而北方大国则侧重算现实账。南方大国认为，北方国家在工业革命以来由于片面追求经济利益而对自然界过度开发是导致全球气候问题严峻的主要原因；北方大国则认为，它们虽然在全球气候变化问题上负有历史责任，但是不知者不罪，鉴于在当时的历史条件下科学技术尚不足以让人类了解他们的行为可能对气候变化产生的危害性，因此要求他们承担历史责任显得没有伦理依据。相反，在当前科学技术和环境认知已经足以帮助人类充分知晓碳排放行为的气候危害性的情况下，南方大

---

① 参见《京都议定书》第24条。
② See Melinda Kimble, "Climate Change: Emerging Insecurities", in Felix Dodds and Tim Pippard eds., *Human and Environmental Security: An Agenda for Change*, Earthscan, London, UK, pp. 110 – 113.

国的碳排放量仍然快速上升，属于明知故犯，应当受到制裁。在围绕《京都议定书》的国际气候谈判中，美国等发达国家就指责中国等新兴发展中大国过于强调经济发展，忽视温室气体排放对全球气候系统的负面影响。与此同时，中国等新兴发展中大国则主张发达国家必须为其历史排放承担责任，并指出从历史排放的角度看，1850 年到 21 世纪初美国与欧盟占到历史排放总量的 55% 以上，而中国仅占到历史排放总量的 8% 以下。[1]

其次，在气候变化问题的解决路径上，南方大国与北方大国的分歧同样巨大。南方大国认为，北方国家在气候变化问题上需要在资金、技术和减排等方面做出主要贡献；北方大国认为，要解决气候变化问题，南方大国必须采取与北方国家同样严格的减排措施才是唯一可行的路径。例如，在围绕制定《京都议定书》的谈判中，美国等发达国家强调解决问题的路径在于中国等新兴发展中大国与发达国家共同接受量化碳减排目标，而中国等新兴发展中大国则强调在碳减排问题上对发达国家与发展中国家应当区别对待，并反对在碳减排问题上对发展中国家予以不公平的对待。[2] 中国在围绕制定《京都议定书》的谈判中就多次强调，中国的人均碳排放量在全球仅排在第 100 位左右，显然不可能要求中国与发达国家一样接受量化减排目标，因此全球气候治理的关键性问题是发达国家如何率先减少温室气体排放。[3]

最后，在全球气候治理与促进可持续发展的关系方面，南北大国之间也存在重大分歧。北方大国认为，南方大国应当为全球气候治理而压缩发展空间，而南方大国则主张全球气候治理不应当以牺牲南方

---

[1] Kurt M. Campbell et al., "The Age of Consequences: The Foreign Policy and National Security Implications of Global Climate Change", pp. 97 - 98, http://dc - 9823 - 983315321. us - east - 1. elb. amazonaws. com/sites/default/files/publications - pdf/CSIS - CNAS_AgeofConsequences_November07. pdf, May 1, 2017.

[2] Joyeeta Gupta, *The Climate Change Convntion and Developing Countries: From Conflict to Consensus*, Kluwer Academic Publishers, Dordrecht, The Netherlands, 1997, p. 98.

[3] Kurt M. Campbell et al., "The Age of Consequences: The Foreign Policy and National Security Implications of Global Climate Change", pp. 97 - 98, http://dc - 9823 - 983315321. us - east - 1. elb. amazonaws. com/sites/default/files/publications - pdf/CSIS - CNAS_AgeofConsequences_November07. pdf, May 1, 2017.

国家的可持续发展为代价。

由于存在上述分歧，南北大国之间的气候博弈也越来越激烈。2001年，美国小布什政府宣布退出《京都议定书》，其宣称的一个重要理由就是中国等新兴发展中大国在《京都议定书》下不需要承担量化减排义务，这实际上意味着中美等南北大国之间在京都回合的国际气候博弈以谈判破裂而告终。

四 《京都议定书》生效后国际气候谈判僵局

2005年《京都议定书》生效，一方面意味着2008年至2012年京都第一承诺期的国际碳减排行动得到了国际法保障，另一方面也意味着国际气候谈判的重点迫切需要切换到对2012年后的应对气候变化国际行动做出安排上来。

应当看到，随着形势的发展变化，针对2012年后国际气候行动的国际谈判所面临的困难远远大于围绕《联合国气候变化框架公约》及其《京都议定书》制定的国际谈判。

首先，与20世纪80年代末和90年代初相比，2005年前后中国、印度、巴西和南非等新兴发展中大国的国际经济竞争力已经有了巨大的提升，随之而来的是美国和欧盟等发达强国越来越把这些新兴发展中大国视为主要的国际竞争对手。在此形势下，欧美等北方大国也越来越担心新兴发展中大国在不需要承担量化碳减排义务的情况下在国际经济竞争中将拥有更大的发展潜力和比较优势。

对任何国家而言，能源使用和消耗都是经济发展必不可少的重要动力。总体而言，在石油和煤炭等化石能源的价格远比风能和太阳能等低碳能源价格低廉的时代背景下，任何国家要实施严格的碳减排行动，就必须在更多地使用价格相对高昂的低碳能源的同时，减少对价格相对低廉的化石能源的使用。在这种情况下，承担量化碳减排义务的国家就需要为此在经济上付出较高的成本。

如果说在20世纪90年代初《联合国气候变化框架公约》谈判启动时，新兴发展中大国的国际经济竞争力还比较弱，那么到了2005年前后国际社会在筹划《京都议定书》第一承诺期结束后的国际气候行动安排时，新兴发展中大国的国际经济竞争力可以说已经发生了翻天覆地的变化。

2005年,在世界货物出口贸易中排在前4名的发展中大国分别是中国、巴西、印度和南非,在世界货物出口贸易中排在前4名的发达国家分别是德国、美国、日本和法国。1990年,中国、巴西、印度和南非这四个新兴发展中大国的世界货物出口贸易额分别为620.1亿美元、314.1亿美元、179.7亿美元和235.5亿美元,四个发展中大国合计货物出口贸易总额为1349.4亿美元,占当年世界货物出口贸易总额的3.9%;德国、美国、日本和法国这四个发达国家1990年的世界货物出口贸易额分别为4211.0亿美元、3935.9亿美元、2875.8亿美元和2165.9亿美元,四个发达国家合计货物出口贸易总额为13188.6亿美元,占当年世界货物出口贸易总额的37.8%。[①] 2005年,中国、巴西、印度和南非这四个新兴发展中大国的世界货物出口贸易额分别为7619.5亿美元、1185.3亿美元、996.2亿美元和516.3亿美元,四个发展中大国合计货物出口贸易总额为10317.3亿美元,占当年世界货物出口贸易总额的9.8%;德国、美国、日本和法国这四个发达国家2005年的世界货物出口贸易的总额分别为9709.1亿美元、9010.8亿美元、5949.4亿美元和4634.3亿美元,四个发达国家合计货物出口贸易总额为29303.6亿美元,占当年世界货物出口贸易总额的27.9%。[②]

对上述数据进行对比,可以发现,2005年中国、巴西、印度和南非这四大新兴发展中国家的货物出口总额比1990年这四国的总额增加了6.6倍,而与此同时德国、美国、日本和法国这四个发达强国的货物出口总额仅增加了1.2倍。不仅如此,2005年中国、巴西、印度和南非这四大新兴发展中国家的货物出口占世界总出口额的份额比1990年上升了1.5倍,而与此同时德国、美国、日本和法国这四个发

---

① International Trade and Market Access Data, http://www.wto.org/english/res_e/statis_e/statis_bis_e.htm?solution = WTO&path = /Dashboards/MAPS&file = Map.wcdf&bookmarkState = {%22impl%22:%22client%22,%22params%22: {%22langParam%22:%22en%22}}, May 1, 2017.

② Ibid..

达强国的货物出口占世界总出口额的份额不仅没有上升，而且还下降了四分之一左右。

货物出口贸易在全球中所占份额是一个国家国际经济竞争力的重要体现。如果说在20世纪90年代初围绕制定《联合国气候变化框架公约》及其《京都议定书》的国际谈判中，由于新兴发展中大国在国际经济中所占的份额还比较低，发达国家在碳减排问题上对这些新兴发展中大国的国际竞争威胁的顾虑还不很严重，在发达国家率先开展碳减排问题上还能达成一定共识，那么到了在2005年前后，面对新兴发展中大国国际经济竞争力迅猛上升的势头，发达国家已经把新兴发展中大国视为国际竞争的重要对手，要求新兴发展中大国共同承担碳减排国际义务也逐渐成为发达国家的共同主张。

其次，与20世纪80年代末和90年代初相比，2005年前后中国、印度、巴西和南非等新兴发展中大国的碳排放总量也有了较大的增加，对地球大气层中的温室气体浓度的影响作用也随之增加，发达强国越来越认为有必要让这些新兴发展中大国与发达国家一起来共同承担碳减排国际义务。

有数据显示，1990—2008年，中国、印度、巴西和南非这四个新兴发展中大国的碳排放增量占到全球总碳排放增量的约1/4。① 由于新兴发展中大国在"冷战"结束后的碳排放量迅速上升，这些国家的累积排放世界排名也在不断靠前。数据显示，1850—2005年中国的国家累积碳排放已经达到了929.5亿吨，在全球所有国家中排第2名；印度的国家累积碳排放达到了260亿吨，在全球所有国家中排第8名；南非的国家累积碳排放达到了124.4亿吨，在全球所有国家中排第13名；巴西的国家累积碳排放达到了91.1亿吨，在全球所有国家中排第21名。② 从国家累积碳排放总量的角度看，中国和印度等新兴发展中大国已经超过了很多发达国家。

---

① 朱江玲、岳超、王少鹏、方精云：《1850—2008年中国及世界主要国家的碳排放——碳排放与社会发展Ⅰ》，《北京大学学报》（自然科学版）2010年第4期。

② 参见潘家华、郑艳《基于人际公平的碳排放概念及其理论含义》，《世界经济与政治》2009年第10期。

在此形势下，越来越多的发达国家认为，如果在碳减排问题上仍然延续由发达国家率先减排的京都模式，那么超出全球新增碳排放份额四分之一的新兴发展中大国就可以继续增加碳排放量，在这种模式下全球碳减排行动将变得没有意义。因此，发达国家普遍认为，在《京都议定书》第一承诺期结束后，碳排放总量已经接近甚至超出发达国家的新兴发展中大国已经没有理由不承担量化碳减排国际义务了。

最后，在2005年前后，由于人均累积碳排放仍然存在很大差距，发展中国家坚持在人均累积碳排放趋同之前仍然由发达国家率先承担碳减排国际义务。

从各国的人均累积碳排放情况看，从19世纪中叶开始到2005年《京都议定书》生效，世界主要国家中人均累积碳排放居于前列的都是发达国家，英国、美国、德国和加拿大分别位居第2位、第3位、第6位和第8位，而新兴发展中大国中人均累积碳排放最多的南非仅位居第45位，中国、巴西和印度则仅位居第88位、第99位和第122位；在这些国家中，英国在此阶段的人均累积碳排放为1125.4吨，分别是南非人均累积碳排放的4.2倍，中国的15.8倍，巴西的23倍，印度的47.3倍；美国在上述阶段的人均累积碳排放为1107.1吨，分别是南非的4.1倍，中国的15.5倍，巴西的22.7倍，印度的46.5倍；德国在上述阶段的人均累积碳排放为958.3吨，分别是南非的3.6倍，中国的13.4倍，巴西的19.3倍，印度的40.2倍；加拿大在上述阶段的人均累积碳排放为760.1吨，分别是南非的2.9倍，中国的10.7倍，巴西的15.6倍，印度的31.9倍。①

从人人应享有同等碳排放权的"人际公平"的角度看，在发达国家的人均累积碳排放远远超过新兴发展中大国的情况下，要求新兴发展中大国与发达国家共同承担碳减排国际义务显然是不公平的。因此，新兴发展中大国认为，发达国家主张在人均累积碳排放趋同之前

---

① 参见潘家华、郑艳《基于人际公平的碳排放概念及其理论含义》，《世界经济与政治》2009年第10期。

共同承担碳减排国际义务是违反气候公平的不合理要求。在这种情形下，南北大国之间在国际气候谈判中陷入了僵局。

本章结论

如果忽视了气候变化问题安全化的时代背景，那就很难对气候变化问题安全化的形成原因做出准确的分析与判断。2005年前后，是气候变化问题安全化进程启动的重要时间节点。在这个时间节点，有两方面重要的国际事件对气候变化问题安全化进程的启动具有重要的意义：

一方面，自"冷战"结束后，气候变化问题开始进入政治化阶段，经过艰难的政治博弈，国际社会制定并通过了《联合国气候变化框架公约》及其《京都议定书》。2005年，《京都议定书》生效，这意味着以制定《京都议定书》为核心的国际气候谈判任务完成，国际气候谈判的焦点开始聚集到2012年《京都议定书》第一承诺期结束后的国际行动安排上来。由于自20世纪90年代初以来新兴发展中大国的经济总量和碳排放总量快速上升，国际气候谈判形势发生了重大变化，发达国家普遍主张新兴发展中大国应当在2012年后的国际行动中承担碳减排义务。与此同时，由于在人均累积碳排放方面仍然存在着巨大的南北差异，新兴发展中国家以气候公平为理论依据，反对在人均累积碳排放趋同之前与发达国家共同承担碳减排国际义务。在此形势下，国际气候谈判一度陷入僵局，国际气候行动也难以进一步展开。在此背景下，国际社会需要新的动力推进国际气候行动，以更有效地动员全球资源应对气候变化，而在国际议程中把气候变化问题纳入优先考虑的政治事项显然可以成为其中一个选择，这就使得启动气候变化问题安全化进程的重要性凸显出来。

另一方面，随着"冷战"以后国际形势的发展变化，非传统安全问题愈发受到国际社会的关注。2005年，联合国正式发布了《大自由——实现人人共享的发展、安全和人权》秘书长报告，提出在21

世纪应当扩大安全概念的含义，并把国际有组织犯罪、恐怖组织、致命的传染性疾病和环境退化等问题列为国际社会所面临的新安全威胁。在此背景下，与环境退化和疾病国际传播等密切相关的气候变化问题安全化的可行性也凸显出来。

第二章 气候问题安全化国际趋势的形成

第一节 气候变化被视为存在性威胁

与其他国际议题的安全化进程一样,施动者的作用在气候变化问题安全化进程中同样重要。政府间气候变化专门委员会(IPCC)在气候变化科学进程方面具有权威性话语权,欧盟对《联合国气候变化框架公约》及其《京都议定书》的形成与生效做出了重大贡献,在国际气候合作中具有较大话语影响力,联合国组织与机构在全球治理和国际规范制定等方面具有较大的话语权威,它们对于气候变化问题安全化起到了十分重要的发起和推动作用。

一 科学层面的认知变化

在21世纪初政府间气候变化专门委员会(IPCC)发布气候变化第三次评估报告之前,气候变化的科学不确定性一直是科学界和国际政治界广泛关注的问题。

在20世纪80年代至90年代初,许多科学家对全球变暖及温室效应机制表示了怀疑态度。对于汉森等人提出的100年中全球气温升幅达到0.5℃的观点,很多科学家表示怀疑,理由是温度计的测量记录并不可靠,甚至连卡尔(Karl)和琼斯(Jones)等提供这些测量记录的科学家也认为这种记录并不可靠;有的科学家认为,由于存在很多不确定性因素,因此汉森等人得出的100年温度上升了0.5℃的数据还需要采取相应的矫正,而这种矫正后的结果最后是否会证明全球气温呈上升趋势还不明确;有些科学家引用了海面温度观测数据来对全球气温上升的观点进行反证,因为曾经有某些地区的观测数据显示,1850年这些地区的海面温度与现在的温度是一致的。① 有的科学家则对全球变暖与温室气体排放上升的关联性表示怀疑,认为从20世纪的情况看,全球温度上升的主要时间段是从1915年开始到20世纪40年代,随后全球温室气体排放开始上升,全球气温却开始下降。② 对此现象,琼斯等科学家认为,这表明全球气温上升主要是受自然因素影响,因为自然界总是处于波动状态的,在几十年内地球温度在1℃以内的升高或降低主要是受自然因素影响的,而事实上这种波动是正常的,也是难以预测的。③ 有些科学家认为,在自然界对地球气温影响所存在的很多不确定性还没有排除之前,不能得出温室效应导致全球变暖的结论;有科学家指出,1982年的墨西哥埃尔奇琼(El Chichon)火山爆发后,地球气温明显升高,但是随后几年又开始降温,这是巧合还是存在内在联系,目前还不能确定。④

在20世纪80年代末至90年代初,世界著名气象学家、美国麻省理工学院地球、大气和行星系罗德海教授(Richard S. Lindzen)是反对全球变暖的最具有代表性的科学家之一。1990年,罗德海教授发表了《对全球变暖的一些冷思考》一文,集中地对全球变暖科学研究中的一些观点予以质疑。罗德海在该文中对全球变暖问题提出了不同看法,他说:"我们为什么要为大气层中不断增长的二氧化碳含量担忧?"⑤ 他的观点是,我们虽然正在面临二氧化碳含量的显著变化,但是这个问题本身不值得小题大做,因为二氧化碳虽然是大气中的组成成分,但其所占比例很低,大约为0.03%,因此即使其发生显著变化也不是那么重要。⑥ 罗德海教授还进一步解释了上述观点,他说:"我们可以设想,如果有一种气体在大气中不经常存在,那么即使只往大

---

① Stephen H. Schneider, "The Global Warming Debate Heats Up: An Analysis and Perspective", *American Meteorological Society*, Vol. 71, No. 9, 1990, pp. 1294 – 1304.
② Ibid., p. 1295.
③ Ibid..
④ Ibid., p. 1296.
⑤ *Bulletin American Meteorolgical Society*, Vol. 71, No. 3, 1990, pp. 288 – 299.
⑥ Ibid..

气中释放一两个分子,也会导致其在大气中所占比例的急剧变化,但是这并不值得担忧。"① 不仅如此,罗德海教授还认为,大气中二氧化碳浓度上升在很多情况下不仅无害,而且有益。他说:"例如,在海拔 25 千米至 90 千米的区域,二氧化碳浓度的增加能够导致臭氧层增加。此外,大气层中二氧化碳浓度增加还会有益于蔬菜增加产量。"②

罗德海教授还对当时科学界主张全球变暖所依据的观测数据提出了质疑。他认为,确定地球表面平均温度是一个十分艰巨的工作,因为人所共知的是,气温在很短距离里都可能发生显著变化,城市温度常常比乡村的温度高,水面的温度与相邻陆地表面温度相比又有区别,一天之中温度变化很大,隔日甚至不同季节的温度变化更大。③ 更为重要的是,还有自然因素导致的气候变化需要考虑,即使没有人为因素,自然因素所导致的气候变化也在年复一年地发生着,而我们现在的地球表面温度测试网络是否能够把上述因素的干扰排除在外还不清楚。④ 举例而言,地球表面绝大部分区域是海洋,而人类并没有海洋固定温度测试站的记录数据,但是在以时间顺序对地球表面温度进行对比时通常只以固定测试站的记录数据为基础。⑤ 即使在陆地,也很难把测试到的温度升高现象中的城市化效应因素区分开来。⑥ 他认为,目前为止最具有科学重要性的观测数据是汉森(Hansen)等人于 1985 年所测算出来的数据,该数据显示全球气温在 20 世纪上升了约 0.5℃,其实这个数据不仅同样具有很大的不确定性,而且给我们的结论是全球气温上升幅度连 0.5℃ 都不到。⑦

更重要的是,罗德海教授不仅从实证的角度对全球变暖的测试数据予以质疑,而且还从理论的角度对"温室效应"的说法予以质疑。他说,全球变暖的警报并非主要是从上述观测数据而来的,而是主要

---

① *Bulletin American Meteorolgical Society*, Vol. 71, No. 3, 1990, p. 288.
② Ibid., pp. 288 – 289.
③ Ibid., p. 290.
④ Ibid..
⑤ Ibid..
⑥ Ibid..
⑦ Ibid..

从所谓的"温室效应"的理论而来的,但是这个理论模型过于简单了,因为温室气体并非影响地球温度平衡的唯一因素,实际上水蒸发等对地球的温度平衡也起着十分重要的作用。①

需要引起注意的是,即使是 20 世纪八九十年代温室效应机制研究的主要代表人物汉森也承认,温室效应机制仍存在很大的不确定性。他于 1981 年 8 月在《科学》杂志上发表的一篇论文中指出:温室效应机制理论也面临重大困难,那就是观测得到的气候变化数据与温室气体增长的历史并不吻合。② 事实上,北半球的温度于 1940—1970 年下降了 0.5℃,但是这个时间段正是人类温室气体排放大量上升的时期。③ 汉森还指出,现在不确定的是,在二氧化碳增多所导致的全球变暖情况下大陆冰川是缩小还是扩大。④ 例如,如果海洋变暖,但是同时大陆冰川上方的空气还在冰冻点之下,这将导致降雪增多,大陆冰川的净体积将扩大,因此海平面会下降。⑤

1990 年政府间气候变化专门委员会(IPCC)发布了其第一份评估报告,该报告比较详细地反映了当时科学界对气候变化问题的不确定性的看法。报告指出,我们对气候变化的预测能力尚需要提高,因此我们需要以下方面的改善:对不同的与气候有关的进程的理解,尤其是那些与云、海洋和碳循环有关的进程;在全球范围内改善对于气候有关的变量的系统观测,并对过去所发生的变化进一步开展调查;改善对地球气候系统模型的开发;加强对各国和国际气候变化研究的支持,在这方面特别需要加强对发展中国家的支持;促进气候数据的国际交流。⑥

---

① *Bulletin American Meteorolgical Society*, Vol. 71, No. 3, 1990, p. 294.
② Hansen, "Climate Impact of Increasing Atmospheric Carbon Dioxide", *Science*, Vol. 213, No. 4511, 1981, pp. 957 – 966.
③ Ibid., p. 957.
④ Ibid., p. 965.
⑤ Ibid..
⑥ IPCC, "Climate Change: The IPCC Scientific Assessment (1990) (Policymakers Summary)", p. xii, http://www.ipcc.ch/ipccreports/far/wg_I/ipcc_far_wg_I_spm.pdf,, May 1, 2017.

报告还指出，本报告中关于气候变化预测的观点存在不确定性，不确定性主要有以下三个方面：未来人类活动所导致的温室气体排放情况，人类活动所排放的温室气体将如何改变地球大气层中的温室气体浓度，气候将会如何对地球大气层中变动的温室气体浓度做出反应。① 报告承认，科学家对于以上方面的知识是不完美的，因此气候变化研究存在不确定性。②

在未来人类活动所导致的温室气体排放问题上，报告认为，气候将以什么程度发生变化取决于温室气体以什么速度排放，而温室气体的排放则由非常复杂多变的经济和社会因素决定。③ 在人类活动排放的温室气体将如何改变地球大气层中的温室气体浓度问题上，报告指出，由于人类对于温室气体的源和汇的问题尚未能完全理解，因此即使我们拥有了确定的温室气体排放情景，我们在计算未来地球大气层中温室气体浓度时也存在不确定性。④ 在气候可能对地球大气层中的温室气体改变做出什么反应的问题上，报告指出，我们的气候模型仅仅是建立在我们对气候进程的理解之上的，必须承认的是我们的理解还远达不到完美的程度。⑤ 不仅如此，我们还需要承认的是，我们对于气候进程以及我们对这个进程设置模型的能力的欠缺可能导致我们的结果出现令人惊讶的偏差，这种状况就如同人类活动所导致的南极臭氧层空洞完全难以预测一样。⑥

1995年，政府间气候变化专门委员会（IPCC）发布了其第二份评估报告。报告指出，气候变化仍然存在不确定性，因为还有许多因素对我们预估和探测未来的气候变化的能力构成限制，这些方面主要包括：对未来温室气体排放和包括温室气体源与汇在内的生物地球化

---

① IPCC, "Climate Change: The IPCC Scientific Assessment (1990) (Policymakers Summary)", p. xii, http://www.ipcc.ch/ipccreports/far/wg_I/ipcc_far_wg_I_spm.pdf,, May 1, 2017.
② Ibid..
③ Ibid..
④ Ibid..
⑤ Ibid..
⑥ Ibid..

学循环的估测，对气溶胶以及气溶胶母体物的估测，对未来温室气体浓度及其辐射特性的预测等；用模型来反映气候进程，尤其是与云层、海洋、海冰等有关的反应；系统收集长期的气候系统变量的观测数据，例如太阳的输出、地球大气层能量平衡的组成、水文系统的循环、海洋特征和生态系统变化等。①

报告还指出，未来不可预期的、大型的、迅速的气候系统变化和以前所发生的气候系统变化一样，从其性质上来看是很难预测的，这意味着未来的气候变化也将包含"惊讶"，这些"惊讶"尤其是会从那些非线性的气候系统中产生，而非线性的气候系统很容易受到一些不可预测的行为的影响，例如北大西洋循环的快速变化，与陆地生态系统变化有关的反应等。②

2001 年政府间气候变化专门委员会（IPCC）发布了其第三次评估报告。在这份报告中，政府间气候变化专门委员会在汇总了 1995 年以来气候变化科学研究的最新成果的基础上，对很多关于气候变化不确定性的质疑予以了回应，并强调气候变化的科学确定性正在增强。报告指出，自 1995 年 IPCC 发布了其第二次评估报告后，来自世界各国的数百位科学家参与到新的气候变化评估报告的准备工作中来，这 5 年来科学界在气候变化科学研究上又取得了大量新的研究成果。③ 尤其是在不断增多的观测机构的集体努力下，人类已经能够看到一个更加全面的正在变暖的地球的图片，也能更清楚地看出气候系统所发生的其他变化。④ 报告认为，自 1995 年第二次评估报告发布后，科学界所开展的针对现代气候和古代气候的研究工作获得了很多新的数据，针对数据集的分析工作也有了很大改善，尤其是对这些分析的评价与比较也比以前更加严格了，这些都帮助人类对气候变化有

---

① J. T. Houghton, L. G. Meira Filho, B. A. Callander, N. Harris, A. Kattenberg and K. Maskell, "The Science of Climate Change", p. 7, http://www.ipcc.ch/ipccreports/sar/wg_I/ipcc_sar_wg_I_full_report.pdf, May 1, 2017.

② Ibid..

③ IPCC, *Climate Change 2001: The Scientific Basis*, http://www.grida.no/publications/other/ipcc_tar/, May 1, 2017.

④ Ibid..

了更深的理解。①

相对于此前的气候变化评估报告而言，政府间气候变化专门委员会第三次评估报告对19世纪中期以来的全球平均气温变化做出了更加精确的分析。报告很确定地指出，1861年以来，全球平均表面温度上升了。②在20世纪中，地球平均表面温度上升了0.4℃—0.8℃，中值约为0.6℃。③需要注意的是，这个数据比1995年IPCC第二次评估报告所给出的数据增加了约0.15℃。IPCC第三次评估报告认为，出现这个现象的一个重要原因是科学界分析和处理数据的方法有了较大的改善。④不仅如此，IPCC第三次评估报告还明确指出，这个数据确定性比以前大为增强了，因为这个数据是在把各种需要加以调节的情形都考虑在内的基础上得出的，特别是其中还包括了城市热岛效应对观测气温数据的影响。⑤

更为重要的是，IPCC第三次评估报告还对此前长期困扰科学界的一些问题做出了回应。例如，对温室效应导致全球变暖理论最具有挑战性的科学质疑是，虽然20世纪初到40年代全球气温经历了上升期，但是此后随着全球温室气体排放总量大幅上升，全球气温却在很长时间内并没有明显上升。⑥对此，IPCC第三次评估报告提供了一些数据，对上述质疑做出了解释。报告指出，从全球角度看，从1861年人类开始使用工具来记录气温以来，20世纪90年代是最暖的十年，其中1998年是最暖的年份；新的数据分析表明，20世纪有可能是近1000年以来地球气温升幅最大的一个世纪；从全球平均气温的角度看，1950—1993年，地球日间最高气温以每十年增加0.1℃的速度在上升，地球的夜间最低气温的上升趋势则更为明显，以每十年增加

---

① IPCC, *Climate Change 2001: The Scientific Basis*, http://www.grida.no/publications/other/ipcc_tar/, May 1, 2017.

② Ibid..

③ Ibid..

④ Ibid..

⑤ Ibid..

⑥ Ibid..

0.2℃的速度在上升。① IPCC 第三次评估报告还同时援引卫星观测数据和陆地观测数据来证明全球变暖的趋势。报告指出，卫星数据显示，自 20 世纪 60 年代以来地球雪盖很可能已经减少了 10%，而陆地观测数据则显示，在 20 世纪中，北半球中、高纬度的河流与湖泊的冰封期大约每年减少了两个星期。② 在非极地地区，高山冰川在 20 世纪中已经发生了大范围的消退。③ 与此同时，北半球春天和夏天的海洋冰层自 20 世纪 50 年代到 20 世纪末减少了 10%—15%，北极的海洋冰层的厚度有可能在近几十年来的夏末到初秋之际变薄了 40%。④ 除此以外，潮汐表检测得到的数据显示，全球海平面在 20 世纪平均上升了 0.1—0.2 米。⑤

2007 年政府间气候变化专门委员会（IPCC）发布了其第四次评估报告。这份报告不仅强调了人类活动与地球气候变化之间存在确定性的因果关系，而且还从气候变化对人类社会所形成的存在性威胁的角度对气候变化的危害性做出了分析和判断。该报告指出，自 IPCC 第三次评估报告发布以来，人类对于近期气候变化的探测与定性取得了重大进展，尤其是由于近年来气候变化测定与定性研究工作所取得的重大进展，气候变化的科学不确定性也大大减小了。⑥ 气候变化测定与定性工作都必须依赖观测数据和模型输出，但是在以前的科学水平下，想要对上百年尺度的自然气候波动做出估测是存在很大困难的。一方面，人类采取现代的科学方法来获取气象观测数据的时间还不够长；另一方面，人类对正在发生变化的外部因素对地球气候影响的理解还不全面。因此在数据获取和模型输出两方面都存在缺陷，特别是科学界在早期开展气候变化探测和定性工作时，科学家们的关注

---

① IPCC, *Climate Change 2001: The Scientific Basis*, http://www.grida.no/publications/other/ipcc_tar/, May 1, 2017.
② Ibid..
③ Ibid..
④ Ibid..
⑤ Ibid..
⑥ IPCC, *Climate Change 2007: The Physical Science Basis*, http://www.ipcc.ch/publications_and_data/ar4/wg1/en/ch1s1-3.html, May 1, 2017.

焦点比较单一，主要是集中在地球表面温度的变化上。① 近年来，随着气候变化科学取得重大进展，科学界已经能够采取更加成熟的数据分析来监测复杂的气候变化模型。② 报告强调，现在科学家们所使用的气候变化模型不再局限在温度这个单一变量上，而是把更多的变量纳入分析，这样就使得气候变化的定性显得比较容易了，因为虽然人类因素和自然因素都可以在地球表面温度变化方面产生相似的结果，但是却不可能对其他所有变量都产生相似的影响。③ 在此基础上，科学界发现，对于观测到的多个变量所发生的变化，必须用人类活动的实质性影响才能做出解释，可以说，这方面的科学工作所得出的证据使得以下科学结论的确定性增强了：人类活动对全球气候造成了可以观测到的影响。④

2007年发布的政府间气候变化专门委员会（IPCC）第四次评估报告，以确定的方式得出了人类活动对全球气候造成了可以观测到的影响这个结论，为把气候变化问题界定为人类社会的存在性威胁建立了较为坚实的科学基础。事实上，这份评估报告对气候变化挑战的严峻性已经有了深刻的认识，并从生态、食物、健康和水资源等方面对气候变化对人类的存在性威胁进行了阐释。

在生态系统方面，报告认为，气候变化所造成的危害将可能导致地球生态系统处于危险境地。报告指出，由于气候变化、与气候变化相关的旱涝灾害、海洋酸化以及其他诸如土地变化、污染资源过度开发等因素交织混合在一起，21世纪地球生态系统所遭受到的挑战很可能将超出其承受能力。⑤ 20%—30%的植物和动物种类将有可能因为全球平均气温升幅超过1.5℃—2.5℃而灭绝，地球生态系统的结构和

---

① IPCC, *Climate Change 2007*: *The Physical Science Basis*, http://www.ipcc.ch/publications_and_data/ar4/wg1/en/ch1s1-3.html, May 1, 2017.

② Ibid..

③ Ibid..

④ Ibid..

⑤ IPCC, *Climate Change 2007*: *Synthesis Report*, p.48, http://www.ipcc.ch/publications_and_data/publications_ipcc_fourth_assessment_report_synthesis_report.htm, May 1, 2017.

功能预计也将发生重大改变。① 在食物安全方面，报告指出，从全球范围看，如果气温升高超出1℃—3℃这个幅度的话，那么农作物产量将会降低。② 在海岸带社区生存风险方面，报告指出，由于气候变化以及海平面上升，海岸带将面临越来越严重的风险。到2080年，数百万在海岸带居住的人口将每年都不得不面临着海平面上升而带来的洪涝灾害，这种状况在人口稠密、地势低洼的亚洲和非洲地区将表现得更为恶劣，小岛屿国家在这方面尤其具有脆弱性。③ 在产业、人居和社会的脆弱性方面，报告指出，在沿海和沿河地区，这方面的脆弱性十分突出，还有那些经济与气候敏感性资源具有密切联系的国家和经常发生气候极端事件的地区，在这方面也具有很大的脆弱性，贫穷的社区在这方面所具有的脆弱性尤其突出。④ 在健康安全方面，报告指出，极端气候事件将导致数百万的人口营养不良的状况加剧，死亡率上升，患病和受伤人员增加，与气候变化密切关联的空气污染还会导致心血管系统疾病和呼吸系统疾病增加，并导致一些传染性疾病影响范围扩大。⑤ 在水资源安全方面，报告指出，气候变化将会加剧现在因人口增长、土地用途变化等因素而形成的水资源压力，冰川和雪盖的消融问题也将进一步加剧，这将减少水资源供应和水力发电能力；气候变化还将改变一些主要依靠山脉地区融雪而获得水源的地区水流的季节性变化，而在这些地区居住着全球六分之一以上的人口；在沿海地区，海平面上升将导致这些地区的地下水盐碱化程度加重，从而使得这些地区的水供应将受到进一步的限制。⑥

应当看到，虽然对政府间气候变化专门委员会（IPCC）报告的研究方法与结论仍然存在一些科学争议和质疑，但是政府间气候变化专

---

① IPCC, *Climate Change 2007: Synthesis Report*, p. 48, http://www.ipcc.ch/publications_and_data/publications_ipcc_fourth_assessment_report_synthesis_report.htm, May 1, 2017.

② Ibid..

③ Ibid..

④ Ibid..

⑤ Ibid..

⑥ Ibid..

门委员会评估报告无疑是目前能够最全面反映气候变化科学认知的权威报告，也是目前最有影响力的气候变化科学评估报告。从 2007 年政府间气候变化专门委员会发布的第四次评估报告看，随着新的科学研究方法与工具的使用和新的研究结果的发表，科学界对气候变化的危害性的认识已经越来越明确，尤其是报告认为，气候变化所造成的危害将可能导致地球生态系统处于危险境地，并强调 21 世纪地球生态系统所遭受到的挑战很可能将超出其承受能力，这就比较明确地把气候变化的性质界定为对人类社会的存在性威胁，为气候变化安全化政治议程的展开提供了科学基础。

二 国际政治层面的认知变化

"冷战"以后，欧盟迫切感受到拥有独立安全战略的重要性。在"冷战"期间，为了应对苏联的军事威胁，西欧国家不得不压制甚至放弃自身诸多利益需求，尽力维持与美国的军事同盟关系，因此在国际博弈中形成了"美主欧从"的格局。但是，随着苏联的解体与"冷战"的结束，英、德、法等欧洲强国逐渐感到应付军事威胁的迫切性和重要性大为降低了，而随之而来的是欧盟东扩所带来的能源安全、环境安全、难民与资源缺乏等新挑战和新威胁，这些都迫切需要被纳入欧盟的安全议程。然而从欧美安全协作的角度看，欧盟的这些新挑战和新威胁对美国的安全利益并无十分直接的关联性，因此美国的重视程度并没有达到欧盟的期待，甚至美国有时还在一定程度上对欧盟及其成员国在应对新的挑战与威胁方面的努力加以指责甚至掣肘，这样欧美在安全利益方面的分歧就开始显现出来。

欧美在安全利益上出现重大分歧的现象到了 21 世纪初不仅没有缓和，而且表现得更加突出。一方面，从军事安全维度看，美国不顾许多欧盟国家的反对，未经联合国授权发动了伊拉克战争；另一方面，从非军事安全维度看，美国小布什政府宣布退出经欧盟长期努力推动而得以签订的《京都议定书》。在此背景下，欧盟越来越认识到"冷战"后不应当继续在国际安全事务中扮演美国附庸的角色，必须要依靠独立的安全战略来维护自身的安全利益。

欧盟于 2003 年发布了其第一份独立安全战略报告，全面分析了

"冷战"结束后全球安全环境所发生的变化，并指出欧盟安全环境面临着从战争威胁向自然资源与环境威胁的转变。该安全战略指出，在"冷战"后的安全环境下，欧盟成员国遭受大规模的军事入侵已不可能，取而代之的是，欧盟面临的新的安全威胁将更加具有分散性、无形性与不可预见性。① 该安全战略高度强调了自然资源与环境问题在"冷战"后欧盟安全环境中的重要地位。该安全战略认为，对于自然资源的竞争，尤其是对于水资源的竞争，将在未来的数十年中因为全球变暖而加剧，这将导致不同地区出现进一步的骚乱和大规模的人口移徙。②

2003 年欧盟安全战略为欧盟确定了三方面的战略性目标：首先，在应对威胁方面，与"冷战"时期大规模、有形的安全威胁所不同的是，欧盟所面临的新的安全威胁中没有一个是单纯军事性质的，因此也不可能用单纯的军事手段来加以应对；其次，在维护欧盟周边地区安全方面，欧盟的扩张虽然可以巩固欧盟的安全，但是同样使欧盟与问题区域更加接近，如果欧盟扩张导致在欧洲出现新的分裂线，这将对欧盟不利；最后，在国际秩序建立方面，欧盟的安全与繁荣依赖于有效的多边主义体系，发展一个更加强大的国际社会、良好运行的国际制度和以规则为基础的国际秩序是维护欧盟安全所必需的重要保障。③

通过对欧盟安全战略目标进行分析可以发现，应对气候变化对于欧盟实现上述三方面的战略性目标都有帮助。首先，应对气候变化有助于欧盟实现安全战略目标多元化。"冷战"结束前，欧盟以军事安全为其核心战略目标，但是时过境迁，安全挑战与威胁出现了多元化、无形化和分散化的特点。在这种情况下，如果再以单纯的军事安全为核心战略目标的话，显然不能适应形势发展的需要。应对气候变化与难民迁徙、环境污染和致命疾病传染等一系列的非军事安全威胁

---

① European Council, "A Secure Europe in a Better World: European Security Strategy", http://www.consilium.europa.eu/uedocs/cmsUpload/78367.pdf, May 1, 2017.
② Ibid.
③ Ibid.

都密切相关，因此其战略意义恰好可以使其成为欧盟安全战略的核心目标，符合欧盟实现安全战略目标多元化的需求。其次，应对气候变化可以帮助欧盟成员国之间协调能源、环境甚至产业政策，进而增强成员国之间的协作，这对于欧盟预防因出现新的内部分歧甚至分裂而带来的安全问题具有重要意义。最后，应对气候变化国际合作有助于促进构建多边主义的国际秩序，而这同样有利于欧盟安全利益的实现。正如欧盟在其安全战略所指出的，包括应对全球变暖等发展问题的国际法是建立以规则为基础的国际秩序所不可缺少的前提；欧盟已有的经验表明，这些国际制度同样可以对欧盟周边及更大区域的安全与稳定做出重要贡献；对欧盟及其居民而言，一个看上去能够为所有人提供正义与机会的世界将更为安全。①

在此背景下，气候变化问题顺理成章地成为欧盟及其主要成员国安全战略的优先领域。2006年10月24日，时任英国外交大臣的玛格丽特·贝克特（Margaret Beckett）在英国驻德大使馆就气候与安全问题发表演讲，她明确地把气候变化问题置于欧盟安全战略的最优先领域，她在讲话中称：全球如何应对气候变化，不仅对其他人非常重要，对欧洲人同样重要，欧洲人对此应确信不疑。欧盟议事日程上的最高事项包括：巩固边防、减少贫困、针对冲突和国际恐怖主义加强风险防范、加强能源安全、促进就业和经济增长；如果欧洲对气候变化问题做出正确的反应，那么欧洲处理上述所有事项的能力就会增强；如果欧洲对气候变化问题做出错误的反应，那么针对上述事项的所有努力的成效将会下降。②玛格丽特·贝克特还以移民和冲突等问题为例，对把气候变化纳入欧盟安全战略最优先领域的原因做了具体阐释。以移民问题为例，她认为：如果人们发现他们的家被洪水永久性淹没了，他们就会迁居别处，这是再简单不过的事情；有研究表

---

① European Council, "A Secure Europe in a Better World: European Security Strategy", http://www.consilium.europa.eu/uedocs/cmsUpload/78367.pdf, May 1, 2017.

② Margaret Beckett, "Berlin Speech on Climate and Security", http://www.sonnenseite.com/Future, Beckett－＋Berlin＋speech＋on＋climate＋and＋security, 71, a6256.html, May 1, 2017.

明，如果海平面上升 50 厘米，将会使得尼罗河三角洲 200 万居民流离失所；如果海平面上升 1 米，那么将会使得孟加拉国 2500 万人背井离乡；环境退化已经驱使撒哈拉以南非洲地区的居民因经济因素离开故土来到欧洲；通过处理气候变化问题，我们可以减少移民的驱动因素，反之我们将不得不做好面对前所未有的迁移人口的准备。①

在上述阐释的基础上，玛格丽特·贝克特把气候变化界定为欧盟的一个不可替代的安全议程。她认为，一个失败的地球气候系统意味着更多的失败国家，这个结果会使得我们希望通过冲突预防和反恐行动所得到的成果受到削弱；通过妥善处理气候变化问题，我们可以帮助处理深层次的安全问题，有利于防范因为这些深层次的安全问题所可能引发并加剧的冲突；如果忽视这些问题，我们就会对不断爆发的危机束手无策，而且新的危机会不断凸显；因此气候变化并非一个可替代的安全议程，它是对我们关于如何最佳地处理现在已经存在的安全议程的拓宽和深化，我们必须把气候安全置于欧盟最为优先的领域。②

围绕着气候变化问题在欧盟安全战略中属于不可替代的优先安全议程的定位，欧盟相关机关及欧盟主要成员国开展了系统、深入的分析与研究工作，进一步推动了欧盟气候安全战略的丰富与完善，并为欧盟在国际政治层面推动气候变化问题安全化做好了理论准备和舆论宣传工作。2007 年德国"全球变化咨询委员会"（German Advisory Council on Global Change, GBWU）发布《变迁中的世界——作为安全威胁的气候变化》（*World in Transition – Climate Change as a Security Risk*）报告，该报告系统地分析了气候变化的安全含义，具有相当大的影响力。时任联合国副秘书长、联合国环境规划署（UNEP）执行主任的阿齐姆·施泰纳（Achim Steiner）称，该报告为针对气候变化安全问题的"旗舰报告"，并认为通过该报告的论证，气候政策很明

---

① Margaret Beckett, "Berlin Speech on Climate and Security", http://www.sonnenseite.com/Future, Beckett - + Berlin + speech + on + climate + and + security, 71, a6256. html, May 1, 2017.
② Ibid..

确地成为"预防性的安全政策"(Preventative Security Policy)。① 该报告的核心观点是，如果不采取坚决的应对措施，气候变化将在未来数十年超出许多社会组织的适应能力，并且这将导致不稳定与暴力，对国家安全与国际安全造成新的更高程度的影响；如果人类社会不能联合起来应对气候变化，那么气候变化将在国际关系中划出更深的裂痕，并加剧国际冲突。② 报告通过对最近数十年来战争与冲突的起因进行实证研究与分析，认为当环境变化与其他的冲突扩大因素以某种方式联系在一起的时候，导致了冲突与暴力，虽然1980—2005年发生的73起"环境冲突"都是区域性的，尚未对全球安全造成实质性的威胁，但是如果全球气候变化不能得到有效控制的话，将必然会改变以前"环境冲突"仅限于区域性冲突的状况。③

2008年3月，时任欧盟共同外交与安全政策高级代表的索拉纳(Javier Solana Madariaga)和欧盟委员会向欧洲理事会提交了《气候变化与国际安全》报告，对气候变化的国际安全含义做了进一步的概括与总结。该报告提出，气候变化最适宜被视为国际安全威胁的倍增器(Threat Mutiplier)，它将激化现有的国际冲突趋势、紧张局势和不稳定状态；对全球安全构成核心挑战的是，气候变化将使得那些已经处于脆弱状态或出现冲突倾向的国家或地区面临超出其承受能力的威胁。④ 该报告为欧盟通过应对气候变化行动维护其安全利益提出了以下建议：一是在欧盟层面加强应对能力；二是建立欧盟多边领导地位

---

① German Advisory Council on Global Change (WBGU), "World in Transition – Climate Change as a Security Risk", p. 7, http://www.wbgu.de/fileadmin/templates/dateien/veroeffentlichungen/hauptgutachten/jg2007/wbgu_jg2007_kurz_engl.pdf, May 1, 2017.

② Ibid..

③ Ibid..

④ European Union, "Climate Change and International Security, Paper from the High Representative and the European Commission to the European Council", S113/08, 14 March 2008, http://docplayer.net/21486482-Climate-change-and-international-security-paper-from-the-high-representative-and-the-european-commission-to-the-european-council.html, May 1, 2017.

以促进全球气候安全;三是进一步加强与欧盟以外的国家的协作。①

总而言之,从2003年欧盟安全战略报告以及此后欧盟及其成员国先后出台的一系列安全政策文件可以看出,对欧盟而言,气候变化问题已经不仅仅是一个经济层面或环境层面的问题,而是成为一个关系到欧盟安全战略目标是否能够顺利实现的核心安全问题,这决定了欧盟必然会在不同的国际场合以异常积极的姿态来推动气候变化问题安全化。为实现此目标,欧盟开始在一些重要的国际场合积极向国际社会宣传其对气候变化安全的观念和主张,尤其是在安理会与联合国大会等重要国际场合通过相关话语凸显气候变化的存在性威胁,努力影响国际社会对气候变化安全含义的认知,推动气候变化问题安全化的政治议程。具体而言,欧盟及其成员国在此方面的行动主要表现为以下方面:

首先,欧盟及其主要成员国宣称,不稳定的气候将可能成为加剧冲突的重要因素,并进而对国际安全构成严重威胁。一方面,欧盟及其主要成员国主张与气候变化相关的资源短缺是冲突的重要起因。在2007年4月召开的安理会第5663次会议上,英国代表称,不稳定的气候将加剧移徙压力和资源争夺等冲突因素。② 意大利代表称,如果国际社会不针对气候变化及当前经济增长模式所带来的危险来制定共同战略,那么气候与能源问题就会加剧国家之间的危机局势。③ 丹麦代表称,必须认识到与气候变化相关的资源短缺已经成为重要的冲突起因。④ 另一方面,欧盟还强调气候变化会加剧贫穷与难民问题,增加不稳定因素,加剧冲突。意大利代表在安理会第5663次会议的辩论中称,气候变化加剧了一些地区的贫穷问题,加剧了当地的不稳定

---

① European Union, "Climate Change and International Security, Paper from the High Representative and the European Commission to the European Council", S113/08, 14 March 2008, http://docplayer.net/21486482 – Climate – change – and – international – security – paper – from – the – high – representative – and – the – european – commission – to – the – european – council.html, May 1, 2017.
② 安理会第5663次会议记录, S/PV.5663, 2007年4月17日。
③ 同上。
④ 同上。

因素。① 荷兰代表称，气候变化正在使得国际社会为实现千年发展目标而付出的努力遇到更大的阻力，并导致全球贫困地区在贫困中挣扎的时间更加持久。② 冰岛代表表示，国际社会认识到气候变化所导致的难民迁徙等问题将使得冲突更容易发生。③

其次，欧盟对国际社会发出警告，认为气候变化将在全球范围内损害一些国家或地区的政府保障安全与维持稳定的能力。法国代表在2007年4月安理会第5663次会议的辩论中表示，一些在气候变化最具有脆弱性的国家与地区已经面临族裔关系紧张、传染病失控和气象灾害难以应对的困难局面，气候变化将使得这些国家与地区的保障安全与维持稳定的能力受到巨大挑战。④ 德国代表提出，气候变化可能因为加剧一些国家的治理失败而引发武装冲突。⑤ 比利时代表认为，气候变化已经非常明显地加剧了各种非军事威胁，并增加了一些在气候变化方面最具有脆弱性的国家陷入动乱甚至内战的风险。⑥

最后，欧盟及其主要成员国提出，解决气候与安全之间的矛盾需要采用更广泛的安全概念，国际社会应当对气候变化的安全影响予以更大程度的重视。英国代表在2007年4月安理会第5663次会议的辩论中称：气候变化正改变着我们对安全的认识，不应当把气候变化视为一个狭义上的国家安全问题，而是应当把气候变化视为一个正在变得越来越相互依存的世界中的集体安全问题。⑦ 法国代表则表示，应当把气候变化视为真正的安全威胁，气候变化将对各国安全构成中期和长期的威胁。⑧ 比利时代表认为，不能局限于从基于国家主权的视角来分析气候安全问题，需要采用更广泛的安全概念来解决气候、能

---

① 安理会第5663次会议记录，S/PV.5663，2007年4月17日。
② 同上。
③ 同上。
④ 同上。
⑤ 同上。
⑥ 同上。
⑦ 同上。
⑧ 同上。

源、安全三者之间的矛盾。①

三 国际组织的作用

在当今世界，联合国组织及其机构在全球治理及国际安全事务中具有十分重要的影响力。在政府间气候变化专门委员会（IPCC）发布了第四次气候变化评估报告并以比较确定的方式阐释了气候变化对人类所构成的存在性威胁后，一些联合国组织与机构在推动气候变化科学结论政治化的进程中发挥了十分重要的作用。

在 2011 年 7 月 20 日安理会第 6578 次会议上，施泰纳以联合国副秘书长和联合国环境规划署执行主任的身份在发言中系统地阐述了人类社会在理解气候变化的深刻含义方面所获得的科学知识，并强调了在最新的科学研究的基础上把气候变化纳入国际安全议程的迫切性和必要性。

首先，施泰纳呼吁国际社会对政府间气候变化专门委员会（IPCC）第四次评估报告的科学结论予以高度的政治关注。他说，人们对气候变化含义、影响以及应对措施的认知已经远非昔日可比，因为除了还有一些问题尚需讨论，IPCC 第四次评估报告已经第一次给了国际社会一个毫无争议的结论，那就是非常明确地告诉我们，气候变化不仅正在发生，而且还在加速；更为重要的是，最近全球的科学机构所发布的研究报告在很多方面已经使得几年前 IPCC 第三次评估报告中的相对保守的情景、预测和模型显得过时和陈旧。② 施泰纳指出，根据新的科学研究结果，从气候变化的性质和范围来看，我们已经不应该再把其视为改变能源、交通和经济的一个挑战，而应当把其视为一个影响将远远超越人类社会与经济的任何一个部门的挑战。③

需要指出的是，当国际社会几乎一致认为我们还可以挣扎着试图发现一个路径来保持我们的气温升幅控制在 2℃ 范围以内时，最近的科学研究成果表明，在 21 世纪我们可能不得不面对地球的某些地区的气

---

① 安理会第 5663 次会议记录，S/PV. 5663，2007 年 4 月 17 日。
② UN Security Council 6587th Meeting, S/PV. 6587, 20 July 2011, pp. 3 – 6.
③ Ibid. .

温升幅将在3℃—4℃的情景。① 这意味着现在我们所必须面临的气候变化的严峻性已经远远超出20世纪90年代初国际社会缔结《联合国气候变化框架公约》时所能够预期的情景。②

其次，施泰纳根据最近的气候变化科学研究进展，把气候变化界定为人类社会的安全威胁倍增器。施泰纳指出，以前的气候变化研究成果认为，在21世纪海平面上升的最大极限是0.5米左右，但是现在的气候变化研究成果却认为海平面在21世纪可能上升1米；事实上，英国皇家学会发布了一份报告，宣称在最恶劣的情景下全球平均气温将在2060年前将上升4℃；因此，联合国安理会必须明白，当我们现在讨论气候变化问题时，我们已经不是在讨论一个有可能发生的事件，而是在讨论一个事实，因此在国际和平与安全的背景下分析，气候变化应当被诠释为"威胁倍增器"。③

最后，施泰纳认为，不断更新的科学研究结论已经能够让国际政治界把气候变化问题纳入国际安全议程。施泰纳在安理会发言中提醒国际社会对气候变化科学提出的"临界点"和"反馈机制"概念予以高度重视。他认为，人类不能因为假设全球气候变化在过去的相当长的时期内以比较缓慢的速度发展，就认为今后也会同样如此；事实上，在地球的自然系统中是存在临界点的，从生态学的角度看，科学研究成果表明，在全球变暖的某个节点，地球整个生态系统将不会像今天这样再拥有保持正常功能的能力，其影响将是非常严重的。④ 施泰纳还认为，科学界提出的"反馈机制"的概念同样值得重视。如果北极冰川持续消融并且冻土中的永冻层继续融化，那么这些土壤中所常年储存的二氧化碳将释放进大气层，这种"反馈机制"将使得气候变化的严重程度远远超出以前的预期。⑤ 在此基础上，施泰纳得出了结论性的意见：这些科学研究的发现使得把气候变化作为一个全球安

---

① UN Security Council 6587th Meeting, S/PV. 6587, 20 July 2011, pp. 3 – 6.
② Ibid..
③ Ibid..
④ Ibid..
⑤ Ibid..

全问题加以对待不再是一个学术问题；因此必须认识到，不能仅仅再从科学和技术的角度来讨论碳排放治理问题，而是要真正地从地缘政治和安全的角度来理解和认识气候变化问题。①

联合国组织及其机构不仅积极充当气候变化科学结论政治化的推动者，而且还积极搭建平台推动国际社会成员加强对气候变化安全含义的认知，安理会于2007年4月首次就气候变化与安全问题召开专题公开辩论，拉开了气候安全问题进入国际政治核心层面的序幕。2007年9月联合国大会第62届会议把气候变化与发展筹资、实现千年发展目标、反恐以及改革议程、联合国管理一起列为联合国大会的五个优先议题，并把气候变化议题列在首位。在这次会议上，一些国家和地区的代表在发言中逐渐突破了气候变化在传统上属于环境与发展问题的框架，把气候变化问题与生存和安全问题密切联系起来。时任塞浦路斯共和国总统塔索斯·帕帕佐普洛斯在会议上发言称，20世纪40年代国际社会为应对安全威胁成立了联合国组织，而在当今世界气候变化则与20世纪国际社会所面临的安全威胁是相等的，联合国是否能够像当年处理传统安全威胁一样来处理气候变化给当代人类所带来的威胁还具有不确定性。② 时任密克罗尼西亚联邦总统伊曼纽尔·莫里在发言中称，在20世纪90年代初期国际社会签署《联合国气候变化框架公约》时，气候变化其实还只不过是一种想象中的威胁，而如今气候变化可以危及生命，已经成为公认的事实。③ 时任斯洛文尼亚共和国总理雅奈兹·扬沙在发言中认为，气候变化已经对全球安全和稳定构成巨大影响。④ 2009年，联合国大会再次组织了关于气候安全问题的专题讨论，并在此基础上形成了关于气候安全的联合国大会决议，为全球气候安全问题的政治议程确定了方向。2009年9

---

① UN Security Council 6587th Meeting, S/PV. 6587, 20 July 2011, pp. 3-6.
② 联合国大会第62届会议第7次全体会议记录，2007年9月26日，A/62/PV.7，第8—9页。
③ 联合国大会第62届会议第9次全体会议记录，2007年9月27日，A/62/PV.9，第3页。
④ 联合国大会第62届会议第9次全体会议记录，2007年9月27日，A/62/PV.9，第11页。

月，就在哥本哈根气候大会即将召开之际，联合国秘书长又召开了环境和气候变化问题特别会议①，随后联合国大会召开了由多国元首出席的讨论会议②，众多与会国元首就气候安全问题发表了旗帜鲜明的观点，将全球关于气候安全的政治讨论推向了高潮。2011年联合国安理会再一次就气候安全问题举行公开辩论，推动利益各方更为彻底地交换意见。

第二节　气候安全的国际认知变化

在政府间气候变化专门委员会、欧盟和联合国组织及其机构等国际行为体的积极推动下，气候变化属于当代世界的一个重要安全威胁的观念逐渐得到国际社会成员的接受和认可。2007年4月，英国作为安理会轮值主席主持了以气候、能源与安全之间的关系为主题的安理会公开辩论。2009年联合国发布了秘书长报告——《气候变化和它可能对安全产生的影响》。2011年7月，德国作为安理会轮值主席主持了以气候变化的影响与维持国际和平与安全为主题的安理会公开辩论。这三个事件比较集中地反映了国际社会成员对气候安全威胁的认知从关注到深入理解再到最终广泛认可与重视的进程。

一　气候安全认知的开端

2007年4月17日上午，时任英国外交大臣玛格丽特·贝克特以安理会主席的身份宣布以气候、能源与安全之间的关系为主题的安理会公开辩论会开始，并以英国代表的身份发表了关于气候变化已经成为国际社会成员共同的安全挑战的主旨发言。③ 在这次会议上，她的发言受到了大多数国际社会成员的积极响应。

巴布亚新几内亚代表太平洋小岛屿发展中国家表示：如果气候变

---

① 联合国大会第64届会议第3次全体会议记录，A/64/PV.3，2009年9月23日。
② 联合国大会第64届会议第7次全体会议记录，A/64/PV.7，2009年9月25日。
③ 安理会第5663次会议记录，S/PV.5663，2007年4月17日。

化导致海平面上升 0.5 米，那么太平洋岛屿国家将被淹没，因此气候变化对太平洋岛屿国家构成了严重的生存威胁；气候变化导致飓风强度增加，岛屿国家受到的损失加重，尤其是近年来一些岛屿在飓风袭击下四分之三的住房遭受摧毁，居民生计面临严峻威胁；气候变化还导致登革热和疟疾等病媒疾病发病率上升，甚至超出了一些国家的应对能力，对太平洋岛屿国家的公共健康安全构成挑战。① 在此基础上，太平洋岛屿国家认为，气候变化已经不仅是环境问题，更是击中岛屿国家生存要害和损害岛屿国家生存基础的重大威胁。②

澳大利亚认为，气候变化这种全球性挑战将在未来数十年里，以渐进的方式改变海平面高度和生物圈，并以递增的方式提高极端气候事件的频率与强度；要重视人类在面临环境灾害挑战时的脆弱性，尤其是全球每年都有上亿人口遭受到海啸、地震和传染性疾病的影响，气候变化所带来的自然灾害将可能摧毁小岛屿国家的生存环境；澳大利亚位于全球最干燥的大陆上，气候情况十分严峻和复杂，特别容易受到气候变化的影响；虽然与安理会通常所讨论的情况相比，气候变化属于不同性质的威胁，但是如果不立刻采取行动，今后人类将需要面对更加严峻的挑战。③

新西兰认为，国际社会迫切需要加强对气候变化问题的关注，气候变化不仅是对环境的威胁，而且还对居民安全获得水资源、食物资源以及其他基本的生活资源的能力构成挑战，这将会使得整个社会都面临不稳定的安全风险；太平洋地区很多国家属于在气候变化问题上最具有脆弱性的国家，实际上这些国家已经在面临生存的威胁。④

日本则从国家安全和人类安全等角度，对气候变化问题的安全含义加以阐述。日本代表认为，争夺自然资源和领土的冲突是国家安全的主要威胁，而气候变化可以加剧上述冲突，因此气候变化显然可以对国家安全构成威胁；气候变化将导致粮食减产、淡水减少、传染疾

---

① 安理会第 5663 次会议记录，S/PV.5663，2007 年 4 月 17 日。
② 同上。
③ 同上。
④ 同上。

病增加、自然灾害的频率和强度增加,因此气候变化显然对人类安全构成威胁。①

在气候变化安全化施动者把气候变化纳入安全话题,并通过安全化语言凸显气候变化的生存性威胁后,安理会于2007年4月所举行的以气候、能源与安全之间的关系为主题的公开辩论会,是国际社会成员第一次集中针对气候变化问题进行公开表态。在这次公开表态中,不仅作为安全化施动者的欧盟及其成员国十分积极地表明了支持把气候变化问题纳入国际安全议程的态度,而且日本、澳大利亚和新西兰等发达国家和很多小岛屿发展中国家也都明确地表明了接受并支持欧盟的气候安全观念的立场。据统计,在2007年安理会第5663次会议上,共有56位来自不同国家、地区、国家集团或国际组织的代表发言,其中41位发言者明确表态,认为气候变化是一个安全问题,占发言代表总数的73.2%。② 这表明气候安全威胁开始得到国际社会较大的关注。

二 气候安全认知的重要国际文件

在气候变化问题安全化进程中,联合国及其下属机构形成了一些具有重要国际影响力的声明、决议和报告,在很大限度上反映了国际社会对气候变化安全含义的认知,其中最具影响力和代表性的是联合国秘书长于2009年发布的《气候变化和它可能对安全产生的影响》报告。③

2009年6月3日,联合国大会形成第63/281号决议,要求联合国秘书长根据联合国会员国和相关国际组织与区域组织的观点和看法,向联合国大会第64届会议提交一份全面报告,说明气候变化可能对安全产生的影响。④ 根据联合国大会的决议,联合国秘书处广泛

---

① 安理会第5663次会议记录,S/PV.5663,2007年4月17日。
② 2007年安理会辩论上对气候变化是否为安全问题未明确表态的5位发言者分别为卡塔尔、俄罗斯、菲律宾、印度和阿根廷的代表。参见安理会第5663次会议记录,S/PV.5663,2007年4月17日。
③ 联合国秘书长报告:《气候变化和它可能对安全产生的影响》,A/64/350,2009年9月11日。
④ "Resolution Adopted by the General Assembly on 3 June 2009", A/RES/63/281.

而深入地征求了联合国成员国的意见,并在综合成员国意见的基础上形成了《气候变化和它可能对安全产生的影响》报告,比较集中地反映了国际社会成员在气候安全问题上形成的一些重要认识。具体有以下五个方面:

一是气候变化影响与最脆弱社区福祉受威胁之间存在的关联性。秘书长报告指出:一些联合国成员国提交的文件认为,气候变化对治理能力与发展水平较低地区的负面影响尤其严重,这就可能导致这些地区出现政治与社会紧张局势或武装冲突;气候变化已经成为安全威胁倍增器,其可能对最脆弱的贫困人群造成难以承受的负面影响,加剧社会不平等状态;气候变化可能使得发展成果得而复失,阻碍全球以及各国持续发展目标的实现,并使得政府的扶贫行动面临更大困难和阻力。①

二是气候变化影响与经济发展停滞而导致的不稳定状态所存在的关联性。秘书长报告指出:气候变化引起的经济增长停滞、减速甚至混乱将对发展中国家构成严重的安全威胁;严重依赖初级部门经济收入和旅游业收入的热带国家可能会受到气候变化所带来的更大的负面经济影响;极端气候事件增多和海平面上升等风险尤其会对气候变化脆弱国家的沿海地区的旅游业和渔业产生严重不利影响。②

三是气候变化应对措施不成功与冲突风险增加之间存在的关联性。秘书长报告指出:一些成员国提交的文件认为,全球气候治理失败或国家层面的气候治理失败将导致大规模的经济、社会与生态破坏③,如果出现这种情况,武装冲突的风险将增加。④

四是气候变化影响与一些主权国家可能失去存续能力之间存在着关联性。秘书长报告指出:气候变化将可能导致海平面大幅度上升,这将导致一些主权国家的部分甚至全部领土被淹没,从而使得这些国

---

① 联合国秘书长报告:《气候变化和它可能对安全产生的影响》,A/64/350,2009年9月11日。
② 同上。
③ 同上。
④ 同上。

家的持续生存能力受到威胁。①

五是气候变化影响与国家间争夺自然资源与领土的争端之间存在的关联性。秘书长报告指出：一些成员国提交的文件认为，在气候变化影响下，水资源等的获取途径与能力将发生变化，一些水域需要重新划分边界，一些领土因为海平面上升也会出现新的争端，这将导致国家之间争夺自然资源与领土的争端增加。②

应当看到，在2009年《气候变化和它可能对安全产生的影响》联合国秘书长报告发布之前，国际社会成员对气候变化的安全含义虽然也有一定的认知，但是并不系统与全面。该报告广泛征求了发达国家与发展中国家的意见，从五个方面对气候变化的安全含义进行了阐述，具有较强的代表性、全面性与系统性，反映了自气候变化问题安全化进程开始以后国际社会对气候变化安全威胁的认知已经有了重要进展。

三 气候安全认识的深化

2011年7月1日，德国常驻联合国代表给联合国秘书长写信阐述了德国对气候变化安全威胁的认识。信中认为，气候变化已经成为国际社会面临的一个主要挑战，其对和平与安全的影响是真实的，并将在此后越来越凸显出来。政府间气候变化专门委员会在2007年获得诺贝尔和平奖这一事件也表明，气候变化确有可能对安全构成影响，气候变化对海平面上升和粮食安全等方面的影响尤其值得重视。③ 2011年7月20日，德国作为安理会轮值主席以气候变化的影响与维护国际和平与安全为主题召开了安理会第6587次会议，在此次会议上绝大部分国家发言对德国的立场与观点予以积极回应，并表达了对气候变化安全威胁的高度重视。

在2011年7月安理会第6587次会议上，时任瑙鲁共和国总统马库斯·斯蒂芬代表所有太平洋小岛屿发展中国家发言。与2007年4

---

① 联合国秘书长报告：《气候变化和它可能对安全产生的影响》，A/64/350，2009年9月11日。
② 同上。
③ 2011年7月1日德国常驻联合国代表给秘书长的信，S/2011/408。

月安理会第5663次会议上太平洋小岛屿发展中国家在气候安全问题上的认知与表态相比，太平洋小岛屿发展中国家在2011年7月安理会第6587次会议上的发言反映其在气候安全方面的认知与观念又有了重要提升。首先，马库斯·斯蒂芬在发言中引用新的气候变化科学研究成果，认为根据科学预测，到21世纪末很多太平洋岛屿国家将因为气候变化所导致的海平面上升而被淹没；其次，马库斯·斯蒂芬在发言中明确提出，气候变化是对太平洋岛屿国家生存构成威胁的重大安全问题；最后，马库斯·斯蒂芬在发言中更加全面地分析了气候变化对太平洋岛屿国家的水安全、粮食安全和公共安全的挑战。[1]

与此同时，日本、澳大利亚和新西兰等发达国家在2011年7月安理会第6587次会议上的发言表明，他们对气候安全方面的认识也较以前更为明确。在安理会第6587次会议上，日本代表不仅把气候变化表述为"人类面临的最为迫在眉睫的威胁之一"，而且还提出因气候变化所导致的海平面上升会影响到一些国家的领土与领海边境，并引发国家间争端。[2] 时任澳大利亚负责太平洋岛屿事务的政务次官马勒斯（Marles）出席了安理会第6587次会议，并突出强调了气候安全威胁的紧迫性与严重性。马勒斯指出，气候变化不是一个抽象的安全关切，而是一个事关许多国家存亡的安全威胁；气候变化将通过影响脆弱国家的政治稳定和经济安全来对全球安全环境产生负面影响；国际社会需要对一些低地国家和岛屿国家的大部分国土可能因气候变化而被淹没的问题给予前所未有的关注；气候变化并非仅对低地国家或岛屿国家构成安全威胁，而是对全球所有国家构成安全威胁，气候变化是全球人类共同面临的根本性威胁。[3] 在此次安理会会议上，新西兰也对气候变化提出了新的安全关切。新西兰代表认为，那些由于气候变化而失去了持续生存能力的国家将出现在规模与性质方面都前

---

[1] UN Security Council 6587th Meeting, S/PV. 6587, July 20, 2011, pp. 22–24.
[2] Ibid., pp. 14–15.
[3] Ibid., pp. 24–25.

所未有的人口迁徙，这种情况无论以什么标准来衡量都是一种安全威胁。①

值得引起注意的是，在2011年7月安理会第6587次会议上，一些在2007年4月安理会第5663次会议上明确反对把气候变化视为安全问题的国家或国家集团以及没有明确支持把气候变化视为一个安全问题的国家或国家集团的态度也发生了比较大的改变。

2007年4月，苏丹代表非洲集团在第5663次安理会会议的发言中表明了三方面的态度：安理会不应当把气候变化问题与安全问题挂钩；气候变化问题属于发展问题，因此不应当由安理会来处理；安理会今后不应当就气候变化问题组织并举行公开辩论。② 2011年7月，苏丹在安理会第6587次会议上的表态发生了根本性的改变。苏丹代表认为，气候变化所导致的旱灾和荒漠化是导致武装冲突的基本原因之一，如果国际社会不能够解决这些根源性因素，那么就无法制止冲突并实现和平与安全。③

2007年4月，古巴代表不结盟运动所有会员国发言并以不结盟运动协调局代理主席的名义写信给安理会主席（S/2007/203），表明了反对把气候变化视为一个安全问题的态度。④ 在2011年7月的安理会第6587次会议上，虽然不结盟运动国家仍然坚持安理会不应讨论气候变化问题，但是同时也承认，气候变化影响及其给国家能力等所带来的巨大压力正在使得很多国家面临挑战。⑤

2007年4月，77国集团加中国在安理会第5663次会议上发言并写信给安理会主席（S/2007/211），明确表示反对把气候变化视为一

---

① UN Security Council 6587th Meeting, S/PV. 6587（Resumption 1），July 20, 2011, pp. 5-6.
② UN Security Council 5663rd Meeting, S/PV. 5663（Resumption 1），April 17, 2007, pp. 11-12.
③ UN Security Council 6587th Meeting, S/PV. 6587（Resumption 1），July 20, 2011, pp. 33-34.
④ UN Security Council 5663rd Meeting, S/PV. 5663（Resumption 1），April 17, 2007, pp. 11-12.
⑤ 埃及常驻联合国代表团临时代办给安全理事会主席的信，2011年7月14日，S/2011/427。

个安全问题。① 在2011年7月的安理会第6587次会议上,虽然77国集团加中国继续反对安理会讨论气候变化问题,但是也表示,承认气候变化和日趋频繁的极端气候事件对很多国家构成挑战,尤其是对"有些国家的存续和生存能力构成最严重的威胁"。②

美国在2007年4月举行的安理会第5663次会议上只是表态,认为气候变化、能源安全与可持续发展从根本上看是相互关联的,并没有明确表示气候变化是一个安全问题。③ 在2011年7月安理会第6587次会议上,美国不仅明确表示气候变化是一个安全问题,而且还认为气候变化已经对很多国家构成存在性威胁。美国代表赖斯在会议上发言称:气候变化使得全球每个国家的和平与安全都处于危急状态之中;气候变化通过减少水资源与粮食资源的供应、加速海平面上升、改变生物圈活动状态和增多极端气候事件等方式对和平与安全产生重大影响;气候变化影响国家能力,使得小岛屿国家因为国土丧失而面临新型亡国风险,气候变化已经至少对全球数十个国家构成了存在性威胁。④

据统计,在2011年7月的安理会第6587次会议上,共有66个来自不同国家、地区、国家集团或国际组织的代表发言,除了5位代表在发言中没有针对气候安全问题明确表态外,共有61位代表明确表明了其态度。在这61位代表中,有56位代表在发言中明确表态,认为气候变化是一个安全问题,占表态代表总数的91.8%。⑤ 这表明,气候变化安全化施动者所提出的气候变化可以被视为一个安全问题的观点已经得到了作为听众的其他国际社会成员的广泛认可与支持。

---

① UN Security Council 5663rd Meeting, S/PV.5663 (Resumption 1), April 17, 2007, pp. 24 – 25.
② UN Security Council 6587th Meeting, S/PV.6587 (Resumption 1), July20, 2011, pp. 26 – 27.
③ UN Security Council 5663rd Meeting, S/PV.5663, April 17, 2007, pp. 10 – 11.
④ UN Security Council 6587th Meeting, S/PV.6587, July 20, 2011, pp. 6 – 7
⑤ 2011年安理会辩论上对气候变化是否为安全问题未明确表态的5位发言者分别为巴西、俄罗斯、厄瓜多尔、科威特和巴基斯坦的代表。参见安理会6587次会议记录,S/PV.6587,2011年7月20日。

第三节 《巴黎协定》与气候变化安全化

在气候变化可以被视为一个安全问题的观点得到国际社会的广泛认可后,国际社会成员开始了为消除气候安全威胁而打破常规的努力,并达成了立即采取行动的共同意愿,而于 2016 年 11 月生效的《巴黎协定》则是国际社会为消除气候安全威胁而共同努力所形成的新的国际规范,《巴黎协定》生效标志着气候变化问题安全化的国际趋势基本形成。

一 气候安全威胁与打破常规

2011 年 7 月安理会第 6587 次会议不仅在"维护国际和平与安全"的主题下对气候变化问题的影响进行了评议,而且还由安理会主席在综合代表发言的基础上发表了主席声明。该主席声明提出,气候变化可能加剧国际和平与安全目前所面临的某些威胁,一些国家尤其是低地小岛屿国家由于海平面上升而丧失其领土,这可能造成安全问题。[①] 值得指出的是,2011 年 7 月安理会第 6587 次会议共有 66 位代表发表意见,这些意见不仅反映了欧盟及其成员国、美国、日本、澳大利亚和新西兰等发达国家和地区对气候安全的态度,而且反映了 77 国集团加中国、不结盟运动会员国、太平洋小岛屿发展中国家成员国和非洲国家集团等发展中国家对气候安全的态度。虽然一些与会国家表示,上述主席声明不能完全反映其对气候变化问题的看法,但是从参加安理会此次公开辩论并表明态度的代表明确支持气候变化应当被视为一个安全问题加以对待的比例高达 91.8% 的实际情况看,上述安理会主席声明基本反映了绝大多数国际社会成员对气候安全的立场和态度,那就是气候变化确实已经构成安全威胁,这也意味着国际社会成员已经比较普遍地认可需要把气候变化作为紧急情势来处理。

2014 年 11 月 12 日,中国与美国发表了《中美气候变化联合声

---

① 安理会第 6587 次会议主席声明,S/PRST/2011/15,2011 年 7 月 20 日。

明》，反映了南北大国在维护气候安全、开展国际合作方面所取得的重大突破。一方面，2014年《中美气候变化联合声明》在其第6条中明确提出，应对气候变化将增强"国家安全和国际安全"[①]，表明中美两国都已经充分认识到气候变化对国家安全和国际安全所构成的重大威胁。另一方面，2014年《中美气候变化联合声明》在其第3条中宣布：美国将于2025年实现相比2005年的排放水平减少26%—28%的排放量的目标，中国将于2030年左右实现二氧化碳排放达到峰值的目标并努力争取早日达峰。[②] 这实际上是两国突破性地正式联合宣布实施碳总量减排的目标，意味着两个大国都充分认识到为了维护安全必须做出打破常规的行动安排。

  值得指出的是，中美联合声明尤其是中国打破常规的表态为国际社会针对气候安全采取全球行动奠定了重要基础。自《京都议定书》生效后，发达国家与发展中国家在关于《京都议定书》第一承诺期生效后应当以什么样的国际合作模式来应对气候变化的问题上存在重大分歧。按照京都模式的安排，发达国家应当先于发展中国家减排，这就形成了《京都议定书》生效后国际气候合作的"常规"。中国和美国分别作为世界上最大的发展中国家和发达国家，在应对气候变化问题上发表联合声明，表明了搁置争议立即采取行动的意愿，这就为其他发达国家与发展中国家打破常规开展合作起到了重大促进作用。除此以外，中国和美国不仅是世界上前两大经济体，两国的经济总量约占到全球经济总量的40%，而且还是世界上温室气体排放量最多的两个国家，两国的温室气体排放量占到全球温室气体排放总量的40%以上，因此两国愿意在应对气候变化问题上共同行动必然极大地增强了国际社会通过打破常规的安排来应对气候安全挑战的信心。

二 气候安全威胁与《巴黎协定》

  由于2014年11月发布的《中美气候变化联合声明》为发达国家

  [①] 《中美气候变化联合声明》，http://news.xinhuanet.com/2014-11/12/c_1113221744.htm，2017年5月1日访问。
  [②] 同上。

与发展中国家减少分歧起到了重大促进作用,此后的国际气候谈判进程开始加速,越来越多的发达国家与发展中国家表现出为消除气候安全威胁采取行动的共同意愿。

2014年12月1日,在秘鲁的利马举行了《联合国气候变化框架公约》第20次缔约方大会暨《京都议定书》第10次缔约方会议。在此次会议上,大会组织者、东道国及一些联合国重要官员向国际社会成员传递出促进立即采取行动的强烈信息。被选为此次气候大会主席的时任秘鲁环境部部长比达尔(Manuel Pulgar – Vidal)在开幕式上呼吁,利马气候大会需要为新的全球气候协议形成一个能够平衡气候行动与可持续发展的草案①,比达尔还在部长级对话会议中呼请与会各国的部长们为2015年能够达成新的全球气候协议提供战略性方向并立即加速开展行动②;时任秘鲁总统乌马拉(Ollanta Humala)在其视频致辞中表示必须在此时此刻就回到正确的轨道并采取实际行动来应对气候变化③;时任联合国秘书长潘基文表示,要把全球平均气温升幅控制在不超过工业化革命前2℃的范围内,"所有的联合国成员国都必须成为解决问题的力量",他还呼吁所有联合国成员国在利马气候会议上形成一个比较完善的协议草案,为2015年全球气候谈判能够取得突破性进展打好基础④;第69届联合国大会主席萨姆·卡汉巴·库泰萨(Sam Kahamba Kutesa)强调:对于应对气候变化国际合作而言,"一切照旧"根本不是一个选择,只有立即采取行动才能争取"一线生机"⑤;时任《联合国气候变化框架公约》秘书处执行秘书克里斯蒂娜·菲格雷斯(Christiana Figueres)表示,希望所有与会

---

① International Institute for Sustainable Development (IISD), *Earth Negotiations Bulletin*, Vol. 12, No. 609, 2014, p. 1.
② International Institute for Sustainable Development (IISD), *Earth Negotiations Bulletin*, Vol. 12, No. 617, 2014, p. 1.
③ International Institute for Sustainable Development (IISD), *Earth Negotiations Bulletin*, Vol. 12, No. 609, 2014, p. 1.
④ International Institute for Sustainable Development (IISD), *Earth Negotiations Bulletin*, Vol. 12, No. 616, 2014, p. 1.
⑤ Ibid..

代表努力为形成一份新的全球气候协议草案而"刻画出关键性的行动线路"①，克里斯蒂娜·菲格雷斯还表示，"科学日历已经警告我们时间已经所剩不多了"，呼吁国际社会成员"在利马播种下将可以收获更加安全、公正和繁荣的世界的种子"；时任联合国政府间气候变化专门委员会（IPCC）主席帕乔里（Rajendra Pachauri）强调，如果要确保全球平均气温在工业化时代水平基础上升幅不超过2℃，全球温室气体排放总量到2050年时必须比2010年的排放水平下降40%—70%，并在2100年之前实现温室气体净零排放或负排放40%—70%。②

在2014年利马气候大会上，组织者关于迫切需要采取实际行动的呼吁得到很多国家的积极响应，与会国家在发言中开始把关注焦点从是否需要采取行动转变到应当如何采取行动上来。欧盟表示，应当在新的应对气候变化国际协议中明确地把控制全球平均气温升幅不超过工业化前水平2℃设定为行动目标；图瓦卢代表最不发达国家表示，除了把控制全球平均气温升幅不超过工业化前水平2℃作为全球应对气候变化行动必须要实现的目标，还应当把控制全球平均气温升幅不超过工业化前水平1.5℃设定为全球应对气候变化行动的努力目标；南非表示，应当根据科学研究成果设定应对气候变化的长期目标；新西兰建议，应当根据气候变化科学研究的最新进展把"到2100年前实现二氧化碳净零排放"作为全球应对气候变化行动的一个重要目标。③ 在全体与会国共同努力下，利马气候大会最终于2014年12月14日形成了会议成果。这份题为"利马气候行动倡议"的成果文件要求德班行动平台在利马气候大会结束后立即开展工作，并在六个月内准备一份谈判文本，这样就可以让《联合国气候变化框架公约》所有成员国在2015年年底巴黎气候大会召开的六个月之前能够得到谈

---

① International Institute for Sustainable Development（IISD）, *Earth Negotiations Bulletin*, Vol. 12, No. 609, 2014, p. 1.

② Ibid..

③ International Institute for Sustainable Development（IISD）, *Earth Negotiations Bulletin*, Vol. 12, No. 612, 2014, p. 1.

判文本并开展讨论。①

为了落实利马气候大会的成果,国际社会紧接着在 2015 年 2 月召开了日内瓦气候大会,并在此次会议上形成了日内瓦谈判文本。日内瓦谈判文本覆盖了适应行动、资金与技术援助、能力建设、减缓行动和透明度这些德班行动平台享有授权的所有实质性事项。除此以外,日内瓦谈判文本还再次强调了现实排放量与维护全球气候安全所需要的预期排放量之间的差距,并汇总了《联合国气候变化框架公约》各成员国对于如何在新形势下解读"共同但有区别的责任"原则的建议和意见②,更加清晰地体现了国际社会成员愿意为消除气候安全威胁而立即拟定打破常规的行动方案的共同愿望。对此,正如国际可持续发展研究院(International Institute for Sustainable Development, IISD)所评价的,在巴黎气候大会之前的国际气候谈判中,国际社会成员存在着是仍然停留在原地争论还是从京都模式再向前迈出一步的分歧,全球气候治理的前途处于艰难时刻,迫切需要打破政治僵局,在此艰难时刻,日内瓦会议所形成的谈判文本推动国际社会成员正式地走向了为应对人类所面临的有史以来最严峻的挑战而开展创造历史的行动的轨道。③

2015 年 10 月,在国际社会成员已经在此前通过数轮谈判对日内瓦谈判文本进行删减与精练的基础上,《联合国气候变化框架公约》成员国再次在德国波恩召开会议,为于 2015 年 12 月在巴黎召开的《联合国气候变化框架公约》第 21 次缔约方大会开展最后的准备工作。虽然在这次会议上艰难的讨价还价贯穿谈判始终,但是与会代表还是反复强调为了达成一个富有雄心的全球气候变化新协议需要共同行动的迫切性,尤其是在会议期间关于有史以来在西半球最为严重的飓风"帕特里夏"将以前所未有的强度袭击墨西哥的报道引起了所有与会国代表的关注,墨西哥政府正在竭尽全力地组织撤离沿海居民的

---

① Lima Call for Climate Action, FCCC/CP/2014/L.14, 14 December 2014.
② International Institute for Sustainable Development (IISD), *Earth Negotiations Bulletin*, Vol. 12, No. 626, 2014, p. 14.
③ Ibid..

消息使得与会各国进一步加深了对气候变化安全威胁的关切,这对与会各国搁置分歧而做出采取行动的决定也起到了较大的促进作用,并最终推动波恩会议形成了提交巴黎气候大会的谈判文本。①

2015年11月30日至12月11日,在法国巴黎召开了《联合国气候变化框架公约》第21次缔约方大会,并通过了《巴黎协定》。巴黎气候大会的召开及《巴黎协定》的通过,更加突出了气候变化安全威胁的严峻性和应对行动的紧迫性。巴黎气候大会在通过《巴黎协定》的主席提案中明确指出,气候变化已经成为人类社会和地球所面临的紧迫的、无法逆转的威胁,因此要求所有国家以高度的紧迫感来参与应对气候变化国际行动。② 不仅如此,上述主席提案还指出,《联合国气候变化框架公约》缔约方会议严重关切地强调,2020年全球预期温室气体排放总量远远超过把全球平均温度升幅控制在不超过工业化前水平2℃所需要达到的温室气体排放量,因此迫切需要采取行动加以解决。③ 从《巴黎协定》签订前的国际气候谈判历程可以看出,2℃实际上就是国际社会普遍认可的保障全球气候安全所必须要维护的底线,因此上述主席提案中的相关表述其实就是要求国际社会成员为保障气候安全而采取紧急的温室气体减排行动。除此以外,《巴黎协定》在其序言中也指出,气候变化已经成为人类社会的紧迫威胁,国际社会必须为此做出有效应对。④ 由此可见,《巴黎协定》已经十分明确地体现了国际社会为消除气候安全威胁而采取行动的共同愿望。

三 气候变化国际行动的新规范

《巴黎协定》不仅体现了国际社会为消除气候安全威胁而采取行动的共同愿望,而且还为未来全球应对气候变化行动制定了法律框

---

① International Institute for Sustainable Development (IISD), *Earth Negotiations Bulletin*, Vol. 12, No. 651, p. 11.
② 《联合国气候变化框架公约》缔约方会议第21届会议通过《巴黎协定》主席的提案,FCCC/CP/2015/L.9/Rev.1, http://qhs.ndrc.gov.cn/gzdt/201512/W020151218641349314633.pdf, 2017年5月1日访问。
③ 同上。
④ 参见《巴黎协定》的序言。

架。具体而言,《巴黎协定》除了对一些程序性机制加以规定外,还主要为未来全球应对气候变化行动设定了八大法律机制:

第一,减缓机制。根据《巴黎协定》的规定,全球减缓气候变化的目标是确保把全球平均气温升幅控制在不超过工业化前水平2℃的范围内,并努力实现把全球平均气温升幅控制在不超过工业化前水平1.5℃的范围内的目标。《巴黎协定》还把缔约方提交的国家自主贡献目标作为实现全球平均气温升幅控制目标的重要途径,并要求缔约各方努力在2100年前实现温室气体净零排放。①

第二,适应机制。根据《巴黎协定》第7条的规定,适应气候变化是国际社会成员所共同面临的全球性挑战,各缔约方不仅应当制定适应规划并开展行动,定期提交与更新相关信息通报,而且还须开展适应气候变化国际合作;联合国相关组织与机构应当支持各国的适应行动并促进相应的国际合作;国际社会应当对发展中国家的适应气候变化行动给予支持。②

第三,损失与损害减轻机制。《巴黎协定》规定,减轻气候变化所造成的损失与损害是全球应对气候变化行动的重要组成部分,缔约各方应当在预警系统建设、应急准备、风险评估及管理、气候风险分担、减轻气候变化非经济损失、生态系统保护和社区防御等方面加强合作与相互支持。③

第四,资金机制。《巴黎协定》规定,发达国家须为发展中国家的减缓与适应行动提供资金支持,国际社会也应当以更大的努力通过不同来源与渠道筹集并调动气候资金以支持发展中国家的应对气候变化努力,发达国家需要定期为其资金支持方面的进展提供并通报信息,相关气候资金的经营与服务机构尤其需要考虑小岛屿发展中国家和最不发达国家的需求,并努力帮助它们获得资金。④

第五,技术机制。《巴黎协定》规定,缔约各方需要在气候变化

---

① 参见《巴黎协定》第2—6条。
② 参见《巴黎协定》第7条。
③ 参见《巴黎协定》第8条。
④ 参见《巴黎协定》第9条。

技术开发与转让方面加强国际合作，《巴黎协定》所建立的技术框架将为气候变化技术开发与转让提供指导，尤其需要帮助发展中国家在技术周期的早期阶段有机会获得技术。①

第六，能力建设机制。《巴黎协定》规定，要提高发展中国家，尤其是小岛屿发展中国家、最不发达国家以及其他在气候变化方面特别脆弱的国家的应对气候变化能力，发达国家应当对上述国家的能力建设提供支持，发展中国家需要对能力建设方面的工作定期开展通报。②

第七，透明度框架建立机制。《巴黎协定》规定，设立强化透明度框架，以反映行动与支持方面的行动进展；透明度框架应当以非侵入性、促进性和非惩罚性的方式进行，并须以尊重国家主权的方式实施；各缔约方需要定期提供执行和实现国家自主贡献等方面的信息。③

第八，定期总结机制。根据《巴黎协定》的规定，缔约方大会应当定期总结执行情况，并通过促进性的方式开展评估工作；全球总结从2023年开始每五年开展一次；各缔约方应当以全球总结的结果作为他们更新和加强资助、行动和国际合作的参考。④

2016年11月4日，《巴黎协定》满足了其第21条所规定的，合计占全球温室气体排放量至少55%、不少于55个《联合国气候变化框架公约》缔约方交存其批准或类似文书后达30天的生效条件，具有了约束性的国际法效力，成为自《京都议定书》以后国际社会成员需要遵守的又一个气候变化国际条约。虽然还有大量的具体性规范与制度尚未在《巴黎协定》中得到体现，但是该协定所规定的上述八大法律机制为2020年后的应对气候变化全球行动确定了基本的法律框架，成为国际社会维护气候安全必须遵循的新国际规范，这标志着气候变化问题安全化的国际趋势已经基本形成。

---

① 参见《巴黎协定》第10条。
② 参见《巴黎协定》第11条。
③ 参见《巴黎协定》第12条。
④ 参见《巴黎协定》第14条。

本章结论

气候变化安全化进程可以分为三个阶段：第一，安全化施动者积极地通过话语行为凸显气候变化对人类社会所构成的存在性威胁；第二，作为听众的其他国际社会成员普遍认可和支持把气候变化问题作为一个安全问题加以处理；第三，国际社会成员针对气候安全威胁这个紧急情势采取打破常规的行动安排，并为此形成了新的国际规范。

政府间气候变化专门委员会（IPCC）对于推动气候变化安全化科学议程的不断深入起到了重要作用。在2001年第三次气候变化评估报告强调了气候变化科学确定性大为增强的基础上，政府间气候变化专门委员会于2007年发布的第四次评估报告指出，气候变化将导致人类社会所赖以生存的地球生态系统遭受超出其承受能力的挑战，这实质上是把气候变化界定为人类社会的存在性威胁。气候变化安全化科学议程的进展为气候变化安全化政治议程的深入发展提供了重要的科学基础。

在气候变化安全化的政治议程中，欧盟和联合国组织及其机构起到了重要的推动作用。欧盟率先在国际议程中通过安全话语凸显气候变化的存在性威胁。联合国组织及其机构，不仅在不同的国际议程中反复强调科学研究结论已经能够让国际政治界把气候变化问题纳入国际安全议程，而且还多次组织国际会议推动联合国成员加强对气候变化的安全认知。

在安全化施动者的影响下，国际社会成员逐渐加强了对气候安全的认知。2009年，根据联合国大会决议并在广泛征求联合国成员国意见的基础上所形成的《中美气候变化和它可能对安全产生的影响》，就是对国际社会成员气候安全认知的集中反映。在2011年7月的安理会第6587次会议上，超过90%的代表支持把气候变化作为一个安全问题加以处理，标志着气候变化对人类社会所构成的存在性威胁得到了国际社会成员较为普遍的关注和重视。

2014年中美发布《中美气候变化联合声明》，表明世界上最大的发达国家和发展中国家愿意为维护气候安全而打破常规，采取共同行动。此后，越来越多的发达国家与发展中国家表现出为消除气候变化安全威胁而立即采取行动的意愿。2015年12月，巴黎气候大会通过了《巴黎协定》，把气候变化界定为人类社会所面临的紧迫的、无法逆转的威胁，并为国际社会成员确定了共同行动的法律框架，成为国际气候行动需要遵循的新国际规范，标志着气候变化问题安全化的国际趋势已基本形成。

第三章 中国面临的挑战与应对思路

第一节 气候安全化与气候外交灵巧化

随着气候变化问题安全化进程的逐渐深入,很多国际行为体的气候外交策略也在随着形势的发展变化而调整。这些国家或是根据国际和国内形势的发展变化重新权衡利益得失,并在巧实力外交理念影响下及时调整气候外交立场和政策;或是高度重视国际行为体之间在气候安全认知方面的互动关系,努力提升自身在国际安全事务中的话语权威;或是从道义、科学和法理等角度为自己的主张寻求依据,增加自身对国际规范的塑造力。在这方面,美国、欧盟以及小岛屿发展中国家具有比较突出的代表性。

一 美国奥巴马政府的角色转型

在气候变化问题进入国际政治议程后的相当长的时期内,美国先是反对量化减排,后来又退出《京都议定书》,因此被视为应对气候变化国际合作的阻挠者。美国长期扮演国际气候合作的阻挠者角色,不仅没有帮助美国达到预期的气候外交目标,反而严重地制约了其软实力的拓展空间。

一方面,美国在国际气候合作中的消极做法促使欧盟从美国的追随者转变为美国的反对者。从20世纪八九十年代国际气候谈判启动到21世纪初《京都议定书》生效,欧盟的气候外交政策逐渐发生了从"联美减排"到"反美减排"的转变。尤其是在美国宣布退出《京都议定书》后,欧盟一面公开严厉谴责并批评美国在全球环境问题上的单边主义政策，一面积极与俄罗斯等国进行外交沟通与交流，最终俄罗斯宣布批准《京都议定书》，使得《京都议定书》终于满足了生效条件。

另一方面，美国的消极做法使得美国与发展中国家在国际气候合作中的裂痕与分歧进一步加深与扩大。美国宣布退出《京都议定书》的一个借口是反对《京都议定书》关于新兴发展中大国不需要承担具有法律约束力的温室气体减排义务的安排。[1] 美国这种做法无疑是以新兴发展中大国为其逃避全球环境责任的"挡箭牌"，这导致了印度、巴西、南非和中国等新兴发展中大国团结起来与美国展开了一场立场鲜明的理论交锋和外交辩论。新兴发展中大国以《联合国气候变化框架公约》所确定的"共同但有区别的责任"原则为依据，指出无论是从温室气体排放的历史责任的角度还是从温室气体人均排放的角度考察，美国都应当率先承担减排责任。不仅如此，由于美国宣布退出《京都议定书》的最直接、最严重的受害者是在气候变化问题上最具脆弱性的小岛屿发展中国家和最不发达国家，因此美国很快就成为这些国家的众矢之的，这些国家在不同的国际会议和论坛上毫不留情地对美国发起了谴责和批评，使得美国在国际气候谈判中几乎颜面尽失。

小布什政府的气候外交政策不仅在国际层面带来了严重的负面效果，而且在美国国内也遭受到广泛批评。2007年，作为美国在安全问题方面重要智库的新美国安全中心（Center for a New American Security, CNAS）发布了《承担后果的时代：外交政策与全球气候变化的国家安全含义》（*The Age of Consequences: The Foreign Policy and National Security Implications of Global Climate Change*），该报告对全球气候变化的历史、现状与未来情景预测等方面进行了系统分析，尤其是对气候变化的安全含义进行了评估并对美国的气候外交政策进行了评价。报告认为，在气候变化问题上，美国被国际社会视为拖后腿者，

---

[1] 参见杨洁勉主编《世界气候外交和中国的应对》，时事出版社2009年版，第47—48页。

2007年调查数据显示，世界上大多数国家认为，美国是在环境方面对世界伤害最为严重的国家。[1] 为此，报告提出美国应当在气候变化问题上改变政策的五方面理由：一是气候变化科学研究提供了更为有力和更加明确的证据；二是越来越多的产业领袖开始认识到应对气候变化对保护能源安全、促进经济与贸易增长和提升美国领导地位的迫切性，尤其是美国产业界现在已经看到了绿色技术将给美国提供的经济机会；三是美国一些宗教团体已经把为应对气候变化所需要承担的义务视为其信仰的一部分，一些具有很强影响力的基督教会领袖正在敦促美国联邦政府在应对气候变化问题上采取更加积极的姿态，这既有助于提高美国民众应对气候变化的意识，也有利于促进美国国会中的共和党议员认真思考气候变化问题；四是即使美国联邦政府没有参与《京都议定书》下的应对气候变化行动，美国在州及州以下层面也在以创新的精神参与全球应对气候变化行动，截至2006年美国共有13个州规定了温室气体排放限额，有435个分属民主党或共和党的美国市长签署了气候保护协议，承诺其所领导的城市将实现《京都议定书》所制定的温室气体减排目标；五是美国选民应对气候变化的态度越来越积极，在2006年美国中期大选中，一半美国选民表示全球变暖问题对他们的投票具有影响，在此背景下，一些对气候变化持怀疑论的议员失去了他们以前所占据的重要位置，一贯认为全球变暖是有史以来最大骗局的参议员詹姆斯·因候菲（James Inhofe）的参议院环境与公共工作委员会主席（Environment and Public Works Committee）的职位被公开反对小布什政府气候变化政策的参议员巴巴瑞·博客瑟（Barbara Boxer）所取代。[2] 可以看出，新美国安全中心的上述报告，比较集中地反映了美国政治精英在气候变化问题安全化的时代背景下对小布什政府的消极气候外交政策所进行的反思，表明了希望美国执

---

[1] Kurt M. Campbell et al., *The Age of Consequences: The Foreign Policy and National Security Implications of Global Climate Change*, 2007, pp. 96–97, http://dc-9823-983315321.us-east-1.elb.amazonaws.com/sites/default/files/publications-pdf/CSIS-CNAS_AgeofConsequences_November07.pdf, May 1, 2017.

[2] Ibid..

政者能够顺应国际和国内形势发展而重新权衡利益得失并对气候外交政策及时做出调整的态度。

约瑟夫·奈（Joseph S. Nye）等人不仅为美国气候外交总结了失败原因，而且试图为美国走出外交困境提供"对症良药"。约瑟夫·奈认为，美国小布什政府退出《京都议定书》的做法是对美国软实力进行"破坏性"的开采。① 在约瑟夫·奈等人看来，虽然美国无论是在硬实力资源还是软实力资源方面，都处于世界领先地位，但是却在一些全球性事务中陷入困境，这个事实说明，美国要想在全球性事务中获得较大的话语权和影响力，不是简单地选择依靠硬实力或是依靠软实力的问题，而是如何更加灵活和巧妙地运用本国实力资源的问题，因此需要在外交方面采取巧实力（Smart Power）策略。

巧实力外交策略是在软实力概念基础上的进一步发展。20世纪90年代，在国际安全形势发生重大变化之际，美国约瑟夫·奈等人提出了软实力（Soft Power）的概念，这就使得一个国际行为体在国际舞台上的实力资源被划分为硬实力（Hard Power）和软实力两个方面②，前者主要是指一个国际行为体通过军事威胁或经济施压来迫使其他国际行为体采取某种行动，而后者主要是指通过吸引和劝说的方式来让其他国际行为体能够按照自己的目标开展行动。③ 应当看到，软实力概念的提出，在很大程度上符合美国在"冷战"结束后适应国际安全博弈形势发展的需要。20世纪90年代，对美国而言，以核打击、核威慑为重要手段的美苏两大阵营之间的博弈已经时过境迁，而针对中东等地区的敌对势力的斗争成为国际博弈的重点。对新的敌对势力，利用核威慑显然难以奏效，因为很多情形下对手并不在明处，而是分散的、流动的和潜伏的，因此这就更加需要通过吸引和劝说的方法来让对手能做出符合自己战略目标的行动。

---

① 张晓慧：《"软实力"论》，《国际资料信息》2004年第3期。
② 刘颖：《相互依赖、软权力与美国霸权：约瑟夫·奈的世界政治思想研究》，中国社会科学出版社2010年版，第167页。
③ See Illia Havrylenko, "U. S. Smart Power in International Relations", *European Political and Law Discourse*, Vol. 2, No. 2, 2015, pp. 82–86.

在深刻反思美国外交策略的基础上，美国一些政治学家开始提出巧实力（Smart Power）的概念。21 世纪初，美国国际战略研究中心（American Center for Strategic and International Studies）发起并成立了一个巧实力委员会（Smart Power Commission），并于 2007 年发布了一份题为"更加智慧、更加安全的美国"（*More Intelligent, More Secure America*）的报告，主张美国的外交政策应当改革，其目的是让美国有能力更好地与国际社会合作，使得美国能够以全球福祉和繁荣的概念为基础，保持良好的形象和声望，恢复国际领导者的地位。① 在此基础上，阿米塔奇等人进一步对巧实力外交的概念和内涵进行了解释，认为巧实力已经被一些媒体简单地描述为对全世界摆出"更加友好、更加温柔"的美国面孔，这似乎使人认为美国所要做的一切就是换个领导人或转换一下外交姿态，而不需要实质性的变化。② 在阿米塔奇等人看来，巧实力绝不仅限于这些方面。③ 阿米塔奇等人指出，巧实力是一个用来指导兼取硬实力资源与软实力资源来开发一体化战略、资源库和工具箱以帮助美国实现目标的框架④，巧实力外交是一种寻求使国内战略与体系和在国外所面临的挑战相适应的外交手段。⑤

虽然不能因为美国一些政治精英提出了巧实力外交理念就认为美国会从此放弃争取成为世界单极霸权的单边主义外交思维，但是应当看到巧实力外交理念是美国一些政治精英对单边主义思维在现实世界中严重碰壁后进行深刻反思的结果，其在一定程度上反映了在 21 世纪新的国际政治格局中应对新的全球性挑战的新思路。

从本质上说，巧实力外交的核心要素是在全球治理中需要更多地以多边主义思维来谋求国际合作。正如约瑟夫·奈等人所阐释的，美

---

① See Illia Havrylenko, "U. S. Smart Power in International Relations", *European Political and Law Discourse*, Vol. 2, No. 2, 2015, pp. 83 – 84.
② Richard L. Armitage, Joseph S. Nye, Jr., "Implementing Smart Power: Setting an Agenda for National Security Reform", http://www.foreign.senate.gov/imo/media/doc/ArmitageTestimony080424a.pdf, May 1, 2017.
③ Ibid..
④ Ibid..
⑤ Ibid..

国可以通过为其他国家提供在经济、政治和社会等方面的发展机会，以投资于全球未来的方式而获取巧实力；巧实力的实质在于其能够在外交政策中既考虑到国际合作中的美国利益，又考虑到各种各样的多边利益；在当今世界，只有在国际关系中通过与所有的国际行为体开展谈判与合作的多边外交才是有效的，过度的攻击性只能表明本身在概念和观念上存在弱点；如果美国选择巧实力战略，那就意味着美国必须要考虑其他国家的立场和主张。①

2008年4月24日，阿米塔吉等人联合向美国参议院外交关系委员会（Senate Foreign Relations Committee）就巧实力外交做出详细陈述，从中可以更加清晰地看出巧实力外交所提倡的既需要维护美国利益又需要考虑和尊重其他国际行为体利益的理念。阿米塔奇等人在陈述中认为，20世纪90年代，随着"冷战"结束，人们开始转变观念，认为全球已经成为美国称霸的单极世界，而今天我们需要对美国权力的力量和限制有更新的理解；美国外交政策的失误在于给世界各国的感觉是美国就像一个在街头上打架的"大孩子"，要改变这种失误，美国需要拥有耐久力和谦逊的态度，美国的耐久力将对人们到底是把美国视为仗势欺人者还是朋友有着很大的关系，谦逊的态度将使得美国变得更伟大，而不是更弱小。② 在此基础上，阿米塔奇等人进一步为美国如何运用巧实力外交来参与全球治理提出了具体的思路。他们提出，美国需要投资于全球利益，即为其他国家的人民和政府提供他们所渴望得到但是如果没有美国的领导就不能获得的服务和政策。③ 这意味着美国需要做到以下方面：为国际制度提供支持，让美国与国际发展保持一致，促进公共健康，增加美国社会与其他国家的

---

① Illia Havrylenko, "U. S. Smart Power in International Relations", *European Political and Law Discourse*, Vol. 2, No. 2, 2015, pp. 82 – 86.
② Richard L. Armitage, Joseph S. Nye, Jr., "Implementing Smart Power: Setting an Agenda for National Security Reform", http://www.foreign.senate.gov/imo/media/doc/ArmitageTestimony080424a.pdf, May 1, 2017.
③ Ibid..

互动性，保持开放的国际经济，严肃地对待气候变化与能源安全挑战。① 从上述陈述可以看出，阿米塔奇等人认为，美国外交陷入困境的主要原因在于美国没有重视其他国际行为体的利益并与其形成了对立的关系，而解决的对策主要在于把美国利益与全球利益更好地结合起来，通过把美国力量投资于全球利益而促使美国战略目标的实现。

阿米塔奇等人还认为，要想把美国利益与全球利益更好地结合起来，美国需要成为一支"聪明的力量"。② 对此，阿米塔奇等人进一步阐释到，例如从经济角度看，在伊拉克的军事行动中投入大量的资金是缺乏效率的行动，而为国际组织和机构提供资金则是非常有效率的外交行动，因为这样可以让相当数量的国家能够共同实施全球性项目，解决全球性问题，不仅美国受益，其他国家也可以从中受益。③ 由此可见，相对于单边主义思维主导下的外交策略而言，相对更加重视多边利益的巧实力外交的灵巧性集中地体现在强调实力资源运用时需要把本国利益与全球利益更好地结合起来，只有这样才能使得本国的实力资源在非传统安全国际博弈中发挥最大效率，成为新的国际形势下的"聪明力量"。

阿米塔奇等人所提出巧实力外交理念得到了美国奥巴马政府的积极回应。在2009年1月美国参议院举行的一次听证会上，希拉里·克林顿（Hillary Clinton）详细阐释了她在担任美国国务卿后将如何对美国外交策略进行调整的设想和方案，其中比较集中地反映了奥巴马政府对巧实力外交的理解、认识与基本思路。希拉里表示，美国政府将以一种聪明的方法来引领美国的外交活动，并表示新政府将对美国以前的外交政策进行重新评估，新的外交政策必须兼顾原则和现实，而不能拘泥于过于理想主义的做法；希拉里还反复强调美国政府将利

---

① Richard L. Armitage, Joseph S. Nye, Jr., "Implementing Smart Power: Setting an Agenda for National Security Reform", http://www.foreign.senate.gov/imo/media/doc/ArmitageTestimony080424a.pdf, May 1, 2017.

② Ibid..

③ Illia Havrylenko, "U. S. Smart Power in International Relations", *European Political and Law Discourse*, Vol. 2, No. 2, 2015, pp. 83 – 84.

用"巧实力"来寻求实现美国利益，并指出过度的单边主义不可能帮助美国实现战略目标。①

在巧实力外交理念影响下，美国奥巴马政府认识到对于气候变化这么一个具有全球性安全含义的国际议题，美国如果依然简单地采取阻挠、对抗或者置身事外的外交策略必然会引起国际社会成员的普遍反对与抵制，这种做法将不利于美国实现其国际与国内战略目标，因此必须要更加灵活巧妙地把美国利益与全球利益结合起来进行全面考量与权衡，并在此基础上制定既能促进美国利益发展又能与国际社会开展良性互动的气候外交政策，才是更为明智的选择。

美国奥巴马政府气候外交政策发生转变可以从美国在2007年4月召开的安理会第5663次会议和于2011年7月召开的安理会第6587次会议上的态度明显变化得到反映。在奥巴马当选美国总统前所召开的2007年4月安理会第5663次会议上，美国对气候安全问题采取了消极应对的态度，而在奥巴马当选美国总统后于2011年7月召开的安理会第6587次会议上，美国却表现出了要在应对全球气候安全挑战中担当全球领导者的姿态。

在2007年4月安理会召开的第5663次安理会公开辩论上，美国总体上采取了比较消极的态度。首先，美国代表在气候变化是否属于安全事务范畴上的表态模棱两可。他在发言中称，气候变化显然是一个严重挑战，气候变化、能源安全和可持续发展是相互关联的关系。②从上述发言可以看出，美国既没有像欧盟那样明确肯定气候变化是一个安全问题，也没有坚决主张气候变化不属于安全范畴，其表态是比较含糊的。美国这种没有正面回应安理会辩论中焦点问题的含糊立场，实质上反映出了与其在重大国际外交场合一贯以世界领袖自居所截然不同的消极态度。其次，美国在这场辩论中采取了防御策略，把重点放在为美国的国内和国际气候变化政策辩护上。美国代表在发言

---

① Bill Van Auken, "Hillary Clinton Touts 'Smart Power' in Pursuit of US Imperialist Aims", http://intsse.com/wswspdf/en/articles/2009/01/clin-j15.pdf, May 1, 2017.

② 安理会第5663次会议记录，S/PV.5663，2007年4月17日。

中称，2004年到2005年美国的温室气体排放总量仅增加了0.6%，与以前相比温室气体排放总量增长速度在放缓；美国近年来在促进气候变化科学技术开发方面投入了350亿美元，其中约50%投入了能源技术开发；美国小布什政府已经承诺向全球环境基金捐助5亿美元。① 美国代表的上述发言，其实是在向国际社会表白，那就是美国虽然宣布退出《京都议定书》，但不意味着美国就已经成为全球气候治理的阻挠者。最后，美国主张解决气候变化挑战的出路在于发展经济。美国代表在发言中大谈经济机会对应对气候变化挑战的重要性，认为经济增长可以为发达国家和发展中国家提供有效资源以应对挑战。② 美国政府所表达的上述意思本质上是希望借此引导国际社会在气候变化合作中把注意力主要集中到经济层面上，而不要在更高级别的政治层面上讨论和处理气候变化问题，这实际上试图冲淡欧盟等设定的把气候变化纳入国际安全议程的会议主题，其主要目的是帮助美国在气候变化问题上避免承受更大的国际政治压力。

在2011年7月的安理会第6587次会议上，美国的态度与立场发生了重大转变，一改其往日在国际气候合作中的消极形象而采取了异常积极与高调的姿态。首先，美国明确表态，气候变化是使全球安全陷于危急状态的重大问题。美国代表在发言中称，世界各国以及全球人民的安全处于危急状态；气候变化对和平与安全构成重大挑战，实际上气候变化已经对人类产生了很多影响，尤其是在粮食供应、水资源供应、生物多样性、海平面上升和自然资源匮乏等方面。③ 其次，美国不再采取防御的姿态，而是锋芒毕露，公开明确地指责其他国家阻碍气候变化安全化的进程。美国代表在发言中称，虽然安理会已经在此前讨论并处理了很多新生安全问题，但是在此次安理会上却无法在处理气候安全问题上达成共识，其原因就是少数国家拒绝承担责任，这将导致几十个国家正在面临的存在性威胁无法消除。④ 最后，

---

① 安理会第5663次会议记录，S/PV.5663，2007年4月17日。
② 同上。
③ 安理会6587次会议记录，S/PV.6587，2011年7月20日。
④ 同上。

美国不但不再反对气候变化问题安全化，而且异常积极地试图将其推向国际安全的最核心层面。美国代表在发言中称，安理会如果拒绝处理气候变化问题就是没有履行其职责；安理会应当跟上时代步伐应对新世纪的新安全威胁；安理会完全有能力像处理其他新生安全问题一样处理气候变化对安全的威胁。①

除了在安理会明确支持气候变化问题安全化，美国政府首脑在国内外其他多种场合也开始高调呼吁重视气候安全，试图使美国在应对气候变化国际进程中扮演气候安全化积极响应者的角色。2009年4月，在美国举办的关于"能源与气候问题的主要经济体论坛"第一次预备会议上，美国国务卿希拉里·克林顿称："气候变化危机是外交、国家安全和发展问题的联结纽带。气候变化是一个环境问题、健康问题、能源问题、经济问题和安全问题。"② 2009年9月23日，奥巴马在联合国大会第64届会议第3次全体会议上发言称，绝不能推诿应对气候变化威胁的责任，否则气候变化就会给人类社会造成无法逆转的影响，国际社会在制止冲突方面的努力也会劳而无功。③ 不仅如此，奥巴马还非常明确地表明了美国在未来国际气候谈判中的战略目标，他宣称：美国将"在国际气候谈判中从一个旁观者转变为一个领导者"。④

2009年12月17日，时任美国国务卿希拉里·克林顿在哥本哈根气候大会上更加努力地向国际社会表明，美国是解决全球气候安全问题的积极支持者而非阻挠者。她在大会上发表的讲话中称："气候变化不仅威胁到我们的环境，而且还危及我们的经济与安全，这已经是不可否认的严酷事实。"⑤ "奥巴马总统发起了'能源与气候问题主要

---

① 安理会第6587次会议记录，S/PV.6587，2011年7月20日。
② U. S. Department of State, "Clinton's Remarks at Major Economies Forum on Energy, Climate", http://iipdigital.usembassy.gov/st/english/texttrans/2009/04/20090427143118 eaifas0.4934503.html#axzz2xK2gi0qO, May 1, 2017.
③ 联合国大会第64届会议第3次全体会议记录，A/64/PV.3，2009年9月23日。
④ 同上。
⑤ Hillary Rodham Clinton, "Remarks at the United Nations Framework Convention on Climate Change," http://www.state.gov/secretary/rm/2009a/12/133734.htm, May 1, 2017.

经济体论坛'，汇聚主要发达国家和发展中国家共同参与。他还以20国集团为开端，率先在逐步取消对矿物燃料的补贴上达成协议，随后又与亚太经合组织成员取得一致。"① 为了帮助美国在气候安全这个国际安全议程中争取更多的盟友和支持者，希拉里在讲话中还努力表达美国对发展中国家遭受气候安全威胁的同情与支持。她在讲话中称，如果不能达成协议，发展中国家将受到灾难性的影响，动员大量资源帮助发展中国家减轻影响和适应变化的机会就会失去。②

值得指出的是，奥巴马政府在气候外交政策方面的巨大变化，是在顺应形势发展的基础上对美国利益需求进行全面权衡而做出的慎重选择。

从经济方面看，2008年国际金融危机爆发，美国经济衰退，失业率明显上升，这种状况迫使美国政治精英必须对美国的经济问题做出深刻的反思。美国经济问题的症结当然是多方面的，但是其中不容忽视的一个重要方面是，美国长期以来对进口石油过度依赖③，这种状况既导致了美国经济不得不与中东等石油主要产地的政治动荡紧密关联，而且导致了美国的新能源技术与产品发展不得不受到石油经济的牵制与掣肘。

如果不对环境因素加以考察，那么新能源产品与石油产品在满足消费者需要的功能方面是相似的，因此两者之间必然存在互相竞争的关系。实际上，在新能源产品开发的初期阶段，由于新技术与产品的研发必须投入巨大的资金，因此新能源产品的成本必然远高于早已成熟的石油产品，必须依赖政府在税收、财政等政策方面的倾斜和支持才有可能具备与石油产品竞争的能力。美国越是依赖石油经济，就越是在新能源政策支持方面犹豫不决。事实上，美国在小布什政府于

---

① Hillary Rodham Clinton, "Remarks at the United Nations Framework Convention on Climate Change," http://www.state.gov/secretary/rm/2009a/12/133734.htm, May 1, 2017.
② Ibid..
③ See John Deutch, "Priority Energy Security Issues", in John Deutch, Anne Lauvergeon, Widhyawan Prawiraatmadja, *Energy Security and Climate Change*, The Trilateral Commission, Washington, Paris, Tokyo, 2007, pp. 1–7.

2001年宣布退出《京都议定书》后,其新能源扶持力度不可避免地有所减弱甚至倒退,这也使得美国新能源经济发展势头受挫。在小布什担任美国总统之前,克林顿政府在应对气候变化问题上相对比较积极,清洁能源扶持政策力度较大,美国清洁能源技术一度曾经在全球中处于比较领先的地位。但是2001—2008年,美国小布什政府在促进清洁能源发展方面几乎无所作为。可再生能源税收抵扣是美国联邦政府对风能的主要激励措施,对美国风能产业的增长起到至关重要的作用,但是2001—2003年这项措施却在小布什政府的允许下停止了三年,导致整个美国风能设施安装计划中断。①

国际金融危机爆发后的经济困局促使奥巴马政府更加深刻地认识到过度依赖石油经济的弊端,更加意识到美国经济发展必须符合世界经济低碳发展的大潮流才有出路。美国经济要振兴,就必须果断转型,积极开拓新能源技术与产品的国内市场与国际市场,努力在全球新能源经济竞争中占据领先地位,这样才能在全球新一轮发展机遇中争取更多的美国利益。2009年4月,美国诺贝尔奖获得者、著名经济学家保罗·克鲁格曼(Paul Krugman)发文指出,应对全球变暖将成为经济增长的刺激措施。他认为:"从中短期的角度看,承诺实施温室气体减排将有着与重大技术创新一样的经济效果:即使是在产能过剩的情况下,承诺实施温室气体减排也将给实业界一个理由来投资新的装备和设施。在现在的经济状况下,这种做法正是对症下药。"②

奥巴马就任美国总统后,深刻认识到清洁能源投资是驱动美国经济复苏与长期增长的动力,并努力借此来恢复美国的经济竞争力。③在奥巴马就职十个月后,奥巴马政府就提出了包括清洁能源产业投

---

① John D. Podesta, "Written Testimony for the Senate Committee on Environment and Public Works, Legislative Hearing on Clean Energy Jobs and American Power Act", pp. 10 – 11, https://cdn.americanprogress.org/wp-content/uploads/issues/2009/10/pdf/podesta_epw.pdf, May 1, 2017.

② Paul Krugman, "An Affordable Salvation", The New York Times, April 30, 2009, http://www.nytimes.com/2009/05/01/opinion/01krugman.html?_r=2&adxnnl=1&ref=opinion&adxnnlx=12, May 1, 2017.

③ Ibid..

资、创造就业、削减石油消耗、促使美国能源独立和温室气体减排等在内的一揽子新能源经济政策建议。① 事实上，奥巴马就任美国总统后，把发展清洁能源经济摆在帮助美国在全球长期占据经济领导地位的高度来部署。2009年4月，奥巴马在世界地球日讲话上，明确而详细地阐释了他将依靠清洁能源运动来推动美国经济重新走上繁荣之路的纲领，那就是将通过综合性的能源计划减轻美国对石油的依赖，创造就业机会，赢得全球清洁能源技术竞赛的胜利。奥巴马在讲话中称："拯救我们的环境还是拯救我们的经济？这不是美国所面临的选择。美国所面临的选择是：繁荣还是衰退？哪个国家能够领导全世界创造新形式的清洁能源，哪个国家就将领导21世纪的全球经济。"②

与此同时，奥巴马政府也意识到气候变化安全含义越来越引起全球关注，这种趋势能够帮助美国动员和整合更多的国内外资源来实现其重振美国经济的目标。2009年4月22日，美国白宫在《清洁能源经济情况说明书》中指出：那些既能促进能源改善又有利于维护气候安全的政策将促进美国经济复苏，增加就业机会，促进清洁能源生产。③ 为此，白宫还在该情况说明书中呼吁美国国会从"把美国推进正确的轨道"的大局出发，批准与总统清洁能源计划有关的一揽子立法。④

对于积极应对气候变化对美国经济发展的重要意义，美国发展行动基金总裁波德斯塔（John D. Podesta）于2009年10月为美国参议院环境与工作委员会所做的书面证言颇具有代表性⑤，比较集中地体

---

① Paul Krugman, "An Affordable Salvation," *The New York Times*, April 30, 2009, http://www.nytimes.com/2009/05/01/opinion/01krugman.html?_r=2&adxnnl=1&ref=opinion&adxnnlx=12, May 1, 2017.

② Office of the Press Secrectary of the White House, "Clean Energy Economy Fact Sheet", https://www.whitehouse.gov/the-press-office/clean-energy-economy-fact-sheet, May 1, 2017.

③ Ibid..

④ Ibid..

⑤ John D. Podesta, "Written Testimony for the Senate Committee on Environment and Public Works, Legislative Hearing on Clean Energy Jobs and American Power Act", pp.10-11, https://cdn.americanprogress.org/wp-content/uploads/issues/2009/10/pdf/podesta_epw.pdf, May 1, 2017.

现了美国政治与经济精英在这个问题上的主要观点，从中能够看出美国气候外交政策发生重大转变的内在驱动因素。

波德斯塔在证词中批评了美国国内在应对气候变化经济成本与收益方面所出现的一些悲观情绪，强调了伴随应对气候变化而崛起的新能源经济对美国经济振兴的重要意义。他说："美国参议院关于全球变暖的辩论集中在污染限制及其时间安排、碳市场及碳排放额度分配上。但是，我们忽视了我们主要的目标：建立一个强大和繁荣的新能源经济。超越化石能源污染将给我们带来激动人心的工作岗位、新机遇、新产品、技术创新和更为强大的社会组织。现在全国范围内都在讨论碳减排所带来的抑制、限制和转型成本，这使得我们不能看到清洁能源投资所能带给我们的经济机会。"① 波德斯塔认为，清洁能源部门将继续扮演"工作增长引擎"的角色。他举例说：尽管前两年美国经济十分糟糕，但是风能确实是增长最迅速的能源资源，2008年安装或操作风力涡轮机的美国人几乎与在煤矿中从事挖掘工作的美国人一样多——8.5万美国人受雇于风能产业，近8.7万美国人受雇于煤炭业。② 除了可再生能源部门，节能工程同样可以为美国经济发展增添动力。波德斯塔在证词中指出："建筑物用电量占到美国用电总量的70%，其产生的温室气体占到美国温室气体排放总量的40%。……一个利用现有的成熟技术实施的广泛的建筑物节能改进工程将会减少40%的建筑物能源消耗，工程费用将会被工程所节约的能源所抵消，而且建筑物改进工程还可以直接或间接地创造6.25万个就业岗位。"③

波德斯塔还向美国国会呼吁，美国必须抓住新能源投资最后的机遇期来提升美国的国际竞争力，并通过领导全球新能源经济竞赛来壮

---

① John D. Podesta, "Written Testimony for the Senate Committee on Environment and Public Works, Legislative Hearing on Clean Energy Jobs and American Power Act", p. 1, https：//cdn. americanprogress. org/wp‐content/uploads/issues/2009/10/pdf/podesta_ epw. pdf, May 1, 2017.
② Ibid., pp. 4-5.
③ Ibid., p. 3.

大美国力量。他说:"美国的许多经济竞争对手已经把清洁能源技术投资视为促进他们经济长期可持续发展的关键因素。德国、西班牙、日本、中国甚至印度都在为其低碳发展的未来打基础。"波德斯塔在证词中还对美国主要竞争对手的低碳经济发展现状和前景做了详细的分析,认为这些国家迅速而坚决地向低碳经济转型已经使得美国面临着巨大的国际竞争压力。他在证词中指出:"德国是全球清洁能源转型的先锋。即使在欧盟内部,德国的温室气体减排目标也是最积极的。……德国还拥有世界上最大的太阳能光伏电板装机容量和世界第二大的风力发电能力。2008年年底,德国可再生能源装机能力已经达到34吉瓦(gigawatt),逼近了美国40吉瓦的可再生能源装机能力。现在可再生能源部门已经成为德国的主要出口部门。……德国可再生能源市场现在雇用了28万工作人员,到2020年德国可再生能源市场预计将雇用50万工作人员。"① 在此基础上,波德斯塔指出:"很多美国企业界的领袖人物已经认识到:如果美国不像其他国家一样对我们的清洁能源部门进行投资的话,那么美国就将面临失去竞争力的威胁。……虽然机遇窗口正在关闭,但是我们还有机会来领导这场全球竞赛。我们需要低碳政策来开发美国力量。"②

随着美国国内对于新能源经济战略地位的认识逐渐加深,奥巴马的新能源经济政策建议也在国内得到了越来越多的支持。在此背景下,奥巴马政府采取了很多具体措施对清洁能源技术开发和国内可再生能源生产提供支持。2009年10月,奥巴马签署了一份行政法令,为联邦政府机构设定了可持续目标,并要求联邦政府机构改善它们在环境、能源和经济活动中的表现。该行政法令要求美国联邦政府在法令颁布后90天内制定出温室气体减排目标和节能、节水、减少废物

---

① John D. Podesta, "Written Testimony for the Senate Committee on Environment and Public Works, Legislative Hearing on Clean Energy Jobs and American Power Act", p. 3, https://cdn.americanprogress.org/wp-content/uploads/issues/2009/10/pdf/podesta_epw.pdf, May 1, 2017. p. 10.

② Ibid., p. 1.

排放等措施。① 奥巴马希望通过此项行政法令的签署，让联邦政府为全国清洁能源运动起到示范作用。奥巴马说："作为美国经济中最大的能源消费体，联邦政府能够而且应当在开发创新路径减排温室气体、增加能源效率、保护水资源、减少废物和使用具有环保责任感的产品和技术方面率先垂范。这项行政法令是以《美国复兴法》（Recovery Act）为基础的，其目的是帮助开创清洁能源经济并展示联邦政府是能够履行承诺的。"②

不容忽视的是，美国之所以此前在气候变化问题上长期持消极态度，不仅有经济层面的考量，同时也有军事层面的顾虑。作为全球最大的温室气体排放组织，美国军方一直竭力反对碳减排。在《京都议定书》签订之前，美国军方就明确表态反对美国做出具有法律约束力的碳减排承诺，因为美国军方认为训练和作战最为需要的就是石油资源；在《京都议定书》签订之后，美国军方更是强烈反对，因为美国军方认为，如果军方按照美国其他行业的减排比例进行减排的话，就不可能完成其在全球范围内进行战略部署的任务。③

值得引起注意的是，近年来美国军方也开始认识到，从过度依赖进口的化石能源向本土低碳能源转变对于美国军事部署能力可持续发展具有十分重要的战略意义。实际上，美国军方和美国经济面临着同样的问题，那就是如果继续过度依赖石油资源的话，国防建设同样难以为继。在此背景下，美国军方深刻认识到可以而且应当借助全球应对气候变化合作这个平台，把军方能源革新与应对气候变化行动整合起来，既可以利用绿色旗帜争取舆论支持，又可以从各方面争取到更多的资金与技术支持，并借此大力促进美军克服能源脆弱性问题。美国陆军在这方面的做法就颇具代表性。2008 年，美国陆军在高级能源

---

① Office of the Press Secretary of the White House, "Executive Order 13514 – Focused on Federal Leadership in Environmental, Energy, and Economic Performance", https：//www.whitehouse.gov/the-press-office/president-obama-signs-executive-order-focused-federal-leadership-environmental-ener, May 1, 2017.

② Ibid..

③ 参见董勤《安全利益对美国气候变化外交政策的影响分析——以对美国拒绝〈京都议定书〉的原因分析为视角》，《国外理论动态》2009 年第 10 期。

委员会（Senior Energy Council）的指导下，在负责能源与合作的陆军助理部长的推动下，成立了能源政策管理机构。① 2009年2月，该委员会发布了《陆军能源安全实施战略》，文件中包括5个能源安全战略目标：减少能源消耗，提高所有平台与设施的能源利用效率，增加使用再生能源和替代能源，确保能源供应充足，减少对环境的不利影响。②

总而言之，美国气候外交政策在小布什政府宣布退出《京都议定书》后一度发生了重大转变，在一定程度上改变了美国在国际气候合作中的国际形象的同时，也为促进气候变化问题安全化国际趋势的形成发挥了重要作用，其中的一个重要原因是，奥巴马政府在顺应国内外形势发展的基础上试图在气候变化问题上把美国利益与全球利益更灵巧地结合起来。

二 欧盟的全球气候安全事务影响力

在当今世界"一超多强"的格局中，单就硬实力资源而言，欧盟很难与美国匹敌。如果考虑到欧盟对美国军事力量还有一定的依赖性的话，那么欧盟在安全问题上似乎只能处于美国的附属地位。如果永远甘居附庸地位，欧盟在重大全球性事务中就很难获得较大话语权，也很难推动国际秩序沿着有利于本利益集团的趋势发展和演化，这对于拥有约4.5亿人口的欧盟而言，显然是难以甘心安于现状的。

自20世纪七八十年代，欧盟为了提升国际地位，开始对成为具有重大民事影响力的国际力量产生了兴趣。要成为这样的国际力量，欧盟就需要以一种能够得到国际普遍认同的责任感来处理国际问题，并努力以民事契约精神来改善国际政治架构。③ 几乎与此同时，气候变化问题开始进入国际政治议程。在当时的主流科学认知与公众认知

---

① Michael A. Vane & Paul E. Roege, "The Army's Operational Energy Challenge", pp. 41-43, http://www.ausa.org/publications/armymagazine/archive/2011/5/Documents/Vane_Roege_0511.pdf, May 1, 2017.

② Ibid..

③ Angela Liberatore, "Climate Change, Security and Peace: The Role of the European Union", *Review of European Studies*, Vol. 5, No. 3, 2013, p. 87, DOI: 10.5539/res.v5n3p83.

下，气候变化显然是一个无可争议的民事性问题①，因此也非常符合欧盟的国际政治利益需求。

20世纪90年代初期，美国开始试图摆脱国际环境制度的约束，在国际环境行动中也不再表现出积极的领导者的姿态，在气候变化问题上尤其如此。欧盟发现，这是其扩大在国际环境合作中的影响力并进而帮助其扩大在国际政治其他领域中的影响力的一个重要机遇。②为此，欧盟在促进应对气候变化国际行动中不惜投入了重要资源。③欧盟拥有全球最大的市场，因此其试图通过低碳标识、节能标识等手段，促使试图进入欧盟市场或扩大其在欧盟市场中份额的国际行为体更加积极地向低碳化方向转型。不仅如此，在21世纪初美国宣布退出《京都议定书》后，欧盟还充分运用其政治和经济资源，在动员和推动一些国际社会成员批准《京都议定书》方面发挥了重要作用，最终促成《京都议定书》满足了生效条件。例如，在俄罗斯批准《京都议定书》的问题上，欧盟也起到了积极的支持和促进作用。为了争取俄罗斯能够尽早批准《京都议定书》，一方面，欧盟表态积极支持俄罗斯加入世界贸易组织，另一方面，欧盟与俄罗斯还签订了价格比较符合俄方预期的长期能源供应合同。④

欧盟及其主要成员国自20世纪80年代末起，通过十余年在全球气候变化治理中的积极耕耘，到21世纪初时，在全球气候治理中已经具有了十分重要的话语影响力，这对欧盟国际地位的提升也起到了

---

① Angela Liberatore, "Climate Change, Security and Peace: The Role of the European Union", *Review of European Studies*, Vol. 5, No. 3, 2013, p. 87, DOI: 10.5539/res.v5n3p83.

② See Charlotte Bretherton and John Vogler, *The European Union as a Global Actor*, Routledge, London and New York, 2006, p. 110.

③ See Joyeeta Gupta, Richard S. J. Tol, "Why Reduce Greenhouse Gas Emission? Reasons, Issue – Linkages and Dilemmas", in Ekko C. Van Ierland, Joyeeta Gupta, Marcel T. J. Kok, *Issues in International Climate Policy*, Edward Elgar Publishing Limited, Massachusetts, U.S., pp. 17 – 18.

④ Charles F. Parker and Christer Karlsson, "Climate Change and the European Union's Leadership Moment: An Inconvenient Truth?" pp. 6 – 7, http://mistra-research.se/download/18.3a618cec141021343374fbc/1379435889919/Parker+&+Karlsson+2008d.pdf, May 1, 2017.

十分重要的作用。① 此后，随着科学认知的发展，气候变化对人类的存在性威胁越来越得到主流科学界的确认，这意味着气候变化问题将可能在国际安全议程中占有重要地位。面对国际形势的新发展，欧盟发现，这是一个能够帮助它在国际政治的核心层面扮演重要角色的重大机遇。②

2003 年，欧盟在其安全战略中明确提出，欧盟应扮演重要的"全球性角色"的目标。③ 实际上，欧盟努力扮演重要的"全球性角色"的潜台词就是，欧盟要在全球安全事务中拥有领导者地位。欧盟2003 年安全战略报告认为：当今世界既面临新的危险，也面临新的机遇，欧盟有能力在世界安全事务中做出主要贡献，一个积极的、有能力的欧盟将在全球范围内发挥影响。④ 显然，贡献与地位是相对应的。只要欧盟有能力在世界安全事务中做出主要贡献，那么欧盟就可能在世界安全事务中拥有主导地位。

气候变化作为当今世界政治的热点问题，与各国的经济、环境与政治利益密切相关，处于牵一发而动全身的地位。尤其是 2007 年 IPCC 发布其第四次评估报告后，气候变化问题的安全含义迅速引起国际社会的高度关注，欧盟也越来越认识到应当把气候变化问题安全化作为其争取扩大对国际安全事务的影响力的重要切入点。

在气候变化问题安全化进程中，安全化施动者与听众之间的互动关系十分重要。如果作为安全化施动者的欧盟的与凸显气候变化存在性威胁相关的话语不能得到国际社会成员的广泛认可，那么欧盟的努力就难以成功。因此，欧盟为了能够实现其安全战略目标，在气候变

---

① See Julianne Smith and Alexander T. J. Lennon, "Setting the Negotiating Table: The Race to Replace Kyoto by 2012", in Kurt M. Campbell, eds., *Climatic Cataclysm: The Foreign Policy and National Security Implications of Climate Change*, The Brookings Institution, Washington, D. C., 2008, pp. 192 – 193.

② Angela Liberatore, "Climate Change, Security and Peace: The Role of the European Union", *Review of European Studies*, Vol. 5, No. 3, 2013, p. 87, DOI: 10.5539/res.v5n3p83.

③ See European Council, "A Secure Europe in a Better World: European Security Strategy", http://www.consilium.europa.eu/uedocs/cmsUpload/78367.pdf, May 1, 2017.

④ Ibid..

化问题安全化进程中高度重视并努力提升其话语权威性。2007年，欧盟成为《联合国气候变化框架公约》下第一个把2012年《京都议定书》第一承诺期结束后的温室气体减排问题摆到国际谈判桌上的缔约方。① 与此同时，欧盟提出了雄心勃勃的气候战略目标，即领导全球应对气候变化行动，把全球气温平均升幅控制在与工业化前相比不高于2℃的幅度。② 欧盟作为气候变化安全化的重要施动者，在安全化进程中明确提出2℃的概念，实际上就是把升幅不超过2℃作为全球气候安全是否能够得以维持的临界值。在此之后，欧盟又围绕"2℃"概念开展了一系列的工作。需要引起重视的是，欧盟提升话语权威的做法取得了重要成果。2015年12月，巴黎气候大会通过了《巴黎协定》，其中最核心的目标就是要确保全球气温比工业化前水平上升幅度不超过2℃，这就意味着"2℃"概念已经被国际社会公认为将会导致灾难性后果的温度升幅阈值。由此可见，通过提升话语权威来引领气候变化安全化进程的欧盟经过多年努力后，已经在气候安全这个重要的国际安全议程中取得了引领者的地位。

三 小岛屿发展中国家的国际规范塑造力

长期以来，小岛屿发展中国家在国际政治活动中处于边缘化的地位。气候变化国际博弈中，在综合实力方面处于绝对弱势地位的小岛屿发展中国家的利益诉求长期以来得不到关注与重视。③ 随着欧盟等国际行为体积极推动气候变化问题安全化，小岛屿发展中国家发现，可以以此为契机，努力增强自己对国际规范的塑造力，争取更多的国际资源。

一方面，小岛屿发展中国家率先提出并极力推广的1.5℃的全球平均气温升幅控制目标为《巴黎协定》所采纳。在2009年年底

---

① Charles F. Parker and Christer Karlsson, "Climate Change and the European Union's Leadership Moment: An Inconvenient Truth?" pp. 1 – 2, http://www.mistra.nu/download/18.3a618cec141021343374fbc/1473225528044/Parker%2B%26%2BKarlsson%2B2008d.pdf, May 1, 2017.
② Ibid., pp. 5 – 6.
③ 曹亚斌:《全球气候谈判中的小岛屿国家联盟》,《现代国际关系》2011年第8期。

的丹麦哥本哈根气候大会上，小岛屿发展中国家率先向国际社会所有成员提出"1.5℃意味着生存"的重要目标。① 小岛屿发展中国家在重大外交场合提出这个重要目标并非偶然而为，而是经过精心策划和设计做出的重要政策选择。事实上，从哥本哈根气候变化大会开始的第一天起，小岛屿发展中国家就在几乎所有发言、新闻发布会、书面报告中旗帜鲜明、步调一致地宣传和推广1.5℃的安全含义。② 不仅如此，小岛屿发展中国家还运用"加勒比研究中心"等本土的科学研究机构的研究报告来论证其观点，并援引全球著名的气候变化问题专家尼古拉斯·斯特恩（Nicholas Stern）等人的研究结论来支持其立场。③

为了推动更多的国际社会成员能够接受1.5℃的新概念，小岛屿发展中国家还引领性地提出了"碳中和社会"的概念，并率先开展行动。马尔代夫在2009年3月宣布，计划在2020年前成为碳中和国家，其他一些小岛屿发展中国家也积极仿效。④ 除了马尔代夫外，库克群岛和图瓦卢等小岛屿发展中国家也先后提出了雄心勃勃的碳净零排放目标，制定了于2020年前实现100%的能源供应依靠可再生能源的计划；斐济、汤加、所罗门群岛和瓦努阿图等国则提出了到2020年可再生能源占总能源供应比例达到50%以上的目标。⑤ 多米尼加和格林纳达等国则提出了在未来数十年中争取实现可再生能源占能源供应总比例的90%的目标；巴哈马等国家则在可再生能源目标之外还提出了居民自助发电的目标；安提瓜、巴布达等国还把利用可再生能源与碳减排紧密联系起来，提出了到2020年碳排放总量与1992年水平

---

① Ine's de A'gueda Corneloup, Arthur P. J. Mol, "Small Island Developing States and International Climate Change Negotiations: The Power of Moral 'Leadership'", *Int Environ Agreements*, Vol. 14, 2014, pp. 281 – 297.

② Ibid. .

③ Ibid. .

④ Ibid. .

⑤ Matthew Dornan, "Renewable Energy Development in Small Island Developing States of the Pacific", *Resources*, No. 4, 2015, pp. 490–506.

相比下降 20% 的目标。①

实际上，从温室气体排放总量来看，小岛屿发展中国家的排放在全球总量中所占比例非常低，小岛屿发展中国家即使成为碳中和国家，对全球平均气温控制的直接影响也十分微弱。小岛屿发展中国家的这种做法，其主要意义在于向世人表明，其虽然在全球气候变化中应承担最小的责任，但是却愿意尽最大的努力为维护全球气候安全做出积极贡献。显然，这种做法有助于小岛屿发展中国家增强其对国际气候规范制定的影响力和塑造力。正如曾任小岛屿国家联盟（AOSIS）主席和萨摩亚常驻联合国大使的斯莱德（T. Neroni Slade）所言，小岛屿发展中国家可以通过促进清洁能源体系来为全球其他国家树立一个榜样，通过展示小国的碳减排决心来提升他们在国际气候谈判中的地位，提升其他国家对小岛屿发展中国家在气候变化方面的领导地位的认同感。② 实际上，很多小岛屿发展中国家的气候外交核心政治人物也都认同和支持斯莱德的上述主张。曾任马尔代夫外交部部长的贾米尔（Jameel）认为，小岛屿发展中国家需要向国际社会展示其拯救地球环境的决心和承诺；曾任马尔代夫驻联合国大使的索波阿加（Sopoaga）也认为，小岛屿发展中国家迫切需要从依赖传统化石能源向可再生能源转型，这不仅是自我拯救的需要，也是为其他国家做出示范和树立榜样的需要。③

小岛屿发展中国家灵巧的气候外交策略取得了较大成效。2015年12月于巴黎召开的《联合国气候变化框架公约》第21次缔约方大会通过了《巴黎协定》，其中虽然没有把全球平均气温升幅不超过工业化前水平1.5℃作为确保需要完成的目标，但是却把全球平均气温升幅不超过工业化前水平1.5℃设定为需要努力争取实现的目标。这就

---

① Govinda R. Timilsina, Kalim U. Shah, "Filling the Gaps: Policy Supports and Interventions for Scaling up Renewable Energy Development in Small Island Developing States", *Energy Policy*, 2016, p. 6, http://dx.doi.org/10.1016/j.enpol.2016.02.028, May 1, 2017.

② See Tom Roper, "Small Island States - Setting an Example on Green Energy Use", *RECIEL*, Vol. 14, No. 2, 2005, p. 110.

③ Ibid. .

表明,从 2009 年小岛屿发展中国家明确提出"1.5℃意味着生存"的口号以后,经过 6 年的外交努力,这个起初让大多数国际社会成员感到不太现实的政治主张终于得到了绝大多数国际社会成员的接受、认同与支持,并成为国际气候规范的重要组成部分。

另一方面,小岛屿发展中国家在应对气候变化基金募集方面的主张也得到了国际社会的高度重视,并对《巴黎协定》资金机制的形成产生了重要影响。

在 2007 年 11 月安理会举行的关于气候安全的辩论会上,时任马尔代夫外交部部长阿卜杜拉·萨赫德做了长篇发言。他首先以十分具有鼓动性的语言,向与会各国代表描述了小岛屿发展中国家在气候变化问题上所面临的风险和脆弱性,以争取国际社会最广泛的同情。他认为,如果海平面上升 2 米,将足以把小岛屿发展中国家的整个国土全部淹没,因为大部分小岛屿发展中国家的国土高出水平面也仅仅 2 米,这意味着整个国家的消亡,因此安理会举行的关于气候变化的辩论是一场生死攸关的辩论,这场辩论对于像马尔代夫这样的弱小国家获得国际社会的紧密关注至关重要。① 紧接着,阿卜杜拉把小岛屿发展中国家近年来所遭遇到的一些严重自然灾害与全球气候变化直接联系起来,向国际社会成员论证小岛屿发展中国家在气候变化方面所承受的重大损失。他说,2004 年 12 月所发生的飓风灾害不仅唤醒了亚洲地区的人民,而且还唤醒了世界其他地区的人民,这次飓风灾害非常直观地向全世界展示了气候变化及海平面上升对像马尔代夫这样的弱小国家将造成什么样的伤害。② 在此基础上,阿卜杜拉又援引科学研究成果来增加其观点的说服力。他说,气候变化现在已经是一个事实,而不是一个被科学不确定性所包围的问题,因为最有力的科学知识已经清晰而又确定地表明了人类所面临的气候变化威胁的程度,IPCC 第四次气候变化评估报告就充分地证明了这一点,而且尼古拉

---

① UN Security Council 5663rd Meeting, S/PV.5663, April 17, 2007.
② Ibid..

斯·斯特恩也已经证明了气候变化对人类社会经济与生产所构成的挑战。① 最后，阿卜杜拉把阐述重点集中到适应基金募集上来。他说，马尔代夫已经设立了其第一个适应项目，以促进根据《联合国气候变化框架公约》的要求开展行动，而且马尔代夫还把气候变化适应行动纳入其国家发展计划和政府年度预算，但是，像马尔代夫这样的在气候变化方面最具有脆弱性的国家，急缺实质性的资金资源来帮助其尽快实施适应项目。②

实际上，除时任马尔代夫外交部部长阿卜杜拉外，在很多重要的外交场合小岛屿发展中国家领导人也非常注重演讲和发言的感染力，并努力通过这种发言使尽可能多的听众在情感和道义上对小岛屿发展中国家的基金募集需求产生认同感。在2009年哥本哈根气候大会上，小岛屿发展中国家把争取充分的、可获得的、持续的气候变化适应基金支持作为气候外交的一个重要目标。为此，库克群岛首相在发言中宣称：小岛屿发展中国家的人民，"失去了他们的房屋，失去了他们的食物资源，失去了他们的教堂，失去了他们逝去亲人的墓地，还在担心即将失去他们的土地、生计、文化以及作为人民的身份和感觉。"③ 在此次气候变化大会上，汤加环境部部长也大声疾呼，表示从"内心深处"为小岛屿发展中国家人民在全球气候变化中的艰难处境感到焦虑。④

小岛屿发展中国家除从情感和道义的角度来争取国际支持外，还特别注重运用国际法原理来论证其在气候变化适应基金募集方面的观点和需求的正当性与合法性。例如，小岛屿发展中国家常常援引"污染者付费"原则和"国家责任"原则来证明其观点。图瓦卢在2009年《联合国气候变化框架公约》缔约方大会上正式提出，应当依据

---

① UN Security Council 5663rd Meeting, S/PV. 5663, April 17, 2007.
② Ibid..
③ Ine's de A'gueda Corneloup, Arthur P. J. Mol, "Small Island Developing States and International Climate Change Negotiations: The Power of Moral 'Leadership'", Int Environ Agreements, Vol. 14, 2014, pp. 281 – 297.
④ Ibid..

"污染者付费"和"国家责任"等国际环境法原则，设立补偿机制，为在气候变化问题上具有特别脆弱性的发展中国家提供专项资助。

小岛屿发展中国家的上述外交努力也取得了较好的成果。《巴黎协定》在其第9条中明确要求气候资金的经营与服务机构尤其需要考虑小岛屿发展中国家的需求并努力帮助其有效获得资金①，这个国际法成果反映了，小岛屿发展中国家对气候变化国际规范已经拥有了相当的塑造力。

第二节 气候安全化与中国气候外交

气候变化问题安全化的国际趋势形成后，必然会对国际气候谈判产生重大影响，并对大国的气候外交形成新的挑战。针对这些影响与挑战，中国需要及时调整气候外交政策加以应对。

一 气候安全化与国际气候谈判

首先，气候变化问题安全化对国际气候谈判的政治逻辑产生重大影响。

在气候变化问题安全化之前，公平原则是国际气候谈判最重要的基础。《联合国气候变化框架公约》在其第1条指导原则中就强调，各缔约方应当在"公平的基础上"保护地球气候系统。② 以公平为基础，就需要根据国际公平和人际公平的原则来分配碳排放权，这也是新兴发展中大国提出的在人均累积碳排放量趋同的基础上设计全球碳排放方案的主要依据。③

需要引起注意的是，如果在安全视角下进行分析，上述方案就将面临挑战。把气候变化作为一个安全问题处理，就意味着需要将其作为构成生存性威胁的紧急情势加以对待。面临生存性威胁，很多时候

---

① 参见《巴黎协定》第9条。
② 见《联合国气候变化框架公约》第3条。
③ 参见潘家华、郑艳《基于人际公平的碳排放概念及其理论含义》，《世界经济与政治》2009年第10期。

需要打破公平对待这个常规。例如，在门诊模式中，患者的就诊权应当得到公平对待，医院应按照先来后到的顺序安排就诊，但在急诊模式中，就不能保证患者的就诊权得到公平对待，而应当采取安全优先的原则，打破常规，让生命安全受到威胁的患者优先就诊。

气候变化问题安全化，意味着全球气候治理进入"急诊模式"。全球气温升幅超过2℃将可能导致自然生态系统发生不可逆转的危险，这已经成为国际广泛接受的概念和认知。如果按照人均累积碳排放量相同的规则来设计全球碳排放方案，2℃的升幅控制目标就难以实现。因此需要按照安全优先的理念，把2℃的升幅控制设定为优先目标。

其次，气候变化问题安全化对国际气候谈判程序机制产生重大影响。

在气候变化问题安全化以前，国际气候谈判基本上是在《联合国气候变化框架公约》及《京都议定书》下的谈判机制进行。在气候变化被视为一个安全问题以后，很多发达国家主张安理会应当成为讨论和决策气候变化问题的重要机构，安理会机制可以成为与《联合国气候变化框架公约》机制所并行的气候变化谈判与决策机制。

在2007年4月17日安理会第5663次会议上，英国表示，安理会负有维持国际和平与安全的责任，能够为应对气候不稳定对各国安全和集体安全带来的影响做出独特贡献，因此必须让安理会处理气候变化问题。[1] 德国认为，没有任何一个机构可以声称，只有它有权处理气候变化这种交叉问题，安理会可以与其他联合国机构携手努力，相互合作。[2] 在2011年7月20日安理会第6578次会议上，美国认为，安理会在气候变化问题上应跟上时代步伐，安理会根据其职责必须处理气候变化问题，安理会也完全有能力像处理其他新安全问题一样处理气候安全威胁。[3] 法国认为，气候变化是一种新型的威胁，它们形式多样、复杂并且扩散蔓延，安理会按照其授权必须在此问题上负起

---

[1] See UN Security Council 5663rd Meeting, S/PV.5663, April 17, 2007.
[2] Ibid..
[3] Ibid..

责任，这"并没有侵犯其他联合国机构的职能"，也不会取代《联合国气候变化框架公约》下的谈判机制。①

最后，气候变化问题安全化背景下新兴发展中大国的减排压力将进一步加大。

虽然《巴黎协定》在全球碳减排行动方面取得了重大进展，但是其成果仍然远不足以保障全球气候安全。2015年11月，联合国环境规划署发布的《温室气体排放缺口报告》指出，各国国家自主贡献（Intended Nationally Determined Contributions，INDC）方案中的碳减排目标还远不够充分，除非迅速提高碳减排目标，否则即使从最乐观的角度预测，现行的各国国家自主贡献方案只能在2100年前把全球气温升幅控制在3℃；如果把一些不确定的因素纳入考察的话，最有可能出现的情景是，21世纪末全球平均气温升幅将达到3℃—3.5℃。②《联合国气候变化框架公约》第21次缔约方会议在通过《巴黎协定》主席提案的决定中也指出，即使各国能够完全实现其自主贡献方案中的碳排放控制目标，全球温室气体排放合计总量预计在2030年也将会达到550亿吨，然而要实现全球平均温度升幅维持在2℃以下的目标，则需要把排放量减少至400亿吨。③

为维护全球气候安全，提高碳减排目标必然会成为《巴黎协定》生效后国际气候谈判的重点议题，而南北大国之间的责任与义务分配也必然会成为谈判的焦点。从公平角度看，中国等新兴发展中大国的碳减排方案已经超出了国际社会的预期。在人均累积排放远低于发达国家平均水平的情况下，中国提出了将于2030年左右实现碳排放达峰值的目标，为全球碳减排所做出的贡献已经大幅度地超过了发达国家。但是，从安全角度看，由于现有各国碳减排目标与维护全球安全

---

① See UN Security Council 6587th Meeting, S/PV. 6587, July 17, 2011.
② UNEP, "The Emissions Gap Report 2015: A UNEP Synthesis Report", p. 26. http://uneplive.unep.org/media/docs/theme/13/EGR_2015_Technical_Report_final_version.pdf, 25 March 2017.
③ 通过《巴黎协定》（主席的提案），FCCC/CP/2015/L.9/Rev.1, http://unfccc.int/resource/docs/2015/cop21/chi/l09r01c.pdf, 2017年3月25日访问。

的需要相比还存在巨大缺口，中国作为国际社会的重要成员还需要做出更大贡献。

不仅如此，可以预见的是，随着国际社会在气候安全认知方面的进一步增强，把全球平均气温升幅控制在1.5℃以内的问题将成为国际气候谈判中更加重要的议程，中国等新兴发展中大国的减排压力也将随之凸显出来。

在2009年年底的丹麦哥本哈根气候大会上，小岛屿发展中国家率先向国际社会所有成员提出了"1.5℃意味着生存"的问题。① 此后，小岛屿发展中国家反复在各种重大国际场合宣传和推广"1.5℃"的安全含义。由于"1.5℃意味着生存"的问题尚待科学证据的进一步支撑，因此2015年12月的巴黎气候大会采取了折中的做法，把全球平均气温升幅不超过工业化前水平1.5℃设定为需要"努力"争取实现的目标。② 随着政府间气候变化专门委员会（IPCC）等机构组织的关于气温升高1.5℃对小岛屿发展中国家的负面影响的研究进一步深入，气候变化将从哪些渠道对小岛屿发展中国家的生存构成威胁以及这种威胁将如何扩展和蔓延成为国际安全问题的机理将变得更加清晰和明确，围绕"1.5℃目标"的国际气候谈判必然会吸引更多的国际关注和重视，并对碳排放大国提出更迫切的减排要求。

二 中国气候外交的新挑战

借助哥本哈根安全化理论分析框架，我们可以把气候变化问题安全化进程分为三个阶段：首先，气候变化问题被欧盟等国际行为体通过"语言—行为"的渲染和推动而被识别为存在性威胁；其次，作为"听众"的其他国际行为体广泛接受把气候变化问题视为一个安全问题加以对待；最后，国际社会形成相应规范，确认气候变化是人类社会所面临的安全威胁并采取打破常规的政策或措施加以应对。

可以看出，对中国这样的新兴发展中大国而言，在气候变化问题

---

① Ine's de A'gueda Corneloup, Arthur P. J. Mol, "Small Island Developing States and International Climate Change Negotiations: The Power of Moral 'Leadership'", *Int Environ Agreements*, Vol. 14, 2014, pp. 281 - 297.

② 见《巴黎协定》第3条。

安全化进程中必然会面临以下三方面的重大挑战。

首先,气候变化问题安全化是否符合中国等新兴发展中大国的利益?中国应当如何确定其在气候变化问题安全化进程中的基本立场?

气候变化问题在进入国际政治议程的初始阶段被作为一个单纯的环境问题对待,此后在发展中国家的大力推动下,气候变化问题的发展含义逐渐被发掘出来,并得到国际社会的广泛认可。应当看到,气候变化被纳入环境与发展框架下对发展中国家总体是比较有利的。从发展的角度看,发展中国家的发展需求显然需要得到更多的关注与支持。与发达国家相比,发展中国家还存在着十分艰巨的摆脱贫困任务,即使新兴发展中大国也不例外。不仅如此,发展中国家与发达国家相比,人均经济收入还存在显著差距,而缩小生活水平的巨大差距也是为国际社会所普遍认可的发展目标。因此,《联合国气候变化框架公约》比较重视维护发展中国家的发展利益需求。

《联合国气候变化框架公约》在其序文中提出,公约缔约方会议已经认识到发展中国家特别需要得到其经济与社会发展所需要的资源,需要通过增加能源消耗来实现上述目标,而且强调,要充分理解把消除贫困与实现经济增长摆在优先位置是发展中国家的正当需要,并要求避免因为采取应对气候变化行动导致经济与社会发展受到不利影响。[①] 更为重要的是,《联合国气候变化框架公约》还明确地把促进可持续发展作为一项重要原则,要求在国家的发展计划框架下合理安排应对气候变化的政策与措施。

在环境与发展框架下开展气候变化谈判与合作,发达国家所提出的碳减排方案显然存在很大缺陷,而发展中国家维护碳排放权的主张则显得更加公正合理。在2009年哥本哈根气候大会召开之前,发达国家提出了发达国家在2050年前在1990年基础上减排80%以及全球减排50%的方案。[②] 从表面看,在这个方案中发达国家似乎承担了远

[①] 参见《联合国气候变化框架公约》序文。
[②] 参见何建坤、陈文颖、滕飞、刘滨《全球长期减排目标与碳排放权分配原则》,《气候变化研究进展》2009年第6期。

超过发展中国家的减排任务,但是如果以人均累积碳排放相同的标准来衡量,这个方案并不合理。根据上述方案,2005—2050年全球最多可以排放的碳总量约为1万亿吨,但是即使发达国家真的能够实现减排80%的承诺,其在此时间阶段所排放的碳总量也将达到3800亿吨。① 显然,如果按照发达国家所提的这个方案分配,发展中国家在2005—2050年只能获得剩余的6000多亿吨的碳排放量。从获得的碳排放总量看,发展中国家的份额还不到发达国家的2倍。但是从人口角度分析,发展中国家的人口总数却达到了发达国家的5倍左右。事实上,如果做更精确的计算的话,全球2005—2050年的人均累积碳排放为137吨,其中发达国家在此阶段的人均累积碳排放将达到266吨,是全球人均累积碳排放的1.94倍,而发展中国家在此阶段的人均累积碳排放只可能达到107吨,是全球人均累积碳排放的78%,连发达国家的一半都不到。如果从《联合国气候变化框架公约》启动谈判的20世纪90年代初为起算点,那么到2050年全球人均累积碳排放为202吨,其中发达国家的人均累积碳排放为432吨,是全球人均累积碳排放的2.14倍,而发展中国家的人均累积碳排放仅为147吨,是全球人均累积碳排放的72.8%,仅为发达国家的人均累积碳排放的34%左右;如果考虑到历史责任,那么发达国家所提的上述方案则更不公平,因为如果以19世纪中叶工业革命为起算点,到2050年全球人均累积碳排放为560吨,其中发达国家的人均累积碳排放为1206吨,是全球人均累积碳排放的2.15倍,而发展中国家的人均累积碳排放为330吨,是全球人均累积碳排放的58.9%,仅为发达国家人均累积碳排放的27%左右。②

发达国家提出的全球碳排放方案,其实是要求发展中国家牺牲发展权利。从发展权利平等的角度看,各国应该享有相同的人均累积碳排放权。因此,实现各国人均累积碳排放趋同不仅是公平分配全球碳

---

① 参见何建坤、陈文颖、滕飞、刘滨《全球长期减排目标与碳排放权分配原则》,《气候变化研究进展》2009年第6期。
② 同上。

排放容量的需要，而且是维护发展中国家发展权利的需要。由此可见，发达国家的方案其实是在以牺牲发展中国家的发展权为代价为发达国家的居民争取远比发展中国家居民高的碳排放权，如果按照这种方案执行，那么发展中国家就不可能获得平等的碳排放权，也就不可能拥有平等的发展权。

在环境与发展的框架下，中国等新兴发展中大国以发展权利平等为理论依据，提出了以人均累积碳排放趋同为基础的方案。2009年，在哥本哈根气候变化大会召开之前，中国国务院发展研究中心课题组提出了一个全球温室气体减排方案，比较集中地反映了中国等新兴发展中大国在这方面的观念和主张。该方案在环境与发展的框架下分析全球温室气体减排问题，认为减排方案本质上是确定和分配各国碳排放权。[①] 该方案还从经济学的角度论证了确定和分配各国碳排放权的重要性。认为，由于碳排放的环境负面影响由世界各国共同承担，而排放的经济收益却由各国独自享有，因此如果不对碳排放权予以明确界定，那么各国选择"越多越好"的排放，将使"公地的悲剧"难以避免。[②] 更为重要的是，该方案以人均累积碳排放为核心指标，确定了设计方案的原则。该方案认为，世界各国都没有权力因为自己的碳排放行为而对他国环境造成净外部危害，而只有当世界各国人均累积碳排放相同的情况下，各国之间才不会出现由于碳排放而导致的净外部危害。[③] 鉴于世界各国目前人均累积碳排放存在显著差距的实际情况，要消除碳排放导致的净外部环境危害，就需要通过减排方案的设计来实现人均累积排放趋同。在此基础上，该方案建立了一个理论框架：首先，建立各国碳排放权账户，即厘清从工业化革命时期到当前各国的历史排放，如果历史排放已经超过该国应有的碳排放权，则该国账户为赤字，如果历史排放少于该国应有的碳排放权，则该国账户为盈余；其次，把全球从当前到未来某个时间节点的排放额度分配

---

① 国务院发展研究中心课题组：《全球温室气体减排：理论框架和解决方案》，《经济研究》2009年第3期。
② 同上。
③ 同上。

给世界各个国家,这个额度加上各国的排放权账户的盈余或减去其赤字,就是该国从当前到未来的碳排放权;最后,各国根据各自国情确定未来不同年份的碳排放额度。①

如果按照人均累积碳排放趋同的原则来设计全球温室气体减排方案,那么未来全球平均温度将要相比工业化革命前水平上升远超过2℃。以从工业化革命开始到21世纪初发达国家已经达到的人均累积碳排放量1206吨来计算,由于发展中国家在相同阶段的人均累积碳排放量仅为330吨,因此发展中国家要达到这个水平,人均累积碳排放还可以增加876吨。如果粗略地以联合国所提供的发展中国家人口约为75亿来计算,那么发展中国家可以增加的碳排放量总值将超过6.5万亿吨。按照国际普遍认可的科学估算,在2050年全球碳排放总量必须控制在1万亿吨左右,才有可能实现把全球平均温度控制在相比工业化革命前水平上升幅度不超过2℃的目标②,而即使不考虑发达国家未来还会继续积累碳排放,仅考虑发展中国家要达到发达国家当前的人均累积碳排放水平,将要排放的碳总量也会达到要把气温升幅控制在2℃内的碳排放额度的6倍以上。

为了避免欧盟等发达国家所提出的2℃全球平均温度升幅控制目标对发展中国家尤其是未来温室气体排放需求较大的新兴发展中大国的发展空间构成制约,一些发展中国家的学者对2℃温度升幅控制目标质疑和反对。他们认为,虽然发达国家所提出的全球平均温度升幅不超过2℃的目标有一定的科学基础,但是同时也是其从维护自身利益出发而做出的价值判断,其实是"其对全球应对气候变化的政治意向或政治宣示";要在对减缓气候变化与保障发展中国家的发展空间等方面进行全面平衡的基础上设定全球碳减排目标,全球碳减排行动方案不能只考虑避免气候变化对自然生态系统所造成的损害,而且需

---

① 国务院发展研究中心课题组:《全球温室气体减排:理论框架和解决方案》,《经济研究》2009年第3期。
② 何建坤、陈文颖、滕飞、刘滨:《全球长期减排目标与碳排放权分配原则》,《气候变化研究进展》2009年第6期。

要避免因设定过于严格的减排目标而付出的经济代价和发展阻滞。①为此,一些学者提出,为了避免发达国家过度挤占发展中国家的碳排放空间,不能设定比较低的大气层中温室气体稳定浓度值,否则就不可能为发展中国家保留较大的发展空间;相反,如果全球碳减排行动目标确定为把全球温度升幅控制在3℃而不是2℃以内,那么到2050年发展中国家还可以在1990年水平上增长80%的碳排放量而不是减排20%。②事实上,包括中国在内的很多发展中国家在2009年的哥本哈根气候变化大会上只是做出了碳排放强度降低的相对减排承诺,并没有做出碳排放总量下降的绝对减排承诺。

如果仅仅在环境与发展的框架下分析,发展中国家的上述观点无疑是正确的。以环境与发展并重为原则,在制定全球温室气体减排目标时,既需要考虑到减缓气候变化以减轻环境损害,又应当考虑到发展中国家在发展过程中需要更多的温室气体排放空间的实际需求。从这个角度看,选择相对更为宽松的全球温度升幅控制目标更有利于实现环境需求与发展需求之间的平衡。

需要引起注意的是,如果按照安全优先的理念来设计全球碳减排方案,就需要把确保全球气温升幅不超过2℃设定为优先目标。对中国等新兴发展中大国而言,如果接受、认同并支持把气候变化作为一个安全问题对待,那么不仅不可能实现全球人均累积碳排放趋同的碳排放目标,而且还需要做出努力实现碳排放总量尽早达到峰值的承诺。因此,对于像中国这样的新兴发展中大国而言,需要判断气候变化问题安全化进程是否符合本国利益并确定其基本立场,这显然是其在气候外交中面临的一个重大挑战。

其次,中国在气候变化问题安全化进程中应当如何建立话语权威?

当中国确定了其在气候变化问题安全化进程中的基本立场以后,

---

① 何建坤、陈文颖、滕飞、刘滨:《全球长期减排目标与碳排放权分配原则》,《气候变化研究进展》2009年第6期。
② 同上。

接下来的问题就是如何才能够让国际社会广泛认可并支持中国的立场。安全化进程主要是通过安全化施动者的话语行为被作为听众的其他国际社会成员广泛认可与接受而实现的。因此，中国要想让其基本立场能够得到其他国际行为体的广泛认可与支持，就必须在气候变化安全化进程中具有重大的影响力，而这就需要中国在气候安全方面的话语具有权威性。

应当看到，在气候变化安全含义日趋凸显的国际趋势中，要建立气候安全话语权威并不容易。由于气候变化问题是一个真正的全球性挑战，关系到全球每个人的福祉，因此参与国际气候政治的行为体十分广泛，除国家和政府间国际组织以外，非政府组织、个人和企业等也是在国际气候政治中积极参与并具有相当影响力的行为体。

早在《联合国气候变化框架公约》谈判期间，气候变化框架公约政府间谈判委员会在 1991 年 2 月至 1992 年 5 月共开展了 5 次谈判会议，非政府组织以观察员的身份全部参加。① 在此后的《京都议定书》谈判期间，为了推动京都气候谈判，仅日本环境非政府组织就组织了 688 次研讨会、报告会以及其他类似活动。② 1997 年 12 月 7 日，环境非政府组织的活动达到了高潮。在 225 个环境非政府组织（EN-GO）发动下，2 万多人聚集在京都《联合国气候变化框架公约》第 3 次缔约方大会的会场外，呼吁世界各国努力达成更加积极的促进全球碳减排的国际议定书。③ 在《京都议定书》通过后，非政府组织的活动更加积极，成为影响国际谈判的一支重要力量。④ 2002 年 10 月，《联合国气候变化框架公约》第 8 次缔约方大会在印度新德里举行。会议期间，新德里发生了由印度及其他二十个国家非政府组织参加的

---

① 侯佳儒、王倩：《国际气候谈判中的非政府组织：地位、影响及其困境》，《首都师范大学学报》（社会科学版）2013 年第 2 期。

② Reimann, Kim D., "Building Networks from the Outside In: Japanese NGOs and the Kyoto Climate Change Conference", *Political Science Faculty Publications*, 2002, p. 173, http://scholarworks.gsu.edu/political_science_facpub/6, May 1, 2017.

③ Ibid..

④ See Joanna Depledge, *The Organization of International Negotiations: Constructing the Climate Change Regime*, Earthscan, London, UK, 2005, p. 211.

数千人规模的街道游行,要求国际气候谈判应当体现"气候正义",并宣称将继续联合来自不同国家的非政府组织来促进气候公平。①《京都议定书》生效后,非政府组织在国际气候政治中的作用和地位更为凸显。根据《京都议定书》第13条第4款中的规定,缔约方会议不仅需要寻求非政府机构的合作,而且应当利用非政府组织和机构所提供的服务和信息。② 不仅如此,根据《京都议定书》第13条第8款中的规定,非政府组织与机构可以在履行通知手续的情况下,派出代表以观察员身份出席缔约方会议。③《京都议定书》的上述规定实际上为非政府组织与机构正式拥有对国际气候合作发生影响的权力提供了法律依据。

随着气候变化问题安全化进程的逐渐深化,非政府组织参与国际气候政治的活动更加积极。据统计,2009年哥本哈根气候大会召开前夕共有4.5万余人注册参与会议,其中约3万人为非政府组织代表。④由于非政府组织在气候安全问题上的广泛参与,很多国家行为体在国际气候谈判中不得不面临非政府组织的"点名羞辱"(Naming and Shaming)。⑤

除了非政府组织外,个人和企业等行为体对国际气候政治同样也具有不可忽视的影响作用。一方面,在全球气候安全意识日益增强的大趋势下,消费者在购买物品时已经不再仅仅关注商品的价格和质量,而是对商品的制造、运输、使用和回收阶段的碳足迹愈加关注和重视,这意味着消费者是在以其消费行为对相关企业或国家是否存在危害气候安全的行为作出其自己的评判,这种评判将直接或间接地对被评判者的市场竞争力、经济效益和国际形象产生重大影响。另一方

---

① J. Timmons Roberts, Bradley C. Parks, *A Climate of Injustice: Global Inequality, North - South Politics, and Climate Policy*, MIT Press, Cambridge, MA, 2007, p. 133.
② 见《京都议定书》第13条。
③ 同上。
④ 参见侯佳儒、王倩《国际气候谈判中的非政府组织:地位、影响及其困境》,《首都师范大学学报》(社会科学版) 2013年第2期。
⑤ Robert Falkner, "The Paris Agreement and the New Logic of International Climate Politics", *International Affairs*, Vol. 95, No. 5, 2016, pp. 26 - 28.

面，各国企业也积极通过自愿减排、减排额交易和制定绿色低碳标识等方式参与保护气候安全的行动，使各国在制定气候外交政策时不得不考虑到企业行为对政策效力的影响。

因此，在气候变化问题安全化的国际趋势中，中国要建立气候安全话语权威，就不仅需要争取国家和政府间国际组织的广泛认可和支持，而且需要争取非政府组织、个人和企业等气候安全意识日益高涨的国际气候政治积极参与者的广泛认可和支持。这无疑是中国气候外交必须面对的一个重大挑战。

最后，中国在气候变化安全化进程中应当如何提高对国际规范的塑造力？

气候变化国际规范的重构或再塑，是气候变化问题安全化的必然结果。《联合国气候变化框架公约》及《京都议定书》是国际社会成员在环境与发展框架下共同努力的成果。应当看到，在《联合国气候变化框架公约》及《京都议定书》谈判和制定时，气候变化的安全含义还没有被充分发掘出来，很多气候变化国际规范还没有体现出生存优先的指导思想。因此，在气候变化安全化进程中，虽然《联合国气候变化框架公约》及《京都议定书》的原则仍需要坚持，但也必然需要随着形势与理念的发展变化而做出新的解读。在此背景下，新兴发展中大国与发达国家在很多情况下会根据各自的利益需求对《联合国气候变化框架公约》的原则做出不同解读，新的气候变化国际规范之争不可避免。

在制定气候变化国际规范时，有些国家的利益需求能够得到广泛的国际支持，并最终体现在国际规范之中，而有些国家的利益需求则可能得不到国际支持，不能在国际规范中得到体现，这就表明，不同国家对于国际规范制定的塑造力是不同的。例如，对于欧盟所提出来的2℃温度升幅控制目标，很多发展中国家尤其是新兴发展中大国在国际谈判中表达过反对意见，但是最终"2℃"概念不仅在《巴黎协定》中得到了体现，而且还被确定为需要确保实现的目标。相反，一些新兴发展中大国提出了以人均累积碳排放趋同为基础的全球碳减排方案，但是在《巴黎协定》中却未能得到较好的体现,这在一定程度上反映了新兴发展中大国对气候变化国际规范的塑造力尚待提升。《巴黎协定》生效后,随着气候变化安全化进程的进一步深入,还有很多新的国际气候规范需要通过谈判加以制定,中国如何增强对国际气候规范的塑造力,也是气候外交工作将要面临的重大挑战。

三 中国的角色转换

在气候变化问题安全化进程中,中国努力顺应国内外形势的发展和变化,成功地从气候变化安全化的听众转变为安全化进程的积极推动者,在应对气候外交挑战方面已经迈出了重要的一步。

在气候变化问题安全化进程的初始阶段,中国并不支持把气候变化作为一个安全问题来对待。在2007年4月安理会第5663次会议、2009年6月第63届联合国大会第85次全体会议和2011年7月安理会第6587次会议上,中国的基本态度是"气候变化说到底不是安全问题,而是可持续发展问题"①。随着气候变化安全化进程的逐渐深入,中国对气候安全的态度发生了重大变化。2014年11月中国与美国发布了《中美气候变化联合声明》,表明了中国的基本立场出现了重大突破。该声明不仅改变了中国以前只承诺实现碳强度降低的相对减排立场,中国宣布计划在2030年左右实现"二氧化碳排放达到峰值",而且明确表示应对气候变化将"增强国家安全和国际安全"。②这表明,中国认为气候变化可能危害国家安全和国际安全,并愿意为应对气候变化安全挑战而采取前所未有的碳减排行动。这实际上表明,中国愿意在维护气候安全国际行动中起到推动作用。

值得指出的是,中国完成上述角色转换,并非迫于国际压力的无奈选择,也不是牺牲本国利益的不智之举,而是在新形势下深入分析本国的利益需求而做出的明智选择。从表面看,中国为了维护全球气候安全而宣布于2030年左右达到碳排放峰值,是放弃了享有与发达

---

① 见中国代表在联合国第63届大会第85次全体会议上的发言(联合国第63届大会第85次全体会议记录,A/63/PV.85,2009年6月3日)。

② 《中美气候变化联合声明》,http://news.xinhuanet.com/energy/2014-11/13/c_127204771.htm,2017年5月1日。

国家相同的人均累积碳排放的权利,然而从更深层次看,中国这样做是出于保障国家安全、促进经济可持续发展和争取应有的大国影响力的需要,反映了中国在气候外交中正在采用聪明的策略使本国利益与全球利益更好地结合起来。

首先,积极转型为气候变化安全化的推动者是中国保障国家安全的客观需要。

IPCC研究报告表明,自工业化革命以来,人类活动所排放的温室气体急剧增加,温室效应所导致的全球气候变暖对人类自然生态系统造成了严重的负面影响。《联合国气候变化框架公约》生效以来,应对气候变化国际合作取得了一定成效,尤其是《京都议定书》的通过和生效标志着全球碳减排行动取得了阶段性成果。值得指出的是,由于《京都议定书》所规定的量化减排目标仅覆盖了全球大约1/3的碳排放总量,因此如果仅仅依靠《京都议定书》显然是不可能保障全球气候安全的。进而言之,如果占全球碳排放总量相当比例的新兴发展中大国不参加全球碳减排行动,那么全球大气层中温室气体浓度必然不可能被控制在安全范围之内,人类生存所依赖的自然生态系统将可能因此受到不可逆转的损害。在这种情形下,中国也不可能独善其身。

不仅如此,中国气候变暖幅度明显高于全球平均水平,是面临最显著的气候变化负面影响的国家之一。从全国平均气温升幅来看,2015年较常年偏高0.95℃,是自20世纪50年代有完整气象记录以来最高的年份;从降水方面看,不仅2015年全国平均降水量比常年偏多3%,而且时空分布不均,尤其是华北雨季降水量明显减少,长江流域降水量明显增多;从气象灾害方面看,夏季北方旱情严重,南方则洪水多发,新疆持续高温,沿海地区台风损害严重;从经济损失看,气象灾害对我国所造成的直接经济损失巨大,相当于国内生产总值的1%,是同期全球平均水平的8倍。[①] 如果全球温室气体排放水

---

① 中国气象局发布《中国气候公报(2015)》,http://www.ccchina.gov.cn/Detail.aspxnewsId = 58473,2017年5月1日访问。

平不能尽早下降，那么由此带来的水资源安全、能源安全、粮食安全以及重大工程安全等非传统安全问题也将凸显，国家安全将面临更加严峻的挑战。①

尤其值得指出的是，气候变化正在成为使中国生态环境安全面临更加严峻挑战的重要因素。长期以来，我国生态环境恶化问题十分严重，生态环境安全面临严峻挑战。早在2000年，国务院就在《关于印发全国生态环境保护纲要的通知》中指出，生态环境破坏在进一步扩大和加剧，这势必对国家生态环境安全构成严重挑战。② 2011年12月，国务院在《关于印发国家环境保护"十二五"规划的通知》中指出，环境问题已经成为人体健康、社会稳定以及公共安全的严重威胁。③ 国家环境保护部在于2013年1月发布的《全国生态保护"十二五"规划》中强调，我国持续恶化的生态环境已经对国家生态安全形成严重威胁。④

气候变化不仅本身就是一个非常严重的环境问题，而且还与其他十分严峻的环境问题同根同源，互为因果。人类在生产与生活中过度依赖化石燃料，既是气候变化问题形成的根源性因素，也是导致大气污染、水环境污染等生态环境问题的重要原因。人类在工业化革命后长期不加节制地使用化石燃料导致地球大气层中温室气体浓度增加而引发气候变化，已经为气候变化科学研究所证实。政府间气候变化专门委员会（IPCC）于2013年发布的气候变化第五次评估报告指出，人类使用化石燃料是地球大气层二氧化碳浓度增加的主要原因，数据显示，1970—2010年人类活动导致的二氧化碳排放中，有78%是由

---

① 参见张海滨《气候变化与中国国家安全》，《国际政治研究》2009年第4期。
② 《国务院关于印发全国生态环境保护纲要的通知》，国发〔2000〕38号，2011年11月26日。
③ 《国务院关于印发国家环境保护"十二五"规划的通知》，国发〔2011〕42号，2011年12月15日。
④ 《全国生态保护"十二五"规划》，http：//www.gov.cn/gongbao/content/2013/content_ 2396624.htm，2017年5月1日访问。

于人类在生活和工业生产活动中使用化石燃料形成的。① 同样，过度消耗化石燃料也导致了大气和水环境的污染。2015年，联合国环境规划署（UNEP）发布的《绿色能源选择：低碳技术用于电力生产的效益、风险与权衡》报告中指出，以化石燃料为基础的电厂对自然界有很多负面影响，它们实质性地增加大气中的氮浓度，把煤中所含的磷释放到大气中，会导致淡水和海洋生态系统富营养化。②

气候变化还与森林破坏、草原退化、土地不良变化等生态环境问题互为因果。森林破坏、草原退化和土地不良变化等生态环境问题导致大气层中温室气体浓度增加，加剧气候变化。与此同时，气候变化又进一步加剧了森林、草原和湿地等生态环境恶化的状况。国务院于2011年发布的《全国生态保护"十二五"规划》指出，全球气候变化是导致我国森林、河流、湖泊、草原和湿地等重要生态功能区遭受严重破坏的重要原因，而且还将对我国生态环境构成更为严峻的安全挑战。③

由上可见，中国在气候变化安全化进程中积极转换角色，既是为人类共同利益做贡献，也是保障中国国家安全的需要。

其次，积极转型成为气候变化安全化推动者是促进国内经济可持续发展的现实要求。

当前，对于中国宣布将于2030年左右实现碳排放峰值并努力争取尽早达到峰值的做法，存在着一些不同看法，主要是认为，这种做法放弃了中国本来应当拥有的与发达国家相同的人均累积碳排放的权利，不利于国内经济发展。其实，这种看法并不符合中国经济发展的现实需求。

---

① IPCC, *Climate Change* 2014 (Synthesis Report), pp. 2 – 6, http：//ar5 – syr. ipcc. ch/ipcc/ipcc/resources/pdf/IPCC_ SynthesisReport. pdf, May 1, 2007.
② UNEP, "Green Energy Choices：The Benefits, Risks and Trade – Offs of Low – Carbon Technologies for Electricity Production（Summary for Policy Makers）", p. 25, http：//www. unep. org/resourcepanel/Portals/50244/publications/Facsheet – English – Green_ Energy_ Choices. pdf, May 1, 2007.
③ 《全国生态保护"十二五"规划》, http：//www. gov. cn/gongbao/content/2013/content_ 2396624. htm, 2017年5月1日访问。

有研究表明，1995—2007年中国因化石能源使用产生的碳排放量增加了29.75亿吨，其中61%可由经济活动或者经济规模扩大解释。① 由此可见，我国以前经济高速发展主要是靠高能耗、高排放推动的，其主要特点是国内生产总值扩张快、能源消耗总量增长快、碳排放增加快。显然，这种经济发展模式是不可持续的。因此，在是否需要加大碳减排力度的问题上，我们所面临的选择并非经济是以高速度发展还是以低速度发展。我们所面临的选择是：我们需要高质量的经济发展，还是低质量的经济发展？

从争取高质量的经济发展的角度看，除了尽一切努力抓紧时间向低碳经济转型，实际上别无选择。随着气候变化安全化进程的不断深入，国际气候合作已经开始向更深入的层面开展，远离高碳能源、拯救地球家园已经成为全球共识，全球经济治理制度也在越来越向有利于低碳的方向发展。例如，碳税、环境税或资源税等将使高碳产业及其产品的成本越来越高昂；节能标识、碳足迹标识和绿色产品标识等将会促使消费者越来越愿意选择低碳产品；企业自愿组织开展的低碳活动将使它们在本行业的竞争中越来越具有优势。在此背景下，几乎所有国家和企业都面临着低碳转型的巨大挑战和压力，而只有那些以最快速度转型成功的国家和企业，才有可能在未来的国际竞争中占据优势地位，而落后者则只能在未来低碳世界里承受不利后果。

在应对气候变化与经济发展的关系问题上，不能仅仅看到碳减排对经济发展所可能产生的压力，更应看到其对经济发展模式转变的促进作用。在这方面，美国国内在21世纪初也曾经有过非常激烈的分歧和争议。在20世纪末克林顿政府执政期间，在时任副总统戈尔等人的推动下，美国在碳减排问题上曾一度十分积极，与此同时，对新能源经济的扶持力度也相对较强。21世纪初小布什接替克林顿担任美国总统后，碳减排将影响传统能源就业、提高美国经济成本和降低美国经济竞争力的论调开始占据舆论优势地位，美国宣布退出《京都议

---

① 参见彭斯震、张九天《中国2020年碳减排目标下若干关键经济指标研究》，《中国人口·资源与环境》2012年第5期。

定书》，对新能源经济的支持力度也相应大大减弱了。然而美国小布什政府的这种做法，不仅没有能够让美国经济再上新台阶，而且还没有能够避免2008年国际金融危机。

面对严峻的经济形势，很多经济学家做出了深刻反思。在这方面，美国诺贝尔奖获得者、著名经济学家保罗·克鲁格曼（Paul Krugman）的观点颇具代表性。他指出，限制碳排放虽然需要承担一定的成本，但是这种成本是温和的，而且限制碳排放确实能够帮助美国经济从低谷复苏。① 保罗·克鲁格曼认为，限制碳排放而提高的成本是非常有限的，预计到2050年时美国人的消费水平只会比没有采取碳排放措施的情景少2%，因此碳排放限制几乎不会对经济增长有实质性影响，原因是人民生活水平提升还有很大空间。② 保罗·克鲁格曼还得出以下结论：一方面，经济发展对碳排放限制具有足够的承受力；另一方面，伴随碳排放限制而来的低碳产业设施与装备投资对于去除多余产能是非常有帮助的，而产能过剩正是当前经济所面临的最大症结。③

值得指出的是，虽然美国经济与中国经济存在一定的差异性，但是上述观点的内在逻辑对中国处理碳减排与经济发展之间关系同样具有借鉴意义。应当看到，积极转型成为气候变化安全化推动者对于中国而言其实是一项无悔行动（No-Regrets Approach）。作为环境治理中的一个重要策略，无悔行动是指，即使不考虑行动的环境效果，采取这项行动也具有积极的经济与社会效应，因此不会因为采取行动而后悔。在很多环境治理问题上，由于科学研究存在着一定的不确定性，科学家和政治家在是否应当采取行动的问题上争论不休。为了消除对于是否采取行动的争议，一个有效的政策是发现并选择能够使所

---

① Paul Krugman, "An Affordable Salvation," http：//www.nytimes.com/2009/05/01/opinion/01krugman.html?_r=3&adxnnl=1&ref=opinion&adxnnlx=1256490479-lqQicFR8aFJ0ZtRvi5FBUw, May 1, 2017.

② Ibid..

③ Ibid..

有参与者都获益的路径来开展治理行动。① 对于应对气候变化而言，无悔行动同样是十分重要的政策基础，因为通过促进经济与社会向低碳转型来应对气候变化几乎是对所有行动参与者都有利的选择。如果科学研究所揭示的气候变化安全威胁确实存在，那么中国必须毫不迟疑地推动国际社会开展行动来应对安全挑战。即使考虑到气候变化科学研究尚存在不确定的因素，那么中国的上述政策选择也是一种无悔行动，因为这种政策选择对于促进中国向可持续的低碳经济转型具有十分重要的意义。

事实上，随着气候变化安全化进程的不断深入，各国都显著加大了对低碳绿色能源和产品的支持力度，这必然为中国低碳产品与服务的出口开拓带来重大机遇，为中国经济高质量增长增添重要动力。例如，后巴黎时代全球太阳能市场将会有惊人的扩张。印度在国家自主贡献方案中提出，2022年全国太阳能供电能力将实现巨幅增长，并在此后继续扩张。② 为了促进上述目标的实现，印度政府计划开发建设25个太阳能发电园和10万个农庄用太阳能水泵系统。③ 不仅如此，印度政府还正在推动全国55000个以汽油为动力的水泵向以太阳能为动力转换。④ 肯尼亚迅速增长的人口和持续的经济扩张将推动该国电力需求近10倍的增长。⑤ 为了满足这些需求，肯尼亚政府计划立即启动可再生能源扩张方案，其中包括建设100个新的太阳能光伏系统。⑥ 智利设定了到2025年非传统能源在全部能源中占比达到20%的目标，启动了全国节能灯战略，并立法规定自2015年12月开始全国禁止销

---

① Lawrence E. Susskind, *Environmental Diplomacy: Negotiating More Effective Global Agreements*, Oxford University Press, New York, 1994, pp. 77 – 78.
② "India's Intended Nationally Determined Contribution: Working Towards Climatic Justice", pp. 9 – 10, http://www4.unfccc.int/submissions/INDC/Published%20Documents/India/1/INDIA%20INDC%20TO%20UNFCCC.pdf, May 1, 2017.
③ Ibid..
④ Ibid..
⑤ UNEP, "Narrowing the Emissions Gap: Contributions from Renewable Energy and Energy Efficiency Activities", p. 31, https://newclimateinstitute.files.wordpress.com/2015/12/1-gigaton-coalition-report-narrowing-the-emissions-gap.pdf, May 1, 2017.
⑥ Ibid..

售达不到节能标准的灯泡。① 在此形势下，只要中国坚定地加快向低碳经济转型的步伐，并高度重视国际低碳合作，这些国家未来在低碳转型中所形成的巨大市场需求，必然会为中国低碳产业海外市场的开拓带来重大机遇，也会成为中国经济高质量增长的重要动力。

最后，积极转型成为气候变化安全化的推动者是中国在全球事务中争取与大国地位相称的影响力的客观需要。

随着气候变化问题安全化进程的逐渐深入，国际社会对气候变化问题的关注度急剧上升。以华盛顿、伦敦、匹兹堡、多伦多和首尔5次20国峰会中以20国集团领导人名义发表的英语文字官方文件为统计和分析对象，得出：在2008年华盛顿峰会期间，这些文件涉及气候变化的单词共有64个，占文件中单词总量的1.7%，而其中涉及气候变化问题的段落仅有2个，占文件中段落总数的2.8%；2009年伦敦峰会期间，这些文件涉及气候变化的单词有64个，占文件中单词总量的1%，而其中涉及气候变化问题的段落仅有2个，只占到文件中段落总数的2.1%；在2009年匹兹堡峰会期间，这些文件涉及气候变化的单词大幅增加到911个，占文件中单词总量的比例达到了9.7%，涉及气候变化问题的段落也大幅增加到10个，占文件中段落总数的11.7%；在2010年多伦多峰会期间，这些文件涉及气候变化的单词达到了838个，占文件中单词总量的比例达到了7.4%，涉及气候变化问题的段落增加到11个，占文件中段落总数的比例达到了7.6%；在2011年首尔峰会期间，这些文件涉及气候变化的单词又有大幅增加，达到了2018个，占文件中单词总量的比例超过了10%，达到了12.7%，涉及气候变化问题的段落大幅增加至25个，占文件中段落总数的比例达到了11.4%。②

---

① UNEP, "Narrowing the Emissions Gap: Contributions from Renewable Energy and Energy Efficiency Activities", p. 25, https://newclimateinstitute.files.wordpress.com/2015/12/1-gigaton-coalition-report-narrowing-the-emissions-gap.pdf, May 1, 2017.

② Zaria Shaw, G20 Research Group, "G20 Leaders' Conclusions on Climate Change, 2008 – 2010", http://www.g8.utoronto.ca/g20/analysis/conclusions/climatechange-1.html, May 1, 2017.

通过对上述数据进行分析可以发现,如果以 2009 年 6 月 3 日联合国大会形成《气候变化和它可能对安全产生的影响》(第 63/281 号决议)为界限进行对比的话,在此之后召开的匹兹堡峰会、多伦多峰会和首尔峰会与在此之前召开的华盛顿峰会和伦敦峰会相比,20 国集团峰会对气候变化问题的关注度和重视程度发生了非常重大的变化。在 2008 年召开的华盛顿峰会和 2009 年召开的伦敦峰会上,20 国集团以领导人名义发表的英语官方文件中涉及气候变化的单词合计仅为 128 个,涉及气候变化问题的段落合计仅有 4 个,平均为每次峰会 64 个单词和 2 个段落,占文件中单词总量的 1.3%,占文件中段落总量的 2.4%。而在 2009 年 9 月召开的匹兹堡峰会、2010 年召开的多伦多峰会和 2011 年召开的首尔峰会上,20 国集团以领导人名义发表的英语官方文件中涉及气候变化的单词合计达到了 3767 个,涉及气候变化问题的段落合计达到了 46 个,平均为每次峰会 1256 个单词和 15 个段落,占文件中单词总量的 10%,占文件中段落总量的 10%。与前两次峰会相比,涉及气候变化的单词与段落的比例分别增加了 6.7 倍和 3.2 倍。

在 2008 年国际金融危机后,20 国峰会被赋予了挽救危机和推动全球复苏的重要职责,事实上成为全球治理的核心平台。在 2009 年 6 月 3 日联合国大会形成《气候变化和它可能对安全产生的影响》(第 63/281 号决议)后不久,气候变化问题就从此前 20 国集团所发布的官方文件中低于 2.5% 的比例大幅上升到 10% 左右的比例。这表明,随着气候变化问题安全化进程的深入,气候安全问题在全球治理议程中的地位也快速上升,已经成为全球治理议程中的一个举足轻重的方面。在此形势下,中国作为一个大国,如果不能在气候安全问题上起到积极的推动作用,就有可能在全球气候治理中丧失应有的大国话语权和影响力。反之,中国转型成为气候变化安全化的积极推动者,可以赢得广泛的国际赞誉,提升中国对全球性事务的影响力。

事实上,在气候变化安全化进程中完成角色转换的前后,中国在国际气候谈判与合作中所面临的国际舆论环境确实发生了重大变化。

在中国完成角色转换之前,一些发达国家的政治领导对中国在气候变化中的表现做出了很多负面的评价。2009年11月哥本哈根气候大会召开之后，时任英国首相布朗（Gordon Brown）称，一个新的气候变化全球条约被一些国家绑架了以勒索赎金。① 他表示，人们必须从哥本哈根吸取教训，绝不能再让一些通向更加绿色未来的全球协议被少数国家所绑架。② 布朗还认为，非常重要的是，英国与支持达成有法律约束力的国际协议的发展中国家形成一个联盟，以劝说包括中国在内的对此持怀疑态度的国家签订国际协议。③ 时任英国气候变化大臣米勒班德（Ed Miliband）也在西方媒体发表文章称："绝大多数国家相信，只有所有国家的承诺与行动是有法律约束力的，才可能构建一个长期存续的、能够保护我们星球的国际协议，但是，一些处于领导地位的发展中国家现在还拒绝这样做。我们没有达成一个要求2050年前全球排放减少50%或发达国家减排80%的国际协议。尽管这两项建议得到了发达国家与绝大多数发展中国家的支持，但是都被中国否决了。我们同样应当动员所有希望达成一个具有法律约束力的国际协议的国家为此而奋斗。"④ 时任美国总统奥巴马也暗示，中国应为国际社会未能在哥本哈根达成一项实质性协议而受到指责。在哥本哈根的一次新闻发布会上，奥巴马称，发展中国家应"克服这种思维模式，并且朝着这样一个方向前进，即所有人都应当认识到我们需要共同行动"。⑤

与此同时，一些国际媒体也热衷于渲染，哥本哈根气候变化国际谈判搁浅是中国与印度等新兴发展中大国"阴谋"所导致的。澳大利亚广播公司于2009年哥本哈根气候大会后发文称，中国、印度以及

---

① David Adam, "Copenhagen Treaty Was 'Held to Ransom', Says Gordon Brown", http://www.guardian.co.uk/environment/2009/dec/21/copenhagen-treaty-gordon-brown, May 1, 2017.

② Ibid..

③ Ibid..

④ Ed Miliband, "The Road from Copenhagen", http://www.guardian.co.uk/commentisfree/2009/dec/20/copenhagen-climate-change-accord., May 1, 2017.

⑤ John Vidal, "Low Targets, Goals Dropped: Copenhagen Ends in Failure", http://www.guardian.co.uk/environment/2009/dec/18/copenhagen-deal, May 1, 2017.

其他新兴经济体联手抵制哥本哈根气候谈判，以确保这些国家不受到具有法律效力的减排目标的约束。① 一位颇具影响力的西方气候变化国际谈判评论员在其撰写的《导致哥本哈根气候大会失败的五方面原因》(Five Reasons the Copenhagen Climate Conference Failed)一文中称："哥本哈根失败揭示了一个事实，那就是即使中国已经成为全球的超级权力，中国的孤立主义还是很好地活着（一点也没有消亡）。他们自行其是地对待全球变暖问题，而不管这将会引发什么样的后果。鉴于中国是世界上最大的制造业国家并拥有众多的即将开始要求第一世界生活标准的人口，这种单边主义方法是十分恼人的。"②

在2011年11月德班气候大会期间，一些发达国家的代言人继续在气候安全问题上对中国等发展中大国进行无理指责。欧盟的气候主管赫泽高（Hedegaard）宣称，需要把中国等主要经济体拉上船。他说："我们已经没有很多剩余时间了。整个世界都在等待他们。"③ 与此同时，很多西方媒体也对中国大加诋毁。一些西方媒体宣称，德班气候谈判陷入困境的原因是，中国首席谈判代表严厉拒绝签订一个新的温室气体排放协议的建议。④

值得引起注意的是，对新兴发展中大国进行指责的不仅是发达国家，而且还包括一些小岛屿发展中国家和非洲国家。在哥本哈根气候大会后，一些小岛屿发展中国家表示，新兴发展中大国的碳减排承诺是不充分的，因为如果按照这些国家的承诺开展行动，把全球平均温度升幅控制在2℃以内的目标根本不可能实现，全球平均温度升幅将超过3℃。⑤ 在2011年德班气候大会上，一些小岛屿发展中国家还与

---

① Sally Sara, "India, China Cooperated to Torpedo Climate Deal", www.abc.net.au/.ories/2009/12/23/2779003.htm-2009-12-23, May 1, 2017.

② George Dvorsky, "Five Reasons the Copenhagen Climate Conference Failed", eet.org/index.php/IEET/more/dvorsky20100110/-2013-3-3, May 1, 2017.

③ Fiona Harvey, "Durban COP17: Connie Hedegaard Puts Pressure on China, US and India", http://www.guardian.co.uk/environment/2011/dec/09/durban-climate-change-connie-hedegaard, May 1, 2017.

④ Ibid..

⑤ 参见曹亚斌《全球气候谈判中的小岛屿国家联盟》，《现代国际关系》2011年第8期。

欧盟共同对新兴发展中大国施压。①

不容忽视的是，上述国际行为体及媒体对中国的指责在一定程度上对国际公众认知产生了影响。有研究表明，2009年哥本哈根气候大会后国际公众对中国在全球气候治理中所扮演角色的担忧开始上升。②公众调查的结果显示：50.18%的被调查人不支持中国的外交政策，37.36%的被调查人不支持中国对待气候变化问题的方式；15.02%的被调查人认为中国应当扮演与发达国家相同的角色，只有10.26%的被调查人认为中国在全球应对气候变化行动中应当被视为发展中国家加以对待③；49.08%的被调查人认为，中国在制定气候外交政策时并没有考虑到其他国家的利益；41.39%的被调查人认为中国在阻挠国际气候谈判，只有20.88%的被调查者认为中国在国际气候谈判中是积极主动的。④

总体而言，上述针对中国的负面评价和舆论是不切实际和不负责任的，尤其是一些西方国家的政治精英与媒体的观点与事实严重不符合，这些观点不仅完全忽视了西方国家人均累积碳排放远超新兴发展中大国这个基本事实，而且也无视新兴发展中大国在人均累积碳排放低的情况下仍然在为全球应对气候变化行动积极开展减排的努力。虽然如此，从进一步提高气候外交成效的角度看，上述的一些观点尤其是一些小岛屿发展中国家的观点也客观地反映了一些国际社会成员的担忧，那就是如果新兴发展中大国不立即参与到全球碳减排行动中的话，全球平均气温升幅就很难被控制在国际社会所公认的2℃这个安全范围之内。

2014年11月，《中美气候变化联合声明》表达了中国愿意为维护全球气候安全而将于2030年碳排放达到峰值并争取尽早达到峰值

---

① 参见于宏源《试析全球气候变化谈判格局的新变化》，《现代国际关系》2012年第6期。
② Valerie Victoria Benguiat Y. Gomez, "International Public Opinion on China's Climate Change Policies", *Chinese Studies*, Vol. 2, No. 4, 2013, pp. 163 – 164.
③ Ibid..
④ Ibid..

的决心。此后，国际社会对中国的努力给予了高度评价，普遍认为，中国在最关键时刻为促进全球行动维护气候安全做出了重要贡献。

在中国于 2016 年年初宣布将签署《巴黎协定》后，在 2009 年哥本哈根气候大会期间多次发文对中国予以指责的英国《卫报》于 2016 年 4 月 18 日发表了题为 "美国与中国领导推动巴黎气候协定早日生效" 的评论文章。① 文章指出，在 2015 年 12 月《巴黎协定》通过后，世界各国的领导都在观望，看在 2016 年 4 月 22 日世界地球日来临时哪些国家将真正地履行法律手续，把他们在 2015 年年底巴黎气候大会上的承诺转变为他们的法律义务。② 美国、中国、加拿大等国家已经承诺签署《巴黎协定》，这就给全世界人民带来了希望，那就是《巴黎协定》有可能早日生效，这将为全球更深度地开展温室气体减排提供动力。③

虽然美国长期以来对中国在应对气候变化方面的努力经常予以负面评价，美国小布什政府甚至还以中国未承担量化减排义务作为其退出《京都议定书》的主要理由，但是在中国承诺将于 2030 年实现碳排放达到峰值后，美国国内各界政治精英对中国的评价总体上表现得十分积极。2014 年 11 月 13 日，美国众议员瑞克·拉尔森（Rick Larsen）发表声明，赞扬习近平与奥巴马签署的限制温室气体排放的联合声明，认为中美这两个世界上最大经济体减少化石能源使用的承诺是抑制气候变化对全球不利影响的重要一步，并认为中美联合声明具有 "里程碑" 意义。④ 2015 年 9 月习近平访美期间，美国众议员拉

---

① Suzanne Goldenberg, "US and China Lead Push to Bring Paris Climate Deal into Force Early", https：//www. theguardian. com/environment/2016/apr/18/us－and－china－lead－push－to－bring－paris－climate－deal－into－force－early, May 1, 2017.

② Suzanne Goldenberg, "US and China Lead Push to Bring Paris Climate Deal into Force Early", https：//www. theguardian. com/environment/2016/apr/18/us－and－china－lead－push－to－bring－paris－climate－deal－into－force－early, May 1, 2017.

③ Ibid. .

④ "Larsen Applauds Climate Change Announcement Between U. S. and China", https：//larsen. house. gov/press－release/larsen－applauds－climate－change－announcement－between－us－and－china, May 1, 2017.

尔森再次发表公开声明，认为中美联合行动为巴黎气候大会铺平了道路。① 他指出，包括美国在内的很多国家以中国拒绝碳减排为借口来逃避其在应对气候变化方面的责任，现在这个借口消失了。② 拉尔森还把两国共同工作应对气候变化这个全球性挑战称为人类有史以来在环境保护方面"最实质性的成就"。③ 2016 年 4 月 22 日，美国东亚和太平洋事务局助理局长鲁塞尔（Daniel R. Russel）在一个主题为"中国成长之痛"的会议上发表讲话，对中国在《巴黎协定》通过和签署中的积极外交政策予以正面解读。他在讲话中称："由于中国经济与全球利益成长，中国的外交和安全政策也在发展。例如，在 2009 年中国还非常坚决地拒绝碳排放总量限制……但是现在中国承诺将于 2030 年之前碳排放达到峰值，同时可再生能源将占到全部能源消耗比例的 1/3。"④ 2016 年 6 月，美国国务院官方网站发表评论文章认为，如果没有美国和中国的领导，国际社会不可能形成并通过《巴黎协定》。⑤

一些长期以来对中国应对气候变化努力持消极与负面态度的美国政府高级官员和资深参议员，也在巴黎气候大会前后明显改变了态度，对中国的做法予以积极评价，甚至认为，美国在碳减排问题上应当学习中国的做法。哥本哈根气候大会后，美国气候变化特使托德·斯特恩对中国的努力予以了非常不切实际的负面评价。他于 2010 年 8 月在美国密歇根大学发表演讲时称："这个星期 192 个国家在中国天津参加哥本哈根会议后的第三次正式会议，然而中国谈判代表的表现给我们的感觉是《哥本哈根协定》对他们似乎从未发生过……中国谈

---

① "Larsen: U. S. – China Climate Change Efforts Poised to Be Historical Achievement", https: //larsen. house. gov/press – release/larsen – us – china – climate – change – efforts – poised – be – historical – achievement, May 1, 2017.

② Ibid. .

③ Ibid. .

④ Daniel R. Russe, "Remarks at 'China's Growing Pains' Conference", http: //www. state. gov/p/eap/rls/rm/2016/04/256509. htm, May 1, 2017.

⑤ Office of the Spokesperson of the U. S. State Govement, "The United States and China Build on Paris Agreement and Strengthen Climate Change Cooperation", http: //www. state. gov/r/pa/prs/ps/2016/06/258179. htm, May 1, 2017.

判代表的观点与各国领导人所同意的白纸黑字的《哥本哈根协定》不相符合,这显示中国并没有在事实上真正同意履行《哥本哈根协定》中的行动,在他们看来,《哥本哈根协定》中所列出的行动指南仅仅是信息通报性质的,属于一种'全球参考消息',而不是应当履行的政治承诺。"① 巴黎气候大会前后,美国气候变化特使托德·斯特恩对中国的评价发生了很大转变。他在 2015 年 12 月 15 日的一次讲话中认为,中国与美国于 2014 年 11 月所签订的双边协定是一种催化事件,该事件为巴黎气候大会奠定了基础。② 对于中国在巴黎气候大会前后的努力,托德·斯特恩不得不承认:"这改变了一切。"③ 2014 年 11 月 11 日,美国参议院环境和公共工程委员会主席博克瑟参议员(Barbara Boxer)在中国承诺将采取行动减少碳排放后发表的一份声明中称:"现在美国国会再也没有借口来阻挠应对气候变化行动了。中国是我们这个星球上最大的碳排放国家,其已经同意削减对地球而言非常危险的碳排放,现在我们要做的是,确保世界上所有国家都能做出他们自己的贡献,因为气候变化对我们所有国会议员所代表的所有人而言都是一个威胁。"④ 而就在发表此声明的 5 个月之前,该参议员在提供给白宫的一份关于气候变化对健康的影响的报告中还对中国持极为负面的看法,他在报告中称:"只要看看中国,我们就知道为了一些私利而牺牲环境的做法将给我们带来什么。"⑤

综上所述,中国在气候变化安全化进程中努力完成角色转换,转

---

① Todd Stern, "A New Paradigm: Climate Change Negotiations in the Post – Copenhagen Era", http://www.state.gov/e/oes/rls/remarks/2010/149429.htm, May 1, 2017.

② Todd Stern, "After the Paris Climate Agreement, Countries of the World 'Are Not Going Back'", http://thinkprogress.org/climate/2015/12/15/3732172/todd – stern – paris – climate – agreement/, May 1, 2017.

③ Ibid..

④ "Senator Boxer's Statement on Historic U.S. – China Agreement to Combat Climate Change", http://www.epw.senate.gov/public/index.cfm/press – releases – democratic? ID = 55993A32 – 956F – 013F – 6557 – 5F448B614A67, May 1, 2017.

⑤ "Chairman Boxer Reacts to White House Report on Health Impacts of Climate Change", http://www.epw.senate.gov/public/index.cfm/2014/6/post – 7a4d4873 – 9847 – 2594 – 3c9d – 9472a3c23670, May 1, 2017.

型成为安全化进程的积极推动者,这是在明智地判断国际与国内形势发展的基础上所做出的慎重选择,这种做法反映了中国开始重视以一种聪明的方式来推动气候外交工作。毋庸讳言,即使没有气候变化安全化这个国际现象的出现,从减轻环境压力、优化经济结构和促进经济转型等方面考虑,中国也完全不可能大幅度增加碳排放。因此,继续坚持以人均累积碳排放趋同为依据而争取大幅度增加碳排放的方案,虽然从理论上看有其合理之处,但是并无现实必要性,而且还会导致其他国际行为体形成中国不顾全球气候安全的误解,得不偿失。相反,如果认识到即使从中国自身利益考虑也需要争取碳排放尽早达到峰值,那么在制定气候外交政策时就应当更灵活地把本国利益与全球利益紧密结合起来,及时在国际气候谈判与合作中转换角色。这不仅有利于争取更加广泛的国际支持并提升大国影响力,而且有利于更好地整合国内外资源以促进中国可持续发展,其实是一种聪明的策略。

四 中国的气候外交策略

中国在气候变化安全化进程中完成角色转换仅是新形势下气候外交工作所迈出的重要一步,未来所面临的挑战依然相当艰巨,尤其是在如何更好地提升话语权威和国际规范塑造力方面,中国还需要继续坚持多边主义理念,努力在气候变化安全化进程中成为更加聪明的力量,促进中国国际和国内战略目标更好地实现。

在气候变化安全化进程中,一些国际行为体的气候外交策略出现了灵巧化的趋势,尤其是美国一些政治精英提出了巧实力理念,其中的一些合理成分可以为中国气候外交提供借鉴。巧实力外交理念的合理成分并非软实力多一些还是硬实力多一些,而是强调要把全球利益与本国利益更好地结合起来。值得指出的是,虽然美国一些政治精英提出了巧实力的概念,但是这并不意味着美国就此会放弃单边主义思维,立即走向把全球利益和本国利益紧密结合的多边主义外交路线。事实上,继奥巴马政府后,美国特朗普政府很快就回归到"美国利益第一""美国利益高于全球利益"的单边主义思维,而且这种美国至上的单边主义思维也正在美国气候外交政策中反映出来。但是,美国气候政策出现反复并不意味着巧实力理念的合理成分应当被忽视。相反，美国气候政策反复及其正在引发的国际担忧更加印证了一个事实：相对于那种坚持把全球利益与本国利益对立起来的做法，把全球利益与本国利益结合起来的做法显然是更加聪明的选择。

当然，即使是提出并支持巧实力理念的美国政治精英，他们也并非真的为了帮助美国与其他国家平等相处，因为他们的真实意图在于通过一种更"巧妙"的方式来帮助美国这个世界上唯一的超级大国获取国际领导权，其本质还是要维持单极化的世界秩序。与美国不同的是，中国不是超级大国，多极化的世界秩序更符合中国利益。与美国相同的是，中国作为一个大国，在气候变化安全化进程中面临着相似的外交挑战。因此，中国在气候外交中借鉴巧实力理念，关键在于抛弃美国政治精英们的单极化思维，吸取把全球利益和本国利益紧密结合理论的合理成分，为中国在多边主义思维下迎接新的外交挑战服务。

在当今世界出现的各种非传统问题安全化进程中，大国外交都面临着三大挑战：如何判断相关问题安全化是否符合本国利益，如何提高本国在安全化进程中的话语权威，如何增强本国对国际规范的塑造力。只有坚持把全球利益和本国利益紧密结合的多边主义思维，才能有效应对这些外交挑战。

首先，在全球化进程深入发展的当今世界，任何一个大国在判断某项国际议程是否符合本国利益时，都必须要考虑到本国利益与全球利益的关联性以及本国行为与他国行为的互动性。一方面，由于全球化进程的深入发展，一个在现代交通、传媒和信息等方面的科学技术迅速发展而推动下的全球性社会体系已经形成。① 因此，任何非传统安全问题对全球利益可能造成的损害，其实就是对本国生存与发展所依赖的全球性社会体系的损害。尤其是环境退化、资源破坏等非传统

---

① Ralf Emmers, "Globalization and Non–traditional Security Issues: A Study of Human and Drug Trafficking in East Asia", p.3, https://dr.ntu.edu.sg/bitstream/handle/10220/4461/RSIS–WORKPAPER_66.pdf?sequence=1, May 1, 2017.

安全问题更是会直接地损害到本国生存与发展所必不可缺的全球生态环境系统，在这方面全球利益与本国利益几乎密不可分。另一方面，全球化推动各国在国际体系中在经济和社会层面互相渗入而极大地加强了各国之间的互相依赖性①，这就使得世界各国在应对全球性传统安全挑战时必须认识到彼此之间是利益相关的。反而言之，如果一个国家尤其是一个大国仅仅关注自身利益而拒绝参与全球共同行动，就必然会损害他国的利益，并因而受到他国的反对、孤立和抵制，这样可能会得不偿失。

其次，大国试图在安全化进程中建立话语权威，就必须从维护全球利益的角度分析话题和设计话语体系。一个成功安全化进程的关键在于，安全化施动者的安全话语能够得到听众的接受和认可。在非传统安全国际博弈中，参与主体不仅包括国家和国家集团，而且还有国际组织、非政府组织、企业和个人等，要使这些参与主体能够广泛关注施动者所提出的话题，就需要话题与全球利益具有密切相关性。不仅如此，要使这些参与主体能够普遍接受与认可施动者话语中的概念和观点，施动者就需要把全球利益贯穿到整个话语体系中去。显然，试图建立话语权威的大国必须把全球利益和本国利益紧密结合才能取得成功。

最后，大国试图增强对国际规范的塑造力，就需要站在维护各国共同利益的高度积极参与国际规范的制定。国际规范反映的是参与各国的共同意愿。一个以应对全球性安全挑战为宗旨的国际规范的制定过程，实际上就是世界各国通过沟通、协调与妥协并最终凝聚共同意愿的过程。"冷战"后，《联合国气候变化框架公约》及《京都议定书》等新的国际公约的形成历程表明，即使像美国这样的超级大国也不可能把本国利益需求强加给其他国际社会成员，因此，任何一个大国如果想对新的国际规范的制定拥有较强的规范塑造力，就不能总是强调本国的利益需求，而是需要认真倾听并理解他国的利益诉求，深

---

① Giulio M. Gallarotti, "Smart Power: What It Is, Why It's Important, and the Conditions for Its Effective Use", p. 22, http://works.bepress.com/giulio_gallarotti/36/, May 1, 2017.

入分析并提炼各国利益需求的交会点,努力提出符合各国共同利益的政策建议和规范草案。

上述在诸多非传统问题安全化进程中体现出来的普遍规律,同样适用于气候变化问题安全化进程。因此,中国在气候变化问题安全化进程中,必须坚持把全球利益和本国利益紧密结合起来的多边主义外交理念,才能有效迎接新的挑战。具体而言,中国在未来的气候外交中需要重点做好以下两方面工作:

一方面,更加聪明地寻求本国安全关切与他国安全关切的交会点,提升气候安全话语权威,加强对国际气候安全观构建的引导能力。

在气候变化安全化进程中,对于一个试图让其他国家认可并支持其主张与要求的国家而言,建立气候安全话语权威十分重要。一个国家的政治主张和要求如果有利于维护气候安全,那就比较容易得到其他国家的认可与支持;如果一个国家的政治主张和要求不利于维护气候安全,那么就很可能受到其他国家的抵制和反对。由于气候安全还是一个比较新的概念,国际社会对于气候安全的形成原因和解决路径尚未形成比较统一的认识,在判断一个国家的主张和要求是否有利于维护气候安全的问题上,还存在着不少模糊的区域。因此,一个国家要想让其政治主张与要求得到广泛的国家认可与支持,就不仅需要注意增强其政治主张与要求的合理性,而且还需要努力提高话语权威以加强其对国际气候安全观构建的引导能力。

一个国家要想在气候安全方面建立话语权威,就应当始终坚持多边主义的外交理念。毋庸讳言,一个国家在气候变化问题上通常会首先关注自身的安全挑战,站在本国的立场和角度来分析气候安全的形成原因并提出气候安全的解决框架。但是,如果一个国家只关注其自身在气候变化方面所面临的安全挑战,而忽视甚至无视其他国家在气候变化方面的安全关切,那么这种在单边主义思维主导下所提出来的气候安全观念不仅不会具有权威性,而且还会遭到其他国家的广泛批评与反对。反而言之,如果一个国家能够始终坚持多边主义思维,那么就会在关注自身所面临的气候安全挑战的同时,关注与重视其他国家在气候变化方面的安全关切,并努力寻求和发现本国与他国安全关切的交会点。一个国家所提出的气候安全观,只有能够契合全球绝大多数国家的安全关切,才可能得到国际社会的广泛认可与支持,并在为国际气候安全观的构建做出重大贡献的同时,建立起自身的气候安全话语权威。

另一方面,更加聪明地寻求本国战略利益与他国战略利益的交会点,提升对国际规范的塑造力,构建有利于全球气候治理合作共赢的国际规范体系。

随着气候变化问题安全化的国际趋势基本形成,立即采取行动应对气候安全挑战成为国际社会的共识,在此形势下国际社会成员共同努力制定并通过了《巴黎协定》。但是,《巴黎协定》作为国际社会成员为应对气候安全挑战而暂时搁置利益争议的一个应急性成果,为了最大限度地求同存异,只能对未来应对气候变化国际制度做出框架性的设计,而更多的具体规范的形成与制订工作则需要在《巴黎协定》生效后完成。

相比框架性的制度设计而言,具体规范将更加直接地涉及国际社会不同成员的利益,因此必然会面临更多的分歧与争议。虽然从表面看国际气候规范只是针对气候问题,但是从更深层次看,国际气候规范涉及碳减排、适应机制、资金机制和技术机制等很多方面,与世界各国的能源生产与使用、公共基础设施建设和技术研究开发等密切相关,事关各国的国计民生,因此未来国际气候规范的制定过程必然伴随着十分激烈的利益博弈。中国要帮助发展中国家使其合理利益需求在国际规范中得到应有的体现,就应当努力提升对国际气候规范制定的塑造力。

中国在努力提升对国际气候规范塑造力时,不仅需要重视实体性规范,而且也绝不能忽视程序性规范。从表面上看,相对于实体性规范而言,程序性规范似乎并不直接涉及国际社会成员的利益,但实际上在国际规范的制定过程中,如果没有程序公正的保障,就很难保证实体性规范能够公正体现国际社会成员的合理需求。

本章结论

在气候变化问题安全化的进程中,美国、欧盟以及小岛屿发展中国家等国际行为体都在一定程度上出现了气候外交策略灵巧化的趋势,其中一些合理成分值得借鉴。

气候变化安全化进程对国际气候谈判产生三方面影响:国际气候谈判的政治逻辑发生重大变化,现行国际气候谈判程序机制面临重大挑战,新兴发展中大国的减排压力将进一步加大。中国气候外交在气候安全化进程中也面临三大挑战:如何判断相关问题安全化是否符合本国利益,如何提高本国在安全化进程中的话语权威,如何增强本国对国际规范的塑造力。

针对气候变化安全化进程对国际谈判的影响以及中国所面临的挑战,中国气候外交的总体应对思路是,坚持把全球利益和本国利益紧密结合起来的多边主义外交理念,在未来的国际气候谈判与合作中成为一支更加聪明的力量。

从更具体的角度看,中国需要更加聪明地寻求本国安全关切与他国安全关切的交会点,提升气候安全话语权威,加强对国际气候安全观构建的引导能力。中国还需要更加聪明地寻求本国战略利益与他国战略利益的交会点,提升对国际程序性规范和实体性规范的塑造力,推动构建有利于全球气候治理合作共赢的国际规范体系。

第四章 国际气候安全观的构建

第一节 对气候安全的外交表态

长期以来，中国在联合国大会和安理会的公开辩论中一直坚持认为，气候变化是一个可持续发展问题，反对把气候变化作为一个安全问题对待。在2007年4月安理会第5663次会议上，中国代表认为，"气候变化可能有安全方面的影响，但总体来讲，气候变化说到底是可持续发展问题"[①]。在2011年7月安理会第6587次会议上，中国代表认为，"气候变化可能有安全方面的影响，但气候变化从根本上讲还是可持续发展问题"[②]。在2009年第63届联合国大会第85次会议上，中国代表认为，"气候变化说到底不是安全问题，而是可持续发展问题"[③]。

在气候变化问题安全化国际趋势形成之前，上述观点和主张有利于促进把环境问题与发展问题紧密结合起来加以解决，有助于推动全球气候变化问题的解决，因此也得到了国际社会成员的广泛支持。应当看到的是，在气候变化问题安全化的国际趋势形成之后，随着气候变化科学研究、国内外安全理念以及气候安全认知的不断发展变化，中国对气候安全的外交表态也应当随之而完善。

---

① 安理会第5663次会议记录，S/PV.5663，2007年4月17日。
② 安理会第6587次会议记录，S/PV.6587，2011年7月20日。
③ 联合国第63届大会第85次全体会议记录，A/63/PV.85，2009年6月3日。

一 科学研究进展的深入

随着气候变化科学研究进展的不断深入,全球气候变化问题的科学确定性越来越强,气候变化对全球生态环境和人类社会的危害性也越来越明确。①

在气候变化观测与数据分析方面,随着观测手段的不断丰富和数据分析能力的不断提高,全球变暖的确定性已经显著增强。最新发布的政府间气候变化专门委员会(IPCC)第五次评估报告指出,自从1850年以来,以30年为一个单位进行统计与分析,地球表面温度一直是上升的,其中1983—2012年甚至可能是近1400年以来北半球最热的30年。②更为精确的数据是,自工业化时代以来,海洋因为二氧化碳吸收而出现了酸化的现象,海洋表面水层的PH值降低了0.1。③

在气候变化的形成原因方面,以前科学界一直存在着究竟主要是自然因素还是人类活动导致气候变化的争论,随着科学研究进展的不断深入,科学界已经把气候变化的主要成因确定为人类活动。政府间气候变化专门委员会第五次评估报告指出,自工业化时代以来,人类活动排放的温室气体导致了大气层中温室气体浓度出现了大幅度的增加,人类活动排放到地球大气层的二氧化碳累计已经达到了2040Gt(1Gt=10亿吨),其中40%左右的二氧化碳仍然停留在大气层中;更为严重的是,在此期间人类活动累计排放到地球大气层的二氧化碳中,有一半以上的是近40年排放的,尤其是在人类于近10年已经制定了越来越多的减缓温室气体排放的政策的情况下,温室气体绝对排放量仍然超出了以前;使用化石燃料是人类导致地球大气层二氧化碳浓度增加的主要原因,数据显示,1970—2010年人类活动导致的二氧化碳排放中,有78%是由于人类在生活和工业生产活动中使用化石燃

---

① 参见〔英〕尼古拉斯·斯特恩《地球安全愿景:治理气候变化,创造繁荣进步新时代》,武锡申译,社会科学文献出版社2009年版,第39—40页。

② IPCC, *Climate Change 2014* (Synthesis Report), pp. 2–6, http://ar5-syr.ipcc.ch/ipcc/ipcc/resources/pdf/IPCC_SynthesisReport.pdf, May 1, 2017.

③ Ibid..

料形成的。① 上述评估报告还强调，自政府间气候变化专门委员会于 2007 年发布第四次气候变化评估报告后，人类活动对地球气候系统影响的证据在增多，从目前证据看，极度可信的是，1951—2010 年全球平均表面温度上升中的一半以上是由于人类活动造成的。②

在气候变化的危害性方面，科学界的认识也越来越深刻。尤其是在碳排放对地球气候与生态系统的长期难以逆转的危害方面，科学界不仅提出了更加严肃的警告，而且还提出了"门槛值"的概念，这就使得把气候变化问题摆在国际政治议程的核心位置有了十分明确的科学依据。政府间气候变化专门委员会第五次气候变化评估报告指出，近几十年以来，气候变化对所有洲、所有海域的自然系统和人类系统都造成了影响，尤其是在气候变化对自然系统的影响方面，通过观测所得到的证据是最有力的。③ 该评估报告还认为，全球变暖对人类的危害性绝不容低估。在 21 世纪结束以后，全球变暖还将继续，即使人类完全实现碳净排放为零，地球表面温度也将在升高后的水平上维持数百年，更为严重的是，即使在未来地球表面温度稳定之后，气候变化的危害性还将持续。④ 报告强调，具有较高可信度的是，如果不采取更加严格的气候变化减缓措施，一旦全球表面温度升幅超过了"门槛值"，就会导致格陵兰冰盖完全融化；根据目前的预测，一旦全球变暖超过"门槛值"，很多地区的海洋和淡水生态系统也会发生突发的、不可逆转的变化。⑤ 可以看出，IPCC 第五次气候变化评估报告虽然没有明确地提出一个气候变化"安全值"，但是却很明确地从科学的角度提出了一个"门槛值"的概念。实际上，从政治的角度看，气候变化科学所提出的"门槛值"其实就是全球气候治理需要确保的安全底线，因为一旦全球变暖超越"门槛值"，地球的生态系统、海

---

① IPCC, *Climate Change 2014* (Synthesis Report), pp. 2 – 6, http://ar5 – syr. ipcc. ch/ipcc/ipcc/resources/pdf/IPCC_ SynthesisReport. pdf, May 1, 2017.
② Ibid..
③ Ibid..
④ Ibid..
⑤ Ibid..

洋系统、淡水系统等都可能发生突发的、不可逆转的变化，这必然会对人类社会构成生存性威胁。

在2013年政府间气候变化专门委员会第五次评估报告发布之前，由于气候变化可能对全球自然生态系统造成不可逆转的危险的科学证据尚不够充分，中国未明确表示，气候变化是一个安全问题。在2013年政府间气候变化专门委员会第五次评估报告发布后，气候变化可能对人类构成生存性威胁的科学确定性大大增强了，中国在气候外交表态中需要跟随科学研究的进展而及时做出调整，明确支持把气候变化作为一个安全问题加以对待。

二 国际气候安全认知的深入

随着气候变化的安全含义越来越受到国际社会的关注和重视，气候变化属于一个安全问题也逐渐成为国际共识。近年来，越来越多的发达国家、发展中国家和国际组织在一些重大国际场合反复强调，国际社会需要高度重视气候变化的安全含义，并明确认为，应当把气候变化视为一个安全问题。

对于气候变化问题是否属于安全范畴，国际社会成员先后在联合国安理会于2007年4月召开的第5663次会议、2011年7月召开的第6578次会议，以及第63届联合国大会于2009年6月召开的第85次全体会议的辩论中集中阐述了各自的立场与观点。在2007年安理会第5663次会议上，共有56位来自不同国家、地区、国家集团或国际组织的代表发言，其中41位发言者认为，气候变化是一个安全问题，占发言代表总数的73.2%；5位发言者未明确表态[1]，占发言代表总数的8.9%；有来自南非、巴基斯坦、埃及、孟加拉国、委内瑞拉、苏丹、巴西、古巴和科摩罗等国的10位发言者明确表示，气候变化

---

[1] 2007年安理会辩论上对气候变化是否为安全问题未明确表态的5位发言者分别为卡塔尔、俄罗斯、菲律宾、印度和阿根廷的代表。（参见安理会第5663次会议记录，S/PV.5663，2007年4月17日）

不是一个安全问题，占发言代表总数的17.9%。① 2011年7月，安理会再次以"维持国际和平与安全、气候变化的影响"为主题展开讨论，在这次会议上，共有66个来自不同国家、地区、国家集团或国际组织的代表发言，其中56位发言者认为气候变化是一个安全问题，占发言代表总数的84.9%；5位发言者未明确表态②，占发言代表总数的7.6%；只有5位发言者明确表示气候变化不是一个安全问题，占发言代表总数的7.6%。③ 与2007年安理会公开辩论相比，认为气候变化不是一个安全问题的发言代表比例下降了10.3个百分点，而支持气候变化属于安全问题的发言代表比例上升了11.7个百分点。更值得重视的是，2009年联合国63届大会第85次全体会议审议并通过了题为"气候变化和它可能对安全产生的影响"（A/63/L.8/Rev.1）的决议草案。在这次会议上，除了一个国家明确反对将气候变化纳入安全范畴以及三个国家未明确表态，参会的其他国家均认为，气候变化是一个安全问题。④

上述事实表明，在气候变化安全化施动者的积极推动下，气候变化可能对人类社会构成存在性威胁的观念已经被越来越多的国际社会成员接受。在这种形势下，中国应当坚持多边主义的外交思维，更多地理解和尊重其他国际行为体在气候变化问题上的安全关切，并在气候外交中及时调整观点，明确表态支持把气候变化作为一个安全问题加以对待，为中国在国际气候安全观构建中建立话语权威打好基础。

三 新安全观的发展

在1997年4月23日签订的《中俄关于世界多极化和建立国际新

---

① 见2007年4月17日安理会第5663次会议上中国、南非、巴基斯坦、埃及、孟加拉国、委内瑞拉、苏丹、巴西、古巴和科摩罗等国的发言。（参见安理会第5663次会议记录，S/PV.5663，2007年4月17日）

② 2011年安理会辩论上对气候变化是否为安全问题未明确表态的5位发言者分别为巴西、俄罗斯、厄瓜多尔、科威特和巴基斯坦的代表。（参见安理会第6587次会议记录，S/PV.6587，2011年7月20日）

③ 见安理会第6587次会议上中国、埃及、阿根廷、伊朗和委内瑞拉等国的发言。参见安理会第6587次会议记录，S/PV.6587，2011年7月20日。

④ 见联合国第63届大会第85次全体会议上中国、阿根廷、印度尼西亚和巴西等国的发言。（参见联合国第63届大会第85次全体会议记录，A/63/PV.85，2009年5月18日）

秩序的联合声明》中，中国第一次以双边国际协定的形式明确提出了新安全观的概念。该声明称：双方主张确立新的具有普遍意义的安全观。① 2002年11月，中共十六大报告确认了新安全观的地位。报告指出：安全上应相互信任，共同维护，树立互信、互利、平等和协作的新安全观。② 此后，中国党和政府领导人又多次在重大国际和国内场合对新安全观加以阐释、丰富和拓展。2009年9月23日，胡锦涛在第64届联合国大会一般性辩论时讲话提出，要用新安全观来促进人类共同安全；③ 2013年10月24日，习近平在周边外交工作座谈会上发表讲话时强调"全面安全、共同安全、合作安全"是新安全观倡导的理念。④ 2013年10月10日，李克强在文莱举行的第八届东亚峰会上讲话强调，应当通过新安全观来促进传统安全和非传统安全领域的合作。⑤

需要指出的是，中国的新安全观所关注的安全事务早就不再限于狭隘的军事安全的范畴，而是积极倡导综合安全的观念⑥，尤其是经济和环境领域的非传统安全问题在其中占据了十分重要的地位。2002年，中国政府发布的《中国关于新安全观的立场文件》中指出，安全含义在新的历史条件下已经演变为一个综合概念，其内容也不再局限于政治与军事领域，而是扩展到了环境、经济、文化与科技等领域。⑦

---

① 《中俄关于世界多极化和建立国际新秩序的联合声明》，http://news.xinhuanet.com/ziliao/2002-09/30/content_581524.htm，2017年5月1日。
② 江泽民：《全面建设小康社会，开创中国特色社会主义事业新局面——在中国共产党第十六次全国代表大会上的报告》，http://www.cctv.com/news/china/20021117/100187_1.shtml，2017年5月1日访问。
③ 胡锦涛：《同舟共济共创未来——在第64届联大一般性辩论时的讲话》，http://news.xinhuanet.com/world/2009-09/24/content_12103701.htm，2017年5月1日访问。
④ 习近平：《让命运共同体意识在周边国家落地生根》，http://news.xinhuanet.com/politics/2013-10/25/c_117878944.htm，2017年5月1日访问。
⑤ 《李克强总理在第八届东亚峰会上的讲话》，http://news.xinhuanet.com/world/2013-10/11/c_125510930.htm，2017年5月1日访问。
⑥ 参见秦亚青等《国际体系与中国外交》，世界知识出版社2009年版，第189—190页。
⑦ 胡锦涛：《同舟共济共创未来——在第64届联大一般性辩论时的讲话》，http://news.xinhuanet.com/world/2009-09/24/content_12103701.htm，2017年5月1日访问。

应当看到，综合安全观形成是安全理念随着形势发展而不断完善的必然结果。"冷战"结束后，全球两大军事集团长期对峙的局面不复存在，和平与发展成为了时代的主题。在此背景下，与发展问题密切相关的经济、科技、文化与环境等事务在国家安全方面所具有的重要意义开始凸显出来，因此必然会被纳入国家安全战略所关注的范畴。

在综合安全观视野下，安全威胁和挑战复杂化和多元化，而发展问题和安全问题在一定条件下呈现出来的交叉性、融合性和统一性也越来越为中国安全政策决策层所关注与重视。《2004年中国的国防》白皮书把"许多国家面临消除贫困""实现可持续发展"描述为亚太地区安全形势中正在增加的复杂因素。① 《2008年中国的国防》白皮书将"生存安全与发展安全"交织互动视为中国所面临的长期安全威胁与挑战之一，并将"实现发展与安全的统一"作为应对上述安全威胁与挑战的一项重要对策。② 2013年4月，《中国武装力量的多样化运用》白皮书中再次明确地提出了"发展安全"的概念。③ 2014年5月21日，习近平在于上海举行的亚洲相互协作与信任措施会议第四次峰会第一阶段会议上作主旨讲话——《积极树立亚洲安全观共创安全合作新局面》，更是明确指出：发展就是最大安全。④

由上可见，中国在改革开放以后所提倡并奉行的新安全观与旧安全观有着本质区别，尤其是新安全观不再把安全的含义局限于军事安全，而是开始提倡覆盖面更广泛的综合安全的概念，并把发展安全作为其中的一个重要方面。因此，在气候变化问题上，把可持续发展问题与安全问题分割开来，甚至认为两者之间是非此即彼的不相容关系，与中国一贯提倡并奉行的新安全观并不相符。反之，承认气候变

---

① 《2004年中国的国防》白皮书，http://guoqing.china.com.cn/2012-11/03/content_26989634_2.htm，2017年5月1日访问。
② 《2008年中国的国防》白皮书，http://news.xinhuanet.com/newscenter/2009-01/20/content_10688192_1.htm，2017年5月1日访问。
③ 国务院新闻办公室：《中国武装力量的多样化运用》白皮书，http://www.gov.cn/jrzg/2013-04/16/content_2379013.htm，2017年5月1日访问。
④ 习近平：《积极树立亚洲安全观共创安全合作新局面》，2014年5月21日，http://politics.people.com.cn/n/2014/0522/c1024-25048258.html，2017年5月1日访问。

化是一个安全问题,也不会在应对方案上脱离可持续发展的框架。进一步说,根据新安全观所阐释的发展问题和安全问题在一定条件下所呈现出来的交叉性、融合性和统一性的特点,中国在外交表态中完全可以更好地同时从安全和发展这两个维度综合协调地表达对气候变化问题的认知。

四 国内气候安全认知的深入

近年来,国内对气候安全问题的认识也在不断深入。2007年8月,时任中国气象局局长郑国光在回答《学习时报》记者提问时指出:"气候变化使国际安全形势更加复杂化,国际斗争更加激烈,已经成为全球性非传统安全问题。"① 2008年,郑国光在以国家应对气候变化领导小组办公室副主任和中国气象局局长身份接受《中国水利》期刊记者采访时,再次明确指出,气候变化对国家安全构成严重威胁。他在访谈中认为,气候变化对人类生存、国家安全和社会经济可持续发展构成了严重威胁。② 更为重要的是,李克强总理于2013年10月10日在于文莱斯里巴加湾市举行的第八届东亚峰会上的讲话中表示:赞赏本次峰会主席国文莱就今天会议提出粮食与能源安全、灾害管理与气候变化等提示性议题,这些问题既涉及传统安全又涉及非传统安全。③

不仅如此,国内对气候安全问题的认识逐渐深入还表现在国内一些重要的政策性文件中。《2008年中国的国防》白皮书把气候变化问题日益突出作为安全形势的一个重要方面加以分析。④《2010年中国的国防》在论述安全形势时,则更加明确地提出,气候变化对各国安

---

① 陈国裕:《关注气候变化对经济社会发展的影响——中国气象局局长郑国光答本报记者问》,http://www.china.com.cn/xxsb/txt/2007-08/20/content_8716122.htm,2017年5月1日访问。
② 张金慧、邓淑珍:《在科学认知的基础上积极应对气候变化——访国家应对气候变化领导小组办公室副主任、中国气象局局长郑国光》,《中国水利》2008年第2期。
③ 《李克强总理在第八届东亚峰会上的讲话》,http://news.xinhuanet.com/world/2013-10/11/c_125510930.htm,2017年5月1日访问。
④ 《2008年中国的国防》,http://www.mod.gov.cn/affair/2011-01/06/content_4249949.htm,2017年5月1日访问。

全威胁明显增大。① 不仅如此，国务院于2011年发布的《全国生态保护"十二五"规划》中指出，全球气候变化是导致森林、河流、湖泊、草原和湿地等重要生态功能区遭受严重破坏的重要原因，而且还将对我国生态环境构成更为严峻的安全挑战。②

显然，随着国内对气候安全问题认识的不断深入，中国在外交表态中的观点如果不随之完善，就会出现前后不一的矛盾，这样中国不仅将难以在气候安全问题上建立话语权威，而且也很难对国际气候安全观的构建做出应有的贡献。

第二节　气候安全的理念阐释

新安全观是中国在安全问题上更加提倡平等、包容、合作、共赢的安全理念的重要成果。尤其是中共十八大以来，新安全观得到了进一步的拓展、提升与丰富，对中国积极推动国际气候安全观的构建具有更现实的指导意义。中国应当以新安全观为指导，从气候安全问题的形成根源、基本特征以及应对气候安全挑战的基本框架等方面向国际社会系统阐释中国认知与理念。

一　南北发展失衡的产物

2014年5月，习近平在亚洲相互协作与信任措施会议第四次峰会上阐释了中国在新时代的安全观念，并在讲话中认为：求木之长者，必固其根本；欲流之远者，必浚其源泉。③ 其实质在于强调，对于安全问题需要从其根源上进行考察和治理。对于气候变化问题，同样需要从其根源上进行考察，才能对其形成原因有更深刻的认识和理解。

---

① 《2010年中国的国防》，http://www.mod.gov.cn/affair/2011-03/31/content_4249942.htm，2017年5月1日访问。
② 《全国生态保护"十二五"规划》，http://www.gov.cn/gongbao/content/2013/content_2396624.htm，2017年5月1日访问。
③ 《习近平在亚信峰会作主旨发言》，http://world.people.com.cn/n/2014/0521/c1002-25046183.html，2017年5月1日访问。

虽然气候安全问题在近年来才成为国际社会讨论的热点问题，但是其形成却是一个长期的过程。18世纪60年代，西方国家开始了从手工业向大机器工业的过渡与转型。与此同时，西方国家也开始进入以大机器为工具向自然界大规模索取资源并过度消耗资源为主要特征的发展模式，而从那时起累积排放的温室气体就已经开始超出了自然界的自我平衡能力。

20世纪80年代以后，气候变化的危害性已经引起国际社会的广泛关注和高度重视，发达国家本应该尽早为其远高于发展中国家的温室气体历史排放承担责任，率先开展温室气体减排行动。但是，由于全球政治与经济发展南北失衡，发达国家凭借其在国际规则制定中的优势地位，不断采取阻挠和拖延策略，致使国际气候规则的制定过程成为一场长达近二十年的马拉松长跑，在此期间发达国家的累积碳排放进一步增加。2005年，《京都议定书》终于生效，但是美国作为世界唯一的超级大国却依然拒绝接受，进一步加剧了全球气候安全问题的严峻性。

需要引起注意的是，对于发达国家与发展中国家的温室气体排放，不能单纯地从总量上进行比较，还应当从性质上进行比较。总体而言，温室气体排放从性质上可以分为生存性排放和奢侈性排放。生存性排放是指为了维持生存需要而必须产生的最基本的温室气体排放，其性质属于不可压缩的刚性排放。虽然这种排放也会对地球大气层的温室气体浓度变化产生一定影响，但是排放者并不需要对此承担责任，因为这种排放是维持生存所必需的。否则，如果人类连最基本的生存需求都不能满足，那么维持地球大气层温室气体浓度平衡既无可能，也无意义。奢侈性排放则是指在满足了生存需求后，为了满足奢侈消费的需要而产生的温室气体排放，其性质属于可以压缩的非刚性排放。鉴于气候变化已经成为人类社会的生存性威胁，因此奢侈性温室气体排放应当被压缩，排放者应当为其行为对全球气候变化的影响承担主要责任。

具体到发达国家和发展中国家而言，由于长期以来南北发展严重失衡，北富南贫现象的客观存在，因此发达国家的奢侈性排放比例远超发展中国家。数据显示，1990 年发达国家的人均碳排放是发展中国家的 6 倍多，到 21 世纪初时发达国家的人均碳排放依然远远超过发展中国家，达到发展中国家人均排放的 5 倍左右。① 根据一些学者对满足基本生活需求的碳排放所进行的分析研究，每人每年碳排放量达到 6 吨就可以满足基本需求，大多数发展中国家人均碳排放在此标准之下，很多非洲国家人均碳排放甚至还达不到上述理论生存性排放估量的 1/6，而美国和欧洲等发达国家人均碳排放却已经达到上述理论生存性排放估量的 2—6 倍。②

联合国开发计划署曾于 2008 年指出，巴基斯坦、埃及、尼日利亚和越南四个国家的总人口是英国的 8 倍左右，而后者的碳排放却高于巴基斯坦、埃及、尼日利亚和越南四个国家碳排放的总和；乌拉圭、哥伦比亚和秘鲁等南美和中美洲的 11 个国家的碳排放总量还不及欧洲的荷兰一个国家多；人口约 2300 万的美国得克萨斯州排放的二氧化碳总量比撒哈拉以南地区 7.2 亿非洲人所排放的二氧化碳总和还要多；人口约 2000 万的美国纽约州所排放的二氧化碳超过了全世界 50 个最不发达国家所排放的二氧化碳总和，而这 50 个国家的总人口达到了美国纽约州人口的 38 倍。③ 从以上数据可以看出，在南北发展严重失衡的客观现实下，发达国家与发展中国家的人均碳排放也极端不平衡，当绝大部分发展中国家的碳排放还远远低于生存性排放的理论估量时，发达国家的奢侈性排放已经达到了生存性排放的理论估量的数倍，这就表明，南北发展失衡才是全球气候安全问题形成的根源性因素。

不仅如此，对于全球气候变化的形成原因及责任分析，仅仅对不同国家直接排放的温室气体进行分析还不够，还应当从"转移排放"

---

① 参见何建坤、刘滨、陈文颖《有关全球气候变化问题上的公平性分析》，《中国人口·资源与环境》2004 年第 6 期。
② 参见潘家华、郑艳《基于人际公平的碳排放概念及其理论含义》，《世界经济与政治》2009 年第 10 期。
③ 联合国开发计划署：《2007/2008 年人类发展报告》，第 40—41 页，http://www.un.org/chinese/esa/hdr2007-2008/index.html，2017 年 5 月 1 日。

的角度做出进一步的分析才能更接近事实真相。"转移排放"是指一国的居民虽然消费了商品，但是却并不在本国造成温室气体排放，因为被消费的商品是从另一国进口的，因此直接的温室气体排放活动发生在生产该产品的国家。由于南北发展失衡而导致的南北消费水平差距巨大的情况客观存在，发展中国家相对于发达国家而言承担了更多的国际转移碳排放。据测算，中国每年近1/6的碳排放属于转移排放。① 以中欧贸易为例，欧盟向中国出口商品所蕴含的碳排放量仅占欧盟年碳排放总量的0.2%—0.7%，而中国向欧盟出口商品所蕴含的碳排放量却占到中国年碳排放总量的3%—9%。② 也就是说，中国每排放1万吨二氧化碳中就有300—900吨是由于为欧盟提供消费品而形成的，这个比例是欧盟向中国出口商品碳含量占其碳排放总量比的十余倍。以中美贸易为例，数据显示，21世纪初因为中美贸易而导致中国所承担的年转移碳排放达到了5000万吨左右。③

应当看到，对于转移排放所造成的地球大气层温室气体浓度上升，把责任单方面归于直接排放国尤其是发展中国家是不合理的。一方面，发达国家既然享用了从发展中国家进口的商品，就不应当在从转移排放获益的同时却不对转移排放承担责任；另一方面，转移碳排放主要在发展中国家发生的现状是与国际经济发展严重不平衡的状态密不可分的。长期以来，发达国家利用其在资金、技术和规则制定等方面的强势地位在国际贸易中垄断了能源含量低、技术含量高的高端产品市场，而很多发展中国家的出口贸易则只能集中在能源含量高、技术含量低的低端产品市场。这种南北经济地位严重不平等状况的形成，与发达国家长期利用不合理的经济秩序对发展中国家实施经济压迫政策是分不开的。数据显示，"冷战"结束时发展中国家对发达国家所欠债务高达13000亿美元，而与偿还外债过程相对应的则是发展

---

① 顾阿伦、何建坤、周玲玲、姚兰、刘滨：《中国进出口贸易中的内涵能源及转移排放分析》，《清华大学学报》（自然科学版）2010年第9期。
② 闫云凤：《中欧贸易碳排放转移研究》，《中央财经大学学报》2012年第4期。
③ 吴先华、郭际、郭雯倩：《基于商品贸易的中美间碳排放转移测算及启示》，《科学学研究》2011年第9期。

中国家的物资、产品和资源巨量流向发达国家,[①] 由此而产生的转移性碳排放及相应的环境责任由发展中国家单独承担显然是不公正的。

与此同时，在全球发展南北失衡的状况下，发展中国家在资金与技术方面处于相对落后状态，使得气候安全严峻性更加凸显出来。一方面，从适应能力看，很多发展中国家由于在资金、技术和治理机制等方面存在不足，在面对海平面上升、气象自然灾害和粮食安全等方面的问题时极具脆弱性，成为全球应对气候安全挑战的最薄弱环节。2009年联合国发布的秘书长报告《气候变化和它可能对安全产生的影响》指出，气候变化可能对国际安全所构成的威胁中，很多都与发展中国家在资金、技术和治理机制等方面的不足密切相关。[②] 最不发达国家经济发展水平较低，社会治理体制薄弱，在遭受重大自然灾害时很有可能因治安失控而产生大规模的内乱和骚动。除此以外，很多发展中国家经济结构单一，对国家经济命脉至关重要的生产与经营活动极易受到自然灾害的影响，因此气候变化即使仅对这些国家的个别产业产生重大负面影响，也可能导致这些国家"经济发展停滞"，并进而出现不稳定状态。不仅如此，很多发展中国家本来就存在非常严重的资源紧缺和难民迁徙问题，在气候变化影响下，这些问题将进一步加剧，甚至导致这些国家失去"存续能力"。另一方面，从温室气体减排能力看，很多发展中国家由于受到资金和技术的严重制约，在向低碳经济与社会转型时显得力不从心，使得气候安全问题显得更加严峻。

二 国际合作应对的共同安全问题

早在"冷战"结束以后，国际社会就开始对共同安全的概念予以

[①] See Mark F. Imber, *Environment Security and UN Reform*, St. Martin's Press, INC., New York, 1994, pp. 27-30.

[②] 2009年联合国秘书处发布的秘书长报告《气候变化和它可能对安全产生的影响》指出，气候变化可能对国际安全所构成以下五方面威胁：一是气候变化可能导致最脆弱社区福祉受到威胁；二是气候变化可能导致经济发展停滞并出现不稳定状态；三是气候变化应对措施不成功将导致经济、社会和生态系统遭受大规模破坏，并可能会增加发生冲突的风险；四是一些主权国家可能因为受到气候变化影响而失去存续能力；五是气候变化影响将可能导致国家间出现新的争夺自然资源与领土的争端（参见联合国秘书长报告《气候变化和它可能对安全产生的影响》，A/64/350，2009年9月11日）。

关注和重视。1983 年 4 月 8 日，联合国秘书长根据联合国大会于 1982 年 12 月 13 日形成的第 37/99 号决议，将由时任瑞典首相奥洛夫·帕尔梅（Olof Palme）等人组成"关于裁军和安全问题独立委员会"（也称"帕尔梅委员会"）向联合国大会提交的题为"共同安全——谋求裁军的方案"的报告（A/CN.10/38）转送给裁军审议委员会（Disarmament Commission）。① 该报告正式提出并详细阐释了一个与安理会长期以来所关注的"集体安全"概念（Collective Security）具有很大区别的"共同安全"概念（Common Security）。报告认为："各国再不可以以让其他国家遭受损失为代价的方式来为自身谋求安全。安全只能通过各国之间的合作来获得。"在此基础上，报告提出了共同安全的核心价值理念："国际和平不能建立在互相破坏的威胁之上，而应当建立在同舟共济的承诺之上。"② 报告最后还进一步强调："共同安全的原则表明，各国不可能通过与其竞争者对抗来获得安全，各国只能通过与其竞争者合作来获得安全。"③

从报告中的上述表述可以看出，共同安全与集体安全的概念存在着本质上的区别。一方面，在共同安全概念下，世界各国不像在集体安全模式下被划分为互相对抗的安全破坏者与安全维持者，而是被界定为需要彼此合作的竞争者。因此，在共同安全模式下，国际行为体之间是合作关系而不是对抗关系。另一方面，在共同安全的原则下，安全不可能通过制裁这种互相破坏的方式来获得，而需要通过同舟共济的方式来共同建设。共同安全的缘起在于，核威慑时代国际社会开始普遍认识到，以互相破坏为手段的安全模式导致越来越激烈的对抗，集体安全办法并不能解决所有重大安全问题。要克服这个局限性，就需要改变思维，把关注的重点从不同国际行为体之间的安全利益分歧转向它们之间的安全利益交会点，并以此为基础为建设一个安

---

① 见联合国大会第 37/99（B）号决议，《全面彻底裁军》，1982 年 12 月 13 日。
② United States Arms Control and Disarmament Agency, "Documents on Disarmament", 1982, pp. 227 – 228, http://unoda – web.s3 – accelerate.amazonaws.com/wp – content/uploads/assets/publications/documents_ on_ disarmament/1982/DoD_ 1982.pdf, May 1, 2017.
③ Ibid..

全的地球而共同努力。

　　由于共同安全在很大程度上突破了集体安全的局限性，国际社会高度关注与重视这个概念，并将其视为一个内涵与集体安全有着重大区别的安全范畴。1983 年 12 月 20 日，联合国大会第 38/188 H 号决议要求对安全的概念开展综合性的研究。根据此决议，联合国秘书长任命了一个专家组来开展这项工作。1986 年，该专家组提交了报告《安全的概念》(Concept of Security)，该报告得到了联合国秘书长的认可和推荐，反映了国际社会对共同安全的认知取得了重大进展。报告认为，即使从广义的角度进行分析，集体安全也是指军事维度的安全，因为狭义的集体安全仅指制止战争，广义的集体安全包括放弃使用武力、和平解决国际争端和制止侵略行为，而这三个方面都旨在避免和制止军事性质的冲突。① 与集体安全不同的是，共同安全并不以军事性质的冲突为主要关注对象。《安全的概念》认为："共同安全作为一个概念是以两方面的倾向性为基础的：一方面，倾向于使用国际手段来获取安全而不是使用国内手段来获取安全；另一方面，倾向于使用和平手段而不是使用武力或威胁使用武力的方式来获取安全。"② 报告还具体分析了最应当被纳入共同安全范畴的安全事务，报告称："该委员会以下前提作为工作的开始：传统武器竞赛或核武器竞赛、资源短缺、环境退化以及欠发展等安全威胁逐渐成为所有国家都共同面对的威胁，因此所有国家应当共同来寻求解决办法。"③ 应当认为，《安全的概念》报告中此段表述准确地阐释了共同安全的核心内涵，即这些安全问题不是部分国家所面临的安全挑战或威胁，而

---

① 对于集体安全的概念，该报告指出：集体安全以一种集体办法为国家利益和主权提供保护并借此加强国际安全。作为一个概念，如果考虑到国际和平与安全的更为广泛的要求，集体安全的目标并不限于不发生战争。集体安全是建立在除了自卫的情况下放弃使用武力、承诺和平解决国际争端以及承担支持使用军事和非军事的集体办法打败侵略行为的基础上的。"(See Department for Disarmament Affairs, "Concept of Security", A/40/553, 1986, pp. 35 – 38)

② Department for Disarmament Affairs, "Concept of Security", A/40/553, 1986, pp. 13 – 14.

③ Ibid..

是全球所有国家所共同面临的安全挑战或威胁。

中国在共同安全理念的发展进程中也做出了重大贡献，并把其作为新安全观的一个重要方面加以阐释。2009年9月23日，胡锦涛在第64届联合国大会上发表讲话，指出："应坚持互信、互利、平等、协作的新安全观，既维护本国安全，又尊重别国安全关切，促进人类共同安全。"① 2014年5月21日，习近平在亚信第四次峰会上所作发言中对共同安全理念作了进一步的阐述，指出共同安全就是"要尊重和保障每一个国家安全"，并认为：安全应该是普遍的，不能一个国家安全而其他国家不安全，一部分国家安全而另一部分国家不安全，更不能牺牲别国安全谋求自身所谓绝对安全。② 中国近年来在国际上一再强调打造人类命运共同体③，其本质就是从维护全球共同安全的角度倡导世界各国真诚合作，共同努力，是从更高角度对共同安全理念的进一步提升。

应当看到，地球大气层为全球所有国家所共有，地球大气层中温室气体浓度变化对地球环境与生态系统所造成的危害也将由全球所有国家共同承担。不仅如此，虽然从表面看小岛屿发展中国家、最不发达国家等一些在气候变化问题上最具脆弱性的国家所出现的沿海地区被淹没、经济停滞和居民生计丧失等负面影响暂时由这些国家独自承担，但是随后出现的大范围难民迁徙和疾病传染等问题仍然会对全球所有国家构成安全挑战。因此，气候变化问题归根结底是一个共同安全问题。

共同安全理念强调包容性。虽然不同国家在气候变化方面的安全关切存在着一定的差异，但是这并不妨碍彼此之间承认对方安全关切的合理性，也不能因为不同国家的气候安全关切存在差异性就否认气

---

① 《胡锦涛在联合国讲坛阐述中国新安全观》，http：//www.chinanews.com/gn/news/2009/09-24/1882720.shtml，2017年5月1日。
② 《习近平在亚信峰会阐述亚洲新安全观》，http：//www.js.xinhuanet.com/2014-05/21/c_1110796579_3.htm，2017年5月1日。
③ 陈须隆：《人类命运共同体理论在习近平外交思想中的地位和意义》，http：//theory.people.com.cn/n1/2016/0712/c40531-28548130.html，2017年5月1日访问。

候变化是一个共同安全问题。小岛屿发展中国家、非洲国家和最不发达国家由于其适应能力客观不足,在气候变化问题上对海平面上升、极端气候事件和气象灾害对国计民生的影响等方面的安全关切尤为深刻与敏感。对发达国家而言,则更多是从全球安全关联互动的角度出发,对气候变化导致的难民迁徙问题、与气候变化密切相关的公共卫生安全问题等予以了更大的关注与重视。[①] 一些新兴发展中大国在经济快速发展的同时也积累了相当严峻的环境问题,而这些环境问题在全球气温上升的趋势中进一步加剧,因此也成为这些国家更加迫切的安全关切。

虽然这些国家在气候变化问题上的安全利益存在着差异,但是这并不表明世界各国的气候安全利益是互相排斥的。相反,不同国家为维护本国气候安全所采取的行动实际上具有互补性质。例如,大国推动本国低碳转型可以为控制全球气温上升做出重大贡献,而小国应对气候灾害方面的努力可以为减缓难民国际迁徙等问题做出重大贡献;发达国家在解决气候变化导致的公共卫生问题方面的经验可以为发展中国家提供重要借鉴,发展中国家提高对气候变化相关疾病的防控能力,可以为全球控制传染疾病蔓延做出重要贡献。因此,在共同安全理念下,各国为维护本国气候安全利益所做出的努力都属于全球共同行动的重要组成部分,为应对气候安全国际合作提供了基础。因此,中国在气候外交中应当努力向国际社会阐释,在以互信、互利、平等和协作为核心价值理念的新安全观下,气候变化是一个通过合作互助才能加以应对的共同安全问题。国际社会所有成员只有摒弃对抗思维,进一步增强共同安全意识,增强在资金、技术和能力建设等方面的务实合作,才能成功应对挑战。

三 可持续气候安全

"冷战"以后,尤其是21世纪以来,人类社会面临着恐怖主义袭

---

① See Devyani Gupta, Climate of Fear: "Environment, Migration and Security", in Felix Dodds, Andrew Higham and Richard Sherman, eds., *Climate Change and Energy Insecurity: The Challenge for Peace, Security and Devlopment*, Earthscan, London, UK, 2009, p. 74.

击、全球环境退化等新的安全威胁。对于这些新的安全威胁，很难找到立竿见影的应对措施。不仅如此，在很多情况下采取头疼医头、脚疼医脚式的应对思维，虽然可能在短期内缓解一下安全局面，但是却导致长期安全形势更加恶化。因此，国际社会开始思考如何改变旧的思维模式，采取新的安全理念来制定更加可持续的安全解决方案。在此背景下，可持续安全理念应运而生。

2006年，英国牛津研究小组（Oxford Research Group）发布了一份《对全球威胁的全球应对——为了21世纪的可持续安全》研究报告，对可持续安全理念做出了比较系统的阐述。该研究报告认为，对于全球安全问题，现行的安全解决模式是"控制安全模式"，即试图主要通过武力手段来维持"一切照旧"的全球秩序，或者试图在不解决根源性因素的情况下控制不安全状态；研究报告指出，从长期角度看，试图采取"控制安全模式"来解决问题的行为体将会自己击败自己，因此国际社会需要开发新的安全解决模式。① 报告以能源安全为例证来说明"控制安全模式"的弊端。报告指出，长期以来全球很多国家开始依赖进口石油来维持本国的国计民生，而波斯湾地区则是全球石油的主要储存地、生产地和出口地，波斯湾地区的政治动荡与骚乱自然会对这些国家的能源安全造成威胁，因此美国等国家就把通过武力手段控制波斯湾地区作为解决能源安全问题的主要措施，但是这种模式必然会造成波斯湾地区出现更加动荡的局面，而实际上通过开发本国的可再生能源资源，减少对进口石油的依赖才是从根源上消除能源危机威胁的模式。② 在上述分析与论证的基础上，研究报告认为，国际社会迫切需要采取一种与现行的"控制安全模式"相对应的安全解决模式——"可持续安全模式"。③ 研究报告把新的安全解决模式与现行的安全解决模式进行了对比，认为"控制安全模式"的主要特

---

① Chris Abbott, Paul Rogers, John Sloboda, *Global Response to Global Threats: Sustainable Security for the 21st Century*, Published by Oxford Research Group, 2006, p. 4, http://fride.org/descarga/WP27_ SegSust_ ENG_ sep06. pdf, May 1, 2017.

② Ibid..

③ Ibid..

点是针对威胁本身施加力量，因此也可以被称为"对症施策模式"；相比之下，强调不能只是单方面地对威胁本身采取措施，而是需要通过全球合作采取最有效的措施来消除安全威胁产生的根源性因素，因此这种安全模式也可以被称为"对症施策模式"。①

可以看出，"可持续安全模式"的核心理念在于解决安全问题时不能治标不治本，而是需要标本兼治。因此，这种安全理念是国际社会在采用"控制安全模式"解决全球安全问题并反复陷入困境后谋求突破所取得的重大进展。值得重视的是，中国在新安全观指导下对于可持续安全理念的丰富与发展也做出了重要贡献。2014年5月21日，习近平在亚洲相互协作与信任措施会议第四次峰会上所作的《积极树立亚洲安全观，共创安全合作新局面》的主旨发言中突出地阐述了可持续安全理念。②习近平在讲话中认为，可持续就是要发展和安全并重，以实现持久安全；发展是安全的基础，安全是发展的条件；发展就是最大的安全，也是解决地区安全问题的"总钥匙"。③上述讲话实际上从更高层次阐释了可持续安全理念的本质。

一方面，要从根源上消除安全威胁，谋求可持续安全，就必须准确辨别什么是安全威胁的根源性因素。2005年威胁、挑战和改革问题高级别小组在《一个更安全的世界：我们的共同责任》的报告中在阐释了国际和平与安全所面临的新威胁后强调，应对这些安全威胁，发展是必要的起点；预防这些安全威胁，发展是必要的基础。④这个结论得到了国际社会的广泛支持，科菲·安南以联合国秘书长的身份对上述观点表示赞同，他指出，欠发展以及与其密切相关的极端贫穷，

---

① Chris Abbott, Paul Rogers, John Sloboda, *Global Response to Global Threats: Sustainable Security for the 21st Century*, Published by Oxford Research Group, 2006, p. 4, http://fride.org/descarga/WP27_SegSust_ENG_sep06.pdf, May 1, 2017.

②《习近平在亚信峰会阐述亚洲新安全观》，http://www.js.xinhuanet.com/2014-05/21/c_1110796579_3.htm, 2017年5月1日访问。

③ 同上。

④ 威胁、挑战和改革问题高级别小组：《一个更安全的世界：我们的共同责任》，"第二部分：集体安全与预防方面的挑战"，http://www.un.org/chinese/secureworld/ch3.htm, 2017年5月1日访问。

不仅本身就是安全威胁，而且还是其他各种安全问题得以滋生的环境。① 不仅如此，在于2005年9月发布的《大自由：实现人人共享的发展、安全和人权》联合国秘书长报告中还进一步指出，没有发展，就无法享有安全。② 由此可见，对于绝大多数安全威胁而言，发展严重不平衡以及与此密切相关的贫穷问题才是真正的根源性因素，因此习近平上述讲话中指出，发展是解决安全问题的"总钥匙"，实质上更明确地揭示了当今世界安全问题的总根源。

另一方面，习近平在上述讲话中还深刻揭示了实现可持续安全的基本路径。随着环境退化等非传统安全越来越成为国际安全议程中的核心问题，国际社会出现了激烈争论。一些观点认为，环境退化等安全问题是由于一些国家尤其是发展中国家在发展中大量排放污染物造成的，鉴于安全是需要优先解决的问题，因此必须牺牲发展来维护安全；另一些观点则认为，发达国家在环境问题上走的是先污染后治理的路径，因此从公平的角度出发，发展中国家也有权利选择发展优先的路径。实际上，上述两种观点都没有能够正确地认识发展与安全之间相辅相成的关系，而错误地把安全与发展摆在了对立的位置。应当看到，发展是安全的基础，脱离发展就不可能解决安全威胁的根源性因素；安全是发展的条件，没有安全的发展必然是不可持续的发展。③ 因此，既不能牺牲安全谋求发展，也不能通过牺牲发展来谋求安全。更进一步说，更清洁、更绿色的发展不仅不会使得环境退化等安全问题变得更为严重，反而有助于从根源上解决这些问题；更好的环境安全保障也不会妨碍发展，反而有助于推动可持续发展。因此，国际社会只有坚持安全与发展并重才能走出安全困境，实现可持续安全。

可持续安全理念对解决气候安全问题同样具有重要的指导意义。

---

① 威胁、挑战和改革问题高级别小组：《一个更安全的世界：我们的共同责任》，"秘书长的说明"，http：//www.un.org/chinese/secureworld/sg_statement.htm，2017年5月1日访问。

② 联合国秘书长：《大自由：实现人人共享的发展、安全和人权》，http：//www.un.org/chinese/largerfreedom/part1.htm，2017年5月1日访问。

③ 参见《习近平在亚信峰会阐述亚洲新安全观》，http：//www.js.xinhuanet.com/2014-05/21/c_1110796579_3.htm，2017年5月1日访问。

如果试图通过牺牲发展来谋求气候安全必然会导致发展与安全两失。气候安全的根源性因素在于南北发展严重失衡，因此越是牺牲发展就越是会从根源上加剧气候安全问题。试图通过牺牲发展来谋求气候安全的做法，其实仍然未能摆脱"治症不治病"的"控制安全模式"，这种做法试图消除全球气温上升的症状，却又回避南北发展严重失衡这个气候安全威胁的根本病因，结果必然是事与愿违。不仅如此，试图通过牺牲安全来谋求发展同样会导致安全与发展两失的后果。如果不考虑地球大气层所能承受的温室气体浓度的安全极限而坚持通过大量排放温室气体谋求发展的话，那么地球自然生态系统将会因此而发生不可逆转的危险变化，人类发展也就失去了其所必需的条件。

必须坚持安全与发展并重的理念才能从根源上解决气候安全问题，实现可持续的气候安全。保障气候安全与促进低碳发展是相辅相成的关系，而不是相互对立或冲突的关系。一方面，保障了气候安全就为低碳发展提供了其必须具备的条件。相反，在全球气温大幅上升、地球自然生态环境极大恶化、经济停滞、传染疾病蔓延等安全失控状况下是不可能有效规划和推动低碳发展的。另一方面，推动低碳发展不仅可以直接减缓温室气体排放，而且还能有效促进发展中国家的经济与社会转型升级，可以促进消除南北发展严重失衡这个气候安全威胁的根源性因素，实现可持续的气候安全。

本章结论

2007年安理会首次举行关于气候变化问题的公开辩论后，在很长时期内中国在外交表态中都明确反对把气候变化问题作为一个安全问题对待。随着气候变化科学研究不断取得新的进展以及国内外关于气候安全认知的不断发展变化，中国在未来的气候变化公开辩论等重要的外交场合应当改变态度，明确支持可以把气候变化视为一个安全问题。

中国在气候外交中应当坚持以新安全观为指导，深刻揭示南北发展失衡这个气候安全问题形成的根源性因素,努力促进国际社会坚持共同安全理念并增强气候安全国际合作,积极推动国际社会在安全与发展并重的"可持续安全模式"下筹划从根本上消除气候安全威胁的对策。这样既有利于中国在气候安全问题上建立话语权威,也有利于为国际气候安全观的构建做出更大贡献。

第五章　气候安全平等决策机制

第一节　气候安全决策与安理会

既然气候变化被视为一个安全问题，那么随之而来的一个问题就是：联合国安全理事会作为维持国际和平与安全的主要责任机构，在应对气候变化问题上应当扮演什么样的角色？在气候变化安全化的大背景下，美国、欧盟和日本等国际行为体多次在联合国大会和安理会等国际重要会议上要求安理会对气候变化问题采取干预措施。这种主张实质是要求让安理会在气候变化问题上"扮演国际最高组织的角色"[①]，也就是让安理会成为解决气候安全问题的最后决策机关。对此，中国在气候外交中须以科学事实、法律规则和国际原则为依据，反对安理会干预气候变化问题，维护广大发展中国家在气候变化问题上的平等决策权利。

一　气候变化安全含义的扩大化

2007年，时任英国外交大臣玛格丽特·贝克特（Margaret Beckett）在以安理会轮值主席的身份主持第5663次安理会关于"气候变化、能源与安全"的公开辩论后不久，就向西方的安全理论专家抛出了气候变化属于硬安全范畴的观点。2007年5月10日，玛格丽特·

[①] Shirley V. Scott & Roberta C. D. Andrade, "The Global Response to Climate Change: Can the Security Council Assume a Lead Role?" Vol. 18, No. 11, 2012, p. 220, http://brown.edu/initiatives/journal-world-affairs/sites/brown.edu.initiatives.journal-world-affairs/files/private/articles/18.2_Scott.pdf, May 1, 2017.

贝克特在英国皇家联合服务研究所（Royal United Services Institute）发表演讲时称"在关于硬安全（Hard Security）的论述中，能源安全已经被接受并成为其中的核心内容，气候变化也必须同样如此。"[1] 她还号召西方安全理论专家深入研究气候变化的硬安全含义。她称："虽然我们已经对于气候变化的硬安全含义达成了一个宽泛的政治结论，但是为了确保我们能够正确行动，我们需要利用在座的每一位对此问题感兴趣的专家的知识，以对这种威胁拥有更加准确和深刻的理解。"[2] 在西方的安全语境中，硬安全指的是军事性质的安全事务。20世纪后半叶，西方国际关系文献开发出一系列的二分法，其中就包括硬安全与软安全。[3] 硬安全是指安全的军事方面，主要处理与领土控制、军事武器特别是大规模杀伤武器的使用和恐怖组织有关的问题；软安全（Soft Security）则针对安全的非军事维度，主要与环境、能源、毒品、技术和人口等问题有关。[4]

在英国等西方大国的推动下，近年来欧盟及其成员国以及一些岛屿国家在气候与武装冲突的关系问题上的表态比较激进。2009年欧盟在联合国大会发言时称，气候变化将使得资源冲突更加激烈。[5] 在2011年安理会上，比利时发言称，气候变化将成为武装冲突"越来越重要的根源"；卢森堡发言称，随着气候不断加速变化，气候变化"逐渐成为冲突根本原因的一个日趋重要的因素"；菲律宾在发言中则认为，气候变化必然导致武装冲突和动荡。[6]

在此背景下，一些国际行为体甚至试图把达尔富尔等为国际社会

---

[1] "The Case for Climate Security Lecture by the Foreign Secretary, the Rt. Hon. Margaret Beckett MP Royal United Services Institute", http://www.rusi.org/events/past/ref: E464343E93D15A/info: public/infoID: E4643430E3E85A/, May 1, 2017.

[2] Ibid..

[3] See Gamal M. Selim, "Perceptions of Hard Security Issues in the Arab World", *Hexagon Series on Human and Environmental Security and Peace*, Vol. 5, 2011, pp. 313–326.

[4] Ibid..

[5] 见欧盟在联合国第63届大会第85次全体会议上的发言。（联合国第63届大会第85次全体会议记录，A/63/PV.85）

[6] 见2011年7月20安理会第6587次会议上卢森堡和菲律宾的发言。（安理会第6587次会议记录，S/PV.6587）

所高度关注的武装冲突归因为气候变化。2007年5月10日,玛格丽特·贝克特在英国皇家联合服务研究所发表演讲时称,"在达尔富尔冲突中,已经有20万人丧生。在这个冲突中,同样存在以游牧为生的部落与以耕种为生的部落之间为资源而发生的争斗,而由于气候变化,资源变得更加稀缺。"① 在2011年安理会召开的关于气候变化与国际安全的公开辩论上,苏丹在发言中也表示支持欧盟的上述观点,认为该国的达尔富尔地区的冲突是气候变化造成的。②

西方国家夸大气候变化的安全含义,并试图推动将其纳入硬安全范畴,在很大程度上是试图推动安理会成为气候安全决策机关。

长期以来,特别是"冷战"结束以来,随着非传统安全问题逐渐成为国际政治的重要议题,国际社会虽然尝试扩大作为集体安全机制核心机构的安理会的管辖权限,以处理不断出现的新安全议题,但是由于集体安全机制在处理非传统安全方面存在着较大的局限性,因此国际社会对安理会是否适合处理各种类型的非传统安全问题也存在着很大的疑问。

不容忽视的事实是,虽然英国、德国、美国等世界主要发达国家极力主张安理会对气候变化问题进行干预,但也正是这些国家曾经对安理会干预一些其他的非传统安全问题表达出强烈的反对。例如,在2003年4月7日安理会举行的第4736次会议上,会议议题为"非洲粮食危机对和平与安全的威胁",时任世界粮食计划署执行主任詹姆斯·莫里斯首先向与会各国代表介绍了非洲粮食危机的严重情况,他在发言中称,非洲粮食安全问题突出,上千万的人口处于饥饿当中。③在此基础上,詹姆斯·莫里斯请求安理会采取行动,促进解决危机。对于詹姆斯·莫里斯的上述请求,德国代表舒马赫明确表示不同意,

---

① "The Case for Climate Security Lecture by the Foreign Secretary, the Rt. Hon. Margaret Beckett MP Royal United Services Institute", http://www.rusi.org/events/past/ref: E464343 E93D15A/info: public/infoID: E4643430E3E85A/, May 1, 2017.

② 见2011年7月20安理会第6587次会议上苏丹的发言。(安理会第6587次会议记录, S/PV.6587)

③ 安理会第4736次会议记录, S/PV.4736, 第3—4页, 2003年4月7日。

并认为为非洲粮食危机提供援助"像是一种捐助疲倦症",并反对安理会干预粮食安全问题。① 英国代表的反对态度显得更为直接。英国代表杰里米·格林斯托克称,干预粮食危机"确实不是安全理事会的责任"。②

显然,如果西方大国不在理论上把气候变化界定为硬安全问题,那么他们要求安理会干预气候变化问题的主张必然显得前后矛盾,不能自圆其说。相反,如果在理论上把气候变化界定为硬安全问题并宣称气候变化必然导致武装冲突,那就可以为他们要求安理会干预气候变化问题的主张提供理论依据。有了这样的理论依据,这些西方大国试图把全球气候变化的最终决策权从《联合国气候变化框架公约》下的多边平等协商机制转移到安理会机制下就似乎不显得那么突兀,甚至有些"理直气壮"了。从理论上看,在联合国成立时,安理会并没有得到处理气候变化的授权,这是主张安理会行使气候变化决策权的观点所难以回避的障碍,就连一些极力主张安理会对气候变化采取干预行动的颇有代表性的西方学者也不得不承认这一点。加拿大卡尔顿大学的一位学者在《绿化安理会:气候变化是一个新兴的国际和平与安全威胁》一文中写道:"在1945年联合国成立时,气候变化并没有被视为《联合国宪章》第7章中所规定的国际和平与安全威胁,这一点是非常明确的。"但是,该文紧接着笔锋一转,认为由于气候变化导致武装冲突,因此安理会就拥有了处理气候变化问题的合法授权。该学者认为:"毫无疑问,安理会对迫在眉睫的和正在进行的武装冲突进行处置,这是拥有法律授权的。因此,鉴于气候变化在一定程度上激化了事实存在的国际和国内武装冲突,例如通过增加资源稀缺而导致的不稳定状态等,安理会拥有明确的法律授权来在受影响的地区恢复国际和平与安全。"③ "在环境激化或冲突加剧的背景中,安理会

---

① 安理会第4736次会议记录,S/PV.4736,第7页,2003年4月7日。
② 同上书,第9—10页。
③ Christopher K. Penny, "Greening the Security Council: Climate Change as an Emerging 'Threat to International Peace and Security'", *Int Environ Agreements*, Vol. 7, 2007, pp. 35 – 71.

行使职权,甚至使用武力措施,都在法律上不会有特别的争议。"① 斯科特等人在《对气候变化问题的全球因应:安理会能够承担领导角色吗?》一文中提出:"安理会授权动用武力来保护在索马里地区的援助物资和粮食运输,这就是对于由于气候变化而导致的干旱情势恶化的反应措施。"②

有了理论依据,欧美等西方大国就可以更直接地采取行动来推动安理会成为气候安全的决策机构。2007 年 4 月 17 日,时任英国外交大臣玛格丽特·贝克特以安理会轮值主席身份主持了安理会关于气候、能源与安全的公开辩论,她在会议开始时以主席身份发表讲话,开场白一过就直奔主题,表明会议的主旨是推动安理会针对气候变化所导致的冲突采取干预行动。她认为,气候系统的不稳定状态将加剧冲突,因此安理会必须承担其责任。③ 稍后,她又以英国代表身份的发言进一步阐释其观点。她表示,气候变化导致资源战争④,安理会应当为此做出"独特的贡献"。⑤ 法国在该次会议中认为,气候变化导致冲突的可能性加大,安理会应当发挥作用。⑥ 2011 年,美国在安理会第 6587 次会议上表示,苏丹所发生的荒漠化和干旱导致达尔富尔冲突,安理会需要对"气候变化加剧冲突风险"采取行动。⑦

二 气候安全决策与科学依据

在安理会应拥有气候安全决策权问题上,欧美等西方大国的核心

---

① Christopher K. Penny, "Greening the Security Council: Climate Change as an Emerging 'Threat to International Peace and Security'", *Int Environ Agreements*, Vol. 7, 2007, pp. 35 – 71.
② Shirley V. Scott & Roberta C. D. Andrade, "The Global Response to Climate Change: Can the Security Council Assume a Lead Role?" Vol. 18, No. 11, 2012, p. 220, http://brown.edu/initiatives/journal - world - affairs/sites/brown.edu.initiatives.journal - world - affairs/files/private/articles/18.2_ Scott. pdf, May 1, 2017.
③ 见 2007 年 4 月 17 日安理会第 5663 次会议上玛格丽特·贝克特的发言。(安理会第 5663 次会议记录,S/PV.5663)。
④ Angela Liberatore, "Climate Change, Security and Peace: The Role of the European Union," *Review of European Studies*; Vol. 5, No. 3, 2013, pp. 83 – 84.
⑤ 见 2007 年 4 月 17 日安理会第 5663 次会议上玛格丽特·贝克特的发言。(安理会第 5663 次会议记录,S/PV.5663)。
⑥ 安理会第 5663 次会议记录,S/PV.5663,2007 年 4 月 17 日。
⑦ 安理会第 6587 次会议记录,S/PV.6587,2011 年 7 月 20 日。

逻辑是：气候变化必然导致武装冲突，安理会有权决策是否对武装冲突采取干预行动，因此安理会对气候安全拥有决策权。该逻辑推理的大前提是不成立的，因为气候变化并不必然导致武装冲突。虽然在西方大国积极推动下，西方安全学界确实在气候变化与武装冲突之间的关联性研究上投入了大量精力，但是研究结果却不能证明气候变化与武装冲突之间存在必然性的关联。

世界银行发起的由霍华德·布赫（Halvard Buhaug）等人完成的旨在研究气候变化社会影响的"气候变化对武装冲突的含义"（Implications of Climate Change for Armed Conflict）项目在该领域研究中具有较高权威性和代表性，该项目通过对该领域研究成果进行详细梳理后认为：气候变化的社会影响方面的研究还很不足，尤其是在关于气候变化安全含义的公开辩论中，大部分观点是依据有限的资源所得出的推测性结论，而这些观点与论证中的绝大部分都未经过同行评议。①伦敦政治与经济学院的蒂姆·福赛思（Tim Forsyth）等人抓住证据这个关键环节，通过对研究气候变化与冲突的文献进行系统性梳理与评述，得出以下结论："本论文试图寻求回答以下问题：什么证据能够证明气候变化导致暴力冲突？我们的简短回答是：到目前为止没有很多证据。当然，正如本论文所表明的，虽然很多已经发表的书籍、论文和文章声称能够为气候变化和暴力冲突的关联性提供证据，但是这些研究很多是建立在未经考察、未证实或过于简单的关于气候变化导致暴力冲突的假设和因果模型的基础上的，因此这些证据很难被视为能够为气候变化是暴力冲突动因的观点提供了证明。"②

墨尔本大学的乔恩·巴尼特（Jon Barnett）于2007年发表在《政治地理学》（Political Geography）上的《气候变化、人类安全与暴力

---

① Halvard Buhaug, Nils Petter Gleditsch, Ole Magnus Theisen, *Implications of Climate Change for Armed Conflict*, Washington, DC: World Bank Group, 2008, pp. 33 – 36, http://siteresources.worldbank.org/INTRANETSOCIALDEVELOPMENT/Resources/SDCCWorkingPaper_Conflict.pdf, May 1, 2017.

② Tim Forsyth and Mareike Schomerus, "Climate Change and Conflict: A Systematic Evidence Review", p. 30, http://humanitarianlibrary.org/sites/default/files/2014/02/JSRP8-ForsythSchomerus.pdf, May 1, 2017.

冲突》（Climate Change, Human Security and Violent Conflict）论文，通常被视为能够支持气候变化与武装冲突之间具有密切关联性的重要研究文献，联合国秘书长于2009年发布的被西方政治家所广泛引用的《气候变化和它可能对安全产生的影响》报告也曾援引乔恩·巴尼特上述论文的观点来论证气候变化对人类福祉所产生的负面影响。[①] 但乔恩·巴尼特在该文中也明确承认："非常重要的是，我们要强调气候变化不可能单独地成为削弱人类安全或增加暴力冲突的风险因素……我们同样强调，一系列有关气候变化的因素并不会导致暴力冲突，它们只是仅仅对一些参数产生影响，而这些参数有时候在暴力冲突产生时是重要的。"[②] 显然，该项目的研究者并不认为气候变化与暴力冲突之间存在必然的关联性。相反，研究者的结论是气候变化与暴力冲突之间仅存在或然性的关联。

相关研究还表明，一些国家在安理会公开辩论中直接把达尔富尔等冲突归因为气候变化的观点实际上并无科学依据。在这方面，正如北得克萨斯州大学政治科学系从事政治暴力研究的伊蒂安·萨雷岩（Idean Salehyan）在《从气候变化到冲突？尚未达成共识》（From Climate Change to Conflict? No Consensus Yet）一文中所言："达尔富尔经常被引用作为沙漠化导致食物稀缺、水稀缺和饥荒并进而导致内战和种族清洗的案例。然而，虽然食物稀缺和饥荒是许多国家都存在的问题，但是同样的问题在其他地区并未导致大规模的暴力。"伊蒂安·萨雷岩还以赞比亚等国家和地区为案例，对把达尔富尔等冲突归因为气候变化的观点进行反驳。他在文章中指出："根据联合国粮农组织的信息，食物短缺和营养不良问题对马拉维、赞比亚、科摩罗、朝鲜和坦桑尼亚等国1/3以上的人口构成影响，但是这些国家均未出现全面内战和国家失败。有可能因气候变暖而增强的飓风、海岸洪水和干旱经常发生，但是却很少导致暴力冲突。"在此基础上，伊蒂安·

[①] 联合国秘书长：《气候变化和它可能对安全产生的影响》，A/64/350，第9页，2009年9月11日。

[②] Jon Barnett, Neil Adger, "Climate Change, Human Security and Violent Conflict", Political Geography, Vol. 26, 2007, pp. 639 – 655.

萨雷岩得出了结论,认为全球气候变化本身并不能决定暴力冲突的发生,而是一些国家的政府面对环境问题不采取必要的预警和反应措施才导致了暴力冲突的发生。他在文章中指出:"虽然资源稀缺、自然灾害和长期的环境转型无所不在,但是武装冲突尚属罕见。因此,环境条件本身并不能决定暴力的发生。面对全球变暖,一些国家采取必要的措施保持水土,对那些具有最迫切需要的人重新分配资源和开发灾难警报与反应系统,而其他一些国家却在应对威胁方面无所作为。"①

显然,在气候变化与武装冲突问题上,面对上述科学研究的现状,完全不能得出气候变化必将导致武装冲突的结论。需要强调的是,2009年联合国秘书长发布的《气候变化和它可能对安全产生的影响》报告中,虽然提及气候变化与武装冲突之间的关系,但也明确指出:"关于气候变化和冲突之间关系的实证经验仍然很少,大部分是坊间性质的。"② 报告还指出,在环境安全的题目下所开展的广泛研究虽然"增加了对特定情况的了解,它并未提供明确的一般性结论"③。

由上可见,气候变化与武装冲突之间只是可能存在着间接性的关系,因为正如联合国秘书长在《气候变化和它可能对安全产生的影响》报告中所阐释的,气候变化与武装冲突之间如果要产生互动关系至少还需要两方面的前提条件:其一,一些国家或地区治理能力薄弱;其二,上述国家或地区资源匮乏。④ 因此,真正导致武装冲突的直接原因是一些国家或地区治理能力薄弱和资源匮乏,而气候变化只不过是可能加剧这种现象。

三 气候安全决策与法律依据

主张安理会依据《联合国宪章》有权做出决策并据此对气候变化

---

① See Idean Salehyan, "From Climate Change to Conflict? No Consensus Yet", *Journal of Peace Research*, Vol. 45, No. 3, 2008, pp. 315–332.
② 联合国秘书长:《气候变化和它可能对安全产生的影响》,A/64/350,第17—18页,2009年9月11日。
③ 同上书,第7页。
④ 同上。

采取干预行动的观点，主要以三个步骤的法律分析为支撑：首先，《联合国宪章》第24条规定"各会员国将维持国际和平及安全之主要责任，授予安全理事会"①，据此，安理会就负有了维持国际和平及安全的责任。其次，由于气候变化已经是一个为国际社会所公认的安全问题，所以安理会有权做出决策并据此采取干预行动。最后，安理会应当依据《联合国宪章》第7章的规定做出如何采取具体行动的决策并执行该决策。安理会如果根据《联合国宪章》第39条的规定断定存在和平之威胁、和平之破坏或侵略行为，那么就有权依据《联合国宪章》第7章中关于强制性制裁办法的规定，做出相关决策并据此采取停止经济关系、停止海陆空运输、停止通讯往来和断绝外交关系等行动，或是采取军事示威或封锁等军事手段采取行动。②

在此方面，布鲁斯·吉雷（Bruce Gilley）等人《强迫性的气候行动》一文中的观点具有一定的代表性。他们认为："《联合国宪章》第39条授权安理会决定是否存在和平之威胁或和平之破坏的情形，并且授权安理会如何对这些情形采取行动。《联合国宪章》第41条允许安理会在做出上述决定的情况下采取经济制裁或其他非军事制裁的措施，《联合国宪章》第42条还允许安理会为此采取武力行动。"③ "安理会采取武力或非武力干预措施的合法性，就在于安理会有权决定根据《联合国宪章》第39条宣布某种情形构成了和平之威胁或和平之破坏。在《联合国宪章》中并没有规定安理会应该把什么情形界定为国际和平与安全的威胁，因此从法律上说，只要安理会说威胁存在，那么威胁就存在了。成员国将受到安理会上述决定的约束。"④ 不仅如此，一些西方学者甚至把确定"和平之威胁"情势视为安理会的自由裁量权。斯科特等人在《对气候变化问题的全球因应：安理会能

---

① 《联合国宪章》第24条。
② See Dane Warren, "Possible Roles for the U. N. Security Council in Addressing Climate Change", pp. 7 – 11, http：//www. ColumbiaClimateLaw. com, May 1, 2017.
③ Bruce Gilley, David Kinsella, "Coercing Climate Action", *Survival*, Vol. 57, 2015, pp. 2, 7 – 28, DOI: 10. 1080/00396338. 2015. 1026053, http：//www. tandfonline. com/doi/pdf/10. 1080/00396338. 2015. 1026053, May 1, 2017.
④ Ibid. .

够承担领导角色吗?》一文中提出:"这是安理会的自由裁量权来把某种情形定义为和平之威胁,安理会近年来正在对和平之威胁采取更加宽松的解释。"①

上述论证看似严密,实际上忽视了一个关键环节,那就是没有细致地考察《联合国宪章》所规定的联合国宗旨对安理会职权的限制。确实,根据《联合国宪章》的规定,安理会承担着维护国际和平及安全的主要责任,其主要依据是《联合国宪章》第 24 条第 1 款的规定,即"各会员国将维持国际和平及安全之主要责任,授予安全理事会"。但是,如果就此得出安理会为了履行其职责就有权决定针对一切安全问题采取行动的结论,那无疑是断章取义的,因为《联合国宪章》第 24 条第 2 款又做出了如下规定:"安全理事会于履行此项职务时,应遵照联合国之宗旨及原则。"② 把《联合国宪章》第 24 条第 1 款和第 2 款联系起来解读,就可以得出如下结论:安理会虽然承担着维护国际和平与安全的责任,但是在据此履行职责时须受到联合国之宗旨及原则的限制。

根据《联合国宪章》第 1 条的规定,联合国共有四项宗旨,其中首项宗旨即规定了安理会为维持国际和平与安全而做出决策并采取行动所需要遵守的限制条件。依据《联合国宪章》中关于联合国首项宗旨的规定:为维持国际和平及安全,应采取"有效集体办法"以防止且消除对于和平之威胁,制止侵略行为或其他和平之破坏。③ 对上述条款进行解读,可以发现,如针对和平之威胁、侵略行为或其他和平之破坏行为采取集体办法加以干预,那么所采用的集体办法应当是"有效"的,这项规定可以被称为"有效干预原则"。

安理会采取集体办法干预气候变化问题并不符合有效干预原则。

---

① Shirley V. Scott & Roberta C. D. Andrade, "The Global Response to Climate Change: Can the Security Council Assume a Lead Role?" Vol. 18, No. 11, 2012, p. 220, http://brown.edu/initiatives/journal-world-affairs/sites/brown.edu.initiatives.journal-world-affairs/files/private/articles/18.2_Scott.pdf, May 1, 2017.

② 《联合国宪章》第 24 条。

③ 《联合国宪章》第 1 条。

根据《联合国宪章》第 39 条的规定，安理会可以采取的集体办法主要包括《联合国宪章》第 42 条所规定的武力办法和《联合国宪章》第 41 所规定的以经济制裁手段为主的办法。武力办法不适宜处理环境问题，实际上已经成为国际社会的普遍认识，甚至就连积极主张依据《联合国宪章》采取干预行动的国际行为体，也都不认为武力办法可以被用来解决气候变化问题，而是主张安理会依靠经济制裁措施来干预气候变化问题。在此方面，于 2007 年 5 月由日本环境省等牵头发布的《关于气候安全的报告》中的观点颇具有代表性，该报告认为："如果一些导致气候安全威胁的国家不削减排放，并且安理会裁决这些国家构成了国际和平之威胁，国际社会将选择采取行动迫使这些国家减少排放以消除威胁……鉴于军事行动将导致温室气体排放增加，因此制裁措施适宜采取经济制裁这样的非军事手段。"[①]

虽然从表面上看，安理会采取经济制裁措施并不是专门针对发展中国家，但是由于经济制裁主要是依赖不对称性相互依赖这种权力资源来实现其政策目标[②]，因此当世界上的富国、强国甚至超级大国违反其在应对气候变化方面所应当承担的责任和义务时，安理会的经济制裁措施就根本无法实现其政策目标。实际上，如果考虑到正是世界上唯一的超级大国在签署《京都议定书》后又置其所应当承担的温室气体减排责任而不顾，断然宣布退出《京都议定书》，那么以上分析就绝不多余。毋庸讳言，在发达国家与发展中国家之间的经济实力存在巨大差异的客观条件下，安理会如针对气候变化问题采取经济制裁措施，其对象必然会主要集中在发展中国家。但是，全球气候变化问题的主要责任却在于发达国家而非发展中国家，对此由全球绝大部分发达国家和发展中国家共同签署并于 1994 年 3 月生效的《联合国气候变化框架公约》在序文中已经得出了明确结论：无论是从历史角度看，还是从现实角度看，发达国家都是全球温室气体排放的最主要来

---

① Ministry of the Environment of Japan, *Report on Climate Security*, http://www.env.go.jp/en/earth/cc/CS.pdf, May 1, 2017.
② 参见阮建平《国际经济制裁：演化、效率及新特点》，《现代国际关系》2004 年第 4 期。

源。由此可见，安理会依靠经济制裁措施来干预气候变化问题必然不具有有效性。

在温室气体减排问题上采取经济制裁等干预措施不仅不具有有效性，而且其效果很可能事与愿违。例如，如果通过经济制裁措施迫使被制裁国减少煤炭等化石燃料的使用，试图以此减少温室气体排放，那么在经济情况恶化的情形下，被制裁国的居民很可能通过砍伐森林得到替代燃料，这种结果显然事与愿违，并会加剧全球气候变化。同样，如果被制裁国经济状况因为制裁而陷入困境，这些国家对太阳能、风能等低碳能源的财政支持能力必然会降低，价格相对较高的可再生能源将使得经济窘迫的消费者望而却步。

需要引起注意的是，近年来国际上出现了一些主张安理会根据保护原则（Responsibility to Protection）对气候变化问题做出决策并采取行动的舆论，实际上是试图在《联合国宪章》以外为安理会干预气候问题寻求法律依据。其实，保护责任原则同样不能为安理会成为气候变化决策机关提供法律依据。

保护责任原则缘起国际社会在20世纪90年代由于一系列重大事件而引发的对"人道主义干预"问题的高度关注。在此背景下，时任联合国秘书长科菲·安南在其于2000年发布的《我们民众：秘书长千年报告》中，向联合国成员国提出了一个具有挑战性的问题：国际社会应当如何应对违反人类共同人性准则的暴行。[1] 2004年，由科菲·安南建立的威胁、挑战和改革问题高级别专家小组在《一个更安全的世界：我们的共同责任》报告中建议，解决问题的对策是把关注焦点从是否"有权干预"转移到是否"有责任保护"。[2] 2005年3月，联合国发布《大自由——实现人人共享的发展、安全和人权》秘书长报告，明确地表明其对保护责任的概念持肯定和支持的态度。报告认

---

[1] 联合国秘书长：《我们民众：秘书长千年报告》，http：//www.un.org/chinese/aboutun/prinorgs/ga/millennium/sg/report/sg.htm，2017年5月1日访问。
[2] 威胁、挑战和改革问题高级别专家小组：《一个更安全的世界：我们的共同责任》，A/59/565。

为，安理会应当承担保护责任，并在必要时采取行动。① 2005年9月，联合国大会以第60/1号决议通过的《2005年世界首脑会议成果》中第139段认为，安理会可以为受到种族灭绝、族裔清洗、危害人类罪和战争罪迫害的人们提供保护。②

2009年1月，联合国秘书长报告《履行保护责任》具体地提出了保护责任的三大支柱：国家的保护责任、国际援助和能力建设、及时果断的反应。③ 报告认为，第一大支柱"国家的保护责任"是指国家负有持久性的保护其居民不受种族灭绝、族裔清洗、危害人类罪和战争罪的伤害以及不受其煽动的责任，而无论这些居民是否是其国民。④ 对于第二大支柱"国际援助和能力建设"，报告认为，该支柱寻求利用成员国之间的合作、地区与次地区合作、民间社团与私营部门的合作以及联合国机构的力量等来对那些需要帮助的国家提供帮助。⑤ 报告还认为，经常被专家和政策制定者忽视的问题是，第二大支柱对于形成能够得到长期适用和广泛支持的政策、程序和实践做法非常关键。⑥ 对于第三大支柱"及时果断的反应"，报告认为，该支柱是指当一个国家处于明显的不能履行其保护责任的情势时，联合国成员国有责任以及时和果断的方式集体做出反应。⑦ 报告指出，一个合理的、标准化的、及时的反应可以包括能够被联合国及其伙伴获得的任何宽泛的工具，这些工具包括《联合国宪章》第6章下的和平措施、《联合国宪章》第7章下的强迫性措施和《联合国宪章》第8章下的合作性措施。⑧

在气候变化问题安全化的背景下，国际社会中出现了一些要求安

---

① 联合国秘书长：《大自由——实现人人共享的发展、安全和人权》，A/59/2005，http://www.un.org/chinese/largerfreedom/part4.htm，2017年5月1日访问。
② 《2005年世界首脑会议成果》，A/RES/60/1，2005年10月24日。
③ "Implementing the Responsibility to Protect: Report of the Secretary - General", A/63/677, January 12, 2009.
④ Ibid..
⑤ Ibid..
⑥ Ibid..
⑦ Ibid..
⑧ Ibid..

理会以保护责任原则为依据针对气候变化问题采取干预行动的呼声。例如，2007年5月德国"全球变化咨询委员会"（GBWU）在其《变迁中的世界——作为安全威胁的气候变化》报告中称："安理会于2007年4月第一次就气候变化的安全政策含义展开了深刻的辩论，随之而产生的问题是安理会的授权是否以及如何能够通过适当的调整以适应这些挑战。一个选择是援引保护责任原则。"①

需要指出的是，并非所有的安全挑战与威胁都适合援引保护责任原则。事实上，保护责任只是一种在极为例外的情形下才可能被考虑的原则。早在2001年关于干预和国家主权问题的国际委员会（ICISS）在其发布的《保护的责任》报告中就提出，保护责任只能是最后的救济手段，只能在所有可能预防和解决危机的非军事选择都被开发利用且不能发挥效能，而且有理由相信不采取强硬措施将无法取得成效的情况下，依据保护责任采取的军事行动才可能具有正当性。②不仅如此，该报告还提出，只有当援引保护责任原则采取的干预行动有合理的机会可能停止或改变受难者的苦难遭遇，而且必须确信采取干预行动的后果不会比不采取行动更糟的情况下，才有可能考虑援引保护责任原则。③关于干预和国家主权问题的国际委员会在上述报告中还提出了"正当理由门槛"概念，认为由于保护责任干预行动是极端例外和极为特殊的行动，因此只有针对以下两种情形援引保护责任原则才可能达到具备正当性的最起码的标准：其一是大规模的丧失生命，其二是大规模的种族清洗。④

对照上述条件和标准，气候变化问题显然不适合援引保护责任原则采取行动。首先，在应对气候变化问题上国际社会正在积极开展行动，尤其是《联合国气候变化框架公约》机制下的谈判取得了显著的

---

① German Advisory Council on Global Change（WBGU）, *World in Transition - Climate Change as a Security Risk*, p. 7, http://www.wbgu.de/fileadmin/templates/dateien/veroeffentlichungen/hauptgutachten/jg2007/wbgu_jg2007_kurz_engl.pdf, May 1, 2017.
② "The Responsibility to Protect", A/57/303, p. XII, August 14, 2002.
③ Ibid. .
④ Ibid. .

成效,在于 2015 年 12 月举行的《联合国气候变化框架公约》第 21 次缔约方大会上近 200 个国家一致同意达成了《巴黎协定》,各缔约方同意以自主贡献的方式为全球应对气候变化行动做贡献。因此,在此情形下没有理由考虑需要在所有非军事选择都不能发挥作用的情况下才可以适用的保护责任原则。其次,应对气候变化需要建立科学、系统的治理体系,这个治理体系不仅涉及温室气体减排问题,而且还涉及适应机制、资金援助机制和技术促进与转让机制,这个治理体系的根本目标是促进全球向净零排放的低碳社会转型。由此可见,应对气候变化治理体系具有长期性、复杂性、技术性和全球合作性的特点,而作为临时应急措施所采取的保护责任干预行动既无有效手段,又无专业资源,难以令人相信有合理的机会可停止或改善现状,甚至有可能出现采取干预行动的后果比不采取行动更糟的情况。正因为如此,联合国难民署于 2009 年发布《气候变化、自然灾害和人类迁徙:一个联合国难民署的视角》报告,虽然以很长的篇幅探讨了如何对气候变化导致的难民予以更好的保护的问题,但是最终也承认《联合国气候变化框架公约》是消除气候变化根源性因素的重要手段。该报告认为:"毫无争议,气候变化的毁坏性后果不可能在短期内被扭转。"[1] 最后,保护责任干预要求以种族清洗与大规模丧生为"正当理由门槛",而在气候变化问题上实施保护责任干预显然不符合这个标准。一方面,气候变化与种族清洗是截然不同的问题,后者是特定人群针对其他特定人群实施的有目的的屠杀或迫害,而前者则是全球所有人导致的由全球所有人所共同面对的安全威胁。另一方面,每次大规模丧生灾难发生都有其直接的原因,虽然气候变化有可能和其他诸多问题一起成为这些灾难的间接因素,但是只有针对直接原因采取对策才能尽快停止灾难,才符合拯救生命的人道主义精神。对于气候

---

[1] UNHCR, "Climate Change, Natural Disasters and Human Displacement: A UNHCR Perspective", http://www.unhcr.org/protection/environment/4901e81a4/unhcr-policy-paper-climate-change-natural-disasters-human-displacement.html? query =,%20Climate%20change,%20natural%20disasters%20and%20human%20displacement:%20a%20UNHCR%20perspective,May 1, 2007.

变化等间接因素的治理只有通过全球长期的共同努力才有可能奏效。因此，以气候变化可能是某些大规模灾难的间接因素而认为针对气候变化实施保护责任干预具有正当理由的观点是不合理的。事实上，2005年9月联合国大会以第60/1号决议通过的《2005年世界首脑会议成果》中第139段已经明确地把保护责任原则的实施范围限定在"种族灭绝、战争罪、族裔清洗和危害人类罪"的范围内，这就更加清晰地表明，针对气候变化实施保护责任干预是不符合保护责任原则的原意的。①

除此以外，虽然已经有一些国际文件援引了保护责任的概念，但是保护责任仍然是一个政治概念，并没有成为国际法规则，因此也就不可能成为安理会干预气候变化的法律依据。实际上，保护责任既非条约法规则，也非在前后一致的国家实践和各国共同的法律确信基础上所形成的国际习惯法。② 不容忽视的事实是，国际社会对于保护责任原则的具体含义长期以来仍存在争议。在2009年联合国大会辩论中，古巴认为，总体上不应赋予保护责任以法律地位。古巴代表指出："保护责任不能作为一个法律义务存在，虽然我们认识到所有国家都有促进与保护其人民人权的义务，但是我们同样担心在人道主义旗号下涌现出来的诸多含糊和容易混淆的概念将会侵犯国家主权、《联合国宪章》和国际法。"③ 在此基础上，古巴代表又进一步对保护责任原则的具体含义予以质疑，他认为：关于保护责任，"存在着无数的问题，这表明了在法律上、政治上和伦理上还存在很大的复杂性。例如，如果有紧急需求需要对一个国家采取干预行动的话，谁来做出决定？以什么为标准？在什么框架下和以什么条件为基础做出决定？……以什么为准绳来区分真正是以保护为目的的干预和以政治和战略为目的的干预？"在做出上述质疑后，古巴代表指出，《2005年世界首脑会议成果》中的相关表述并没有能够确定保护责任的法律地

---

① "2005 World Summit Outcome", A/RES/60/1, October 24, 2005.
② 参见黄瑶《从使用武力法看保护的责任理论》，《法学研究》2012年第3期。
③ See "Official Records of 99 Plenary Meeting of 63 Session of General Assembly of UN", A/63/PV. 99, 24 July 2009, pp. 22–23.

位。古巴代表认为:"2005年世界峰会文件中的措辞并不能使得保护责任成为一个法律概念或法律标准。峰会文件中的含糊措辞引起了很多国际争辩,我们应当一步一步地来解决这些含糊不清的问题。我们首先应当一起工作来弥补与保护责任有关的法律漏洞,然后在所有成员国认为合适的前提下,我们再来评估保护责任概念的可行性。"①

在此次联合国会议上,厄瓜多尔对联合国秘书长提出的保护责任的三大支柱明确加以质疑,尤其是对第三大支柱表达了强烈的反对意见。厄瓜多尔代表认为:"我们认为,第三大支柱是三大支柱中最复杂的,因为其将把联合国安理会作为职能机关。……我们有理由质疑,以安理会现行的组织构成和决策机制,是否能够成为为了人道主义而实施武装干预的职能机构。或者说,是否应当先对安理会进行深度和综合的改革使其增强有效性和合法性后再考虑其实施干预的职能?"在此基础上,厄瓜多尔代表表示:"只要保护责任概念还没有充分清晰的概念范围、规范性界限以及行为主体,我们国家就不可能对这样的概念做出任何承诺。"②

埃及代表在此次联合国大会辩论上以不结盟运动组织国家发言人的名义,着重指出了国际社会在保护责任问题上所存在的严重分歧。埃及代表指出,很多国际社会成员对于将保护责任的含义用于《2005年世界首脑会议成果》文件中所表述的四个领域(种族灭绝、战争罪、族裔清洗和危害人类罪)之外而深感不安;不仅如此,通过错误地使用保护责任的概念而使得那些单边主义的干涉国家内政的强迫性措施合法化的倾向,也让很多国际社会成员感到不安;关于国际组织与机构如何依据其授权与责任开展行动,一些国际社会成员提出了中肯的问题,这些问题应当通过关于如何实施保护责任的讨论得到彻底的解决。③

在具体案件的处理中,各国意见也时常相互冲突,例如2011年

---

① See "Official Records of 99 Plenary Meeting of 63 Session of General Assembly of UN", A/63/PV.99, 24 July 2009, pp. 22 – 23.
② Ibid., p. 9.
③ Ibid., pp. 5 – 6.

在针对利比亚局势的保护责任问题上,安理会内部就存在明显分歧。许多国家批评安理会在利比亚问题上援引保护责任原则超越了授权,印度和南非等国对干预行动的后果表达了强烈的质疑。①

面对联合国成员之间的明显分歧,显然不能认为,国际社会已经在保护责任问题上形成了习惯国际法所必须具备的"反复的和前后一致的国家实践"以及"法律确信意见"。实际上,联合国大会对保护责任原则的最终态度也并不明确,只是表示将"持续加以考虑"。②因此,那些认为保护责任已经成为习惯国际法并可以为安理会干预气候变化问题提供法律依据的观点,显然是与客观事实不符的。

四 气候安全决策与国家平等原则

德国等国际行为体在安理会关于气候变化与国际安全的辩论中认为,根据国家无论大小贫富都享有同样权利的平等原则,安理会应当拥有对气候安全的决策权并采取措施干预气候变化问题。③ 从表面看,上述观点似乎旨在维护小国、贫国与弱国在气候安全决策机制中拥有平等的话语权,但是如果深入分析,就可以发现,上述观点的实质仍然是试图维护大国在决策机制中的特殊地位,这样做恰恰是背离了国家平等原则,其结果将会使小国、贫国与弱国在气候安全问题上的权益受到严重的伤害。

无论从实在法还是自然法的角度看,国家平等原则都有着重要的地位。一方面,国家平等已经成为国际法的基本原则。对此,1970 年联合国大会全体一致通过的《国际法原则宣言》做出了如下阐释:无论各国的政治、经济、社会与其他性质有什么不同,均有平等的权利和责任,都是国际社会中地位平等的会员国。④ 另一方面,国家平等原则实质上是自然法所提倡的人人平等的延伸。既然承认人是生而平

---

① 参见颜永铭《保护责任的第一个十年:国际法规范调校中》,《东吴政治学报》2015 年第 3 期。
② 同上。
③ 安理会第 6587 次会议记录,S/PV. 6587,2011 年 7 月 20 日。
④ "Declaration on Principles of International Law Concerning Friendly Relations and Cooperation among States in Accordance with the Charter of the United Nations", A/RES/25/2625, 24 October 1970.

等的，那么就应当承认国家享有平等权。当代著名国际法学家路易斯·亨金（Louis Henkin）在其《国际法：政治与价值》一书中认为，根据人人生而平等的原则，国家之间应当是平等的，他甚至认为，可以套用1776年美国《独立宣言》中"人人生而平等，造物主赋予他们若干不可让与的权利"的名句来阐释国家平等的理念，他说："所有的国家都是（自产生以来）平等的……（由创造者）赋予他们一定的（不可让与的）固有权利。"① 可以看出，国家平等原则的核心价值理念在于，国家在国际法上的参与权与决策权并不因为其国土大小和人口多少而有所区别，尤其是在国际决策机制中不同国家应拥有平等的代表权和投票权，这个道理就如同自然人之间的身高、体重、肤色与性别等虽然有所区别，但是他们的人权却应该是平等的。

值得指出的是，安理会决策机制实际上是国家平等原则的例外。根据《联合国宪章》第27条第3款的规定，除了程序事项，安理会做出的所有决议必须在任何一个常任理事国不行使否决权的情况下才能形成。据此，担任常任理事国的五大国就在安理会决策机制中拥有了一票否决权②，所以安理会决策机制又被称为"大国一致原则"③，这显然使得这些大国与其他联合国成员在决策机制中处于事实上不平等的地位。安理会"大国一致原则"之所以能够成为国家平等原则的例外，其基础是联合国成员的同意与授权。不可否认，从联合国成立时的历史阶段看，安理会"大国一致原则"决策机制的存在有其合理因素。一方面，五大国是结束"第二次世界大战"、恢复和平的中坚力量；另一方面，战后还需要五大国为维持国际和平投入大量的资源。有鉴于此，联合国众成员国同意五大国在安理会决策时拥有否决权，以使其权利与责任相平衡。

既然安理会决策机制是国家平等原则的一个例外，那么这种例外

---

① 参见［美］路易斯·亨金《国际法：政治与价值》，张乃根等译，中国政法大学出版社2004年版，第154—155页。
② 史哲：《安理会否决权——"权力政治"的影像》，《欧洲》2002年第6期。
③ 梁西：《国际困境：联合国安理会的改革问题——从日、德、印、巴争当常任理事国说起》，《法学评论》2005年第1期。

所涉及的国际安全事务范围就应当受到严格限制，而不应任意拓宽，否则就会导致国家平等原则受到不应有的破坏。既然安理会常任理事国在安全事务决策机制上拥有特殊权力的基础是联合国成员的同意和授权，那么这种特殊权力就不应该扩大到联合国成员没有达成一致同意的领域。毫无疑问，在《联合国宪章》形成时，气候安全这个全新的安全挑战还根本没有进入国际社会的关注视野，因此在当时完全不可能存在联合国成员同意安理会常任理事国在气候安全问题上拥有一票否决权的授权。从维护国家平等的角度看，现在也不应当做出这样的推断。发达国家在安理会常任理事国占多数席位，而在联合国成员中占绝大多数的发展中国家却仅在安理会常任理事国中占少数席位，在这种极不平衡的席位配置下，如果允许安理会拥有针对气候安全事务做出决策并据此采取干预行动的权力，发展中国家必然会在决策机制中处于弱势地位，这显然是违背国家平等原则的，而且这种违反国家平等原则的决策安排也不利于调动发展中国家的资源来维护全球气候安全。

综上所述，主张安理会成为气候安全决策机构的观点既无科学依据，又无法律依据，而且更为重要的是，安理会成为气候安全决策机构违反国家平等原则。因此，中国在气候外交中须以科学、法律和国际原则为依据，深刻阐释安理会干预气候变化的不合理性及其可能产生的弊端，为推动国际社会选择正确的气候安全决策机制做出贡献。

第二节 多边平等协商决策机制

《联合国气候变化框架公约》第 13 条对"解决与履行有关的问题"做出了专门规定。根据该条的规定，多边协商程序是由该公约缔约方会议设定的处理与履约有关问题的机制。该条规定确认了公约的履行问题应当由地位平等的缔约各方通过多边协商机制来解决的原则。在气候安全问题上，国际社会成员在观念和立场等方面存在着重大差异，只有坚持多边平等协商的气候安全决策机制，才能有效加强不同国际社会成员之间的观念沟通与协调，充分形成全球合力，共同应对气候变化这个全球性的安全挑战。

一 观念差异问题

虽然国际社会成员普遍认识到气候变化已经成为全球共同的安全挑战，但是对于如何解决这个问题，国际社会成员之间却存在重大的观念差异，这也是全球气候安全决策需要解决的现实问题。有学者以9个国家的101000余篇报纸文章为分析对象，发现虽然同样是关注气候安全问题，但是富国与穷国、大国与小国所关注的具体问题存在很大差异。对美国而言，美国的公众媒体在报道气候安全问题时，主要讨论的问题是气候变化导致的"数百万缺乏食物的难民"将如何对美国形成威胁；在澳大利亚，公众媒体主要讨论的问题是澳大利亚周边小岛国上的潜在的"气候难民"来到该国寻求避难空间的后果；与此不同的是，泰国公众媒体主要讨论的问题则是"发达国家需要承担更大的温室气体减排义务"，以维护"食物安全"并维持可能受到气候变化威胁的当地居民的传统谋生方式，除此以外，为什么"在气候变化问题上责任最轻的国家却要承受最严重的后果"，以及气候变化将导致热带地区农作物产量急剧下降等，也是泰国公众媒体关注的重要问题；在南非，公众媒体更加关注气候变化所可能导致的干旱与水资源短缺等问题；在印度，公众媒体更多地讨论全球变暖导致喜马拉雅山脉冰川融化并威胁到数百万亚洲居民的淡水供应的问题。[①]

总体而言，对大多数发达国家而言，国内居民的收入与生活水平较高，国家资金实力较强，科技发达，国家经济发展已经过了中高速增长阶段。在此背景下，发达国家对于气候安全解决路径的观念主要有以下三方面特点：一是重安全而轻发展。发达国家经济发展水平较

[①] Mike S Schäfer, Jürgen Scheffran, Logan Penniket, "Securitization of Media Reporting on Climate Change? A Cross-National Analysis in Nine Countries", pp. 14-15, DOI: 10.1177/0967010615600915, https://www.researchgate.net/publication/282666745_Securitization_of_media_reporting_on_climate_change_A_cross-national_analysis_in_nine_countries, May 1, 2017.

高，消除贫困等经济与社会压力相对较小，因此这些国家在气候安全问题上更多地关注与其密切相关的气候难民、疾病传染等方面的问题。正因为如此，一些发达国家希望把气候变化问题更多地纳入安全框架而非可持续发展框架中解决。① 二是重减排而轻适应。发达国家资金实力强，科技水平也比较高，因此适应气候变化能力相对较强。在此背景下，发达国家更多地关注如何通过减少温室气体排放而解决环境问题，对于如何提高适应能力的问题缺乏实质性的兴趣。事实上，适应问题最早是小岛屿发展中国家在20世纪90年代初在《联合国气候变化框架公约》的谈判中提出来的，但是却在很长一段时间里受到发达国家的漠视，一些国际舆论甚至把适应行动概括为"发展中国家的问题"。② 三是重视知识产权保护而轻视国际技术转让。在应对气候变化方面，发达国家的企业与个人拥有的知识成果相对较多，因此对保护本国知识产权人的权益非常重视。与此同时，发达国家虽然对于气候变化技术国际转让的重要意义也有所认识，但是在实际行动上却总体上处于迟疑、观望甚至抵触的状态。1998年，《联合国气候变化框架公约》缔约国在于布宜诺斯艾利斯召开的第4次缔约方会议上发起了一个关于技术转让的咨询议程，其目的是为进一步就技术转让问题展开国际谈判开展准备工作。《联合国气候变化框架公约》缔约方第4届会议第4号决议（4/CE4）要求各缔约方就其附录中的问题予以答复，美国和加拿大等国在其答复中表达了其对于气候变化技术转让的观点和态度。在美国看来，对于实现该公约目标而言，针对具体国家国情的并以市场为基础的技术转让项目才是最为有效的。③加拿大认为，为了实现该公约的目标，有必要建立一个能够使技术接受国和提供国的所有的公共与私人参与者都享有最大化机遇的"扶持

---

① 安理会第6587次会议记录，S/PV.6587（续会），第6—7页，2011年7月20日。
② E. Lisa F. Schipper, "Conceptual History of Adaptation in the UNFCCC Process", *RECIEL*, Vol. 15, No. 1, 2006, p. 90.
③ UNFCCC, FCCC/SBSTA/1999/MISC. 5, pp. 13 – 15, http：//unfccc.int/resource/docs/1999/sbsta/misc05.pdf, May 1, 2017.

环境"。① 与此同时，加拿大还强调，这样的"扶持环境"只可能通过广泛的法律、制度和政策框架的实施来获得。② 对美国与加拿大的上述表态加以分析可以发现，他们虽然不公开反对气候变化技术国际转让，但是却着重强调市场机制与"扶持环境"的重要性。在现行的市场博弈中，显然是有着巨大需求的先进技术拥有者占据明显优势。强调市场机制与"扶持环境"，其实质还是强调对知识产权人的保护，而知识产权受让人的合理利益需求则在一定程度上被忽视。

对于一些新兴发展中国家而言，他们的情况与发达国家有很大的区别。首先，这些新兴发展中国家不仅人均国内生产总值与居民收入远低于发达国家，而且还面临着十分艰巨的消除贫困和改善民生的任务；其次，这些国家经济发展多处于高速或中高速增长阶段，能源需求和消耗还在持续增长，减少或控制温室气体排放面临着很大困难；最后，这些国家的国内环境问题也很突出，尤其是空气污染、水污染和土壤污染等问题正在成为本国居民抱怨和投诉的热点问题，环境治理面临很大压力。在此背景下，新兴发展中国家在解决全球气候安全问题上的理念与发达国家相比有很大区别，主要是强调以下两方面：一方面，强调安全与发展并重，尤其是主张在可持续发展框架下解决全球气候安全问题。③ 另一方面，强调气候变化技术国际转让的高度重要性。新兴发展中国家是要解决经济发展、温室气体排放控制和国内环境污染等问题，都需要拥有更多的先进气候变化技术。在1998年《联合国气候变化框架公约》缔约方第4届会议第4号决议（4/CE4）要求各缔约方就其附录中的问题予以答复时，一些发展中国家也在答复中表明了对气候变化技术转让的观点和立场。南非认为，国际社会尤其需要引起注意的是，技术转让应当符合主流技术受让国的

---

① UNFCCC, FCCC/SBSTA/1999/MISC. 5, pp.13 – 15, http://unfccc.int/resource/docs/1999/sbsta/misc05.pdf, May 1, 2017.
② Ibid..
③ 安理会第6587次会议记录，S/PV.6587（续会），第7—10页，2011年7月20日。

具体技术需求。① 埃及认为，对于缔约方应如何促进撤除影响气候变化技术转让障碍的问题，关键在于发达国家必须采取实际措施以促进、便利和资助向发展中国家转让环境技术，同时还要鼓励所有的相关国际组织加强合作，促进气候变化技术向发展中国家转让。② 可以看出，在与气候变化有关的知识产权问题上，发展中国家更加强调保护受让国的利益。

对于小岛屿发展中国家、最不发达国家和绝大多数非洲国家而言，这些国家资金匮乏，抵御自然灾害能力差，社会不稳定状况相对多发，一旦全球气温升幅失控，这些国家将是最先受到安全威胁的国际行为体。因此，这些国家在全球气候安全问题上的关注点主要有三个方面：一是减排。小岛屿发展中国家、最不发达国家和绝大多数非洲国家所面临的气候安全挑战最为严峻，因此他们要求减少温室气体排放的意愿最为强烈。除此以外，由于这些国家经济规模小，使用和消耗的化石能源也远比其他国际行为体少，温室气体排放总量也很少，对于全球气候变化的历史责任和现实责任也远低于其他国际行为体，因此这些国家在要求其他国际行为体减少温室气体排放时就显得更加理直气壮。二是资金援助。小岛屿发展中国家、最不发达国家和绝大多数非洲国家经济发展水平普遍较低，资金极端匮乏，因此如果没有足够的国际资金援助，他们在应对气候安全挑战时必然力不从心。三是适应能力建设。对于小岛屿发展中国家、最不发达国家和绝大多数非洲国家而言，在应对气候安全挑战时，仅仅有资金是不够的，因为海堤建设、传染疾病控制和社会稳定维护等工作不仅需要资金，而且还需要有充足的人力资源、良好的组织管理和健全的法律法规等，因此需要国际社会在适应能力建设方面提供全方位的有效援助。

二 观念的沟通与协调

如果缺乏有效的观念沟通与协调，那么观念上存在重大差异的不

---

① UNFCCC，FCCC/SBSTA/1999/MISC. 5，pp. 40 – 43，http：//unfccc. int/resource/docs/1999/sbsta/misc05. pdf，May 1，2017.

② Ibid. .

同国际行为体在解决气候安全问题时就会如同盲人摸象一般：每个人都认为自己观点是唯一正确的，别人的观点显得那么荒谬和可笑。在这种状态下，很难设想国际社会最终能够针对气候安全问题形成一套切实可行的行动方案。不能齐心自然无法协力，不能协力自然无法有效合作。因此，沟通和协调不同国际行为体之间的观念差异对解决气候安全问题至关重要。

在沟通和协调不同国际行为体之间的观念方面，多边平等协商机制具有安理会机制所不具备的独特功能。

（一）多边平等协商机制能够为观念不同的国际行为体提供良好的对话平台

安理会机制的特点之一就是对抗性。安理会主导下的集体干预，总是以一部分国际行为体为一个集体，对该集体以外的另外一个或多个国际行为体采取干预措施。这实际上是把国际社会的所有成员划分为"正确"和"错误"的对立两方，而两方之间围绕干预与反干预开展较量，经常形成对抗状态。处于对抗状态的两方互相敌视，很难开展以合作为目的的对话交流。因此，与其说安理会干预机制为持有不同观念的国际行为体之间提供了"对话"平台，还不如说这种机制实际上提供了"对抗"平台。

在气候安全问题上持不同观念的国际行为体并不存在谁是绝对正确的一方，谁是绝对错误的一方，否则国际气候谈判就变得没有意义。不同行为体的立场和角度不同，观念自然可能存在差异。因此，要解决观念差异问题，首先需要一个对话平台，让持有不同观念的国际行为体有在平等、和谐的氛围下阐述自己观念的机会，同时也拥有倾听其他国际行为体阐释其观念的机会。在此背景下，多边平等协商机制为不同观念的国际行为体之间所提供的对话平台就显得尤为重要。多边平等协商机制首先强调的就是平等，在这种机制下，所有国际行为体都是平等的决策参与者，在程序上没有地位高低之分，这种平等机制为有效对话提供了重要基础。不仅如此，多边协商机制还强调"协商"，而"协商"的一个重要前提就是需要了解其他决策参与者的观点和立场，这就为有效对话创造了良好的条件。

（二）多边平等协商机制能够为观念不同的国际行为体之间提供互相理解的渠道

安理会机制无论是直接使用经济制裁或军事行动等强制性措施，还是以经济或军事强制性措施为最终威慑手段而暂时采取其他干预措施，都具有很强的强制性。安理会干预作为一种强制性的干预机制，并不能在增进互相理解方面提供太多的帮助。一方面，强制性干预强调的是单向敦促和威慑，而不是双向沟通与交流。另一方面，强制性干预是以大国实力为后盾的。在安理会"大国一致"的决策机制下，最为重要的是争取到大国支持而不是对方的理解。

与安理会干预机制相反的是，多边平等协商机制则完全是非强制性的。在这种非强制性的机制下，一个国际行为体如果要想让自己的观点和主张能够对其他成员产生正面的影响作用，甚至在机制的最终决策中能够得到有效采纳，就必须要努力让其他国际行为体能够理解自己的观点、立场及其理由。在此背景下，几乎所有的国际行为体都会把争取其他国际行为体的理解作为十分重要的工作，这样多边平等协商机制就可以为促进成员之间形成广泛的相互理解提供有效的渠道。

在这方面，《联合国气候变化框架公约》下适应机制的建立与发展就是一个比较成功的案例。

制定于20世纪90年代初的《联合国气候变化框架公约》共26条，其中有6处提到了适应问题，分别在该公约的第2条、第3条和第4条。相比之下，制定于2015年年底的《巴黎协定》共29条，其中共计有51处提到了适应问题，分别在《巴黎协定》的第2条、第4条、第5条、第6条、第7条、第9条、第10条、第11条、第13条和第14条。可以看出，《联合国气候变化框架公约》中26条规定中只有3条涉及适应问题，所占比例为11.5%，而《巴黎协定》中29条规定中共有10条规定涉及适应问题，所占比例为34.5%，这个比例是《联合国气候变化框架公约》的3倍；《联合国气候变化框架公约》只有6处提到了适应问题，而《巴黎协定》中却有51处提到了适应问题，数量比《联合国气候变化框架公约》增加了7.5倍。

更为重要的是，相对于《联合国气候变化框架公约》而言，《巴黎协定》对适应问题的重视程度不仅体现在相关文字和条款的数量上，而且还体现在对适应问题的地位、作用和部署等诸多方面。

在《联合国气候变化框架公约》中，对适应问题的规定大多是方向性和原则性的，该公约中提及适应问题的只有3条规定，其中两条都是关于该公约目的与原则的规定（该公约第2条是关于目标的规定，第3条是关于原则的规定）。不仅如此，在《联合国气候变化框架公约》中适应问题的地位还是辅助性的，与减缓问题相比明显处于次要地位。该公约第2条在关于目标的规定中，明确表明公约的最终目标是稳定大气中温室气体浓度，而适应问题只是在如何确定实现上述目标的时间范围时被提及。该公约第3条共规定了5条原则，分别为"共同但有区别的责任"原则、考虑发展中国家需要和国情原则、风险预防原则、可持续发展原则和促进开放的国际经济体系原则，而只是在第3条风险预防原则中提及了需要考虑适应问题。① 在该公约第4条关于缔约方承诺的规定中，共包含了10款具体规定，其中包括所有缔约方做出的10项承诺、附件一所列的缔约方做出的7项承诺、附件二所列缔约方的3项承诺等，而适应问题仅是在所有缔约方做出的10项承诺中被提及3次，在附件二所列的缔约方的3项承诺中被提及1次。

与《联合国气候变化框架公约》相比，《巴黎协定》中适应问题的地位有了非常显著的提升，主要有以下四个方面：其一，《巴黎协定》在宗旨中把适应气候变化与减缓气候变化放在同样重要的位置。根据《巴黎协定》第2条的规定，协议旨在加强对气候变化威胁的全球应对，具体包括三个方面，即减缓、适应、资金支持。② 值得一提的是，该条规定不仅把适应问题作为与减缓、资金支持并列的重要方面，而且在资金支持方面还规定，符合气候适应型发展的路径是促进

---

① 参见《联合国气候变化框架公约》第3条。
② 参见《巴黎协定》第2条。

资金流动的方向之一。① 其二，《巴黎协定》第 7 条以很大篇幅对适应问题做出了规定，可以说是第一次以具有法律约束力的国际文件的形式确立了气候变化全球适应机制的具体内容，并对适应行动的国际合作、信息交流、体制安排等诸多方面做出了相当详细的规定；② 其三，《巴黎协定》把适应行动作为促进可持续发展与维护全球气候安全的重要措施。根据《巴黎协定》第 7 条第 1 款的规定，全球适应行动的目的在于促进可持续发展和确保缔约方能够适应《巴黎协定》所提出的目标③，即确保全球气温上升不超出气候系统安全运行的最后底线。其四，《巴黎协定》突破了以前把适应行动与减缓行动分割开来部署的思路，而是科学地阐释了适应行动对减缓行动的贡献与作用。《巴黎协定》第 4 条指出，通过适应行动所获得的减缓收益对减缓行动有着重要促进作用。④

从 1992 年 6 月《联合国气候变化框架公约》签署到 2015 年 12 月《巴黎协定》通过，在这 23 年左右的时间里，国际社会对适应机制的地位、作用和具体安排等方面从充满分歧到达成一致意见，从不太关注到高度重视，变化是十分巨大的。如果考虑到增强适应能力行动的推动者和倡导者主要是适应能力较差的弱小国家，那么更应当看到，这些弱小国际行为体的主张和需求能够得到国际社会高度认可和重视是十分不易的。

早在 20 世纪 80 年代末 90 年代初，在国际社会发起和推动《联合国气候变化框架公约》谈判时，适应气候变化问题并未引起重视。正如有学者所评价的，当时适应问题所面临的第一个障碍就是没有人愿意关注这个问题。⑤ 在 1990 年第二次全球气候大会部长宣言（The Second World Climate Conference Ministerial Declaration）中，适应能力

---

① 参见《巴黎协定》第 2 条。
② 参见《巴黎协定》第 7 条。
③ 参见《巴黎协定》第 7 条。
④ 参见《巴黎协定》第 4 条。
⑤ E. Lisa F. Schipper, "Conceptual History of Adaptation in the UNFCCC Process", *RECIEL*, Vol. 15, No. 1, 2006, p. 86.

甚至被视为生态和社会系统与生俱来的能力，因此并不需要外在的应对政策与措施。① 当时有学者在分析气候变化适应问题时认为：如果气候变化是可以适应的，那么这种变化就可以被看作是良性的变化。②

在20世纪90年代初期，气候变化适应问题的积极推动者主要是小岛屿发展中国家。小岛屿发展中国家联盟（The Alliance of Small Island States，AOSIS）一直积极主张在《联合国气候变化框架公约》中对适应气候变化问题做出一系列的规定，尤其是主张设立与适应行动相关的基金。③ 在小岛屿发展中国家联盟于1991年对气候变化框架公约政府间谈判委员会（INC）提出的建议中，强调了如何加强对海平面上升的适应行动以拯救小岛屿国家④并要求加强对贫穷与脆弱国家适应需求的关注。⑤，然而小岛屿国家的努力并未得到重视，《联合国气候变化公约》把适应问题摆在了十分次要的地位，甚至都没有对适应行动加以定义。⑥ 不仅如此，1995年《联合国气候变化框架公约》第一次缔约方大会虽然做出了一个决定（Decision 11/CP.171）涉及适应基金的问题，但是却没有任何明确的工作方案的建议。⑦

在《联合国气候变化框架公约》于1994年生效以后，公约缔约方开始致力于《京都议定书》的谈判。实际上，当时大多数公约缔约方都把应对气候变化问题理解得过于简单了，以为通过制定一个国际减排协议，就可以很快地减缓全球气候变化，因此在很大程度上忽视了适应气候变化的政策与措施。与此同时，《联合国气候变化框架公约》很多缔约方对采取适应政策与措施还存在着顾虑。这些顾虑包括科学方面的不确定性以及对减少脆弱性问题缺乏共识等。⑧ 与此同时，

---

① E. Lisa F. Schipper, "Conceptual History of Adaptation in the UNFCCC Process", *RECIEL*, Vol. 15, No. 1, 2006, p. 88.
② Ibid. .
③ Ibid. , pp. 88 – 89.
④ Ibid. , p. 89.
⑤ Ibid. .
⑥ Ibid. , p. 88.
⑦ Ibid. , pp. 88 – 89.
⑧ Ibid. .

一些发展中国家也担心，如果推动适应行动将会减少国际社会"对发达国家温室气体减排行动的关注"。①

在《京都议定书》的谈判、签署和生效的过程中，遇到的困难和阻力远远超出了预期。在此情况下，国际社会对适应行动的重要性有了更加深刻的认识，并逐渐增强了对弱小国际行为体的利益诉求的理解，缩小了意见分歧。1999年，《联合国气候变化框架公约》第五次缔约方大会做出的5/CP.772号决定（Decision 5/CP.772）中，涉及一些有关脆弱国家所面临的气候变化方面影响的条款的履行问题，同时还涉及为履行《京都议定书》而实施的政策与措施的负面影响问题。② 2001年，在政府间气候变化专门委员会（IPCC）于2001年公布了第三次评估报告后，一个有关适应行动的议程被引入到《联合国气候变化框架公约》下的科学与技术建议附属机构③并引起了关于如何应对气候变化负面影响的广泛讨论。④，2004年，一个关于适应问题的工作方案终于形成。⑤ 2005年，《联合国气候变化框架公约》缔约方达成了《马拉喀什协定》（The Marrakesh Accords），并在该协定中确定了一系列的规则，其中适应机制成为一种政策选择。⑥

近年来，随着参与《联合国气候变化框架公约》谈判的国际行为体越来越加深了对谈判伙伴的处境与需求的理解，国际社会也越来越认识到帮助适应能力不足的国家改善气候变化适应能力对于维护全球气候安全的意义。从2013年开始，联合国环境规划署开始改变了其只发布关于各国碳减排能力缺口的分析报告的做法，开始筹备编写第一份关于各国适应能力缺口的分析报告。联合国环境规划署在其于

---

① E. Lisa F. Schipper, "Conceptual History of Adaptation in the UNFCCC Process", *RECIEL*, Vol. 15, No. 1, 2006, pp. 88 – 89.

② Ibid..

③ Ibid..

④ Ibid..

⑤ "Buenos Aires Programme of Work on Adaptation and Response Measures", FCCC/CP/2004/10/Add. 1, http：//unfccc. int/resource/docs/cop10/10a01. pdf, May 1, 2017.

⑥ E. Lisa F. Schipper, "Conceptual History of Adaptation in the UNFCCC Process", *RECIEL*, Vol. 15, No. 1, 2006, pp. 88 – 89.

2014年发布的《适应能力缺口报告（2014）》中强调了分析各国适应能力缺口的意义，报告指出："如果说温室气体排放缺口显示了需要减少的温室气体排放量，适应缺口显示的则是在气候变化问题上的脆弱性，这种脆弱性是指那些应当减少但是却没有被任何得到资金支持的项目所包含在内的适应能力不足的问题。"① 由联合国环境规划署支持编写并发布的《非洲适应能力缺口报告》中对适应能力缺口做出了以下定义："适应能力缺口是指这样一种差距，那就是我们在适应能力方面的需要和我们依靠能够获得的资金、能力建设以及监测与评估体系所能达到的适应能力之间的差距。"②

2014年，联合国环境规划署发布了其首份《适应能力缺口报告（2014）》，该报告对于贫穷与弱小国家在适应能力建设方面的资金与技术需求予以了高度重视，并呼吁国际社会采取更积极的措施支持这些国家的适应能力建设。

在资金方面，报告指出，据估测，未来全球适应能力建设每年需要的投入资金为700亿—1000亿美元，但是这个估测值是远远低于实际需求的，最低限度的实际需求资金也将是上述估测值的2—3倍。③ 报告认为，最不发达国家和小岛屿国家可能存在更高的适应需求，而且如果不尽早地在这些国家开展适应行动的话，适应能力缺口将会有巨幅的扩大。④ 报告还着重强调了适应资金缺口加大与碳排放强度升高的关系。报告指出，如果碳排放强度越高的话，那么适应资金需求也越大，因为在全球平均气温升幅超过4℃的情景下与超过2℃的情景下适应能力的缺口显然存在巨大的差距；如果不能在20世纪50年代把全球平均气温升幅控制在4℃以下的话，适应能力建设的资金需求将比全球气温升幅在2℃左右的情景增加一倍；气候变化步伐越快，

---

① UNEP, "The Adaptation Gap Report 2014", p.6, http://www.unep.org/climate-change/adaptation/gapreport2014/, May 1, 2017.
② Ibid..
③ Ibid..
④ Ibid..

全球气温升幅越早超过2℃，人类适应能力建设的资金需求缺口就越大。①

可以说，2014年联合国环境规划署发布的《适应能力缺口报告（2014）》，既反映了国际社会成员长期以来在《联合国气候变化框架公约》下多边平等协商机制中平等对话、增进理解的成果，也对其后在巴黎气候大会上国际社会成员能够统一认识并把适应机制在《巴黎协定》中摆在重要位置起到了较好的促进作用。取得此重大进展的原因当然是多方面的，但是其中一个不容忽视的重要方面是，贫穷与弱小国家能够借助多边平等协商机制这个决策平台让自己的观点和主张得到国际社会的广泛接受，并推动国际形势发生重大变化。反而言之，在对抗式、冲突式的议事决策机制下，强大的实力才是影响决策结果的最重要因素，弱小国家的需求和呼声很难得到国际重视。

（三）多边平等协商机制为观念不同的国际行为体之间提供了更多的相互协调的机会

在如何解决气候安全问题上，不同国际行为体之间的观念虽然存在差异，但是并不意味着他们之间的观念是不可协调的。实际上，由于气候变化对所有国际社会成员都构成重大安全挑战与威胁，因此所有国际社会成员在面对气候安全挑战时都拥有共同的利益需求，而这正是国际社会成员之间可以相互协调观念的坚实基础。

2011年德班气候大会上参会各国在谈判成果形式问题上最终能够达成一致意见，这充分证明，多边平等协商机制对于促进国际社会成员之间相互协调观念具有积极作用。在德班气候大会上，对于谈判最终成果将采取什么形式的问题，不同国家意见分歧比较大。欧盟等国际行为体认为，未来的谈判成果应当以国际条约的法律形式出现，并倾向于采用议定书的形式。美国谈判代表则坚持，未来的谈判成果不能以包括议定书在内的任何国际条约的形式出现。从国际环境立法实

---

① UNEP, "The Adaptation Gap Report 2014", p.6, http://www.unep.org/climate-change/adaptation/gapreport2014/, May 1, 2017.

践看，采取议定书的形式是 20 世纪末以来比较普遍的做法。① 不仅如此，根据《联合国气候变化框架公约》第 17 条的规定，缔约方会议所形成的谈判成果通常也应当采取议定书的形式。但是，对参与谈判的美国政府而言，采取包括议定书在内的任何国际条约的形式都很难接受。根据美国相关法律规定，美国政府所缔结的国际条约（Treaty）需要提交美国参议院批准。早在《京都议定书》形成之前，美国参议院就明确表态，不会批准任何需要美国在国际气候合作中承担义务或责任的国际条约，这也是美国政府在签订《京都议定书》后又宣布退出《京都议定书》的一个重要原因。正是由于以上原因，奥巴马政府希望尽量避免美国重蹈《京都议定书》的覆辙。根据美国相关法律，美国政府既可以签署国际条约，也可以签署国际条约以外的国际协定。对于前者，美国政府需要获得参议院 2/3 以上多数的批准才能执行；对于后者，美国政府有权自行执行。② 根据美国国务院外交事务手册中的规定，总统在符合以下三方面条件时可以签订不是国际条约的国际协定（International Agreement）：一是该国际协定是根据美国参议院所批准的国际条约所签订的；二是该国际协定是以美国现行立法为基础的；三是该国际协定与美国国会所批准的立法不相冲突。③ 有鉴于此，美国谈判代表认为，如果缔约方会议最终谈判成果能够以国际协定的形式出现，那么就可以帮助美国政府减少很大的国内政治压力，因为该国际协定是根据美国参议院所批准的《联合国气候变化框架公约》所签订的，而且也是以美国现行的《清洁空气法》为基础的，这样美国政府就可以争取不把未来的谈判成果提交参议院批准。④ 经过沟通与协调，德班气候大会最终达成协议，同意最终谈判成果不以国际条约的形式出现。可以设想的是，如果采取对抗式、冲突式的

---

① Wolfgang Obergassel et al. , "Phoenix from the Ashes — An Analysis of the Paris Agreement to the United Nations Framework Convention on Climate Change", p. 13, http：//www. wupperinst. org, May 1, 2017.
② Ibid. .
③ Ibid. .
④ Ibid. .

议事和决策机制，持不同意见和立场的国际行为体之间在分歧问题上通常采取的做法是给对方制造麻烦和施加压力，那就很难取得这样的谈判进展。

（四）在多边平等协商机制下，参与方之间具有比较通畅的信息分享渠道

在平等协商机制下，一个或数个参与方所发生的政策变化信息很快就会被传递到其他谈判伙伴，而其他谈判伙伴可以从中发现有价值的正面信息，并也做出积极反应，这样就可以形成良性的互动循环。这种良性的互动循环被一些学者称为"柔性相互作用"（Soft Reciprocity）。①这种"柔性相互作用"的促进作用在于：一些国家在提出雄心勃勃的气候政策以后，另一些国家在受此激励后会提升他们应对气候变化行动的雄心。② 举例而言，当一个或数个参与方在减排方案方面有了积极的政策变化，其他参与方就会发现绿色低碳产品和技术的市场将会扩大，因此就可能跟进采取措施，进一步鼓励本国绿色低碳产品和技术的发展。当越来越多的参与方开始采取越来越积极的政策来鼓励绿色低碳产品和技术时，其他参与方就会发现传统能源产品与技术的市场越来越小，因此也就会意识到只有尽快向绿色经济与低碳社会转型才符合本国经济与社会发展的最根本利益。实际上，在上述过程中，多边平等协商机制起到了一个促进发现共同利益的功能，这就十分有利于谈判伙伴之间的观点协调。

（五）多边平等协商机制具有非惩罚性的特点

这个特点十分有利于减少不同国际行为体之间在接受对方观点时所具有的戒备心理，从而增加不同国际行为体之间互相协调的机会。在安理会干预机制下，如果某国际行为体接受了对方的要求，并做出了相应的承诺，那么一旦后来难以履行承诺，就可能遭受到经济或军

---

① Robert Falkner, "The Paris Agreement and the New Logic of International Climate Politics", pp. 26 – 28, https://static1.squarespace.com/static/538a0f32e4b0e9ab915750a1/t/57a72a28e4fcb59aefff1ae8/1470573099440/Falkner_2016_TheParisAgreement.pdf, May 1, 2017.

② Ibid. .

事制裁。由于不能履行承诺需要遭受惩罚性的结果，因此被要求采取行动的国际行为体通常抱有很强的戒备心理，并倾向于从一开始就千方百计地去证明对方要求的不合理性，这就会导致不同国际行为体之间相互协调观念的机会减少。与安理会集体干预机制不同的是，多边平等协商机制并不通过惩罚措施来促进履行承诺，因此参与其间的国际行为体的后顾之忧较少，相对更加容易促进协调。

（六）多边平等协商机制采取的是平等决策机制

相对于安理会"大国一致"的决策机制而言，平等决策机制可以获得更多的国际信任，这样就可以积聚更多的资源来应对气候变化这个当前最难以应付的全球性挑战。与其他国际安全问题相比，气候安全问题的一个特点就是要考虑到全球任何一个国家的安全利益需求，哪怕是极为贫困和弱小的国家也不能忽略。其实，那些极为贫困与弱小的国家实际上正是气候安全问题最薄弱的一环，如果忽略他们的安全需求，那么因气候危机而在这些国家所导致的人口迁移、疾病蔓延和动植物品种灭绝等问题就很有可能酿成全球性的安全问题。在此背景下，由于"大国决策"或"大国会议"式的议事和决策机制不可能很好地关注和吸纳弱小国家的意见和观点，因此也就不可能赢得国际社会的广泛信任。

实际上，在退出《京都议定书》后，美国就曾试图通过"大国决策"或"大国会议"式的机制来处理气候变化问题，主要经济体会议（MEM）就是美国倡议并发起的这种机制，该机制从雄心勃勃地发起到草草收场的历程颇能从反面的角度说明，平等决策机制对于维护全球气候安全的重要意义。

2007年，美国小布什政府倡议并发起了主要经济体会议（MEM）。主要经济体会议又被称为主要排放者会议（Major Emitters Meeting, MEM），这是小布什政府试图转移国际社会对其在气候变化问题上无所建树的批评而努力运作的产物。① 第一届主要经济体会议于 2007 年 9 月在华盛顿召开,第二届主要经济体会议于 2008 年 1 月 30—31 日在美国夏威夷的火奴鲁鲁(Honolulu)召开。② 其实,即使对美国而言,主要经济体会议也几乎没有收获实质性的成果。美国选择在 2007 年 9 月份召开第一届主要经济体会议,其主要目的之一是为将于当年 12 月在印度尼西亚巴厘岛召开的气候大会上争取支持。③ 但是,在第一届主要经济体会议召开后,美国在气候变化问题上的立场和主张仍然受到了来自世界各国的广泛而严厉的批评。④ 在 2007 年 12 月份召开的巴厘气候大会上,美国继续受到了孤立,其试图为"巴厘路线图"浇冷水的做法受到了广泛的谴责,欧盟代表甚至直接针对美国指出:如果巴厘气候大会不能形成一份启动下一阶段全球气候行动的计划,那么即使在美国夏威夷火奴鲁鲁召开第二届主要经济体会议也没有意义。⑤

在 2008 年 1 月底于美国火奴鲁鲁召开的第二届主要经济体会议上,尽管会议以"为支持巴厘路线图而做出具体贡献"为主题,但是美国的实际意图是试图用主要经济体会议来取代《联合国气候变化框架公约》下的国际谈判,还试图以主要经济体会议为工具,来推动实施美国关于用一个非约束性的自愿减排承诺来取代一个具有约束力的国际减排协议的主张。⑥ 但是在这次由日本、法国、德国、意大利、英国、中国、加拿大、印度、巴西、南非、墨西哥、俄罗斯、澳大利亚、印度尼西亚、韩国和欧盟等国代表参加的主要经济体会议上,美国的意图不仅没有得到参会各国的支持,而且美国还被迫正式承认主

---

① Jane Kochersperger, John Coequyt, "Bush Major Emitter Meetings (MEM): Wrong Way on Climate Change", http://www.greenpeace.org/international/Global/international/planet-2/report/2008/1/bush-mem.pdf, May 1, 2017.

② Jane Kochersperger, John Coequyt, "Bush Major Emitter Meetings (MEM): Wrong Way on Climate Change", http://www.greenpeace.org/international/Global/international/planet-2/report/2008/1/bush-mem.pdf, May 1, 2017.

③ Ibid..

④ Ibid..

⑤ Ibid..

⑥ Ibid..

要经济体会议的目的仅在于为《联合国气候变化框架公约》下的国际谈判做贡献。① 由此宣告美国在气候变化问题上试图用大国议事和决策机制来取代《联合国气候变化框架公约》下的多边平等协商机制的做法失败了。

美国上述做法失败的主要原因在于主要经济体会议遇到了明显的不信任，正如一些国际舆论所指出的，核心问题在于：该机制是否从让少数国家来做出决策的目的出发而被设计为《联合国气候变化框架公约》机制的替代。② 那些没有被邀请的国家感觉这个机制有很强的排外特征，即使那些被邀请参加的发展中国家与那些被拒之门外的发展中国家有同样的感觉，即这个机制是排外的。③ 实际上，2009年奥巴马宣誓就任美国总统后不久，就在2009年3月把"主要经济体会议"（MEM）改组为关于能源与气候变化问题的"主要经济体论坛"（Major Economies Forum on Energy and Climate Change，MEF）。虽然从"会议"（Meeting）到论坛（Forum）仅仅一词之更改，但已经非常明确地表明，该机制仅具有讨论的功能而不承担决策的功能。这也表明了，美国也已经意识到《联合国气候变化框架公约》下多边平等协商机制的决策功能是无法被"大国会议"取代的。

在气候变化问题上，对于任何试图利用大国决策机制来取代《联合国气候变化框架公约》下的多边平等协商机制的计划而言，美国推动主要经济体会议（MEM）的失败都是一个值得借鉴的教训。从表面上看，主要经济体会议（MEM）试图由参会的多个国家开展协商会谈来解决气候安全问题，似乎也是一种"多边协商机制"。但是，对于涉及全球所有国家安全利益的气候变化问题，仅仅由十几个大国协商，而把其他上百个国家排除在外，这绝不是真正意义上的多边协商机制。更为重要的是，主要经济体会议（MEM）把广大的弱小国

---

① Jane Kochersperger, John Coequyt, "Bush Major Emitter Meetings (MEM): Wrong Way on Climate Change", http://www.greenpeace.org/international/Global/international/planet-2/report/2008/1/bush-mem.pdf, May 1, 2017.

② Ibid..

③ Ibid..

家排除在外的做法与平等决策的理念完全不相符合。事实证明，试图用主要经济体会议（MEM）这样的大国决策机制来取代《联合国气候变化框架公约》下的多边平等协商机制，不可能获得广泛的国际信任，也不可能积聚应有的全球资源来应对气候变化这个全球性安全挑战。

三 多边平等协商机制与国际实践

不以经济或军事制裁为后盾的多边平等协商机制并非无所作为的决策机制。实践证明，迄今为止人类在解决气候安全方面所取得的所有重大成果几乎都是在多边平等协商机制下取得的。

《联合国气候变化框架公约》是目前规范全球应对气候变化行动的一个最基本也是最重要的国际法文件。正是这个公约确定了全球应对气候变化行动最基本的原则，并为跨世纪的应对气候变化国际合作确定了重要框架。可以说，如果没有《联合国气候变化框架公约》，国际社会在温室气体减排、适应能力建设以及资金和技术援助方面就不可能取得像今天这样的成就。或者说，正是因为有了《联合国气候变化框架公约》，国际社会才能够形成并通过了《京都议定书》和《巴黎协定》这两个重要的国际法成果，对解决全球气候安全问题起到了重要的促进作用。

事实上，对于维护全球气候安全具有至关重要作用的《联合国气候变化框架公约》并不是在任何强制干预机制促进下形成的，而恰恰是国际社会成员通过多边平等协商而收获的成果。早在1990年9月，联合国环境规划署和世界气象组织就召集了一次由政府代表参加的特别工作组会议，为讨论与谈判针对气候变化问题的可能框架和程序规则等问题进行筹备；1990年12月21日，联合国大会对国际气候谈判问题进行了讨论，并通过了题为"为了当今和未来的人类保护全球气候"的第45/212号决议，成立了联合国气候变化框架公约政府间谈判委员会（Intergovernmental Negotiation Committee for a Framework Convention on Climate Change，INC），该委员会被赋予了通过谈判形成应对气候变化的框架公约以及任何相关议定书的职责。① 由此可见，关于《联合国气候变化框架公约》的谈判之所以能够启动，并非大国决策所推动的，而是在各国拥有平等地位的联合国大会的决策下所形成的。

1991年2月，在美国举行了联合国气候变化框架公约政府间谈判委员会第一次会议，在这次会议上各国之间在应对气候变化问题上的利益分歧很快就暴露出来了。② 虽然从表面上看，各国是围绕组织性问题、程序性问题和技术性问题在发生争论，但是从实质上看，这些争论背后隐藏的是各国对应对气候变化行动的责任与义务上的观点分歧。③ 可见，国际气候谈判从一开始就是一个充满利益和观点分歧的博弈过程。值得指出的是，联合国气候变化框架公约政府间谈判委员会架构下的平等协商谈判机制并没有把这场谈判演变成为没有结果的对抗与冲突，而是通过充分的对话、协商、沟通与协调，完成了联合国大会为联合国气候变化框架公约政府间谈判委员会所设定的谈判任务。1991年2月至1992年5月，联合国气候变化框架公约政府间谈判委员会先后举行了多次重要会议。在这些会议上，各国代表不仅充分利用正式的会议时间进行磋商，而且还尽可能地利用非正式的会议间歇时间进行对话与协商。1992年2月，于美国纽约举行了联合国气候变化框架公约政府间谈判委员第五次会议。在此次会议上，虽然临近《联合国气候变化框架公约》最终签署时间，但是由于各国的利益分歧仍然没有得到有效协调，谈判代表对于《联合国气候变化框架公约》草案的文本及措辞还存在很大争议。在平等协商机制下，大国和小国都意识到只有通过沟通与协调才能促成《联合国气候变化框架公约》草案文本如期形成。在此背景下，会议谈判进程变得十分富有弹性，在正式会议的间歇出现了很多"非正式会议"（Informals），甚至很多代表为了促进沟通还组织了"非正式的非正式会议"（Informal-

---

① Matthew Paterson, *Global Warming and Global Politics*, Routledge, London, 1996, p. 49.
② Ibid., pp. 49 – 52.
③ Ibid..

informals），一些国家的谈判代表在午餐时间和夜间都在利用这些非正式会议对各种有争议的问题交换意见，化解分歧。① 事实证明，这种平等协商机制下的对话与沟通确实对谈判进程起到了很大的促进作用，《联合国气候变化框架公约》草案文本在这种谈判氛围下以每24—48 小时更新一次的速度被不断完善②，最终促成《联合国气候变化框架公约》的草案文本得到了谈判各国的普遍认可和接受，并于1992 年 5 月在纽约正式通过。

虽然在《联合国气候变化框架公约》通过后，很多人对其进行强烈的质疑和指责，认为它没有能够为任何一个缔约方确定一个明确的温室气体量化减排目标，不会对解决全球气候变化问题起到重要作用。但后来的事实证明，多边协商机制下求同存异、逐步推进的做法是务实而有效的。虽然在《联合国气候变化框架公约》的谈判进程中，国际社会成员在温室气体量化减排问题上存在尖锐分歧，但是国际社会成员并没有因此就放弃平等协商，而是采取了强调共识并暂存分歧的做法，这就使得《联合国气候变化框架公约》能够为国际气候合作确定了一些基本原则，为国际社会进一步开展和推进气候变化合作提供了重要基础。实践证明，《联合国气候变化框架公约》于1994年 3 月生效后，在短短的 4 年里，国际社会就在《联合国气候变化框架公约》所确定的基本原则的指导下，通过多轮的多边平等协商，在1997 年 12 月召开的《联合国气候变化框架公约》第三次缔约方会议上通过了规定有具体量化减排指标的《京都议定书》。

《京都议定书》固然存在着不足，但是对于维护全球气候安全而言，这个在多边平等协商机制下形成的国际法文件的积极意义和作用还是十分显著的。具体而言，《京都议定书》对于维护全球气候安全至少有以下两方面的重大贡献：一方面，确定了相关缔约方承担具有法律约束力的温室气体量化减排义务；另一方面，《京都议定书》确

---

① Matthew Paterson, *Global Warming and Global Politics*, Routledge, London, 1996, pp. 59 – 60.

② Ibid..

定了哪些温室气体应当被纳入量化减排的清单之中，从而使得温室气体国际减排真正具有了可操作性。①

实际上，在《京都议定书》谈判的初始阶段，国际社会成员之间在上述两方面存在着很大的分歧。1995年，在于德国柏林召开的《联合国气候变化框架公约》第一次缔约方大会上，各国在温室气体减排问题上甚至出现了僵持状态。根据缔约各方所提交的方案，全球温室气体排放量甚至不能在1990年水平上保持稳定②，更不可能有所降低。正是在多边平等协商机制帮助下，国际社会成员才逐渐增强理解，加强协调，达成了一致的行动方案。

在应当如何分摊并承担温室气体量化减排义务方面，发达国家与发展中国家发生了激烈的争辩，美国等发达国家要求发展中国家应当与发达国家一样也承担温室气体量化减排义务，而发展中国家则认为，发达国家应当为他们自工业化革命以来的累积排放承担历史责任，率先开展减排行动。与此同时，发达国家之间的分歧也很尖锐，尤其是欧盟与美国、澳大利亚等国家在是否需要在《京都议定书》中纳入一个有法律约束力的温室气体减排条款，以及如何确定减排幅度等问题上发生严重争执。面对激烈的分歧与争议，绝大多数参与谈判的国家在多边平等协商机制下经过充分和有效的沟通，终于消除了根本性的分歧，促使《京都议定书》得到通过，并使《京都议定书》所规定的量化减排指标具有了法律约束力。在哪些温室气体应当被纳入量化减排的清单之中的问题上，不同国家或国家集团在谈判初期都根据自己的能源禀赋和产业特点提出了对自己最有利的温室气体清单，观点差异较大，尤其是一些国家对于是否可以把于1989年生效的《保护臭氧层维也纳公约》中规定的需要淘汰的物质也纳入减排清

---

① See Warwick J. Mckibbin and Peter J. Wilcoxen, *Climate Change Policy after Kyoto: Blueprint for a Realistic Approach*, Brookings Institution Press, Washington, D. C., 2002, pp. 41–46.

② See Ute Collier and Ragnar E. Löfstedt, "The Climate Challenge", in Ute Collier and Ragnar E. Löfstedt, eds., *Cases in Climate Change Policy: Political Reality in the European Union*, Earthscan Publications Limited, UK, 1997, pp. 8–10.

单产生了激烈的争论。在此情况下,国际社会成员还是通过多边协商机制来求同存异,最终在《京都议定书》附件中确定了纳入减排指标的温室气体种类为二氧化碳、甲烷、氧化亚氮、氢氟碳化物、全氟化碳和六氟化硫[①],使得《京都议定书》的实际履行具有了可操作性。

在《京都议定书》生效之后,国际气候谈判的焦点开始逐渐集中到如何构建《京都议定书》第一承诺期结束后的国际气候制度上来。2009年12月,哥本哈根气候大会未能如国际社会所事先预期的那样达成一个针对2012年后国际碳减排行动的具有法律约束力的国际协议。一些国际社会成员在失望之余一度陷入了相互指责与攻击之中。一些国际舆论也主张不能再把国际气候合作的希望寄托在《联合国气候变化框架公约》下的多边平等协商机制,并认为由气候变化所有利益关系方参加的多边协商只能加剧谈判的复杂程度,增加各国搭便车的侥幸心理,因此建议,应当把应对气候变化国际行动的决策权交给小规模的国家会议或论坛行使。[②] 此后,一些国家还在安理会公开辩论中主张采用强制性的干预措施来促进国际碳减排行动。但是结果却表明,互相指责与攻击并无助于气候安全问题的有效解决,对抗与强制也从来没有帮助全球气候治理收获任何实质性成果。

与此相反的是,《联合国气候变化框架公约》成员国在多边协商机制下再次聚集在一起,努力通过对话、沟通和协调来寻求走出困境的对策。2010年11月29日至12月10日,很多国家的谈判代表带着对未来前景的悲观预测来到了墨西哥坎昆,参加《联合国气候变化框架公约》第16次缔约方会议。前联合国环境问题特使韩升洙在接受路透社记者采访时就明确表示,鉴于各国意见分歧较大,因此他对坎昆会议不抱有乐观预期。[③] 然而就在这么一次没有任何强制与惩罚机制的多边协商会议上,参会国家却通过平等协商达成了出人意料的成

[①] 见《京都议定书》附件A。
[②] Sebastian Oberthür, "The Architecture of the Global Climate Regime: A Top Down Perspective", p. 606, http://www.climatepolicy.com, May 1, 2017.
[③] 《路透精英汇:前联合国特使不看好坎昆气候会议》,http://www.gesep.com/classification/detail4141.html, 2017年5月1日访问。

果,认同以"共同但有区别的责任"原则为基础推动国际气候合作继续向前走。① 被选举为坎昆气候大会主席的时任墨西哥外长帕特里西亚·埃斯皮诺萨·坎特利亚诺认为,坎昆大会成为推动《联合国气候变化框架公约》各缔约方在很多方面开始采取行动的重要契机,凸显了各缔约方之间相互信任的重要性。② 可以说,坎昆气候大会最重要的贡献在于,把《联合国气候变化框架公约》成员国在哥本哈根气候大会后从相互之间处于信任危机的边缘拉了回来,为后续的国际气候谈判做了非常良好的铺垫。

2011年11月28日至12月11日,《联合国气候变化框架公约》第17次缔约方大会暨《京都议定书》第7次缔约方大会在南非德班召开。在会议的开始阶段,与会的谈判代表围绕会议议题进行了开诚布公的交流,并各自划定了谈判的"政治红线"。③ 在接下来的谈判中,代表在分析和提炼谈判对方所提出的方案的合理成分的同时,也更加深入交流了各自的国内情况与限制条件,进一步加深了相互理解。④ 在最后的谈判文案逐条审读阶段,谈判代表接受了会议主持方南非的"从更宏观的视角"来分析判断的建议,通过代表之间"互相确信"的方式,努力形成一致意见。⑤ 这次会议虽然未能化解所有分歧,但是也终于帮助近200个谈判国家凝聚了一些重要的共识。会议建立了德班行动平台,同意启动绿色气候基金,并明确了制定针对2020年后全球气候行动的国际法文件的目标。⑥

2012年11月26日至12月7日,《联合国气候变化框架公约》第18次会议暨《京都议定书》第8次会议在卡塔尔多哈召开。多哈气候大会的一项重要任务在于贯彻与落实德班气候大会成果,为制定新国际协议确定具体的议程。在此次于多哈召开的气候大会上,各国分

---

① 《中国代表团积极评价坎昆气候大会成果》,http://news.xinhuanet.com/world/2010-12/11/c_12870313.htm,2017年5月1日访问。
② *Earth Negotiation Bulletin*, Vol. 12, No. 498, December 13, 2010, pp. 2-3.
③ Ibid., pp. 29-30.
④ Ibid..
⑤ Ibid., p. 1.
⑥ Ibid..

歧主要集中在《京都议定书》第二期是否应当履行减排义务的问题上。总体而言，欧洲国家主张在《京都议定书》第二期继续履行减排义务，而一些北美国家与日本、新西兰等国则持相反立场。① 面对这种局势，包括中国在内的很多国家都准备在谈判中适当放弃一些自身的利益需求，多寻求一些共同的利益交叉点，会议在谈判各方互相谅解的基础上，不仅确定了一个从2013年起算的长达8年的《京都议定书》第二承诺期，而且确定最迟在2015年制定并通过一项新的气候变化国际协议。②

在2013年11月11日于华沙召开的《联合国气候变化框架公约》第19次会议暨《京都议定书》第9次会议上，由于谈判逐渐开始涉及与各国利益密切相关的实质性问题，谈判各国之间的矛盾再一次凸显出来。在华沙气候大会上，南北分歧几乎贯穿了会议始终。在谈判中，发达国家主张世界各国承担无差别减排责任，而发展中国家则依据"共同但有区别的责任"原则要求发达国家实施碳减排增强行动。③ 南北双方围绕各自核心主张开展激烈辩论，以至于直至会议原定日程的最后一天，发达国家与发展中国家都无法达成一致意见。值得一提的是，尽管华沙气候大会谈判中南北双方分歧很大，但是南北双方还是从维护全球气候安全的大局出发，尽量寻求利益交会点，取得了一些重要的谈判成果，其中比较有代表性的是提出了"国家自主贡献"的概念。在"国家自主贡献"这个概念提出来之前，南方国家与北方国家在如何做出"承诺"方面的分歧几乎无法化解。从南方国家的角度看，如果南方国家与北方国家一样做出碳排放控制承诺，那么很难体现出发展中国家与发达国家应当承担"共同但有区别的责任"原则；从一些北方国家政府的角度看，尤其从美国政府的角度看，如果同意做出"承诺"的话，很可能在国内将面临着来自对国际

---

① 《新闻分析：多哈气候谈判面临诸多挑战》，http://www.weather.com.cn/climate/qhbhyw/11/1750488.shtml，2017年5月1日访问。
② 《潘基文欢迎多哈气候变化大会取得成果》，http://www.un.org/chinese/News/story.asp?NewsID=18915，2017年5月1日访问。
③ *Earth Negotiation Bulletin*, Vol. 12, No. 594, November 26, 2013, pp. 27-30.

气候合作持反对意见的国会议员的强大的政治压力。① 因此，采用"贡献"取代"承诺"，这不仅是词义上的变化，更是南北双方互相协调立场的重要实质性举措，这样就可以更准确地反映各国为维护气候安全所采取行动的性质，能够得到南方国家与北方国家的共同认可，为此为后国际气候谈判的进一步深入开展排除障碍。

2014年12月1日，在秘鲁利马召开了《联合国气候变化框架公约》第20次缔约方大会暨《京都议定书》第10次缔约方会议。实际上，参加此次会议的各国都很清楚，如果要想在2015年巴黎气候大会上对2020年后应对气候变化国际行动达成一项具有法律约束力的国际协议，利马气候大会几乎已经是最后的机会了。虽然在2013年的华沙气候大会上国际气候合作陷入低谷，但是与会各方以求同存异、顾全大局的姿态重新开展新一轮谈判。在与会各国的共同努力下，利马气候大会终于取得了积极的成果，并为2015年巴黎气候大会明确了基本原则和很多细节性的内容。②

在2015年11月30日召开的巴黎气候大会上，各方在一些重大问题上仍然存在着分歧。例如，对于《巴黎协定》的全球气温控制目标，到底是设置在2℃、1.5℃或是更低，各国之间意见分歧很大。不仅如此，与会各方在减排、适应、资金与技术等方面也存在着很大的立场差异，以至于会议中争执不断，会议也不得不因此而延期。虽然巴黎气候大会一波数折，但是平等对话、多方协调和相互协商的议事与决策机制再一次发挥出其凝聚共识、减少分歧与搁置争议的重要作用。最终大会通过了具有里程碑意义的《巴黎协定》，使得2020年后的全球应对气候变化行动再一次被纳入到国际法律框架之下，也使得国际社会维护全球气温升幅不超出安全范围的共同愿望获得了法律制度的保障。

总而言之，自20世纪90年代初《联合国气候变化框架公约》谈

---

① Wolfgang Obergassel et al., "Phoenix from the Ashes — An Analysis of the Paris Agreement to the United Nations Framework Convention on Climate Change", p. 9, www.wupperinst.org, May 1, 2017.

② *Earth Negotiation Bulletin*, Vol. 12, No. 619, December 16, 2014, pp. 27–30.

判启动以来，国际气候合作几起几落，道路颇不平坦。虽然国际气候合作长期存在着分歧与争执，但是在多边协商机制下参与谈判各国几乎每一次都能够在分歧中找到共识，在争执中寻求到利益契合，并一次又一次地通过沟通与协调而走出低谷，不断取得诸如《京都议定书》的生效与《巴黎协定》通过等实质性成果，使得国际社会在维护全球气候安全的进程中不断取得实质性突破，这就充分证明了多边平等协商机制是在实践中行之有效的决策机制。

本章结论

安理会决策机制从本质上是一种以决策地位居于优势的大国为核心，形成决议并由所有国家执行的自上而下的决策机制。在这种决策机制中，由于广大弱小国家不具有平等的话语权与表决权，因此他们的合理利益需求很难得到体现，该机制所形成的成果也难以得到世界各国的自觉遵守。维护全球气候安全的目标极具挑战性，需要世界各国共同努力，仅仅依靠大国的力量是根本无法实现的，因此安理会决策机制无助于气候安全问题的解决。

平等协商决策机制本质上是通过对话、沟通和协调这种自下而上的方式把国际社会所有成员的合理利益需求汇集起来，逐渐增加理解，加强协调，凝聚共识，最终形成能够反映国际社会成员核心共同利益的国际法文件。坚持平等协商的决策机制，有助于《巴黎协定》各缔约方减少观念分歧，增加共同行动意愿，有利于促进实现把全球气温升幅控制在安全范围之内的目标。

第六章 国际气候规范塑造力

第一节 对国际气候规范的引导作用

气候变化问题安全化必然导致打破常规，建立新的国际规范，以更加有效地应对气候变化安全挑战。要落实《巴黎协定》所确定的行动目标，很多更加具体的国际气候规范亟待制定。与此同时，国际社会在很多相关问题上仍然存在重大分歧，一些国家的气候政策摇摆又为国际气候规范的制定增加了不确定性。中国作为发展中大国，在国际气候规范的制定中需要积极发挥引导作用，提高对国际气候规范制定的塑造力。

一 后巴黎时代概况

2016年11月4日，《巴黎协定》正式生效，标志着后巴黎时代的到来。2016年11月7日至19日，《联合国气候变化框架公约》第22次缔约方大会（COP22）、《京都议定书》第12次缔约方会议（CMP12）暨《巴黎协定》第1次缔约方会议（CMA1）在摩洛哥马拉喀什召开。由于2016年马拉喀什气候大会是《巴黎协定》生效后的首次气候大会，因此这次气候大会受到国际社会的高度重视，很多国际行为体将其视为观察后巴黎时代国际气候合作是否能够进一步深入发展的风向标。事实上，2016年马拉喀什气候大会的参会人员有22500余人，其中包括约15800位来自世界各国的政府官员，约5400名来自联合国机构、政府间组织的代表和其他社会组织的代表，约

1200 名来自各方面媒体的工作人员。① 会议参加人数之多、代表覆盖面之广也从一个侧面反映了国际社会对后巴黎时代的第一次全球气候大会的高度关注。

实际上，无论是马拉喀什气候大会的组织者还是与会代表都已经意识到国际社会的观望态度，并意识到需要通过此次大会给国际社会释放出一个明确信号：《巴黎协定》生效后的全球气候治理进程不会停滞或倒退，而是会稳步向前推进。客观而言，由于《巴黎协定》于 2015 年 12 月在巴黎气候大会通过后以出人意料的速度达到了生效条件并于 2016 年 11 月正式生效，因此一系列烦琐而漫长的技术性工作实质上才刚刚开始，在这个形势下要求马拉喀什气候大会能够向国际社会展示全球气候治理的新动力是存在很大困难的。面对困难，马拉喀什大会的组织者和与会代表通过共同努力，最终在大会所形成的成果文件中向国际社会展示了三大成果：一是在马拉喀什气候大会所做出的《联合国气候变化框架公约》第 22 次缔约方大会第 1 号决定中，突出地强调了履行《巴黎协定》的紧迫性；② 二是明确宣布将加速推进《巴黎协定》规则手册的制定以促进《巴黎协定》的执行，并决定以 2018 年为制定规则手册的最终期限，这个最终期限早于很多国家在 2015 年年底巴黎气候大会所预期的时间；③ 三是确定了适应基金的功能与作用。适应基金是 2008 年 11 月在波兰波兹南气候变化大会上决定启动的，当时确定其功能与作用是在《京都议定书》机制下帮助发展中国家开展适应行动。在 2016 年马拉喀什气候大会召开之前，国际社会成员之间对于该适应基金是否可以用来促进《巴黎协定》下的适应行动有所争议。马拉喀什气候大会解决了这个争议，决定适应

---

① *Earth Negotiations Bulletin*, Vol. 12, No. 689, 2016, p. 1.
② "Preparations for the Entry into Force of the Paris Agreement and the First Session of the Conference of the Parties Serving as the Meeting of the Parties to the Paris Agreement", p. 1, Decision 1/CP. 22.
③ *Earth Negotiations Bulletin*, Vol. 12, No. 689, 2016, p. 36.

基金应当为《巴黎协定》服务。①

二 国际气候规范的困难与阻力

虽然后巴黎时代的国际气候合作取得了一些进展，但是也应当看到，国际气候合作还面临着重大困难。《巴黎协定》生效后，国际气候谈判与合作的焦点聚集在如何制定细化的规则上，即把2015年巴黎气候大会的成果制度化和规范化。从巴黎气候大会结束后国际气候谈判的发展形势看，国际社会在这些方面仍然存在很大分歧，使得国际气候谈判与合作进一步深入发展遇到了较大阻力。具体而言，主要有以下方面：

（一）2020年前提高行动力度问题

1. 发展中国家的态度

发展中国家认为，国际社会之所以能够达成针对2020年后国际气候行动的《巴黎协定》并以实际行动促使其在通过后不到一年的时间里生效，其中一个重要原因是，国际社会成员对2020年前的应对气候变化行动安排达成了共识，即需要进一步提高行动力度，尤其是发达国家需要进一步加强减排力度。

事实上，这个共识在2011年德班平台特设工作组谈判授权中就已经得到了体现。2011年12月在德班气候大会上通过了"德班一揽子决议"（Durban Package Outcome），其中就包括继续履行《京都议定书》第二承诺期的问题。德班决议中指出，《京都议定书》第二承诺期的目标是确保发达国家在2020年前实现温室气体排放总量与1990年的水平相比下降25%—40%。②

在2012年多哈气候大会上，阿尔及利亚代表77国集团加中国在《京都议定书》特设工作组上发言，建议在《京都议定书》第二承诺期为发达国家设定排放限额并确定其量化减排义务，同时建议以2013年1月1日为《京都议定书》的生效日期，以实现与2012年结束的

---

① "Preparations for the Entry into Force of the Paris Agreement and the First Session of the Conference of the Parties Serving as the Meeting of the Parties to the Paris Agreement", p. 1, Decision 1/CP. 22.

② *Earth Negotiations Bulletin*, Vol. 12, No. 534, 2011, p. 28.

《京都议定书》第一承诺期顺利衔接。① 对于77国集团加中国的上述建议，发达国家也表示赞同。欧盟发言表示，启动《京都议定书》第二承诺期已经很迫切。澳大利亚代表伞形集团国家表示，《京都议定书》应当于2013年1月生效，其期限应当设定为8年。② 最终，多哈气候大会形成了《京都议定书》多哈修正案，要求《京都议定书》的发达国家缔约方履行在2013—2020年总体在1990年水平上减排18%的义务。③ 2012年多哈气候大会召开后，发展中国家多次敦促发达国家兑现其承诺。

2016年马拉喀什气候大会上，发展中国家再一次强调了发达国家的2020年前提高行动力度的问题，并表达了对于发达国家可能拖延行动并借此把其本应在2020年前所承担的碳减排义务作为2020年后的碳减排贡献的担忧。南非代表在会议上代表新兴发展中国家发言称，应当对2020年前提高行动力度的问题与2020年后碳减排行动给予"同等的优先重视程度"。④

2. 发达国家的态度

相比之下，对于2020年前提高行动力度问题，发达国家总体上保持消极与回避的态度，在马拉喀什气候大会上同样如此。实际上，2016年马拉喀什气候大会的一个重要不足就是，没有给予2020年前提高行动力度的问题以应有的重视，而是把它摆在一个次要的位置。这就使得发展中国家普遍感到失望，一些发展中国家在马拉喀什气候大会发言中表达了对这种现象的不满，认为于2015年通过的《巴黎协定》在通过后不到一年的时间内即已经生效，而于2012年通过的《京都议定书》多哈修正案却在通过了近四年的时间里尚未能生效，这充分反映了发达国家在这个问题上的消极态度。⑤ 如果发达国家在2020年前提高行动力度问题上不能兑现诺言，那么即使这个问题拖延

---

① *Earth Negotiations Bulletin*, Vol. 12, No. 567, 2012, p. 13.
② Ibid., p. 14.
③ Ibid., p. 13.
④ *Earth Negotiations Bulletin*, Vol. 12, No. 689, 2016, p. 38.
⑤ Ibid., p. 37.

到 2020 年之后，也将会成为后巴黎时代国际气候规范制定工作的拦路石，因为发达国家的这种缺乏信用的举动显然会导致南北之间在国际气候谈判中出现信任程度下降的问题，并导致很多国际社会成员对新的国际气候规范的约束力失去信心。

（二）后巴黎时代的资金、技术与能力建设的国际合作问题

资金、技术与能力建设是后巴黎时代制定国际气候规范所需要面对的又一个难点问题，也是国际气候谈判中发达国家与发展中国家争议激烈的焦点问题。巴黎气候大会的成果确实给国际社会带来很大的前进动力，然而如果更冷静地进行分析，形势仍然是非常严峻的，因为广大发展中国家虽然提出了富有雄心的温室气体排放控制目标，但是实现这些目标的前提条件同样不容忽视，那就是国际社会在资金、技术和能力建设等方面给予发展中国家应有的支持。

马尔代夫在其国家自主贡献中提出，该国在应对气候变化行动中面临资金方面的重大挑战，国内在应对气候变化工作的资金预算已经对该国可持续发展构成额外负担，而且有限的公共财政资金只能被用来应付紧急并迫切的适应行动的需要。马尔代夫还认为，国际资金援助是马尔代夫这个岛国应对气候变化所必须得到的支持；不仅如此，马尔代夫还在技术和能力建设等方面提出了明确的国际援助需求。①

所罗门群岛在国家自主贡献中提出，该国适应气候变化行动的全部资金需求约为 1.27 亿美元，其中纳入国家适应行动项目的资金需求约为 1700 万美元，这些资金将被用来保障农业安全、食物安全、水安全和公共卫生安全等。随着形势的发展，这些资金需求还可能进一步扩大，而仅仅依靠所罗门群岛自身的力量显然无法筹措这笔资金，因此必须依靠国际社会的大力援助。除此以外，所罗门群岛在应

---

① "Maldives' Intended Nationally Determined Contribution", pp. 10 – 11, http://www.unfccc.int/Submissions/INDC/Published%20Documents/Maldives/1/Maldives%20INDC%20.pdf, May 1, 2017.

对气候变化能力建设等方面也迫切需要得到国际社会的直接援助。①

库克群岛在其国家自主贡献中提出，库克群岛有信心通过其应对气候变化努力转型成为碳净零排放的国家，但是如果国际社会不能给予其所需要的外部支持，那么上述富有雄心的计划就很难实现。②

不仅是小岛屿发展中国家对于国际支持机制提出了迫切的要求，实际上广大发展中国家也都普遍表达了对国际支持机制的重视。在2016年马拉喀什气候大会上，很多发展中国家都表达了对在德班气候大会以来这么长时间都未能形成一个符合预期的气候援助资金目标的失望。③对于发展中国家关于加强资金、技术和能力建设等气候变化国际支持机制的要求，发达国家虽然做出了一定程度的努力，但是与发展中国家的需求相比却仍然存在很大差距。《巴黎协定》的第9、10、11条虽然分别对资金、技术与能力建设的国际支持问题做出了规定，但这些规定总体而言还是比较笼统的，尚有待制定进一步的细化规则。鉴于发达国家与发展中国家在国际支持机制问题上的重大分歧，未来相关国际气候规范制定中将遇到的困难与阻力可想而知。

以资金问题为例，虽然在2015年巴黎气候大会上为发达国家设定了一个2025年前的每年1000亿美元的集体量化目标，但是这并未能消除发达国家与发展中国家之间的分歧与争议，南北双方仍然继续在为如何通过具体规则制定来确保资金支持是可持续的和额外的而展开激烈的博弈。

（三）2020年后全球温室气体减排增强行动问题

《巴黎协定》虽然在促进2020年后发达国家与发展中国家共同开展温室气体排放控制行动方面取得了巨大成功，在巴黎气候大会前后很多国家也提出了富有雄心的温室气体排放控制目标，但是目前所取

---

① "Intended Nationally Determined Contribution of Solomon Islands Government", pp. 13 - 14, http：//www4. unfccc. int/Submissions/INDC/Published% 20Documents/Solomon% 20Islands/1/SOLOMON% 20ISLANDS% 20INDC. pdf, May 1, 2017.

② "Intended Nationally Determined Contribution of Cook Islands", pp. 1 - 3, http：//www4. unfccc. int/Submissions/INDC/Published% 20Documents/Cook% 20Islands/1/Cook% 20Islands% 20INDCsFINAL7Nov. pdf, May 1, 2017.

③ *Earth Negotiations Bulletin*, Vol. 12, No. 687, 2016.

得的成果仍然还远不足以保障全球气候安全。

2015年8月,联合国环境规划署针对各国提交的国家自主贡献方案发布了《温室气体排放缺口报告》(*UNEP Emissions Gap Report*)。联合国环境规划署为了准备此报告,以当时已经提交的59份国家自主贡献方案中的38份为分析对象,对全球碳减排前景进行了预评估。① 评估报告认为,虽然各国的国家自主贡献方案对全球碳减排将起到积极的作用,但是前景还不容乐观,因为到2030年全球碳排放水平将比全球期盼的把气温升幅控制在不超过工业化前水平2℃的目标所需要控制的碳排放量超出很多。② 评估报告指出,尽管还有一些国家将提交新的国家自主贡献方案,但是鉴于已经提交方案的国家的碳排放总量已经超过全球碳排放总量的60%,因此各国国家自主贡献方案中的碳排放控制目标与实现把全球气温升幅控制在不超过工业化前水平2℃的目标相比,必然存在巨大缺口。③

2015年11月,联合国规划署发布了更加全面的更新版的《温室气体排放缺口报告》。报告得出了以下两方面结论:一方面,缔约方的国家自主贡献方案确实有助于实现比现行政策轨道下更加富有雄心的碳减排目标,所有的全球模型分析和以各国国家具体数据为基础的情景评估都可以得出上述结论。另一方面,建立在《联合国气候变化框架公约》各缔约方的国家自主贡献方案基础上的全球碳减排目标还远不够充分,除非缔约方迅速提高碳减排目标,否则即使从最乐观的角度预测,现行的各国国家自主贡献方案只能帮助在2100年前把全球气温升幅控制在3℃以下。如果把一些不确定的因素纳入考察的话,在各国完全履行附条件和不附条件的国家自主贡献方案的情况下,最有可能出现的长期情景是21世纪末全球平均气温升幅将达到3℃—3.5℃。④

---

① "UNEP Emissions Gap Report 2015", http://www.unep.org/Pdf/UNEP%20Brief-INDC25Aug2015.pdf, May 1, 2017.

② Ibid..

③ Ibid..

④ UNEP, "The Emissions Gap Report 2015: A UNEP Synthesis Report", p. 26, http://uneplive.unep.org/media/docs/theme/13/EGR_2015_Technical_Report_final_version.pdf, May 1, 2017.

如果国际社会不能在 2020 年后进一步增强温室气体减排行动的话，全球气温升幅将不可能被控制在相比工业化时期升幅不超过 2℃ 这个区域内。① 《联合国气候变化框架公约》第 21 次缔约方会议在通过《巴黎协定》主席提案的决定中指出，即使各国能够完全实现他们在自主贡献方案中所提出的碳排放控制目标，全球温室气体排放合计总量预计在 2030 年也将会达到 550 亿吨，然而要实现全球平均温度升幅维持在 2℃ 以下的目标，则需要把排放量减少至 400 亿吨。② 也就是说，真正要解决全球气候安全问题，国际社会成员就必须在目前的自主承诺目标的基础上，于 2020 年后再进一步增强碳减排行动，才能有效保障全球气候安全。由于进一步增强减排行动必然会涉及南北国家之间尤其是南北大国之间的责任与义务的分配，因此可以预期的是，未来在此方面的国际气候规范制定过程中必然同样会遇到很多困难和阻力。

三 美国气候外交政策的摇摆

就在《巴黎协定》生效后不久，美国政府发生更替，共和党政府接替民主党政府入主白宫。在气候变化问题上，美国共和党与民主党的态度与立场长期存在差异。1997 年，在美国民主党执政期间，在时任美国副总统戈尔等民主党政治精英推动下，美国签署了《京都议定书》。2001 年，美国政府发生更替，共和党人小布什接替民主党人克林顿担任美国总统。对于应对气候变化问题，小布什总体上持消极态度。小布什并不像一些在气候变化问题上持极端态度的共和党参议员那样否认全球气温升高和温室效应的影响。他认为："我们知道地球的表面气温正在升高。在过去的 100 年中，地球表面温度升高了 0.6℃。从 19 世纪 90 年代开始，地球表面温度出现了升高的趋势。20 世纪 40—70 年代，地球表面温度有所降低。在此以后，地球表面

---

① Wolfgang Obergassel et al., "Phoenix from the Ashes — An Analysis of the Paris Agreement to the United Nations Framework Convention on Climate Change", p. 43, www.wupperinst.org, May 1, 2017.

② 通过《巴黎协定》（主席的提案），FCCC/CP/2015/L.9/Rev.1, http://unfccc.int/resource/docs/2015/cop21/chi/l09r01c.pdf, 2017 年 1 月 15 日访问。

温度急剧升高。"① "温室气体会导致地球变暖，因为这些气体阻止相当比例的红外线辐射离开地球进入外层空间。温室气体的浓度，特别是二氧化碳的浓度，从工业革命以来有了实质性的增加。美国国家科学院（The National Academy of Sciences，NAS）也指出，温室气体浓度的增加在很大程度上是人类活动导致的。"② 问题在于，小布什并不认为，人类社会需要针对全球变暖而采取重大行动。他认为，气候变化存在很多不确定性，主要表现在以下五个方面：第一，气候变化中的自然因素将对地球变暖产生什么样的影响。第二，将来气候可能会产生多大程度的变化。第三，这种变化将以什么样的速度发生。第四，人类的哪些行动能够对气候变化产生影响。第五，地球变暖到什么程度将是危险的。③

不仅如此，对于应对气候变化对美国经济的影响，小布什政府与克林顿政府的立场差异更加突出。在克林顿政府签署《京都议定书》以后不久，时任总统经济顾问委员会主席珍妮特（Janet Yellen）于1998年5月19日在美国国会组织的听证会上作证，对关于执行《京都议定书》将对美国经济发展可能造成的影响做了比较详细的说明，其结论是执行《京都议定书》对美国经济发展可能造成的影响并不严重。④ 根据克林顿政府的测算，执行《京都议定书》每年对美国经济所造成的负面经济影响为70亿—120亿美元，只相当于美国2010年可预测的当年GDP总值的1/1000。⑤ 珍妮特认为，执行《京都议定书》对美国的就业问题也不会产生严重的影响，因为虽然在大量使用能源的部门中可能会发生减少雇员的现象，但是在其他很多部门，尤

---

① See "President Bush Discusses Global Climate Change", http://www.whitehouse.gov/news/releases/2001/06/20010611－2.html, May 1, 2017.
② Ibid..
③ Ibid..
④ See "Testimony of Janet Yellen Before the House Commerce Committee on the Economics of the Kyoto Protocol", http://clinton2.nara.gov/WH/EOP/CEA/html/19980304.html, May 1, 2017.
⑤ See "The Kyoto Protocol and the President's Policies to Address Climate Change: Administration Economic Analysis", http://clinton2.nara.gov/WH/New/html/kyoto.pdf, May 1, 2017.

其是在高科技领域中，会产生大量的高薪就业机会。① 相比之下，关于执行《京都议定书》对美国经济发展造成的负面影响，小布什政府的认识却截然不同。小布什于2001年6月11日的讲话中认为：《京都议定书》所制定的目标是不现实的，如果美国遵守《京都议定书》下的义务将会给美国经济带来失业和消费品价格上涨等负面影响。② 小布什政府的改善环境质量委员会主席詹姆斯（James L. Connaughton），于2002年7月在美国参议会召开的一次听证会上对小布什所说的"经济负面影响"予以了量化，认为如果实现《京都议定书》规定的温室气体减排目标，美国的经济损失将高达4000亿美元，并会导致490万人失去工作。③

2001年美国政府更替以及随之而来的政策摇摆，对国际气候合作造成了巨大的负面影响。2001年美国宣布退出《京都议定书》，国际气候合作也一度陷入低谷。因此，此次美国在民主党总统执政期间签署了《巴黎协定》，在此之后发生了政府更替，国际社会不可避免地会对美国政府更替将可能对未来国际气候合作所造成的负面影响产生担忧。在2016年11月马拉喀什气候大会上，很多《巴黎协定》缔约方表达了对于美国新当选总统特朗普（Donald Trump）在竞选中表示将退出《巴黎协定》的忧虑，认为这种行为给《巴黎协定》的前景投下了阴影。④

事实上，从特朗普的总统就职演说就可以看出，其对气候变化问题的重视程度远不如其前任奥巴马。奥巴马在其于2013年1月发表的就职演说中不仅强调了美国对新能源发展的支持，而且还对气候变化问题予以了直接的关注与阐释。他在发言中称："通往可持续能源

---

① See "Testimony of Janet Yellen Before the House Commerce Committee on the Economics of the Kyoto Protocol", http://clinton2.nara.gov/WH/EOP/CEA/html/19980304.html, May 1, 2017.

② See "President Bush Discusses Global Climate Change", http://www.whitehouse.gov/news/releases/2001/06/20010611-2.html, May 1, 2017.

③ See "Statement of James L. Connaughton, Chairman", http://www.state.gov/documents/organization/13774.pdf, May 1, 2017.

④ *Earth Negotiations Bulletin*, Vol. 12, No. 689, 2016, p. 37.

的路途是漫长的，有时还需要面对困难。尽管如此，美国不能拒绝这样的能源转型，美国必须领导能源转型……我们必须对气候变化威胁做出应对，我们必须知道如果我们不这样做的话，我们就是在出卖我们子孙后代的利益。"① 相比之下，特朗普在其于2017年1月发表的就职演说中，不仅根本就没有提到美国需要在应对气候变化这个全球性挑战中承担责任或做出贡献，而且还提出，美国在涉外事务中必须首先考虑美国的利益。特朗普在总统就职演说中称："从此时此刻起，我们将选择美国第一。任何关于贸易、税收、移民和涉外事务的决定，都必须从有利于美国工人和家庭的立场做出。"② 从特朗普的上述讲话可以看出，他显然是把应对气候变化的全球利益置于美国利益之后，这就为美国特朗普执政期间的气候外交政策定了基调。

不仅如此，特朗普在正式就任美国总统后就任命气候变化怀疑论者斯科特·普鲁特（Scott Pruitt）担任美国国家环境保护局（EPA）局长。斯科特·普鲁特在就任美国环境保护局局长后不久，就在一次电视讲话中对全球气候变化表示怀疑。他在讲话中称："我认为精确地测量人类活动对全球气候变化的影响还是一项十分具有挑战性的工作。对于人类活动对全球气候系统的影响还存在很大分歧。因此，我不认同人类活动是我们所看到的全球变暖的主要原因。"因此，斯科特·普鲁特认为，不能把全球气候变化主要归责于人类活动所排放的温室气体，在采取行动之前有必要开展更多额外的研究、信息交流和辩论，斯科特·普鲁特还把《巴黎协定》视为一个糟糕的交易。③

2017年6月1日，特朗普在白宫宣布将退出《巴黎协定》。特朗普在其讲话中把《巴黎协定》称为一个"对美国不利的国际协议"，认为《巴黎协定》将严重影响美国的经济发展，让美国工人和其他纳

---

① "Inaugural Address by President Barack Obama", https://obamawhitehouse.archives.gov/the-press-office/2013/01/21/inaugural-address-president-barack-obama, May 1, 2017.

② "Inaugural Address: Trump's Full Speech", http://edition.cnn.com/2017/01/20/politics/trump-inaugural-address/, May 1, 2017.

③ Jessica Firger, "Scott Pruitt Is a CO_2 Truther", https://sg.news.yahoo.com/scott-pruitt-co2-truther-031323146.html, March 10, 2017.

税人承担失去工作和收入降低的不利后果,因此宣布美国将全面停止履行《巴黎协定》,包括国家自主贡献方案中所提出的温室气体减排方案和对绿色气候基金的出资义务。① 鉴于美国是世界上最主要的经济体与温室气体排放体之一,其对国际上其他国家的影响力是十分重大的。因此,美国特朗普政府的这种做法不可避免地会增加《巴黎协定》生效后国际社会制定新的国际气候规范的消极与观望情绪,增加了国际气候规范制定的不确定性。

四 多边主义的气候外交

随着气候变化问题安全化的国际趋势逐渐形成,气候变化对人类社会所构成的严峻挑战越来越凸显出来。在气候安全挑战面前,人类实际上已经成为密切相连、互相依赖的命运共同体。在气候变化问题上,他国之不安全即本国之不安全,本国之不安全也即他国之不安全。因此,既重视维护全球安全利益又重视维护本国安全利益的多边主义气候外交,是最切实可行的政策选择。

无论是从维护全球安全利益出发还是从维护中国国家安全利益出发,中国都需要在未来国际气候规范制定中发挥引导作用。从维护全球安全利益的角度看,面对国际社会在美国政府更替后所出现的消极与观望情绪,中国作为人类命运共同体的一个重要成员,如果不积极发挥引导作用,国际社会成员在制定更具体、更具有可操作性的国际气候规范方面的行动可能会被长期拖延,那样不仅国际社会为保障全球气候安全所已经获得的成果可能得而复失,而且人类社会维护全球气候安全的宝贵行动机遇期也可能丧失。不仅如此,除了消极与观望情绪外,国际社会成员之间在 2020 年前提高行动力度、应对气候变化国际支持机制以及 2020 年后碳减排增强行动等方面的重大分歧也是客观存在的,中国如果不发挥引导作用,那么围绕新国际气候规范的谈判就可能陷入僵持状态,人类命运共同体将会面临更加严峻的气

---

① "Statement by President Trump on the Paris Climate Accord", https://www.whitehouse.gov/the-press-office/2017/06/01/statement-president-trump-paris-climate-accord, June 2, 2017.

候安全威胁。一方面，从维护中国国家安全利益的角度看，在长期大量消耗高污染、高排放的化石能源的同时，中国的生态环境安全也已经面临十分严峻的挑战。另一方面，气候变化将对我国现已存在的环境安全、能源安全、粮食安全和经济安全等多方面的安全威胁起到加剧和扩大的作用。因此，在降低对不可持续的化石能源依赖的同时，转型建设可持续的低碳经济与社会，是中国维护国家安全利益的内在需求。

从当前形势看，中国需要重点从以下两方面发挥引导作用，以推动在《巴黎协定》生效后尽快制定新的、公平合理的国际气候规范，促进全球加速向碳净零排放的低碳清洁社会转型，为从根本上消除气候安全威胁做出贡献。

（一）引导国际社会正确认识气候变化尚存不确定性与立即采取应对行动之间的关系

虽然以美国环境保护局局长斯科特·普鲁特为代表的关于对气候变化的成因开展更多的研究、交流与争辩的观点貌似合理，但是其观点本质在于，强调气候变化不确定性，并以此为由否定应对气候变化行动的必要性，这种做法显然过于轻率。国际社会从1994年生效的《联合国气候变化框架公约》为应对全球气候变化确定了基本原则和框架，到2005年生效的《京都议定书》为发达国家设定了碳减排量化目标，再到2016年生效的《巴黎协定》要求发达国家与发展中国家共同开展碳减排行动，这些国际法文件都是建立在坚实的科学研究基础上所取得的成果，体现了缔约各方的共同意愿。

当然，在气候变化问题上，不确定性仍然是客观存在的，但是这并不能成为否定全球应对气候变化行动的理由。首先，随着气候变化科学研究进展的不断深入，气候变化的不确定性正在不断降低，而不是上升。尤其是对于人类活动排放温室气体与全球气候变化之间的关系，于2013年发布的政府间气候变化专门委员会（IPCC）第五次气候变化评估报告已经非常明确地指出："极度可信的是，1951—2010

年全球平均表面温度上升中的一半以上是由于人类活动造成的。"① 因此，不能一味地强调气候变化的不确定性，而淡化甚至回避气候变化科学证据正在不断增强的事实，这种做法显然是片面的。其次，随着气候变化的安全含义不断凸显出来，人类社会如果还继续停留在研究、交流和争辩阶段而不立即采取行动，很可能就会贻误治理气候变化问题的最后的时间窗口，这种做法显然不符合在环境治理方面已经为国际社会所公认的风险预防原则。实际上，早在1994年生效的《联合国气候变化框架公约》就强调了，风险预防是国际社会开展应对气候变化行动的重要指导原则。《联合国气候变化框架公约》在其第3条中规定，"应当采取预防措施"，"不应当以科学上没有完全的确定性为理由推迟采取这类措施"。② 2016年生效的《巴黎协定》在其序言中则对应对气候变化的风险预防原则做出了更具体的阐释，认为国际社会应当依据"现有的最佳科学知识"，对气候变化开展应对行动。③ 事实上，对于坚持以气候变化尚存不确定性为由否定气候行动必要性的做法，奥巴马早在2013年的总统就职演说中就予以了批驳。他在总统就职演说中称："有些人可以继续坚持否认压倒性的科学判断，但是没有人可以躲避熊熊的烈火、严酷的干旱以及更加猛烈的风暴所造成的毁灭性影响。"④ 最后，无论从哪个角度看，《巴黎协定》所确定的全球向低碳社会转型目标绝不是如斯科特·普鲁特等人所评价的"糟糕的交易"。从短期角度看，化石能源可能更加廉价，具有成本竞争优势，但是从长远角度看，化石能源属于不可持续能源，而且其对生态环境系统所造成的负面影响也日趋凸显。因此，通过减少对化石能源的依赖来应对气候变化其实是一个双赢的选择。

特朗普政府对全球应对气候变化表现出消极态度，其本质是把美

---

① IPCC, *Climate Change 2014* (Synthesis Report), pp. 2 - 6, http: //ar5 - syr. ipcc. ch/ipcc/ipcc/resources/pdf/IPCC_ SynthesisReport. pdf, May 1, 2017.
② 见《联合国气候变化框架公约》第3条。
③ 见《巴黎协定》序言。
④ "Inaugural Address by President Barack Obama", https: //obamawhitehouse. archives. gov/the - press - office/2013/01/21/inaugural - address - president - barack - obama, May 1, 2017.

国利益置于全球利益之上的单边主义外交思维的必然结果。实际上，在气候变化问题上把美国利益置于全球利益之上的做法在逻辑上是不能自洽的，因此在实践中也必然是难以长久的。在气候变化问题上，全球利益与美国利益是协调统一的，而不是对立与排斥的。从长远角度看，全球平均气温升幅如果超出安全底线，人类社会赖以生存的生态环境系统将会发生不可逆转的危险变化。覆巢之下，焉有完卵？全球生态环境系统的安全得不到保障，美国显然也不可能独善其身。因此，在气候变化问题上把美国利益置于全球利益之上是短视的做法，不符合美国的长期利益。从当前角度看，实际上气候变化已经对美国产生现实的危害，因此美国如果试图在全球应对气候变化问题上逃避责任，那么同样不符合美国的现实利益。2014年6月，美国白宫发布了《气候变化对美国人民健康的影响》（The Health Impacts of Climate Change on Americans）报告，从增强地面臭氧层水平、增加空气中微粒污染等多方面对气候变化对美国居民健康威胁做了比较详细和深入的分析，并表达了美国政府对此问题的严重关切。报告认为，主要由碳排放污染导致的气候变化从增加哮喘和其他呼吸系统疾病袭击的风险到某些病媒疾病传播的变化等很多方面影响着美国居民的健康和福祉；报告还指出，不仅上述的一些健康影响在美国已经出现，而且气候变化将扩大美国所已经面临的一些健康威胁。[①]

由此可见，中国引导国际社会克服消极观望情绪，加速制定更细化、更具有操作性的国际气候规范，推动尽快开展实质性的全球应对气候变化行动，不仅符合全球利益，而且也符合美国利益，有利于争取最广泛的国际支持，提升中国对国际气候规范制定的塑造力。

（二）引导国际社会正确地对"共同但有区别的责任"原则进行动态解读

《巴黎协定》生效后，围绕2020年前提高行动力度、应对气候变

[①] White House, "The Health Impacts of Climate Change on Americans", p. 2, https://obamawhitehouse.archives.gov/sites/default/files/docs/the_health_impacts_of_climate_change_on_americans_final.pdf, May 1, 2017.

化国际支持机制以及 2020 年后碳减排增强行动这三方面的规则制定正在成为国际气候谈判的重点。对于上述三方面问题，国际社会成员之间之所以存在较大分歧，主要原因还是对于"共同但有区别的责任"原则存在不同的解读。

"共同但有区别的责任"原则是确定不同缔约方权利与义务的基本原则，也是长期以来发达国家与发展中国家在国际气候谈判中援引用来支持各自主张的核心依据。需要引起注意的是，2011 年德班气候大会以来，国际社会不同成员对"共同但有区别的责任"原则的理解发生了一些变化，使围绕制定气候规范的国际谈判面临新的挑战。对此，中国作为世界最大的新兴发展中国家，有必要引导国际社会对"共同但有区别的责任"原则进行正确解读，努力减小发达国家与发展中国家之间的分歧，为国际气候规范的进一步完善起到积极的促进作用。

对于《巴黎协定》的形成而言，2011 年德班气候大会具有十分重要的意义。正是在这次气候大会上，确定了在 2015 年形成一份适用于 2020 年后全球气候行动的法律成果，将制定《巴黎协定》纳入了《联合国气候变化框架公约》缔约方同意的日程安排。① 但是，与以前历次气候大会的决定中反复直接援引"共同但有区别的责任"原则不同的是，建立德班增强行动平台特设工作组（Establishment of an Ad Hoc Working Group on the Durban Platform for Enhanced Action）的决定（Decision 2/CP. 17）中，虽然决定德班增强行动平台特设工作组将最迟于 2015 年以前完成其工作，以形成一份具有针对 2020 年后应对气候变化国际行动的法律文件，但是该决议并没有直接援引"共同但有区别的责任"原则。② 2014 年 11 月发布的《中美气候变化联合声明》同样是对于《巴黎协定》形成具有重大促进作用的重要文件。该文件中虽然提出了将于 2015 年达成的国际气候协议需要体现"共同但有区别的责任"原则，但是同时也提出，在体现"共同但有区别

---

① Lavanya Rajamani，"Lima Call to Climate Action：Progress through Modest Victories and Tentative Agreements"，*Economic & Political Weekly*，Vol. L，No. 1，2015，pp. 14–16.

② "Establishment of an Ad Hoc Working Group on the Durban Platform for Enhanced Action"，Decision 2/CP. 17.

的责任"原则时需要考虑到各国的不同国情。① 2015 年 11 月巴黎气候大会所通过的《巴黎协定》在其序文中对于"共同但有区别的责任"原则采取了类似的表达,称应当"根据不同的国情"体现"共同但有区别的责任"原则。②

对于上述国际气候规范制定中所出现的变化,一些国际舆论认为,国际社会在应对气候变化问题上对于共同但有区别责任原则的理解已经发生了根本性的改变,其理由是:上述国际文件中所出现的变化表明,在 20 世纪 90 年代所确定的在环境问题上尤其是气候变化问题上把国际社会成员区分为发达国家与发展中国家的两分法已经过时了,鉴于新兴发展中大国的实力迅速增长和这些国家温室气体排放不断增长的事实,南方国家与北方国家的划分已经不能反映当前的客观现实。③

应当看到,自 20 世纪 90 年代《联合国气候变化框架公约》通过并生效之后,"共同但有区别的责任"原则就成为指导各项具体的国际气候规范制定的重要准则。在《巴黎协定》生效以后,大量的新国际气候规范的制定仍然需要以"共同但有区别的责任"原则为准则。因此,对于国际社会在对该原则的理解方面所发生的一些分歧,中国有必要发挥正确的引导作用。具体而言,主要需要引导国际社会成员加强以下两方面的认识:

(1)随着各国国情的发展变化,更应当强调在全球碳减排方面的共同行动责任。自 20 世纪 90 年代以来,发展中国家的情况确实发生了很大的变化,尤其是新兴发展中大国在经济长期快速发展以后,能源消耗总量和二氧化碳排放总量都有显著上升。

从能源消耗的角度看,发展中国家的增长速度十分显著。中国作

---

① 《中美气候变化联合声明》,http://news.xinhuanet.com/2014-11/12/c_1113221744.htm,2017 年 5 月 1 日访问。
② 见《巴黎协定》序言。
③ Edwin Zaccai, Marine Lugen, "Common but Differentiated Responsibilities against the Realities of Climate Change", p. 9, https://www.researchgate.net/publication/282850346_Common_but_differentiated_responsibilities_against_the_realities_of_climate_change, May 1, 2017.

为世界上最大的发展中国家,目前已经成为世界上最大的能源消费国和净进口国,2015年中国的能源消费达到了全球能源消费总量的23%;① 印度的能源消费近年来也呈现出快速增长的势头,2015年印度已经成为世界上第三大能源消费国,当年印度在全球煤炭消费总量中所占的比例第一次超过了10%,其石油消费总量也出现了有统计以来的最大幅度增长;② 2015年巴西的初级能源生产总量增加了4.2%,达到了有统计以来的新高;③ 印度尼西亚的能源消费在2015年增加了3.9%,该国的能源消费总量自21世纪以来已经增长了一倍;④ 非洲的初级能源消费在2015年增长了1.6%,超过了当年全球平均增幅的60%,同时非洲在全球初级能源消费中的比例达到了3.3%,创造了新高。⑤

从二氧化碳排放的角度看,发展中国家的增长也很显著。根据2016年《BP世界能源统计年鉴》所提供的与能源相关的二氧化碳排放数据,中国2005年此类二氧化碳排放量为6058.3兆吨,占当年全球此类二氧化碳排放总量的21.2%;2010年此类二氧化碳排放量为8098.5兆吨,是2005年的1.34倍,占当年全球此类二氧化碳排放总量的25.7%;2015年此类二氧化碳排放量达到了9153.9兆吨,是2005年的1.5倍,占当年全球此类二氧化碳排放总量的27.3%。⑥ 印度2005年此类二氧化碳排放量为1209.3兆吨,占当年全球此类二氧化碳排放总量的4.2%;2010年此类二氧化碳排放量为1678.8兆吨,是2005年的1.39倍,占当年全球此类二氧化碳排放总量的5.3%;2015年此类二氧化碳排放量达到了2218.4兆吨,是2005年的1.8

---

① *BP Statistical Review*, http://www.bp.com/en/global/corporate/energy-economics/statistical-review-of-world-energy/country-and-regional-insights/china.html, May 1, 2017.
② Ibid..
③ Ibid..
④ Ibid..
⑤ Ibid..
⑥ *BP Statistical Review of World Energy*, *Carbon Dioxide Emissions*, http://www.bp.com/content/dam/bp/pdf/energy-economics/statistical-review-2016/bp-statistical-review-of-world-energy-2016-co2-emissions.pdf, May 1, 2017.

倍，占当年全球此类二氧化碳排放总量的 6.6%。① 巴西 2005 年此类二氧化碳排放量为 331.3 兆吨，占当年全球此类二氧化碳排放总量的 1.2%；2010 年此类二氧化碳排放量为 400.3 兆吨，是 2005 年的 1.21 倍，占当年全球此类二氧化碳排放总量的 1.3%；2015 年此类二氧化碳排放量达到了 487.8 兆吨，是 2005 年的 1.47 倍，占当年全球此类二氧化碳排放总量的 1.5%。② 印度尼西亚 2005 年此类二氧化碳排放量为 341.5 兆吨，占当年全球此类二氧化碳排放总量的 1.2%；2010 年此类二氧化碳排放量为 428 兆吨，是 2005 年的 1.25 倍，占当年全球此类二氧化碳排放总量的 1.4%；2015 年此类二氧化碳排放量达到了 611.4 兆吨，是 2005 年的 1.79 倍，占当年全球此类二氧化碳排放总量的 1.8%。③ 非洲 2005 年此类二氧化碳排放量为 928 兆吨，占当年全球此类二氧化碳排放总量的 3.3%；2010 年此类二氧化碳排放量为 1094.9 兆吨，是 2005 年的 1.18 倍，占当年全球此类二氧化碳排放总量的 3.5%；2015 年此类二氧化碳排放量达到了 1201.9 兆吨，是 2005 年的 1.3 倍，占当年全球此类二氧化碳排放总量的 3.6%。④

从 2005 年《京都议定书》生效到 2015 年《巴黎协定》生效，发展中国家能源消耗以及随之而产生的二氧化碳排放出现了十分显著的增长，这是客观发生的事实。目前，仅中国与印度两个新兴发展中大国与能源相关的二氧化碳排放量占全球比例就超过了 1/3。从这个数据看，如果发展中国家尤其是新兴发展中大国不为全球碳减排行动承担责任，那么全球碳排放达峰值的时间必然会大幅度拖延。

自《京都议定书》生效以后，随着国际形势的发展，气候变化的安全含义已经凸显出来，国际社会也更加深刻认识到应对气候变化问

---

① BP Statistical Review of World Energy, Carbon Dioxide Emissions, http://www.bp.com/content/dam/bp/pdf/energy-economics/statistical-review-2016/bp-statistical-review-of-world-energy-2016-co2-emissions.pdf, May 1, 2017.
② Ibid..
③ Ibid..
④ Ibid..

题的紧迫性。2015年巴黎气候大会在通过《巴黎协定》主席声明中指出，气候变化已经成为人类社会和地球的"紧迫的可能无法逆转的威胁"，并强调了加速执行《京都议定书》以增强2020年前行动力度的"紧迫性"。① 不仅如此，《巴黎协定》还在其序言中强调了把气候变化作为"紧迫威胁"加以应对的必要性。② 鉴于气候变化已经成为人类社会和地球所面临的"紧迫的可能无法逆转的威胁"，因此，全球共同开展碳减排行动已经成为保障全球气候安全的迫切需要。

在此形势下，虽然《联合国气候变化框架公约》已经确定了导致气候变化的责任主要应由发达国家承担，规定了"共同但有区别的责任"原则，并据此要求发达国家缔约方率先应对气候变化③，但是发展中国家在《巴黎协定》的谈判中考虑到如果在全球碳排放中日趋占据更大比重的发展中国家不与发达国家共同开展碳减排行动，那么促进全球碳排放尽快达到峰值的目标就很难实现，全球气候安全也就无法保障。由此可见，《巴黎协定》关于应当"根据不同的国情"体现"共同但有区别的责任"原则的规定，既反映了发展中国家尤其是新兴发展中大国在碳减排问题上所采取的实事求是的态度，也反映了这些国家在维护全球共同安全利益上的高度责任感。《巴黎协定》关于"共同但有区别的责任"原则的新的表述，实际上是随着形势发展变化而对该原则所做出的动态解读，是出于保障全球气候安全的需要而对缔约各国承担共同行动责任的强调。

（2）根据各国的实际国情，更应当强调在应对气候变化问题上发达国家与发展中国家不仅需要承担共同责任，而且需要承担有区别的责任。对于各国的实际情况，应当全面地加以分析。不能仅看到发展中国家尤其是新兴发展中大国排放量的增长，而对发展中国家与发达国家在历史累积碳排放方面所存在的巨大差距视而不见。在区分应对气候变化责任方面，不应当对历史碳排放问题采取回避甚至无视的态

---

① "Adoption of the Paris Agreement Proposal by the President", 12 December 2015, FCCC/CP/2015/L. 9/Rev. 1.
② 见《巴黎协定》序言和第7条。
③ 见《联合国气候变化框架公约》序言和第3条。

度,这不符合科学事实。在分析人类碳排放活动导致全球平均气温升高时,既要考虑现在的碳排放,也要考虑历史碳排放,因为很多历史累积排放的二氧化碳还留存在地球大气层中,仍然是造成地球温室效应的重要原因。

从历史碳排放责任的角度分析,应当以各国人均累积碳排放量为指标来进行衡量。早在20世纪90年代初,美国学者就提出了人均历史累积碳排放概念的雏形,认为鉴于温室气体在地球大气层中有相当长的存留时间,因此瞬时排放强度实际上对于气候变化的影响较小,按长期积累的历史总排放来确定各国的气候变化责任才较为合理。[1]这种观点,虽然提出了按长期积累的历史排放来确定气候变化责任,但是并没有提出量化测算的方法,因此并没有很大的实践指导意义。在1997年京都气候大会召开之前,巴西提出了《关于气候变化框架公约议定书的几个设想要点》(简称"巴西案文"),提出了具有实际可操作性的量化测算历史累积排放的具体方法,使得定量衡量气候变化历史责任正式进入国际社会的谈判议程。"巴西案文"提议的科学依据是,人类排放的二氧化碳在地球大气层中有很长的留存期,并在排放之后逐年衰减,在排放之后的不同年份对地球大气层温室气体浓度产生不同的影响,而地球大气层温室气体浓度又与辐射强迫(即地面增温速率)成正比,辐射强度的时间积累又与全球气温升幅成正比。[2]依据以上关系进行定量计算,就可以测算出不同年份所排放的二氧化碳对全球气候变化的有效影响。在此基础上,中国学者又基于温室气体排放权人际公平的原则,提出了人均累积排放的概念,指出公平原则不仅应当体现在国家与国家之间的平等关系上,更应当体现在人与人之间的平等关系上,因此需要从每个人都享有平等的温室气体排放权的角度出发,把一个国家不同年份的人均排放累积起来计算出该国的人均累积碳排放量,作为划分不同国家在气候变化问题上的

---

[1] 参见戴君虎、王焕炯、刘亚辰、葛全胜《人均历史累积碳排放3种算法及结果对比分析》,《第四纪研究》2014年第4期。
[2] 陈迎、潘家华、庄贵阳:《防范全球变暖的历史责任与南北义务》,《世界经济》1999年第3期。

历史责任的依据。①

根据北京大学地表过程分析与模拟教育部重点实验室和北京大学气候变化研究中心的研究成果，1850 年以来，发达国家的人均累积碳排放量是发展中国家的 11.17 倍②，其间差距是十分巨大的。中国和印度是能源消耗最多的两个新兴发展中大国，虽然这两个国家的现实碳排放总量已经超过了很多发达国家，但是如果以更加能够准确反映气候变化责任的人均累积碳排放这个指标来衡量，中国和印度与发达国家的区别是十分明显的。中国作为世界上最大的新兴发展中国家，1850 年以来的人均累积碳排放仅为发达国家平均水平的 1/10 左右，与发展中国家的中值水平非常接近；印度 1850 年以来的人均累积碳排放仅为发达国家平均水平的 1/20 还不到。③ 即使按照一些西方学者更倾向采取的第三次工业革命为起算时间来测量，1950 年以来发达国家的人均累积排放量仍然达到了发展中国家的 7.68 倍，这个差距仍然是非常巨大的。④ 相比之下，1950 年以来中国的人均累积碳排放量仅为发达国家平均水平的 1/6 还不到，而与发展中国家的中值水平依然十分接近；印度 1950 年以来的人均累积碳排放仅为发达国家平均水平的 1/16 还不到。⑤

上述数据表明，从导致气候变化问题形成的责任看，发达国家与发展中国家之间的差距是十分巨大的；即使是新兴发展中大国，也仍然处于发展中国家的中值水平。由此可见，近年来新兴发展中大国碳排放总量的增加，并没有改变《联合国气候变化框架公约》所确定的把缔约方划分为发达国家与发展中国家这两种基本类型并据此承担有区别责任的基础和依据。因此，根据《巴黎协定》的规定"根据各国实际情况"来承担"共同但有区别的责任"，就应当正视发达国家

---

① 潘家华、郑艳：《基于人际公平的碳排放概念及其理论含义》，《世界经济与政治》2009 年第 10 期。
② 朱江玲、岳超、王少鹏、方精云：《1850—2008 年中国及世界主要国家的碳排放——碳排放与社会发展 I》，《北京大学学报》（自然科学版）2010 年第 4 期。
③ 同上。
④ 同上。
⑤ 同上

与发展中国家人均累积碳排放存在巨大差距这个实际情况，就必须坚持发达国家与发展中国家在科学计算人均累积碳排放的基础上承担有区别的责任的基本立场。反而言之，那些主张在应对气候变化责任方面改变《联合国气候变化框架公约》所确定的划分为发达国家与发展中国家两种基本类型的做法，并要求新兴发展中大国与发达国家承担相同责任的观点既不符合各国实际情况，也不符合基本的科学事实。

其实，在气候变化问题上强调共同责任是为了保障全球气候安全，强调区别责任同样是为了保障全球气候安全。在《巴黎协定》生效后，2020年前提高行动力度、加强气候变化国际支持机制以及2020年后增强行动力度这三大问题，成为关系到全球气候安全保障行动能否成功的焦点问题。在2020年前提高行动力度问题上，2012年多哈气候大会已经形成了《京都议定书》多哈修正案，要求《京都议定书》的发达国家缔约方履行2013—2020年总体在1990年水平上减排18%的义务。① 2015年巴黎气候大会通过《巴黎协定》的主席声明中强调，在2020年之前加强行动力度可为2020年后增强行动力度奠定基础，因此迫切需要加快执行《联合国气候变化框架公约》及《京都议定书》。② 在气候变化国际支持机制上，《巴黎协定》提出发达国家需要在资金、技术与能力建设等方面给予发展中国家积极的支持，以帮助发展中国家开展应对气候变化行动。③ 在2020年后增强行动放力度方面，2015年巴黎气候大会通过《巴黎协定》的主席声明中强调，必须在2020年后做出远远大于现有国家自主贡献目标的减排努力才能把全球气温升幅控制在2℃以内。④ 以上三方面目标能否实现，直接关系到全球气候安全。只有在2020年前提高应对气候变化行动力度，才能为2020年后实施《巴黎协定》打下坚实的基础；

---

① *Earth Negotiations Bulletin*, Vol. 12, No. 567, 2012, p. 13.
② "Adoption of the Paris Agreement Proposal by the President", 12 December 2015, FCCC/CP/2015/L. 9/Rev. 1.
③ 参见《巴黎协定》第9条、第10条、第11条。
④ "Adoption of the Paris Agreement Proposal by the President", 12 December 2015, FCCC/CP/2015/L. 9/Rev. 1.

只有在资金、技术和能力建设方面进一步加强国际支持力度，全球应对气候变化行动才能均衡发展；只有在2020年后进一步增强碳减排行动力度，把全球气温升幅控制在安全范围之内的目标才能真正实现。

要实现上述三方面目标，固然需要强调发展中国家与发达国家共同行动，但是同样需要强调发达国家与发展中国家之间的区别责任。发达国家在2020年前提高行动力度，是2011年德班气候大会上所通过的"德班一揽子决议"（Durban Package Outcome）中与启动《巴黎协定》国际谈判同时所确定的目标，可以说是实施《巴黎协定》的一个重要的前提和基础。发达国家不落实这个目标，就会失去发展中国家的信任，也会使得国际社会公众对《巴黎协定》失去信心，《巴黎协定》的实施就会面临更大的阻力。在2020年后增强碳排放行动力度问题上，虽然发展中国家与发达国家应当共同努力，但是发达国家也应当为其远高于发展中国家的人均累积碳排放而承担更多责任。在资金、技术与能力建设等国际支持机制上，同样应当如此。从维护人类安全的角度出发，地球大气层所能容纳的温室气体总量是有限的。即使发达国家从现在开始完全停止碳排放，发展中国家如果要达到发达国家当前的人均累积碳排放水平，将要排放的碳总量也会达到要把气温升幅控制在2℃的碳排放额度的数倍。因此，发达国家实际上已经占用了远远超出其应有的碳排放容量，而其超出部分恰恰是发展中国家应当分得的份额。需要强调的是，发展中国家尤其是新兴发展中大国积极参与全球共同减排行动，为维护全球气候安全做出了超常规的努力，事实上放弃了以人均累积碳排放相同为基础的碳排放增长空间，然而这并不意味着发展中国家同时放弃了要求发达国家为此做出合理补偿的权利。从安全优先、兼顾公平的角度出发，发达国家仅仅通过减少碳排放是不足以承担其气候变化责任的，其还应当为超额占有的碳排放份额为发展中国家做出应有的补偿。由此可见，发达国家在后巴黎时代在资金、技术与能力建设等方面给予发展中国家支持并非其无偿援助，而是其应当承担的补偿责任。

值得指出的是，当前在如何解读"共同但有区别的责任"原则以保障全球气候安全问题上，发达国家存在采取双重标准的倾向。一方面，发达国家要求发展中国家放弃人均碳排放趋同的方案，主张发展中国家与发达国家共同参与碳减排行动，理由是气候变化已经构成了对人类社会的安全威胁，因此必须秉着安全优先的理念，采取非同寻常的紧急措施。另一方面，当发展中国家要求发达国家在2020年前提升行动力度、国际支持机制和2020年后增强行动力度等方面承担有区别的责任时，发达国家却不再强调安全优先的理念，而是反复强调方方面面的困难，拒绝采取非同寻常的措施。发达国家如果不放弃在解读"共同但有区别的责任"原则时采取双重原则的做法，那么为落实《巴黎协定》目标而制定新国际气候规范的进程必将充满阻力，《巴黎协定》的确保全球温度升幅不超出安全范围的目标也将难以实现。对此，中国应当发挥积极作用，努力引导《巴黎协定》所有缔约方尤其是发达国家缔约方从维护全球气候安全的角度出发，正确地根据实际情况对"共同但有区别的责任"原则做出符合人类命运共同体的核心利益的解读。

第二节 国际气候技术合作规范的构建

维护全球气候安全，归根结底还是要依靠先进的科学技术。未来国际气候规范制定的核心环节在于如何形成有利于维护全球气候安全的国际气候技术合作规范。在当前形势下，气候变化技术的国际推广和应用面临着知识产权方面的障碍，尤其对于是否需要制定气候技术专利强制许可国际协议来促进国际技术转让的问题，发达国家与发展中国家还存在着尖锐的分歧。中国在外交工作中应抓住气候变化问题安全化的重要契机，努力推动国际社会制定气候技术专利强制许可协议，帮助发展中国家尽快掌握更多的先进气候变化技术，促进《巴黎协定》有效实施，为促进全球气候安全问题得到根本解决做出应有的贡献。

一 发展中国家与先进气候技术

《巴黎协定》的通过使得利用气候变化技术减少或控制温室气体排放的重要性和迫切性前所未有地凸显出来。《巴黎协定》第2条第1款确定了把全球平均气温升幅控制在不超过工业化前水平2℃之内的目标,这实际上是把已经得到全球普遍认可的气候安全阈值用国际法文件的形式确定下来。为了实现上述目标,《巴黎协定》第4条第1款又规定,在21世纪下半叶要实现温室气体源的人为排放与汇的清除之间的平衡,这就意味着在未来的数十年内人类社会必须要尽快地从目前的高碳排放社会转型到碳净零排放的碳中和社会。以上目标并非凭空形成的,而是国际社会围绕维护全球气候系统处于安全运行状态这个共同目标所制订出来的量化指标。也就是说,如果不能实现上述目标,全球气候安全就不能得到可持续的保障。

但是,实现上述目标的难度是空前的。人类现有的温室气体排放控制能力严重不足。如果要从根本上解决气候安全问题,人类在21世纪前50年的碳排放总量必须限制在1万亿吨之内,如果人类不尽快推广和应用先进的气候变化技术,到2050年左右全球碳排放总量将比维护气候安全的排放限量超出50%。[①] 在此背景下,加速推广和应用气候变化技术显得异常迫切和必要。

气候变化技术(Climate Change Technology)通常又称为环保型技术(Environmentally‐sound Technology,EST)、气候友好型技术(Climate‐friendly Technology)或绿色技术(Green Technology),是指那些能够减少人类在生产与生活中所发生的温室气体排放并促进人类以绿色低碳方式发展的经验和知识。人类如果想在温室气体减排方面取得显著成就,就必须让气候变化技术扮演核心角色,承认气候变化技术是人类向更加气候友好型社会转化进程中最为核心的要素。[②] 政府间气候变化专门委员会(IPCC)曾有一句在表述技术和气候变化关

[①] 王绍武:《〈京都议定书〉的执行情况》,《气候变化研究进展》2013年第1期。

[②] Emi Mizuno, "Cross‐border Transfer of Climate Change Mitigation Technologies: The Case of Wind Energy from Denmark and Germany to India", For the Degree of Doctor in Philosophy in Technology and Public Policy at the Massachusetts Institute of Technology, 2007, p. 30.

系问题上经常被引用的名言:"如果问题是我们所使用的一些技术所造成的,那么问题可以被我们所掌握的其他新技术所解决。"① 联合国经济和社会事务部也认为,要真正实现人类从旧有的粗放式经济发展模式向更加注重减少不可再生能源和资源消耗的绿色可持续经济发展模式转变的目标,关键在于"必须进行一场根本、彻底的技术改革"。②

值得指出的是,这场根本、彻底的技术改革的重点并不限于技术创新,而且包括技术转让。或者说,为了满足保障全球气候安全的急迫性需求,当前促进技术转让更加重要。根据一些经济学家的分析,全球绝大部分的温室气体减排目标可以通过现有技术的应用和推广实现,甚至通过加强气候变化技术的全球推广与应用,实现温室气体减排目标的成本将为负值。③ 联合国经济与社会事务部发布的《2011年全球经济与社会调查》曾对此做过深刻的阐述。该调查报告指出:可能人类已经找到了维护地球气候系统安全的核心密码,问题只在于如何有效地分享安全密码,因为绿色经济所需要的许多技术实际上已经被人类掌握了,例如,制造可再生能源、碳捕获技术和更为高效的能源利用技术、替代不可降解资源的技术、可持续的农业和林业技术、以及能够让海岸和基础建设更不易发生自然灾害的技术。主要的挑战在于,进一步改进这些技术并使得其能够适应具体地区和部门的需要,扩大适用范围并大幅降低技术利用成本,以及提供能够促进技术传播和分享的激励和制度。④ 2014年,联合国环境规划署发布的《适应能力缺口报告(2014)》中也指出,在考虑技术问题时,应当认识

---

① Emi Mizuno, "Cross - border Transfer of Climate Change Mitigation Technologies: The Case of Wind Energy from Denmark and Germany to India", For the Degree of Doctor in Philosophy in Technology and Public Policy at the Massachusetts Institute of Technology, 2007, p. 30.

② 参见联合国经济和社会事务部《2011年世界经济和社会概览:绿色技术大改造》(概述), E/2011/50, 第3—7页, http://www.un.org/zh/documents/view_doc.asp?symbol=E/2011/50, 2015年12月25日访问。

③ 邹骥、王克、傅莎等:《环境有益技术开发与转让国际合作创新机制研究》,经济科学出版社2009年版,第1页。

④ Department of Economic and Social Affairs, "World Economic and Social Survey 2011: The Great Green Technological Transformation", E/2011/50/Rev. 1, ST/ESA/333, pp. v - ix.

到国际技术转让的关键性作用。① 报告指出，通过对最近的技术发展需求进行评估发现，实际上大多数适应气候变化所需求的技术已经被人类掌握了，只是由于一些重大障碍的存在而得不到应用，因此促进技术传播是当前最为迫切的任务。②

当前不可忽视的事实是，气候变化技术的创新大多在少数发达国家发生，而《巴黎协定》生效后广大发展中国家却需要完成更加艰巨的温室气体排放控制任务。如果继续单方面强调支持创新，而不重视促进技术的国际转让，那么全球目前的碳减排方案就根本难以落实，更难以设想还要实施更具有挑战性的碳减排增强行动。对于这个问题，政府间气候变化专门委员会（IPCC）曾有深刻的论述，该委员会在其于 2000 年发布《技术转让中的方法和技术问题》报告中指出，《联合国气候变化框架公约》第 2 条规定，要实现大气中温室气体的浓度被稳定在气候系统可免受危险的人为干扰的水平上的目标，大范围的技术转让与实施是必需的；全球范围的可持续发展需要根本性的技术变化，这个变化不仅需要在发达国家出现，而且需要在发展中国家出现；发展中国家的经济发展非常迅速，但是如果这些国家仍然不能摆脱以前发达国家高温室气体排放的历史轨迹的话，那么可持续发展必然不能实现。③

由此可见，从维护全球气候安全的角度出发，当前国际气候技术合作的主要任务就是帮助发展中国家掌握先进的气候变化技术。一方面，在发展中国家推广和应用气候变化技术的必要性是由气候变化问题的全球性特征所决定的。政府间气候变化专门委员会（IPCC）曾在于 2014 年发布的第五次评估报告中指出，从全球角度看，气候变化具有集体行动的特征，因为绝大多数长期积累形成的温室气体已经

---

① UNEP, "The Adaptation Gap Report 2014", p. 50, http://www.unep.org/climate-change/adaptation/gapreport2014/, May 1, 2017.

② Ibid..

③ See IPCC, "Methodological and Technological Issues in Technology Transfer（Summary for Policymakers）", http://www.ipcc.ch/ipccreports/sres/tectran/index.php?idp=7, May 1, 2017.

在全球范围内混合在一起了。① 另一方面，在发展中国家推广和应用气候变化技术的必要性，是由发展中国家最具有减排潜力的客观情况决定的。现实情况是，很多发达国家已经出现被高碳设备和技术"锁定"的现象。因此，如果不抓住发展中国家尚未如同发达国家那样被非绿色技术广泛锁定的宝贵机遇期，加速通过国际转让在发展中国家充分推广和应用先进的气候变化技术，那么时机一旦错过，全球温室气体减排努力必将陷入困境。

值得指出的是，如果气候变化技术不能在发展中国家得到充分推广和应用，《巴黎协定》所设定的维护全球气候安全的目标就无法实现。很多发展中国家在为《巴黎协定》所提交的国家自主贡献（INDC）中把气候变化技术国际转让放在非常重要的位置，甚至将其作为完成《巴黎协定》下自主贡献目标的前提条件，这就表明，加强气候变化技术国际合作是实现《巴黎协定》目标的必要前提。在印度提交的 2030 年自主贡献目标中，第 4 条目标是在 2030 年前 40% 的电力装机能量来自非化石能源资源，但是实现该条目标的一个前提条件是"在技术转让的帮助下"。② 巴西在其为《巴黎协定》提交的 2030 年自主贡献文件中则指出，在可持续发展和能够得到必要的技术手段的情况下，巴西将努力为实现把全球平均气温升幅控制在工业化前水平以上低于 2℃ 之内的目标而努力，向以可再生资源为基础的能源体系转型并为在 21 世纪末前全球经济脱碳化而做出贡献。③ 不仅如此，巴西在该文件中还强调，如为了实现《巴黎协定》的目标需采取进一步

---

① IPCC, *Climate Change 2014*: *Mitigation of Climate Change* (Summary for Policymakers), p. 6, http://www.ipcc.ch/pdf/assessment-report/ar5/wg3/ipcc_wg3_ar5_summary-for-policymakers.pdf, May 1, 2017.

② "India's Intended Nationally Determined Contribution: Working Towards Climate Justice", p. 29, http://www.unfccc.int/submissions/INDC/Published%20Documents/India/1/INDIA%20INDC%20TO%20UNFCCC.pdf, May 1, 2017.

③ "Federative Republic of Brazil Intended Nationally Determined Contribution Towards Achieving the Objective of the United Nations Framework Convention on Climate Change", p. 1, http://www4.unfccc.int/submissions/INDC/Published%20Documents/Brazil/1/BRAZIL%20iNDC%20english%20FINAL.pdf, May 1, 2017.

的行动，那将需要"大规模的技术开发、部署、传播和转让"。① 南非在其为《巴黎协定》提交的 2030 年自主贡献文件中也指出，只有在技术方面得到国际支持，才有可能实现南非雄心勃勃的自主贡献目标。② 对此，南非还进一步阐释道：南非自主贡献目标的一个假设前提是，《巴黎协定》的签订将使得《联合国气候变化框架公约》所有缔约方在能获得价格可以承受的技术支持下来实施他们的减排承诺。③ 墨西哥则在其为《巴黎协定》所提供的自主贡献文件中指出，该国自主贡献中的减排内容包括两种类型的措施：无条件措施和有条件的措施，实施有条件措施的前提之一是，墨西哥能够通过国际合作得到相应的技术转让。④

如果发展中国家在国家自主贡献方案中所提出的前提条件不能满足，全球气温升幅控制前景将不容乐观。2015 年 11 月，联合国环境规划署发布的更新版的《温室气体排放缺口报告》中指出："更为严峻的是，如果只考虑无条件的国家自主贡献目标的话，预计全球气温上升幅度将接近 3.5℃。"⑤ 显然，如果这种情景最终真的出现的话，人类全球气候治理将可能面临失败的结局。

二 专利压制问题

有研究显示，40%—90% 的专利技术并没有得到实施。⑥ 究其原

---

① "Federative Republic of Brazil Intended Nationally Determined Contribution Towards Achieving the Objective of the United Nations Framework Convention on Climate Change", p. 4, http://www4. unfccc. int/submissions/INDC/Published% 20Documents/Brazil/1/BRAZIL% 20iNDC% 20english% 20FINAL. pdf, May 1, 2017.

② "South Africa's Intended Nationally Determined Contribution", pp. 1 - 3. http://www. unfccc. int/submissions/INDC/Published% 20Documents/South% 20Africa/1/South% 20Africa. pd, May 1, 2017.

③ Ibid., p. 3.

④ "Intended Nationally Determined Contribution of Mexico", p. 2, http://www4. unfccc. int/submissions/INDC/Published% 20Documents/Mexico/1/MEXICO% 20INDC% 2003. 30. 2015. pdf, May 1, 2017.

⑤ UNEP, *The Emissions Gap Report 2015: A UNEP Synthesis Report*, p. 26. http://uneplive. unep. org/media/docs/theme/13/EGR_ 2015 _ Technical _ Report _ final _ version. pdf, May 1, 2017.

⑥ See Kurt M. Saunders, "Patent Nonuse and the Role of Public Interest as a Deterrent to Technology Suppression", *HARV. J. L. & TECH*, Vol. 15, 2002, pp. 389, 391.

因，主要有以下两方面：其一，专利权人自身不具备对专利技术实施商业化应用的能力，并且在与潜在的专利受让人之间谈判时，双方对专利的商业价值存在很大分歧，尤其是后者不愿以合理的市场价格受让专利，这样就导致了专利无法得到商业化的应用；其二，有些专利权人因为担心自己的产品及市场竞争地位因为竞争对手掌握和应用新技术而受到威胁，而自己又因为被已经购置并正在使用的价格昂贵的机器设备"锁定"，因此不仅自己不愿意应用新技术，而且还压制自己的专利以达到不让任何人使用新技术的目的。显然，上述第一种情形属于正常的专利闲置，而第二种情形则属于专利权人通过故意压制自己的专利并进而压制市场竞争者的行为。

通过对专利压制（Patent Suppression）与正常的专利闲置进行比较，可以发现两者存在以下两方面区别：其一，从专利权人的主观意愿看，在正常的专利闲置中，专利权人希望专利技术能够得到应用，而在专利压制中专利权人则不希望专利技术得到应用；其二，从专利权人所实施的行为看，在正常的专利闲置中，专利权人的报价在正常的市场价格波动范围之内，而在专利压制中，专利权人要么拒绝与他人进行谈判，要么其报价远高于市场合理价格。由此可见，专利压制是以限制他人获取、使用或进一步开发新技术为目的的不实施专利的行为。

在实践中，专利压制行为对技术推广、应用和进一步开发产生了严重的负面影响，甚至很多专利权人为了扩大专利压制的效果，不惜花费巨资在相关领域申请众多而重叠的专利，构成稠密的专利网络，为竞争对手设置"专利丛林"（Patent Thicket），对整个产业的技术革新都起到了严重的阻碍作用。随着科技发展与进步，很多需要为数众多的专利许可才能实施的复杂技术应运而生，这就使得任意一个知识片段的专利权人都能够阻止其他人生产该产品，这也为一些企业通过大量申请专利来设置"专利丛林"提供了机会。[①]"专利丛林"所导致的后果是，身处其中的企业或个人不可能发现一条可以在不侵犯他

---

① 参见金泳锋、黄钰《专利丛林困境的解决之道》，《知识产权》2013年第11期。

人专利权的情况下把特定产品与方法商业化的清晰路径,因此那些试图在特定领域内开发新产品或新方法的企业或个人将面临不能确定是否已经检索到了所有相关专利的风险,即使老练的产品制造者也可能为突然"跳"出来的专利而感到惊讶。① 甚至由于某一项产品的开发需要穿越太多相互重叠的专利权利,以至于相关企业为了生产该项产品不得不寻求获得上百个专利许可。② 这显然已经严重阻碍了技术创新与进步。

事实上,一些发达国家企业利用其技术先发优势在发展中国家大肆开展专利"跑马圈地",已经严重阻碍了发展中国家的技术推广和运用的进程。根据国家知识产权局专利统计年报所提供的数据③,1985—2007年,国外企业或个人在中国获得的发明专利授权合计为220062件,而同期国内获得的发明专利授权仅为144386件,也就是说,1985—2007年国外企业或个人的发明专利授权占到发明专利授权总数的60.38%。④ 此后,除了2010年和2013年有所回落外(2010年当年国外在华专利授权同比下降12.29%,2013年当年国外在华专利授权同比下降12.4%)⑤,国外在华专利尤其是发明专利总体上长期保持着不断增加的势头。2008年,国外在华获得的发明专利授权为47116件,相比2007年的36003件上升了30.87%;2009年,国外在华获得的发明专利授权为63098件,相比2008年上升了33.92%;2011年,国外在华获得的发明专利授权为59766件,相比2010年的55343件上升了7.99%;2012年,国外在华获得的发明专利授权为73258件,相比2011年上升了22.57%;2014年,国外在华获得的发明专利授权为70548件,相比2013年的64153件上升了9.97%。⑥ 从表面看,发达国家在发展中国家申请大量专利,本身似乎并无可非

---

① Daniel R. Cahoy, Leland Glenna, "Private Ordering and Public Energy Innovation Policy", *FLA. ST. U. L. REV*, Vol. 36, 2009, pp. 415, 432, 433.
② Ibid..
③ 相关数据参见国家知识产权局2007—2014年统计年报和统计月报。
④ 同上。
⑤ 同上。
⑥ 同上。

议，甚至还在一定程度上表明，发达国家对发展中国家市场的重视程度在加大。但是如果从更深层次分析，就可以发现其中存在弊端，那就是很多发达国家企业在发展中国家申请并获得的专利数量极为惊人，远远超出了其生产与经营的实际需要。有些发达国家企业既不实施专利，又不允许别人使用专利，实际上这种做法的目的就是设置"专利丛林"，并借此剥夺发展中国家企业进入市场参与竞争的机会。

在绿色低碳技术推广和应用中，同样存在严重的专利压制问题。2012年9月4日，联合国发布《促进开发、转让和推广清洁和环保技术的推动机制备选办法》秘书长报告，其中强烈抨击了恶意利用专利制度阻碍气候变化技术推广和应用的弊端。报告指出，由于很多大公司通过战略性专利布局来扩大垄断权，因此日益复杂的专利制度有利于大公司的权利扩张，而不利于那些规模较小的公司的技术创新。[①]更直接地说，许多国家的专利制度已经背离了激励技术创新的初衷，成为阻挡外国公司参与本国市场竞争的工具，而受到阻挡的公司越来越多地来自发展中国家。[②] 应当看到，联合国秘书长报告的上述评论并非无的放矢。实际上，早在20世纪八九十年代，在对消耗臭氧层物质进行控制的国际合作中，一些发达国家的企业滥用技术垄断优势并实施专利压制的情况就已经比较严重。根据当时韩国公司和该国的一些研发机构的反映，一些工业化国家的私营企业和公共机构拒绝授权他们使用有利于保护臭氧层的技术专利；在印度也出现了相同的情况，一些拥有先进技术的大型跨国公司也出于保护自身竞争优势的目的拒绝印度公司使用消耗臭氧层物质的替代产品的技术专利。[③]

在许多绿色低碳产业部门中，很多核心技术仅为少数几个大公司掌握。例如，混合机动车的碳排放远低于单纯使用化石燃料为动力的

---

① 联合国秘书长：《促进开发、转让和推广清洁和环保技术的推动机制备选办法》，A/67/348，2012年9月4日，第7页。
② 同上。
③ Cameron Hutchison, "Does TRIPs Facilitate or Impede Climate Change Technology Transfer into Developing Countries?" *University of Ottawa law & Technology Journal*, pp. 531 – 533, http://www.uoltj.ca/articles/vol3.2/2006.3.2.uoltj.Hutchison.517 – 537.pdf, May 1, 2017.

机动车，该领域的技术对于促进温室气体减排至关重要。目前，该领域技术几乎为发达国家的大企业所垄断。有研究表明，1995—2000年，全球拥有该领域技术专利的公司57%为日本公司，29%为美国公司，8%为德国公司，日、美、德拥有该领域技术专利的公司合计占全球的94%；2001—2006年，全球拥有该领域技术专利的公司59%为日本公司，27%为美国公司，8%为德国公司，日、美、德拥有该领域技术的公司合计仍然占到全球的94%；2007—2012年，全球拥有该领域技术专利的公司43%为日本公司，39%为美国公司，10%为德国公司，日、美、德拥有该领域技术专利的公司合计占全球的92%。[①]

一些大公司垄断了绿色低碳核心技术后，既不使用，也不许可他人使用，不仅造成了绿色低碳技术资源的浪费，而且还对下游气候变化技术的开发、研究和利用构成严重制约，这对整个绿色低碳产业部门的技术革新都起到了严重的负面作用。有数据显示，日本丰田电动车株式会社等在我国针对发动机及其控制部分技术申请了大量的、远超出实际使用需要的专利；[②] 在太阳能光伏和发光二极管（LED）等重要领域，一些发达国家企业对他们所掌握的大量技术也长期采取"不实施、不许可"的战略。[③]

绿色低碳专利压制的直接负面后果主要表现在以下两方面：其一，企业对绿色低碳技术研发的投资意愿不高。世界银行在其于2010年发布的《发展与气候变化》世界发展报告中指出，私营组织在能源研发、部署方面的花费每年只占到该行业年收入的0.5%，只要用电

[①] A. Lara, G. Parra, A. Chávez, "The Evolution of Patent Thicket in Hybrid Vehicles, Commoners and the Changing Commons: Livelihoods, Environmental Security, and Shared Knowledge", The Fourteenth Biennial Conference of the International Association for the Study of the Commons, 2013, p. 7.

[②] 参见杨淑霞、曹伟宸《国外公司在我国电动汽车领域的专利战略布局》，《中国发明与专利》2011年第6期。

[③] 参见蒋佳妮、王灿《中国绿色技术创新的障碍与出路——以国际气候谈判中的知识产权问题为视角》，载中国环境科学学会编《中国环境科学学会学术年会论文集（2012）》（第一卷），中国农业大学出版社2012年版，第83—86页。

子和生物化学行业研发花费占到行业年收入的 8% 与 15% 做比较，就可以发现，这个研发支出与收入的比例小得惊人。① 其二，从国际气候变化技术分布情况看，发达国家和发展中国家之间差距明显，南北失衡现象十分突出。一项针对 1998—2003 年专利转让的研究表明，75% 左右的技术转让主要在发达国家之间开展，南北之间的专利转让占全部专利转让的比例不及 1/5。② 数据表明，虽然中国、巴西这些新兴发展中国家在绿色技术发明总量中还能占有一定比例（其中中国占上述绿色技术发明总数的 8.1%，巴西占 1.2%），但是以能够在全球范围内获得专利的高价值发明（High – valve Inventions）来衡量，新兴发展中国家所占的比例几乎微不足道，其中中国仅占到全球高价值绿色技术发明的 2.3%，巴西仅占到 0.2%。③ 显然，绿色低碳技术南北分布如此严重失衡的状况是与《巴黎协定》关于发展中国家在维护全球气候安全中扮演更重要角色的要求是不相符合的。

三　知识产权国际制度的改革

当前的问题是，虽然在《联合国气候变化框架公约》体系下缔约各方已经针对气候变化技术的国际转让设计了很多制度与方案，但是长期以来气候变化技术国际转让的成效却令人失望。举例而言，《京都议定书》下的清洁发展机制（CDM）本来在设计和谈判时被国际社会寄予厚望，期待其能够通过项目实施在项目合作者之间带动大量的气候变化技术国际转让，但是结果却令人沮丧。清洁发展机制是

---

① 参见世界银行《发展与气候变化》，2010 年，第 286 页，https：//openknowledge. worldbank. org/handle/10986/4387，2017 年 1 月 12 日访问。

② See Hee – Eun Kim, "The Role of the Patent System in Stimulating Innovation and Technology Transfer for Climate Change", p. 18, http：//download. springer. com/static/pdf/541/art%253A10. 1007%252Fs10640 – 014 – 9818 – 4. pdf? originUrl = http%3A%2F%2Flink. springer. com%2Farticle%2F10. 1007%2Fs10640 – 014 – 9818 – 4&token2 = exp = 1459336142 ~ acl = %2Fstatic%2Fpdf%2F541%2Fart%25253A10. 1007%25252Fs10640 – 014 – 9818 – 4. pdf%3ForiginUrl%3Dhttp%253A%252F%252Flink. springer. com%252Farticle%252F10. 1007%252Fs10640 – 014 – 9818 – 4 * ~ hmac = c751482342ab1b32e4a73d816b4fb39f9ca48cd6ea0235e63db3b464815d581e，May 1，2017.

③ Dechezlepretre, Antoine, Glachant, Matthieu, Hascic, Ivan, Johnstone, Nick and Meniere, Yann, "Invention and Transfer of Climate Change – Mitigation Technologies: A Global Analysis", *Review of Environmental Economics and Policy*, Vol. 5, No. 1, 2011, pp. 115 – 117.

《京都议定书》下的一个灵活履行机制①，该机制通过允许不需要承担量化减排义务的发展中国家作为东道主与需要承担量化减排义务的发达国家共同举办能够减少温室气体排放的清洁机制项目，在帮助发达国家能够以更低的成本减排的同时，东道国也能够从该项目中获得收益。根据国际社会的预期，发达国家与发展中国家在建设和运营清洁发展机制项目时需要形成非常紧密的合作关系，因此必然会对气候变化技术国际转让起到重大促进作用，预期与清洁发展机制有关的项目中包含某种形式的技术转让的项目的比例将达到26%②，然而统计数据显示，实际比例仅为0.6%。③

《联合国气候变化框架公约》体系下缔约方政府之间的技术转让安排之所以难以取得实效，究其原因，主要是几乎所有针对气候变化技术国际转让的努力都在试图调整和规范各国政府的行为。不可忽视的事实是，绝大多数的气候变化技术国际转让的主体并非各国政府，而是私人或私营实体，这些私人或私营实体之间涉及技术跨国转让的权利和义务关系主要是受国际知识产权制度调整的，各国政府的行政命令在其中的影响力十分有限。

在减排、适应、资金和技术四个应对气候变化重要支柱中，技术与其他三个方面有着重要区别。在减排问题上，政府可以通过制定税收政策来调节低碳能源与高碳能源的价格差距来促进低碳能源的发展，政府还可以通过政府采购的方式来扩大低碳能源的市场需求；在适应问题上，发达国家政府可以通过与在气候变化问题上更具有脆弱性的发展中国家政府交流信息和经验，帮助后者有效提高适应能力；在资金问题上，发达国家政府可以通过加大公共资金投入的方式加强

---

① 见《京都议定书》第12条。

② Report of the Secretary-General, "Options for a Facilitation Mechanism that Promotes the Development, Transfer and Dissemination of Clean and Environmentally Sound Technologies", A/67/348, 4 September 2012, p.15.

③ Kasturi Das, "Technology Transfer under the Clean Development Mechanism: An Empirical Study of 1000 CDM Projects", *The Governance of Clean Development*, Working Paper Series, No.14, http://www.indiaenvironmentportal.org.in/files/file/gcd_workingpaper014.pdf, May 1, 2017.

资金援助。在上述三个方面，政府都可以成为行动的直接主体，对加强行动起到直接的促进作用。与此不同的是，无论政府在技术转让方面采取何种行动，技术转让交易终究还是要在技术所有人与技术需求人之间形成。除了极少数为政府部门所拥有的技术外，政府实际上不可能成为技术转让行动的直接主体，无法直接干预技术交易当事人之间的权利与义务关系。

实际上，很多发展中国家尤其是新兴发展中大国已经深刻认识到，必须通过改革国际知识产权制度来促进气候变化技术国际转让。但是，长期以来发达国家与发展中国家在此方面还存在较大的认识分歧。例如，在2009年12月的哥本哈根气候大会上，直到会议的最后阶段，一些发展中大国还坚持在《哥本哈根协定》的最后草案中纳入关于知识产权问题的具体内容，但是美国和欧盟则坚决认为，知识产权问题不应当成为《哥本哈根协定》草案以及任何其他气候变化国际协议中的一部分，因此哥本哈根最终文本中虽然提及了很多关于促进气候变化技术转让的内容，却并未提及知识产权问题。[1]

应当看到，当前国际知识产权制度存在一个亟待解决的问题，那就是过度重视保护专利权人的私人权益而轻视维护公共利益。在整个国际知识产权制度体系中，专利强制许可制度对于维持专利权人的私人权益和社会公共利益之间的平衡起到至关重要的作用。专利强制许可制度的功能在于通过法律强制干预，对专利权人滥用权利的行为形成一定的制衡，以改变专利权人无视公共利益的需要而垄断某些技术以谋求私人利益的状况。在一些情况下，虽然一些技术创新与公共利益密切相关，但是专利权人却无视维护公共利益的需要，拒绝他人使用技术专利，这就违背了知识产权制度维护公共利益的法律原则，形成了知识产权的滥用。[2] 在这种情况下，专利强制许可制度就可以对

---

[1] Tove Iren S. Gerhardsen, "IP References Left Out of Last‐Minute, Weak Global Climate Deal in Copenhagen", http://www.ip‐watch.org/2009/12/19/ip‐references‐left‐out‐of‐last‐minute‐weak‐global‐climate‐deal‐in‐copenhagen/, May 1, 2017.

[2] Victoria Sophie Behrmann, "Tackling Climate Change: Compulsory Licensing as an Instrument?" Südwestdeutscher Verlag Für Hochschulschriften, Deutschland/Germany, 2012, pp. 156‐157.

私人利益与公共利益进行适当的平衡。早在1873年召开的关于保护工业产权的维也纳大会就曾形成决议，该决议第7条允许在公共利益需要时通过专利强制许可制度许可他人使用专利技术。[①] 此后，专利强制许可制度成为发达国家与发展中国家长期激烈争议的焦点，发达国家希望能够尽量限制专利强制许可制度的实施条件，努力扩大对专利权人的保护，而发展中国家则希望能够放宽对专利强制许可制度的适用条件，以使其能够真正成为一个可以有效平衡私人权利和公共利益的法律制度。令人遗憾的是，由于发达国家在经济实力、技术实力和国际制度影响力等方面远强于发展中国家，最终在于20世纪90年代开展的《与贸易有关的知识产权协定》（TRIPs）的谈判中发达国家的意见最终占据上风，对专利强制许可制度施加了非常苛刻的限制条件。

气候变化问题安全化凸显了气候变化行动对于维护全球核心公共利益的重要意义。在此背景下，当前知识产权国际制度对公共利益保护不足的弊端也愈加凸显出来。这种弊端所导致的突出问题是，国际社会尤其是广大发展中国家应对气候变化与保护气候安全的要求越迫切，先进气候变化技术所有人就越是感到奇货可居，要价就会越高。与此同时，气候技术权利人越是漫天要价，广大发展中国家就越是没有能力引进和应用先进的科学技术，全球气候安全所面临的威胁就越是严峻。鼓励发明先进气候变化技术的根本目的在于应对气候变化和保护气候安全，但是，如果现行的国际知识产权制度不做出重大改革，先进气候变化技术的发明与创新很难对保护全球气候安全发挥应有的作用。

四 气候技术专利强制许可国际协议

（一）国际知识产权制度与公共利益保护

《与贸易有关的知识产权协定》中的相关规定比较典型地体现了国际知识产权制度对公共利益保护相对不足的问题。《与贸易有关的知识产权协定》第31条是关于"未获权利所有者同意的其他使用"

[①] 参见林秀芹《TRIPs第31条研究》，博士学位论文，厦门大学，2003年，第24—25页。

的规定,其实这部分内容本来就是针对如何适用专利强制许可制度的,但是该条规定中却避免使用"强制许可"的表述,这种做法本身就反映了其尽量削弱该制度的强制性特征以加强对专利权人利益保护的倾向。

根据《与贸易有关的知识产权协定》第31条的规定,如果一个缔约方的法律允许在未获权利所有人同意的情况下而对一项专利的实质性内容作其他使用,那么应当遵守以下规定:一是应当根据具体情况来分析并决定是否可以准许这种使用;二是除了国家紧急状态以及其他特别紧急的情况,只有当需要使用专利者在合理的期限内以合理的条件要求专利权所有者同意其使用专利但未获成功的情况下,才可以准许这样的使用;三是如果准许这种使用,那么使用的范围与期限不可以超出允许使用的目的;四是即使准许使用,这种使用也不可以是独占性的;五是即使准许使用,除了和使用该专利的企业和资产一并转让,否则这种使用禁止转让;六是任何缔约方如果准许这种使用,这种使用所生产的产品应主要投放到该缔约方的国内市场;七是如果导致准许这种使用的情况已经不存在,而且不具有较大的可能性再次出现该情况,那么可以终止这种使用;八是在任何情况下都必须根据该准许使用的经济价值向专利权人支付适当费用;九是准许使用决定的有效性应当接受司法机关的复审或上级主管部门的复审;十是关于向专利权人支付费用的决定也应当接受司法机关的复审或上级主管部门的复审;十一是如果这种使用是用来实施一项专利("第二专利"),而这样的实施会侵犯另一项专利("第一专利"),那么第二专利与第一专利相比应具有重要的技术进步性,而且这种技术进步性还应具有可观的经济价值。①

从以上规定的条件可以看出,与其说《与贸易有关的知识产权协定》第31条规定了专利权利限制即允许实施专利强制许可,还不如说是规定了对权利限制的限制。② 显然,如果把《与贸易有关的知识

---

① 参见《与贸易有关的知识产权协定》第31条。
② 贺小勇:《从〈多哈宣言〉到〈总理事会决议〉看国际知识产权保护》,《法学》2006年第6期。

产权协定》第 31 条的规定用在气候变化技术的强制许可上来,那就会产生非常不利于维护全球气候安全的结果,与全球核心的公共利益相违背。

首先,根据《与贸易有关的知识产权协定》第 31 条的规定,应当根据具体情况来分析并决定是否可以准许强制使用,这就意味着任何一个缔约方不得针对专利强制许可制度制定一个相对明确的概括性的适用条件。不仅如此,《与贸易有关的知识产权协定》第 31 条还规定,只有当专利需求者在合理的期限内以合理的条件要求专利权所有者同意其使用专利但未获成功的情况下,才可以准许这样的使用。《与贸易有关的知识产权协定》第 31 条一方面做出了上述相对比较含糊与宽泛的规定,另一方面又规定缔约方不得针对专利强制许可制度制定相对明确的概括性的适用条件,这样就必然为专利权人留下了很大的法律操作空间,那些实施专利压制的专利权人就有机会利用这些含义模糊的法律规定并雇佣强大的律师团队反复争讼。这种法律制度设计显然不符合国际社会推动气候变化技术转让以维护全球气候安全的迫切需要。

其次,《与贸易有关的知识产权协定》第 31 条的规定不利于解决气候技术"专利丛林"问题。根据该协定第 31 条的规定,如果强制许可实施一项专利("第二专利"),而这样的实施会侵犯另一项专利("第一专利"),那么第二专利与第一专利相比应具有重要的技术进步性,而且这种技术进步性还应具有可观的经济价值。需要引起注意的是,这里不仅要求第二专利具有技术进步性和经济价值,而且还要求技术进步性是"重要"的,经济价值是"可观"的,这种苛刻的要求在实践中就会为气候技术垄断企业设置"专利丛林"提供便利,因为这些企业可以利用步步为营的专利布局战术来为试图申请强制许可的技术需求者设置难以逾越的法律障碍。具体而言,那些垄断型企业可以针对其试图保护的核心技术布置一个稠密的专利群。这些专利之间密切关联,如果强制许可实施某一专利,必然会侵犯另一项专利。与此同时,由于专利群十分稠密,各个专利之间很难具有重要的技术进步性,而且这种技术进步性也很难具有可观的经济价值。由于存在上述问题，真正的专利技术需求者很难成功获得强制许可。

最后，《与贸易有关的知识产权协定》第31条的规定的限制条件过于烦琐，使得真正的专利技术需求人必须承担过于沉重的举证责任和经济负担。《与贸易有关的知识产权协定》第31条针对强制许可至少设置了11项限制，其中大部分限制都需要专利需求者在申请强制许可的程序中或是在司法和复审程序中承担举证责任。概而言之，这些举证责任包括在合理期限内请求使用专利未获成功的证明、以合理条件请求使用专利未获成功的证明、使用的范围未超出允许使用的目的的证明、使用的期限未超出允许使用的目的的证明、强制许可使用所生产的产品主要投放到国内市场的证明等。[①] 如此烦琐而复杂的证明，足以把一件气候变化专利强制许可申请演变成一场遥遥无期且耗资巨大的马拉松。这不仅在一开始就可能令技术需求者望而生畏，而且很可能这些技术需求者在"马拉松"终点时会沮丧地发现此前的先进技术已经沦为了落后技术，这显然不符合维护全球气候安全需要采取紧迫性措施的要求。

由于《与贸易有关的知识产权协定》成员方只有权利采取比该协定中的规定更为严格的知识产权保护措施，因此上述对于强制许可的苛刻限制对所有缔约方而言只能是最低标准。也就是说，缔约方在强制许可问题上只有权利实施比《与贸易有关的知识产权协定》规定更为严格的限制措施，而没有权利放松这些限制。事实上，75%以上的《联合国气候变化框架公约》成员方同时也是世界贸易组织成员方，在批准《京都议定书》的164个缔约方中，132个缔约方属于世界贸易组织的成员。在此情况下，即使绝大多数《联合国气候变化框架公约》缔约方认识到对专利强制许可采取过于苛刻的限制不利于维护气候安全，但是也很难改变现状。由于在现行的知识产权国际体系下运用专利强制许可制度面临着极为苛严的限制，一些学者甚至建议放弃利用专利强制许可制度来促进气候技术国际转让的尝试，其理由是强制许可虽然从理论上看是保护公共利益的安全阀，但是并非发展中

---

① 参见《与贸易有关的知识产权协定》第31条。

家获取先进的气候变化技术的现实选择,因为运用专利强制许可制度来获取技术专利的使用权将是一个充满对抗、错综复杂和旷日持久的过程。①

(二) 气候技术专利强制许可与公共利益保护

实际上,国际社会需要做的并非放弃专利强制许可制度,而是共同努力以形成一个有利于促进气候变化技术转让的强制许可国际协议,以对现行国际知识产权制度中的弊端加以完善。事实上,这种做法并非无先例可循。《与贸易有关的知识产权协定》过于苛刻的强制许可适用条件曾经导致发展中国家在处理公共健康问题时难以获得先进的药品技术,针对此问题,发展中国家与发达国家经长时间沟通与交流,最终达成了一定共识。2001年,世界贸易组织成员在于多哈召开的世界贸易组织部长级会议上通过了《TRIPs协议与公众健康宣言》,该宣言对于公众健康有关的专利强制许可问题做出了具体规定。根据《TRIPs协议与公众健康宣言》第4段的规定,《与贸易有关的知识产权协定》不是也不应当成为世界贸易组织成员采取措施保护公共健康的障碍,相反,《与贸易有关的知识产权协定》能够也应当以一种支持世界贸易组织成员保护公共健康的方式来解释或执行。②《TRIPs协议与公众健康宣言》在其第5段宣称:艾滋病、肺结核、疟疾和其他的传染病可以构成国家紧急情势或其他极端紧急情势。③这样,结合《与贸易有关的知识产权协定》第31条的规定,世界贸易组织成员在认为艾滋病、肺结核、疟疾和其他的传染病可能危害公共健康时,可以取消需要在合理的商业条件和在合理的期限内未能成功获得专利使用授权的情况下才能获得强制许可的限制。

显然,《TRIPs协议与公众健康宣言》对于世界贸易组织成员利

---

① Cynthia Cannady, "Access to Climate Change Technology by Developing Countries: A Practical Strategy", ICTSD's Programme on IPRs and Sustainable Development, Issue Paper No. 25, 2009, p.4, International Centre for Trade and Sustainable Development, Geneva, Switzerland, http://www.ipeg.com/blog/wp-content/uploads/Access-to-Climate-Change-Technology.pdf, May 1, 2017.

② 参见《TRIPs协议与公众健康宣言》第4段。

③ 参见《TRIPs协议与公众健康宣言》第5段。

用专利强制许可制度来解决公共健康问题具有重大的积极意义。在《TRIPs协议与公众健康宣言》公布后，一些发展中国家以该宣言为依据针对本国的公共健康问题采取了强制许可措施。巴西在经历了2005年的艾滋病传染后，颁布了一项法令允许本国公司在未获国外医药公司专利授权的情况下使用这些专利来生产用于治疗艾滋病的药物，随后美国雅培制药公司针对巴西政府的上述举动做出了反应，宣布降低其治疗艾滋病药物的价格，这为巴西节约了约2.5亿美元。[1] 2007年，泰国政府颁布了一些针对其本国特许药品的强制许可，使得那些因为承受不了昂贵药价的贫穷患者能够得到有效的药物治疗。[2] 由于上述事件发生在多哈《TRIPs协议与公众健康宣言》通过之后，巴西和泰国政府的做法也得到了一些发达国家的政治人士的理解和支持。美国前总统克林顿曾对上述事件做出如下表示："在一些中等收入国家里出现的针对艾滋病的药物的高昂价格将不会关系到任何一家医药公司的生死存亡，但是这却关系到病人的生死。"[3]

相比公众健康而言，气候变化涉及的公共利益如果说不是更为重大的话，至少也同样重大。尤其是在气候变化问题安全化的国际趋势中，气候变化已经不再仅仅是环境问题或发展问题，而且同时还是一个为发达国家和发展中国家所共同关注的安全问题，因此把气候变化排除在《与贸易有关的知识产权协定》第31条所规定的"紧急情势"之外就显得缺乏说服力，而运用公共利益例外原则来推动气候变化技术专利强制许可的时机也基本成熟。2015年12月，《联合国气候变化框架公约》第21次成员大会在其通过《巴黎协定》的决定中，

---

[1] Robert Fair, "Does Climate Change Justify Compulsory Licensing of Green Technology?" Int'l L. & Mgmt. R., Vol. 6, 2010, p. 28, http：//digitalcommons.law.byu.edu/ilmr/vol6/iss1/3, May 1, 2017.

[2] Keith Alcorn, "Abbott to Withhold New Drugs from Thailand in Retaliation for Kaletra Compulsory License", http：//www.aidsmap.com/Abbott－to－withhold－new－drugs－from－Thailand－in－retaliation－for－iKaletrai－compulsory－license/page/1426590/, May 1, 2017.

[3] "Clinton Foundation Announces Significant Price Reductions for Generic Second－Line Drug and More Tolerable First－Line Options", http：//i－base.info/htb/2536, May 1, 2017.

明确承认气候变化对人类社会和地球构成了紧急和可能无法逆转的威胁[①]，这就更使得援引《与贸易有关的知识产权协定》第 31 条所规定的"紧急情势"来取消对气候变化技术强制许可过于苛刻的限制显得更加迫切。

实际上，对于《与贸易有关的知识产权协定》第 31 条所规定的"紧急情势"不应当做狭窄的理解。例如，2007 年泰国在颁布强制许可时所覆盖的药物范围不限于针对艾滋病等传染性疾病的药物，也涉及针对心脏病等慢性疾病的药物，2008 年泰国甚至把所涉及的药物扩大到了用于治疗乳房癌和肺癌的药物。[②] 这就表明，在实践中出现的一些做法，不仅把急性传染病等公共健康问题理解为《与贸易有关的知识产权协定》第 31 条中所指的"紧急情势"，而且也把一些癌症、心脏病等一些长期的公共健康问题理解为《与贸易有关的知识产权协定》第 31 条中所指的"紧急情势"。其实，对于是否属于《与贸易有关的知识产权协定》第 31 条中所指的"紧急情势"，不能仅以是否可能立即对公共利益产生严重危害为标准来衡量，而且也应当把那些虽然危害后果将会在数十年以后才出现，但是如果不立即采取措施就非常有可能丧失最后的挽救机遇的情势纳入其中，否则就会与《与贸易有关的知识产权协定》第 8 条中所确定的应当采取必要措施维护公共利益的原则相背离。显然，应对气候安全的挑战正是那种如果不立即采取措施就非常有可能丧失最后的挽救机遇的紧急情势。在此方面，正如时任联合国秘书长潘基文在 2016 年 3 月 23 日世界气象日的致辞中所指出的，气候变化正在以令人惊讶的速度加速发展，并且把全球气温控制在远低于工业化之前水平 2℃ 以下的机遇之窗正在迅速收缩，而把全球气温控制在远低于工业化之前水平 2℃ 以下，正是 2015 年 12 月巴黎气候大会上世界各国政府为维护全球气候安全而确

---

① "Adoption of the Paris Agreement", Decision 1/CP. 21, 29 January 2016.
② Robert Fair, "Does Climate Change Justify Compulsory Licensing of Green Technology?" *Int'l L. & Mgmt. R.*, Vol. 6, 2010, pp. 31 – 32, http://digitalcommons.law.byu.edu/ilmr/vol6/iss1/3, Vol. 6.

定的目标。① 因此，国际社会完全应当形成一个专门针对气候变化技术的专利强制许可国际协议，把气候变化技术专利压制行为界定为妨碍公共利益的行为，并允许通过专利强制许可来打破这种压制行为。

（三）气候技术专利强制许可与南北分歧

美国专利法学者莫杰斯（Robert P. Merges）曾经说道："如果法院可以让专利权人利用闲置的专利压制他人，妨碍他人利用这些专利所涉及的技术来实现《宪法》所期望实现的目标，这无异于是一种耻辱。"② 同样的道理，如果国际社会不通过国际协议来对气候技术专利压制行为进行约束，而是无所作为地容忍少数专利权人妨碍他人利用气候变化技术实现《巴黎协定》所设定的目标，这不仅是一种耻辱，而且还是对现代和未来人类的生存权和发展权的严重侵犯。正因为如此，《联合国气候变化框架公约》第21次缔约方会议在通过《巴黎协定》主席提案的决定中才明确提出，要为气候变化技术国际转让"消除障碍"。③

值得指出的是，发展中国家在利用专利强制许可制度消除气候变化技术国际转让障碍的主张并未受到足够的重视。2008年1月7日，在《联合国气候变化框架公约》长期合作行动特设工作组（AWG - LCA）召集的关于技术问题的联络组会议上，巴基斯坦等发展中国家强调了专利强制许可制度对于消除气候变化技术国际转让障碍的重要性。④ 2009年2月6日，中国在为《联合国气候变化框架公约》之下的长期合作行动问题特设工作组第五届会议所提供的观点声明文件中，明确提出要允许对气候变化技术实施强制许可，并认为现行的知识产权制度与加强气候变化技术研发、转让和传播以满足应对气候变化挑战的需要不相符合，对气候变化技术专利实施强制许可应当成为

---

① "Secretary - General's Message on World Meteorological Day"，http：//www. un. org/sg/statements/index. asp？nid = 9559，. May 1，2017

② Robert P. Merges，"One Hundred Years of Solicitude：Intellectual Property Law，1900 - 2000"，*CAL. L. REV.* ，Vol. 88，2000，pp. 2187，2219 - 2220.

③ 通过《巴黎协定》（主席的提案），FCCC/CP/2015/L. 9/Rev. 1，http：//unfccc. int/resource/docs/2015/cop21/chi/l09r01c. pdf，2017年1月15日访问。

④ *Earth Negotiation Bulletin*，Vol. 12，No. 375，2008，p. 4.

实施《联合国气候变化框架公约》行动的重要部分。① 总体而言，发展中国家认为，专利权利滥用是气候变化技术国际转让的重大障碍，应当通过专利强制许可制度来消除这个障碍。② 但是，发展中国家的上述主张遭到了一些发达国家的反对。2009年6月，针对该公约之下的长期合作行动问题特设工作组第六届会议所形成的利用包括气候变化技术专利强制许可制度在内的措施消除知识产权障碍的谈判案文，美国众议院通过了一项法案，对该谈判案文表示了强烈的反对。该法案提出，为了保护美国公民的工作，刺激经济增长和促进绿色经济，针对《联合国气候变化框架公约》，美国应采取以下政策：总统、国务卿和常驻联合国大使应当防止任何可能削弱现行国际法对知识产权保护的措施。③ 美国政府在此后于2009年12月召开的哥本哈根气候大会的谈判中，也明确反对绿色专利强制许可制度，并宣称该制度将严重挫伤企业投资气候变化技术创新的积极性。④

发达国家提出上述观点的理由主要有以下两方面：其一，现有知识产权国际制度已经对专利强制许可制度做出了规定，因此并不需要形成新的专门针对气候变化技术专利强制许可的国际协议；其二，如果制定气候变化技术专利强制许可协议，将对气候变化技术创新构成严重负面影响，因为气候变化技术创新的重要动力在于获取经济利益，而气候变化技术专利强制许可制度则会明显减少技术创新所期待的经济利益。实际上，如果对上述反对意见进行深入分析的话，就可

---

① See U. N. Framework Convention on Climate Change, Ad Hoc Working Group on Long–Term Coop. Action Under the Convention, "China's Views on the Fulfillment of the Bali Action Plan and the Components of the Agreed Outcome to Be Adopted by the Conference of the Parties at Its 15th Session", p. 23, FCCC/AWGLCA/2009/MISC. 1, March 13, 2009.

② Keith E. Maskus, *Private Rights and Public Proplic Problems*: *The Global Economics of Intellectual Property in the 21st Century*, Peter G. Peterson Institute for International Economics, Washington, 2012, p. 271.

③ "Foreign Relations Authorization Act, Fiscal Years 2010 and 2011", H. R. 2410, 111th Cong. § 1120A (2009), http：//www. govtrack. us/congress/vote. xpd? vote = h2009 – 323. May 1, 2017.

④ See Tessa J. Schwartz & Sarah Tierney Niyogi, "Technology Transfer and Intellectual Property Issues Take Center Stage in UNFCCC Negotiations," *INTELL. PROP. TODAY*, http：//www. iptoday. com/news – article. asp? id =4743, May 1, 2017.

以发现，这些意见及其理由是不能够成立的。

（四）气候技术专利强制许可与公共利益和私人利益的平衡

应当看到，现行知识产权国际制度在利用专利强制许可制度促进气候变化技术国际转让方面并不完美。对于专利强制许可制度，现行知识产权国际制度中的一些规定在实践中操作性并不强。《巴黎公约》第5条中规定，不实施专利的行为可以视为对专利所赋予的专有权的滥用，各缔约方都有权通过立法措施允许采取专利强制许可制度限制这种滥用行为。《与贸易有关的知识产权协定》第27条第2段中规定，缔约方可以出于保护公共利益和道德的需要排除某项发明的可专利性。[①] 但是由于上述规定并非专门针对气候变化技术，这样就导致在对气候变化技术专利实施强制许可时存在很大的不确定性。例如，哪些情形可以构成《巴黎公约》第5条中规定的对气候变化技术专利的"不实施"？现行国际知识产权制度并无相应的具体规定，在具体操作上就有很大难度，需要有一个专门性的国际协议来加以具体化的规定。又如根据《与贸易有关的知识产权协定》第27条第2段的规定，虽然避免对环境造成严重的侵害可以成为"公共利益和道德的需要"，似乎可以为世界贸易组织成员利用绿色强制许可制度应对气候变化技术专利提供依据，但是"公共利益和道德"的概念显然是非常宽泛和笼统的，如果不能够形成更具体、更有针对性和可操作性的气候变化技术专利强制许可制度国际协议，那么各国在立法和司法上必然会存在理解和掌握尺度上的分歧。从气候变化技术专利交易当事人的角度看，上述状况既不利于他们在争议发生前形成合理预期，导致不必要地延长谈判时间和增加谈判难度，提高交易的经济成本，也不利于他们在发生争议后对诉讼结果形成合理预期，导致不必要地增加了解决争议的司法成本。从国际协调的角度看，由于各国在立法和司法上对于哪些专利属于跟公共利益密切关联并需要实施强制许可的问

[①] Robert Fair, "Does Climate Change Justify Compulsory Licensing of Green Technology?" *Int'l L. & Mgmt. R.*, Vol. 6, 2010, p. 30, http://digitalcommons.law.byu.edu/ilmr/vol6/iss1/3, May 1, 2017.

题存在较大分歧，一旦某些成员国实施了专利强制许可，就可能引发专利持有者所在国的反对和抵触。事实上，在 TRIPs 协议通过后，美国就曾经多次对那些试图运用专利强制许可制度的国家施加巨大的压力。① 美国甚至威胁要采取一切可能的行动来对付那些试图运用专利强制许可制度的发展中国家。② 这种国际社会成员在立法和司法尺度上的分歧不仅可能形成外交层面的冲突，而且可能使得相关国家陷入耗时靡资的世界贸易组织争端解决程序之中，这样显然不利于应对全球气候治理目标的实现。

以专利强制许可制度会阻碍气候变化技术创新为理由反对形成相关国际协议同样也不合理。如果气候变化技术创新的目的和后果是压制气候变化技术的推广和应用，那么鼓励技术创新的意义又何在呢？实际上，专利法律制度的一个重要理论基础就是社会契约理论，而社会契约理论则非常强调平衡专利权人的利益和社会公共利益，从这个角度看，保护发明创新的目的并不仅在于保护专利权人的利益，同时也在于保护为了公共利益而使用专利的权利。③ 其实，即使是极力强调提高知识产权保护水平的《与贸易有关的知识产权协定》，也高度重视促进技术传播与转让，因为如果动用大量宝贵的社会资源去保护技术创新的动力，而结果却是创新的技术不能为社会所使用，这样的做法显然是荒谬的。正因为如此，《与贸易有关的知识产权协定》第 7 条在阐释该协定的目标时指出，保护和实施知识产权不仅应当有利于促进技术创新，而且应当促进技术传播与转让。④ 不仅如此，《与贸易有关的知识产权协定》第 8 条在阐释该协议的原则时还指出，应采

---

① Joseph E. Stiglitz, "Economic Foundations of Intellectual Property Rights", DUKE L. J, Vol. 57, 2008, pp. 1693, 1701.

② Ibid., pp. 1717.

③ Susy Frankel and Jessica C. Lai, "Recognised and Appropriate Grounds for Compulsory Licences: Reclaiming Patent Law's Social Contract", in Reto M. Hilty and Kung - Chung Liu, *Compulsory Licensing: Practical Experiences and Ways Foward*, Springer Heidelberg New York Dordrecht London, 2015, pp. 158 – 159.

④ 参见《与贸易有关的知识产权协定》第 7—8 条。

取措施防止知识产权持有者滥用权力对国际技术转让造成负面影响。①
由此可见,对于鼓励技术创新的问题决不能片面、孤立地看待,政策与法律的制定者永远需要在鼓励技术创新与防止技术权力滥用之间寻求平衡,以促进私人权利与社会福利、公共事业协调发展。其实,即使反对将专利强制许可纳入气候变化国际谈判议题的美国,其在国内也在利用该制度促进有利于维护环境和生态保护等公共利益的技术推广和应用。例如,美国《清洁空气法》(Clean Air Act)、《原子能法》(The Atomic Energy Act) 和《植物多样性保护法》(The Plant Variety Protection Act) 中都规定,可以出于保护公共利益的目的批准对相关专利实施强制许可。②

与此同时,还应当看到,保护气候变化技术创新动力与制定气候变化技术专利强制许可国际协议之间并不必然发生冲突,因为国际社会可以通过合理的制度设计来对全球公共利益与专利权人的私人利益进行适当的平衡。

气候变化技术是一个比较广泛的概念,把所有的气候变化技术都纳入国际协议的范围既无可能,也无必要。因此,气候变化技术专利强制许可国际协议不妨对其所涉及的气候变化技术作严格限制,更好地体现其为公共利益而实施强制许可的宗旨。《巴黎协定》为2020年后的温室气体减排设定了三个量化目标:一是确保把全球平均气温升幅控制在不超过工业化前水平2℃;二是努力将气温升幅限制在工业化前水平以上1.5℃之内;三是在21世纪下半叶要实现温室气体源的人为排放与汇的清除之间的平衡。③ 可以说,上述第一个量化目标是《巴黎协定》所有缔约方根据全球气候系统所能承受的安全阈值而共同确定的最低目标,也是全球公共利益所不容打破的最后底线。因此,国际社会可以通过谈判,把确保上述最低目标实现所急需推广和应有的气候技术专利纳入国际协议所覆盖的范围,这样既符合保障公

---

① 参见《与贸易有关的知识产权协定》第7—8条。
② See Kurt M. Saunders, "Patent Nonuse and the Role of Public Interest as a Deterrent to Technology Suppression", *HARV. J. L. & TECH*, Vol. 15, 2002, pp. 389, 445 – 447.
③ 参见《巴黎协定》第2条第1款、第4条第1款。

共利益的宗旨，也可以把对私权的干预控制在最低限度。

与此同时，可以对气候变化技术专利强制许可的实施条件加以合理限定。强制许可应主要针对那些自己既不实施又不在合理期间内以合理价格许可他人使用专利的情况。价格是专利许可当事人所关心的核心要素，绿色专利强制许可的目的并不在于剥夺专利权人所预期的合理利润，而在于尽量减少以专利为工具压制竞争对手的行为。因此，国际协议对合理价格的界定可以适当宽松，确定一个不过于高于市场价格或公允评估价格的范围，这样既可以让专利权人拥有合理的利润空间，又可以让他人获得以能够承受的价格使用专利的机会。实践表明，只要能为专利权人保持合理的利润空间，技术创新仍然可以保持充分的动力。哈佛大学肯尼迪学院的谢雷尔（Frederic M. Scherer）教授曾对强制许可法律制度对技术创新动力的影响开展研究，通过广泛阅读相关文献、对22个美国公司进行面谈、对拥有45500个专利的69家公司进行问卷调查以及对专利趋势进行广泛的数据分析，发现强制许可对于企业做出投资研发新产品与新方法的决定几乎没有负面影响。[1]

（五）气候技术专利强制许可与南北沟通和协调

由于发达国家反对制定气候变化技术专利强制许可国际协议的理由不能成立，因此中国在未来的气候外交中，应当更加积极地推动发达国家与发展中国家之间就加强气候变化技术国际转让问题沟通观点，加强理解，尤其是需要进一步阐释气候变化技术专利强制许可制度在促进《巴黎协定》目标实现方面的重要作用，推动发达国家从维护全球气候安全的大局出发，与发展中国家共同努力制定气候变化技术专利强制许可国际协议。

值得指出的是，一些发展中国家对于制定气候变化技术专利强制许可国际协议也存在一些担心或不同的看法，对此中国也应当在外交工作中予以重视，及时做好沟通与协调工作。

---

[1] Frederic M. Scherer, "Political Economy of Patent Policy Reform in the United States", *J. ON TELECOMM & HIGH TECH. L.*, Vol. 7, 2009, pp. 167, 171-172.

一方面，一些发展中国家担心如果针对气候变化技术专利实施强制许可，一些拥有相关专利的跨国公司将进行报复，那将会对发展中国家的经济与社会发展造成负面影响，得不偿失。① 实际上，这反映了一些发展中国家在采取专利强制许可制度与具有技术垄断优势的大型跨国公司进行博弈时所普遍存在的顾虑。确实，一些发展中国家即使在遵守国际规则的情况下采取专利强制许可制度也会遭到相关跨国公司的报复。例如，当埃及政府于2002年宣布对一家跨国公司的药品专利实施强制许可后，该跨国公司表示反对并宣布停止一项在埃及的重大项目投资。② 当泰国政府于2007年宣布对美国雅培制药公司的医药专利采取强制许可后，雅培制药公司随之宣布将不再把该公司研制的7种新产品在泰国销售，作为对泰国政府决定对其专利采取强制许可的报复。③ 应当看到，经济与技术实力强大的跨国公司与经济与技术相对不够发达的发展中国家之间的博弈是客观存在的，如果后者不能依法捍卫自己的权利，那么后果会更为严重。在上述案例中，如果泰国与埃及政府因为担心遭到跨国公司的报复而不敢对相关药品专利采取强制许可，那么可能因此出现更为严重的负面后果，甚至可能酿成严重的公共健康危机。反而言之，如果越来越多的发展中国家能够在国际法制度框架下运用专利强制许可制度对这些跨国公司滥用技术权力的行为展开斗争，那么这些跨国公司势必也会有所收敛。显然，在气候变化技术专利强制许可问题上也会出现同样的问题。如果国际社会不能制定一个有效的气候变化技术专利强制许可协议，那么一旦有一些发展中国家率先针对跨国公司的专利压制行为实施强制许可，那么必然会遭到这些跨国公司强烈的报复。相反，如果国际社会

---

① Robert Fair, "Does Climate Change Justify Compulsory Licensing of Green Technology？" *Int L. & Mgmt. R.*, Vol. 6, 2010, p. 33, http：//digitalcommons. law. byu. edu/ilmr/vol6/iss1/3, May 1, 2017.

② Robert C. Bird, "Can Compulsory Licensing Improve Access to Essential Medicines？" p. 4, http：//papers. ssrn. com/sol3/papers. cfm？abstract_ id =1124035, May 1, 2017.

③ Keith Alcorn, "Abbott to Withhold New Drugs from Thailand in Retaliation for Kaletra Compulsory License", http：//www. aidsmap. com/Abbott – to – withhold – new – drugs – from – Thailand – in – retaliation – for – iKaletrai – compulsory – license/page/1426590/, May 1, 2017.

能够制定一个有效的、专门性的强制许可协议，那么就会有越来越多的发展中国家运用专利强制许可制度来与跨国公司的专利压制行为进行斗争，跨国公司在实施撤回投资、停止供应新产品等报复措施时就会越来越有顾忌。更为重要的是，跨国公司报复能够得逞的基础在于经济与技术实力的不平衡。对于少数发展中国家而言，相关跨国公司可能在经济与技术上有足够的优势，即使失去了在这些发展中国家的投资机会，对他们而言可能也并非十分严重的损失。但是，如果广大发展中国家普遍运用专利强制许可制度来对这些跨国公司的气候变化技术专利压制行为展开斗争，那么如果这些跨国公司轻率地展开报复行为，就要冒着失去巨大的产品市场和投资机遇的风险，这将是他们所不能承受的。

另一方面，有些发展中国家认为，可以通过气候变化技术专利池等其他方法来促进气候变化技术国际转让，因此气候变化技术专利强制许可国际协议并非必需的。应当看到，气候变化技术专利池与气候变化技术强制许可这两种制度之间是互相补充、互相促进的关系，而不是互相冲突或互相取代的关系。

专利池是一种由多个专利持有者签订的协议，其目的是在他们之间分享知识产权，或是把一套组合的专利打包许可他人使用。① 一个典型的专利池能够让其中的所有专利为所有签订专利池协议的成员所使用，而且还为非成员提供标准的许可协议条款。② 此外，一个典型的专利池还根据事先确定的程序或分配方案来为每一位成员分配专利许可费收入。③

专利池制度被一些学者视为可以帮助发展中国家获取气候变化技

---

① Cynthia Cannady, "Access to Climate Change Technology by Developing Countries: A Practical Strategy", p.6, http://www.ipeg.com/blog/wp-content/uploads/Access-to-Climate-Change-Tecehnology.pdf, May 1, 2017.
② Daniel Quint, "Patent Pools", from *The New Palgrave Dictionary of Economics*, p.1, http://www.ssc.wisc.edu/~dquint/papers/Quint%20Patent%20Pools.pdf, May 1, 2017.
③ Merges, R.P., "Institutions for Intellectual Property Transactions: The Case of Patent Pools", p.10, https://2048.berkeley.edu/files/pools.pdf, May 1, 2017.

术的重要渠道。① 有些人认为，专利池可以像魔法一样解决发展中国家缺乏先进的气候变化技术的问题。② 应当承认，专利池对于气候变化技术国际转让能够起到一定的促进作用。例如，气候变化技术专利池能够增加专利池成员之间的专利信息沟通，减少专利池成员之间的专利诉讼，帮助专利池成员之间通过共同受益而分摊气候变化技术研发成本的分配。但也应当看到，在当前气候变化技术在发达国家与发展中国家之间分布严重失衡的现实情况下，专利池在促进气候变化技术国际转让尤其是帮助发展中国家获取维护全球气候安全所必需的气候变化技术方面的作用是有限的。专利池的实质是专利池成员之间交叉给予专利使用授权。从客观条件看，潜在的专利池成员之间越是专利水平相等或相近，就越容易达成专利池协议；从主观条件看，潜在的专利池成员之间越是具有合作意愿，就越是容易形成专利池。而在当前气候变化技术南北分布极不平衡的情况下，很多在气候变化技术方面具有垄断优势的发达国家的公司的本意并非寻求合作而是排斥合作，因此试图通过专利池制度来在实质上改变气候变化技术国际转让的现状是不现实的。事实上，气变化候技术专利池制度可以成为气候变化技术专利强制许可制度的辅助性措施，因为只有通过气候变化技术强制许可国际协议来增强发展中国家的企业在气候变化技术转让中的谈判实力，促进发达国家与发展中国家在实力相对比较平衡的状态下进行合作，气候变化技术专利池制度才能起到较大的促进作用。

本章结论

在气候变化安全化背景下，制定打破常规的新国际气候规范势在必行。《巴黎协定》虽然生效，但是很多具体化的规范仍然亟待制定。

---

① Cynthia Cannady, "Access to Climate Change Technology by Developing Countries: A Practical Strategy", p. 6, http://www.ipeg.com/blog/wp-content/uploads/Access-to-Climate-Change-Tecehnology.pdf, May 1, 2017.

② Ibid..

在新规则制定过程中，南北大国之间在2020年前提高行动力度、2020年后增强行动以及资金、技术和能力建设机制等问题上还存在重大分歧。特朗普接替奥巴马担任美国总统后，美国气候外交政策发生了重大摇摆，对其他国际行为体也产生了重大影响，使得国际气候规定制定中的观望和迟疑情绪加重。

国际气候规范制定既关系到全球在气候变化问题上的核心利益是否能够得到保障，也关系到大国在未来国际气候合作中的权利、责任与义务的分配。中国作为最大的发展中国家，应当在未来国际气候规范中发挥引导作用，尤其是需要重视引导国际社会根据客观事实对"共同但有区别的责任"原则进行正确的动态解读，反对一些发达国家在气候安全问题上采取双重标准，推动在新的国际气候规范中充分体现中国及广大发展中国家的合理利益需求。

气候变化技术国际合作规范是未来国际气候规范制定的核心环节。《巴黎协定》生效后，气候变化技术分布南北不平衡的矛盾更加凸显出来。一方面发展中国家需要在未来的国际气候行动中承担更加艰巨的责任，另一方面一些发达国家的跨国企业却为了谋求超额利润而垄断技术，拒不允许发展中国家使用。随着气候变化问题安全化国际趋势的基本形成，为维护全球公共利益，制定气候变化技术强制许可国际协议的时机也基本成熟。根据国际知识产权制定的相关规定，虽然知识产权制度应当保护私权，但是为了维护公共利益应当做出例外处理，可以实施专利强制许可。既然气候变化是全球所面临的共同安全威胁，因此从维护全球公共利益的角度出发，应当明确规定对于气候变化技术专利可以实施强制许可。当前美国等发达国家极力反对把知识产权问题纳入国际气候谈判与合作议程。中国应当从维护全球气候安全的角度出发，引导国际社会在气候技术专利强制许可问题上达成共识，推动气候变化技术国际合作规范的完善。

结　　论

　　气候变化问题安全化是特定时代背景下的产物。一方面,"冷战"结束后,国际社会敏感地认识到全球安全形势正在发生深刻的变化,并开始对新的安全因素加以分析和研究,环境变化等非传统安全问题开始越来越受到国际社会的关注与重视。另一方面,"冷战"结束后,一些新兴发展中大国抓住和平与发展成为时代主题的有利机遇,进入了经济快速增长期,到21世纪初国际社会启动关于《京都议定书》第一承诺期后的国际气候行动方案的谈判时,中国等新兴发展中大国与很多发达国家的经济总量、能源消耗总量和碳排放总量已经十分相近,南北大国在如何制定新的全球碳减排行动方案方面的博弈变得更加激烈,国际气候谈判一度陷入困境和僵局。在此时代背景下,推动气候变化问题"安全化"就成为顺应国际安全形势发展趋势和突破国际气候谈判困境的战略性选择。

　　气候变化问题从受到科学界的关注到现在成为国际政治最核心的议题之一,经历了一个从"非政治化"到"政治化"再到"安全化"的渐进发展过程。从19世纪初期到20世纪70年代,气候变化总体上处于一个非政治化的阶段。在这个阶段中,虽然科学界对气候变化的研究在不断取得进展,但是政治界并没有下决心进行资源配置来对气候变化问题进行干预。从20世纪80年代开始,联合国环境规划署和世界气象组织等开始成立专门机构研究气候变化问题,随后联合国大会决定开始启动气候变化框架公约的谈判,直到21世纪初《京都议定书》生效,国际社会动员了越来越多的资源来干预气候变化,这意味着气候变化问题进入了政治化的阶段。此后,政府间气候变化专门委员会(IPCC)在其评估报告中把气候变化界定为人类社会的存在性威胁。欧盟在把气候变化置于其安全战略最优先领域的同时，率先在国际议程中通过安全话语凸显气候变化的存在性威胁。安理会开始组织对气候变化问题的公开辩论，联合国大会和联合国秘书长也分别针对气候安全问题形成了决议和专题报告，这意味着气候变化对人类社会所构成的存在性威胁得到了国际社会成员越来越普遍的关注和重视。2014年中美发布《中美气候变化联合声明》，明确提出应对气候变化将增强"国家安全和国际安全"，表明世界上最大的发达国家和发展中国家都已经充分认识到气候变化对国家安全和国际安全所构成的重大威胁。2015年12月，巴黎气候大会通过了《巴黎协定》，把气候变化界定为人类社会所面临的紧迫的、无法逆转的威胁，并为国际社会成员确定了共同行动的法律框架，成为国际气候行动需要遵循的新国际规范，标志着气候变化问题安全化的国际趋势已基本形成。

气候变化安全化对国际气候谈判产生三方面影响：国际气候谈判的政治逻辑发生重大变化，安全优先的理念逐渐为越来越多的国际行为体所接受；现行国际气候谈判程序机制面临重大挑战，一些国际行为体开始要求在安理会框架下谈判并决策气候变化问题；随着国际社会气候安全认知的深入，进一步降低地球大气层中温室气体浓度的要求将更为迫切，新兴发展中大国的减排压力将进一步加大。

在气候变化问题安全化的国际趋势中，中国气候外交面临三方面的重大挑战：如何对气候变化问题安全化是否符合中国利益做出更准确的判断并据此确定中国的基本立场；如何在气候变化问题安全化进程中建立话语权威；如何在气候变化安全化进程中提高对国际气候规范的塑造力。从目前情况看，中国已经成功地从气候变化安全化的听众转变为气候变化问题安全化的积极推动者，在应对气候安全的外交挑战中迈出了重要的一步。在未来的气候外交工作中，中国的总体思路应当是重视气候变化问题安全化的国际趋势及其对国际气候谈判的影响，坚持把中国利益与全球利益更紧密地结合起来，努力提升在气候安全方面的话语权威和国际规范塑造力，争取在国际气候谈判与合作中成为一支更加聪明的力量。

长期以来，中国在联合国大会与安理会关于气候变化问题的公开辩论中，一直坚持认为，气候变化是一个可持续发展问题，反对把气候变化作为一个安全问题对待。在气候变化问题安全化的国际趋势中，随着气候变化科学研究、国内外安全理念以及气候安全认知的不断发展变化，中国对气候安全的外交表态也应当随之而完善，否则就会出现前后不一的矛盾，这样中国不仅难以在气候安全问题上建立话语权威，而且也很难对国际气候安全观的构建做出积极贡献。

中国在气候安全问题上应当以新安全观为依据，从气候安全问题的形成根源、基本特征以及应对挑战的基本框架等方面向国际社会全面并准确地阐释中国认知与理念。首先，中国应当对温室气体的历史累积排放中的南北差距、生存性排放与奢侈性排放的南北差距以及转移性排放形成的内在原因等进行深刻分析，并以此为依据向国际社会阐明南北发展严重失衡才是气候安全问题的根源性因素；其次，中国应结合气候变化问题的实际情况对集体安全概念与共同安全概念的区别进行分析，向国际社会阐明气候变化是一个需要国际社会成员合作应对的共同安全问题；最后，中国需要向国际社会阐释可持续安全理念对解决气候安全问题的重要指导意义，强调只有坚持安全与发展并重的可持续安全理念才能从根源上解决气候安全问题。

在《巴黎协定》生效以后，国际社会在气候安全决策程序规范构建上面临重大选择。对于应当采取自上而下的大国决策机制还是自下而上的平等协商决策机制来推动《巴黎协定》的有效实施的问题，世界主要国家在重大国际场合也发生了激烈的争辩。国际气候程序性规范的构建最终将会对世界各国的实体性权利和义务产生重大影响。中国在气候外交中需要阐明以国家平等原则为指导构建国际气候决策程序规范的重要意义。一方面，以安理会决策机制为代表的大国决策机制从本质上是一种以决策地位居于优势的大国为核心，形成决议并由所有国家执行的自上而下的决策机制。在这种决策机制中，由于广大弱小国家不具有平等的话语权与表决权，因此他们的合理利益需求很难得到体现，该机制所形成的成果难以得到世界各国的自觉遵守。《巴黎协定》所确定的维护全球气候安全的目标极具挑战性，需要世界各国共同努力,仅仅依靠大国的力量是根本无法实现的,因此大国决策机制无助于《巴黎协定》的有效实施。另一方面,以《联合国气候变化框架公约》决策机制为代表的平等协商决策机制本质上是通过平等对话、沟通和协调这种自下而上的方式,把国际社会所有成员的合理利益需求会集起来,逐渐增加理解,凝聚共识,最终形成能够体现所有国际社会成员核心共同利益的国际法文件。坚持平等协商的决策机制,有助于《巴黎协定》各缔约方减少观念分歧,增加共同行动意愿,有利于在《巴黎协定》所确立的框架下有效维护全球气候安全。

《巴黎协定》虽然已经生效,但是国际气候规范制定在未来仍然面临很多困难与阻力,尤其是在2020年前提高行动力度、2020年后增强行动以及资金、技术和能力建设等机制的构建等问题上,发达国家与发展中国家还存在很大的意见分歧。美国在《巴黎协定》生效后,由于政府更替而出现的气候外交政策摇摆为国际气候规范制定增加了新的不确定性。中国需要重点从以下两方面发挥引导作用,以推动在《巴黎协定》生效后尽快制定公平合理的新国际气候规范,为从根本上消除气候安全威胁做出贡献:

一方面,引导国际社会正确认识气候变化尚存不确定性与立即采取应对行动之间的关系。美国特朗普政府对全球应对气候变化表现出消极态度,其本质是把美国利益置于全球利益之上的单边主义外交思维的体现。在气候变化问题上,应当看到全球利益与各国利益是协调统一的,而不是对立与排斥的。从长远角度看,全球生态环境系统的安全得不到保障,任何国家也不可能独善其身。随着气候变化的安全含义不断凸显出来,人类社会如果还继续停留在研究、交流和争辩阶段而不立即采取行动,将会贻误治理气候变化问题的最后的机遇窗口,这种做法既不符合《联合国气候变化框架公约》所强调的风险预防原则,也与《巴黎协定》所确定的依据"现有的最佳科学知识"立即开展行动的要求相悖。

另一方面,引导国际社会正确地对"共同但有区别的责任"原则进行动态解读。鉴于气候变化已经成为人类社会所面临的"紧迫的可能无法逆转的威胁",因此全球共同开展碳减排行动已经成为保障全球气候安全的迫切需要。与此同时,在区分应对气候变化责任方面,不应当对历史碳排放问题采取回避甚至无视的态度,这不符合科学事实。从历史碳排放责任的角度分析,应当以各国人均累积碳排放量为指标来进行衡量。1950年以来发达国家的人均累积碳排放量达到了发展中国家的人均累积碳排放的7.68倍,即使中国和印度这两个新兴发展中大国的人均累积碳排放也还仅为发达大国的1/6和1/16,接近发展中国家的中值水平。由此可见,近年来新兴发展中大国碳排放总量的增加,并没有改变《联合国气候变化框架公约》所确定的把缔约方划分为发达国家与发展中国家这两种基本类型并据此承担有区别的责任的基础和依据,因此,正确解读《巴黎协定》中"根据各国实际情况"来承担"共同但有区别的责任"的表述,就应当依据发达国家与发展中国家人均累积碳排放存在巨大差距这个实际情况,在强调"共同责任"的同时,继续坚持发达国家与发展中国家在科学计算人均累积碳排放的基础上承担"有区别的责任"的基本立场。新兴发展中大国积极参与全球共同减排行动,事实上为维护全球气候安全放弃了本应拥有的碳排放增长空间,然而这并不意味着同时也放弃了要求发达国家为此做出合理补偿的权力。从安全优先、兼顾公平的角度出发,发达国家仅仅通过减少碳排放并不足以承担其在气候变化方面的责任,发达国家还应当在资金、技术和能力建设等方面为超额占有的碳排放份额对发展中国家做出应有的补偿。

需要引起注意的是,在如何解读"共同但有区别的责任"原则以保障全球气候安全问题上,发达国家存在采取双重标准的倾向。一方面,发达国家要求发展中国家放弃人均碳排放趋同的方案,主张发展中国家与发达国家共同参与碳减排行动,其理由是气候变化已经构成了对人类社会的安全威胁,因此必须秉着安全优先的理念,采取非同寻常的紧急措施。另一方面,当发展中国家要求发达国家在2020年前提升行动力度、2020年后增强行动以及资金、技术与能力建设等方面承担"有区别的责任"时,发达国家却不再强调安全优先的理念,而是反复强调各方面的困难,拒绝采取打破常规的措施。对此,中国应当发挥积极作用，引导《巴黎协定》所有缔约方尤其是发达国家从合作共赢的角度出发，反对在气候安全问题上采取双重标准，共同努力维护人类命运共同体的核心利益。

维护全球气候安全，归根结底还是要依靠先进的科学技术。国际气候技术合作规范的制定是《巴黎协定》生效后国际气候规范构建的核心环节。在当前形势下，如果不充分推广与应用气候变化技术，《巴黎协定》为维护气候安全所设定的目标将难以实现。气候变化技术推广与应用的最大障碍在于，一些发达国家的专利权人利用其技术优势实施专利压制，导致气候变化技术分布南北失衡，发展中国家难以发挥减排潜力。打破气候变化技术专利压制需要依靠专利强制许可制度，但现行国际知识产权制度却对实施强制许可规定了极为烦琐的限制条件，且各国在立法和司法上对实施强制许可的条件理解不同，尺度掌握不一，极不利于气候变化技术的推广和应用，因此必须通过制定气候变化技术专利强制许可国际协议加以解决。中国在未来的气候外交中，应当更积极地推动发达国家与发展中国家之间在气候变化技术国际转让问题上加强沟通与协调，尤其是需要进一步阐释气候变化技术专利强制许可制度在促进《巴黎协定》目标实现方面的重要作用，推动《巴黎协定》缔约方尤其是发达国家缔约方从维护全球气候安全的大局出发，与发展中国家共同努力制定气候变化技术专利强制许可国际协议，推动气候技术国际合作规范的完善。

本书研究以气候变化问题安全化为考察对象，分析了气候变化安全化进程的形成原因及其对中国所构成的外交挑战，并提出了相应的对策。值得指出的是，本书研究尚存在不足之处。由于国际气候制度构建还处于不断发展完善之中，尤其是《巴黎协定》通过后美国特朗普政府的气候政策出现了重大反复，这些必将对未来的国际气候谈判产生重要影响，也需要中国在气候外交中做出新的应对。对于这些问题，本书研究虽然有所涉及，但是由于特朗普政府执政时间较短，相关言行与政策尚在形成与发展之中，因此研究尚不够深入，需要在今后持续跟踪研究。

具体而言，与本书相关的以下三方面问题尚需进一步加以研究：

一是美国气候政策在未来的发展演变及其内在的驱动因素；二是美国气候政策反复对未来国际气候安全观构建以及新国际气候规范谈判与制订的影响；三是在美国气候政策发生重大反复的情况下，中国应如何更有效地推动国际气候谈判与合作。

参考文献

一　中文著作及论文

艾喜荣：《话语操控与安全化——克林顿政府与小布什政府气候变化政策对比研究》，博士学位论文，外交学院，2016年。

薄燕：《〈巴黎协定〉坚持的"共区原则"与国际气候治理机制的变迁》，《气候变化研究进展》2016年第3期。

［英］布赞、［丹］维夫：《地区安全复合体与国际安全结构》，潘忠岐等译，上海人民出版社2010年版。

［英］布赞、［丹］维夫、［丹］怀尔德：《新安全论》，朱宁译，浙江人民出版社2003年版。

蔡守秋、张文松：《演变与应对：气候治理语境下国际环境合作原则的新审视——以〈巴黎协议〉为中心的考察》，《吉首大学学报》（社会科学版）2016年第5期。

曹明德：《中国参与国际气候治理的法律立场和策略：以气候正义为视角》，《中国法学》2016年第1期。

曹亚斌：《全球气候谈判中的小岛屿国家联盟》，《现代国际关系》2011年第8期。

陈贻健：《国际气候变化法中适应议题论争的法律应对》，《行政与法》2016年第12期。

陈贻健：《国际气候变化法中的公平论争及其解决框架》，《河南财经政法大学学报》2016年第6期。

陈贻健：《国际气候法律新秩序的困境与出路：基于"德班—巴黎"进程的分析》，《环球法律评论》2016年第2期。

陈迎：《气候变化不宜过度政治化》，《人民日报》2007年4月25

日,第 3 版。

陈迎、潘家华、庄贵阳:《防范全球变暖的历史责任与南北义务》,《世界经济》1999 年第 3 期。

陈馨、曾维华、何霄嘉、孙傅:《国际适应气候变化政策保障体系建设》,《气候变化研究进展》2016 年第 6 期。

戴君虎、王焕炯、刘亚辰、葛全胜:《人均历史累积碳排放 3 种算法及结果对比分析》,《第四纪研究》2014 年第 4 期。

[英] 戴维·坎贝尔:《塑造安全》,李中、刘海青译,吉林人民出版社 2008 年版。

丁金光、管勇鑫:《"基础四国"机制与国际气候谈判》,《国际论坛》2016 年第 6 期。

董亮:《会议外交、谈判管理与巴黎气候大会》,《外交评论》2017 年第 2 期。

董亮、张海滨:《IPCC 如何影响国际气候谈判——一种基于认知共同体理论的分析》,《世界经济与政治》2014 年第 8 期。

董勤:《美国气候变化政策分析》,《现代国际关系》2007 年第 11 期。

董勤:《安全利益对美国气候变化外交政策的影响分析——以对美国拒绝〈京都议定书〉的原因分析为视角》,《国外理论动态》2009 年第 10 期。

杜祥琬:《国际气候谈判的实质和出路》,《气候变化研究进展》2014 年第 5 期。

高翔:《〈巴黎协定〉与国际减缓气候变化合作模式的变迁》,《气候变化研究进展》2016 年第 2 期。

顾阿伦、何建坤、周玲玲、姚兰、刘滨:《中国进出口贸易中的内涵能源及转移排放分析》,《清华大学学报》(自然科学版)2010 年第 9 期。

桂立:《共存与共处——70 多年来苏美关系述评》,博士学位论文,华东师范大学,2001 年。

国玉奇、[俄] В. П. 丘德诺夫:《地缘政治学与世界秩序》,重庆出版社 2007 年版。

国务院发展研究中心课题组：《全球温室气体减排：理论框架和解决方案》，《经济研究》2009 年第 3 期。

何建坤、陈文颖、滕飞、刘滨：《全球长期减排目标与碳排放权分配原则》，《气候变化研究进展》2009 年第 6 期。

何建坤、刘滨、陈文颖：《有关全球气候变化问题上的公平性分析》，《中国人口·资源与环境》2004 年第 6 期。

何露杨：《巴西气候变化政策及其谈判立场的解读与评价》，《拉丁美洲研究》2016 年第 2 期。

贺小勇：《从〈多哈宣言〉到〈总理事会决议〉看国际知识产权保护》，《法学》2004 年第 6 期。

侯佳儒、王倩：《国际气候谈判中的非政府组织：地位、影响及其困境》，《首都师范大学学报》（社会科学版）2013 年第 2 期。

黄瑶：《从使用武力法看保护的责任理论》，《法学研究》2012 年第 3 期。

蒋佳妮、王灿：《全球气候谈判中的知识产权问题——进展、趋势及中国应对》，《国际展望》2016 年第 2 期。

蒋佳妮、王灿：《中国绿色技术创新的障碍与出路——以国际气候谈判中的知识产权问题为视角》，载中国环境科学学会编《中国环境科学学会学术年会论文集（2012）》（第一卷），中国农业大学出版社 2012 年版。

纪莉、陈沛然：《论国际气候变化报道研究的发展与问题》，《全球传媒学刊》2016 年第 4 期。

［澳］杰里·辛普森：《大国与法外国家——国际法律秩序中不平等的主权》，朱利江译，北京大学出版社 2008 年版。

晋继勇：《全球公共卫生问题安全化——以世界卫生组织规范变迁为例》，《国际论坛》2008 年第 3 期。

金泳锋、黄钰：《专利丛林困境的解决之道》，《知识产权》2013 年第 11 期。

康晓：《国际气候秩序建构与中国的气候外交》，《国际论坛》

2013 年第 5 期。

柯坚:《可持续发展对外政策视角下的欧盟气候变化国际合作方略》,《上海大学学报》(社会科学版) 2016 年第 1 期。

李海东:《奥巴马政府的气候变化政策与哥本哈根世界气候大会》,《外交评论》2009 年第 6 期。

李海东:《从边缘到中心：美国气候变化政策的演变》,《美国研究》2009 年第 2 期。

李海棠:《新形势下国际气候治理体系的构建——以〈巴黎协定〉为视角》,《中国政法大学学报》2016 年第 3 期。

李靖堃:《国家安全视角下的英国气候政策及其影响》,《欧洲研究》2015 年第 5 期。

李慧明:《气候变化、综合安全保障与欧盟的生态现代化战略》,《欧洲研究》2015 年第 5 期。

李慧明:《全球气候治理碎片化时代：国际领导供给与中国的战略选择》,《社会科学文摘》2016 年第 1 期。

李志斐:《气候变化与中国周边地区水资源安全》,《国际政治研究》2015 年第 4 期。

林秀芹:《TRIPs 第 31 条研究》,博士学位论文,厦门大学,2003 年。

刘健、彭丽娟:《"共同但有区别责任"内涵审视与适用研究——以国际气候变化谈判为视角》,《湘潭大学学报》(哲学社会科学版),2016 年第 3 期。

刘颖:《相互依赖、软权力与美国霸权：约瑟夫·奈的世界政治思想研究》,中国社会科学出版社 2010 年版。

刘哲、冯相昭:《迈向日益透明的国际气候治理新秩序——跟踪波恩气候会议》,《世界环境》2016 年第 6 期。

［美］路易斯·亨金:《国际法：政治与价值》,张乃根等译,中国政法大学出版社 2004 年版。

马建英、蒋云磊:《试析全球气候变化问题的安全化》,《国际论坛》2010 年第 2 期。

[英]尼古拉斯·斯特恩:《地球安全愿景:治理气候变化,创造繁荣进步新时代》,武锡申译,社会科学文献出版社 2009 年版。

倪娟:《气候俱乐部:国际气候合作的新思路》,《国外社会科学》2016 年第 3 期。

潘家华:《转型发展与落实〈巴黎协定〉目标——兼论"戈尔悖论"之破解》,《环境经济研究》2016 年第 1 期。

潘家华、王谋:《国际气候谈判新格局与中国的定位问题探讨》,《中国人口·资源与环境》2014 年第 5 期。

潘家华、郑艳:《基于人际公平的碳排放概念及其理论含义》,《世界经济与政治》2009 年第 10 期。

齐琳:《气候伦理引导气候谈判的可行性及原则》,《国际论坛》2017 年第 1 期。

祁悦:《中国在应对气候变化国际合作中的定位》,《世界环境》2014 年第 11 期。

秦亚青等:《国际体系与中国外交》,世界知识出版社 2009 年版。

阮建平:《国际经济制裁:演化、效率及新特点》,《现代国际关系》2004 年第 4 期。

孙傅、何霄嘉:《国际气候变化适应政策发展动态及其对中国的启示》,《中国人口·资源与环境》2014 年第 5 期。

世界环境与发展委员会:《我们共同的未来》,王之佳等译,吉林人民出版社 1989 年版。

史哲:《安理会否决权——"权力政治"的影像》,《欧洲》2002 年第 6 期。

梁西:《国际困境:联合国安理会的改革问题——从日、德、印、巴争当常任理事国说起》,《法学评论》2005 年第 1 期。

唐仁模:《美国"新帝国战略"的由来及特征》,《和平与发展》2004 年第 1 期。

滕飞:《从博弈视角看巴黎气候变化谈判》,《世界环境》2015 年第 6 期。

王淳:《新安全视角下美国政府的气候政策》,《东北亚论坛》

2010 年第 6 期。

王鸿:《气候变化背景下的知识产权国际保护之争》,《河海大学学报》(哲学社会科学版) 2016 年第 5 期。

王辑思、徐辉、倪峰主编：《冷战后的美国外交 (1989—2000)》,时事出版社 2008 年版。

王苏春:《后〈京都议定书〉时代的国际气候谈判:制约因素与协同合作》,《阅江论坛》2015 年第 4 期。

王谋、潘家华:《气候安全的国际治理困境》,《江淮论坛》2016 年第 2 期。

王文军、庄贵阳:《碳排放权分配与国际气候谈判中的气候公平诉求》,《外交评论》(外交学院学报) 2012 年第 1 期。

王嵎生:《发展中国家的迅速兴起及其影响》,《亚非纵横》2008 年第 2 期。

王绍武:《〈京都议定书〉的执行情况》,《气候变化研究进展》2013 年第 1 期。

王田、李俊峰:《〈巴黎协定〉后的全球低碳"马拉松"进程》,《国际问题研究》2016 年第 1 期。

吴静、王诗琪、王铮:《世界主要国家气候谈判立场演变历程及未来减排目标分析》,《气候变化研究进展》2016 年第 3 期。

吴彤、徐建华:《基于内容分析法的气候变化报道国际比较》,《北京大学学报》(自然科学版) 2016 年第 2 期。

吴先华、郭际、郭雯倩:《基于商品贸易的中美间碳排放转移测算及启示》,《科学学研究》2011 年第 9 期。

吴勇:《建立因应气候变化技术转让的国际知识产权制度》,《湘潭大学学报》(哲学社会科学版) 2013 年第 3 期。

王玉洁、周波涛、任玉玉、孙丞虎:《全球气候变化对我国气候安全影响的思考》,《应用气象学报》2016 年第 6 期。

王兆平:《气候正义下的国际碳排放权及其分配》,《江苏大学学报》(社会科学版) 2015 年第 1 期。

辛秉清等:《发展中国家气候变化技术需求及技术转移障碍》,

《中国人口·资源与环境》2016 年第 3 期。

闫云凤：《中欧贸易碳排放转移研究》，《中央财经大学学报》2012 年第 4 期。

姚莹：《德班平台气候谈判中我国面临的减排挑战》，《法学》2014 年第 9 期。

叶晓红：《哥本哈根学派安全化理论述评》，《社会主义研究》2015 年第 6 期。

尹锋林、罗先觉：《气候变化、技术转移与国际知识产权保护》，《科技与法律》2011 年第 2 期。

杨洁勉主编：《世界气候外交和中国的应对》，时事出版社 2009 年版。

于宏源：《气候安全威胁美国的国计民生》，《太平洋学报》2013 年第 1 期。

于宏源：《气候谈判地缘变化和华沙大会》，《国际关系研究》2016 年第 3 期。

于宏源：《〈巴黎协定〉、新的全球气候治理与中国的战略选择》，《太平洋学报》2016 年第 11 期。

于宏源：《试析全球气候变化谈判格局的新变化》，《现代国际关系》2012 年第 6 期。

杨淑霞、曹伟宸：《国外公司在我国电动汽车领域的专利战略布局》，《中国发明与专利》2011 年第 6 期。

杨毅：《国内约束、国际形象与中国的气候外交》，《云南社会科学》2012 年第 1 期。

张桂红、蒋佳妮：《论气候有益技术转让的国际法律协调制度的构建——兼论中国的利益和应对》，《上海财经大学学报》2015 年第 1 期。

张海滨：《气候变化与中国国家安全》，《国际政治研究》2009 年第 4 期。

张海滨：《联合国与国际环境治理》，《国际论坛》2009 年第 9 期。

张金慧、邓淑珍：《在科学认知的基础上积极应对气候变化——访国家应对气候变化领导小组办公室副主任、中国气象局局长郑国光》，《中国水利》2008年第2期。

张磊：《联合国气候变化框架公约下气候技术国际转让促进机制研究》，《理论界》2013年第10期。

张晓华、祁悦：《应对气候变化国际谈判现状与展望》，《中国能源》2014年第11期。

张晓慧：《"软实力"论》，《国际资料信息》2004年第3期。

张永香、黄磊、袁佳双：《联合国气候变化框架公约下发展中国家的能力建设谈判回顾》，《气候变化研究进展》2017年第3期。

赵行姝：《气候变化与美国国家安全：美国官方的认知及其影响》，《国际安全研究》2015年第5期。

邹骥、王克、傅莎等：《环境有益技术开发与转让国际合作创新机制研究》，经济科学出版社2009年版。

朱江玲、岳超、王少鹏、方精云：《1850—2008年中国及世界主要国家的碳排放——碳排放与社会发展Ⅰ》，《北京大学学报》（自然科学版）2010年第4期。

朱焱：《中国气候外交研究》，博士学位论文，中共中央党校，2014年。

［美］兹比格纽·布热津斯基：《第二次机遇》，陈东晓等译，上海人民出版社2008年版。

二 英文著作及论文

Alan Dupont, Graeme Pearman, "Heating up the Planet: Climate Change and Security", http://www.greencrossaustralia.org/media/35114/lip12_dupont_web.pdf.

A. Lara, G. Parra, A. Chávez, "The Evolution of Patent Thicket in Hybrid Vehicles, Commoners and the Changing Commons: Livelihoods, Environmental Security, and Shared Knowledge", The Fourteenth Biennial Conference of the International Association for the Study of the Commons, June 3–7 2013.

Angela Liberatore, "Climate Change, Security and Peace: The Role of the European Union", *Review of European Studies*, Vol. 5, No. 3, 2013, pp. 83—94.

Antoine Dechezleprêtre, Matthieu Glachant, Ivan Hascic, Nick Johnstone, Yann Ménière, "Invention and Transfer of Climate Change Mitigation Technologies on a Global Scale: A Study Drawing on Patent Data", http://www.environmentportal.in/files/Invention%20and%20Transfer%20of%20Climate%20Change.pdf.

A. Torres Camprubi, "Climate Change and International Security: Revealing New Challenges to the Continuation of Pacific Islands' Statehood", https://core.ac.uk/download/pdf/60611127.pdf.

Betsy Hartmann, "Rethinking Climate Refugees and Climate Conflict: Rhetoric, Reality and the Politics of Policy Discourse", *Journal of International Development*, Vol. 22, 2010, pp. 233 - 246, DOI: 10.1002/jid.1676.

Bruce Gilley, David Kinsella, "Coercing Climate Action", *Survival*, Vol. 57, 2015.

Cameron Hutchison, "Does TRIPs Facilitate or Impede Climate Change Technology Transfer into Developing Countries?" *University of Ottawa law & Technology Journal*, Vol. 3, 2006.

Charles F. Parker and Christer Karlsson, "Climate Change and the European Union's Leadership Moment: An Inconvenient Truth?" http://mistra-research.se/download/18.3a618cec141021343374fbc/1379435889919/Parker+&+Karlsson+2008d.pdf.

Charlotte Bretherton and John Vogler, *The European Union as a Global Actor*, Routledge, London and New York, 2006.

Chris Abbott, Paul Rogers, John Sloboda, *Global Response to Global Threats: Sustainable Security for the 21st Century*, Published by Oxford Research Group, 2006, http://fride.org/descarga/WP27_SegSust_ENG_sep06.pdf.

Christiane Gerstetter, Dominic Marcellino, "The Current Proposals on the Transfer of Climate Technology in the International Climate Negotiations", https://www.researchgate.net/publication/228752537_The_Current_Proposals_on_the_Transfer_of_Climate_Technology_in_the_International_Climate_Negotiations.

Christopher K. Penny, "Greening the Security Council: Climate Change as an Emerging 'Threat to International Peace and Security'", *Int Environ Agreements*, No. 7, 2007, pp. 35 – 71, DOI 10.1007/s10784 – 006 – 9029 – 8.

Chris Wold, Don Gourlie, Amelia Schlusser, "Climate Change, International Trade, and Response Measures: Options for Mitigating Climate Change without Harming Developing Country Economies", http://docs.law.gwu.edu/stdg/gwilr/PDFs/46 – 3/2%20Wold.pdf.

Cynthia Cannady, "Access to Climate Change Technology by Developing Countries: A Practical Strategy", *ICTSD's Programme on IPRs and Sustainable Development*, No. 25, 2009, International Centre for Trade and Sustainable Development, Geneva, Switzerland, http://www.ipeg.com/blog/wp – content/uploads/Access – to – Climate – Change – Tecehnology.pdf.

Dane Warren, "Climate Change and International Peace and Security: Possible Roles for the U.N. Security Council in Addressing Climate Change", https://academiccommons.columbia.edu/download/fedora_content/download/ac:187332/CONTENT/Warren_ – _CC_and_International_Peace_and_Security_ – _Roles_for_the_UN_Security_Council.pdf.

Daniel R. Cahoy, Leland Glenna, "Private Ordering and Public Energy Innovation Policy", *FLA. ST. U. L. REV.*, Vol. 36, 2009.

Daniel Quint, "Patent Pools", from *The New Pagrave Dictionary of Economics*, http://www.ssc.wisc.edu/~dquint/papers/Quint%20Patent%20Pools.pdf.

Merges, R. P., "Institutions for Intellectual Property Transactions: The Case of Patent Pools", https://2048.berkeley.edu/files/pools.pdf.

Daniel Wiseman, "Securing the Climate: What Role for the Security Council in Addressing Climate Change?" *National Environmental Law Review*, No. 2, 2012.

Dechezlepretre, Antoine, Glachant, Matthieu, Hascic, Ivan, Johnstone, Nick and Meniere, Yann, "Invention and Transfer of Climate Change – Mitigation Technologies: A Global Analysis", *Review of Environmental Economics and Policy*, Vol. 5, No. 1, 2011.

Devyani Gupta, "Climate of Fear: Environment, Migration and Security", in Felix Dodds, Andrew Higham and Richard Sherman, eds., *Climate Change and Energy Insecurity: The Challenge for Peace, Security and Devlopment*, Earthscan, London, UK, 2009.

Dröge, Susanne, Acker, Gudrun, "China's Approach to International Climate Policy: Change Begins at Home", http://www.ssoar.info/ssoar/bitstream/handle/document/40187/ssoar-2014-droge_et_al-Chinas_approach_to_international_climate.pdf?sequence=1.

Edwin Zaccai, Marine Lugen, "Common but Differentiated Responsibilities against the Realities of Climate Change", https://www.researchgate.net/publication/282850346_Common_but_differentiated_responsibilities_against_the_realities_of_climate_change.

Elie Bellevrat, "Climate Policies in China and India: Planning, Implementation and Linkages with International Negotiations", http://www.environmentportal.in/files/file/climate%20policies%20in%20india%20and%20china.pdf.

Elliot Diringer, "Technology Transfer in a New Global Climate Agreement", http://xueshu.baidu.com/s?wd=paperuri%3A%28553cb02e402f71b28a547d556eb454e7%29&filter=sc_long_sign&tn=SE_xueshusource_2kduw22v&sc_vurl=http%3A%2F%2Fciteseerx.ist.psu.edu%2Fviewdoc%2Fdownload%3Bjsessionid%3DEEB2472368399883E089218025F9D144%3Fdoi%3D10.1.1.148.2228%26rep%3Drep1%26type%3Dpdf&ie=utf-8&sc_us=2414550174243428267.

Emi Mizuno, "Cross-border Transfer of Climate Change Mitigation Technologies: The Case of Wind Energy from Denmark and Germany to India", for the Degree of Doctor in Philosophy in Technology and Public Policy at the Massachusetts Institute of Technology, 2007.

Erik Gartzke, Tobias Böhmelt, "Climate and Conflict: Whence the Weather?" DOI: 10.1515/peps-2015-0022, http://erikgartzke.com/assets/peps-2015-0022.pdf.

Fisseha Tessema Abissa, *Climate Technology Transfer at the Local, National and Global Levels: Analyzing the Relationships Between Multi-Level Structures Dissertation*, Doctoral Dissertation at the University of Twente, 2014.

Frederic M. Scherer, "Political Economy of Patent Policy Reform in the United States", J. *ON TELECOMM. & HIGH TECH. L.*, Vol. 7, 2009.

Gabriel Eckstein, Water Scarcity, "Conflict, and Security in a Climate Change World: Challenges and Opportunities for International Law and Policy", *Wisconsin International Law Journal*, Vol. 27, No. 3, 2009.

Gamal M. Selim, "Perceptions of Hard Security Issues in the Arab World", *Hexagon Series on Human and Environmental Security and Peace*, Vol. 5, 2011, pp. 313-326.

Giulio M Gallarotti, "Smart Power: What It Is, Why It's Important, and the Conditions for Its Effective Use", http://works.bepress.com/giulio_gallarotti/36/.

Govinda R. Timilsina, Kalim U. Shah, "Filling the Gaps: Policy Supports and Interventions for Scaling up Renewable Energy Development in Small Island Developing States", *Energy Policy*, 2016, http://dx.doi.org/10.1016/j.enpol.2016.02.028.

Gørild Heggelund, "China's Climate Change Policy: Domestic and International Developments", *Asian Perspective*, Vol. 31, No. 2, 2007, pp. 155-191, https://www.researchgate.net/publication/237766362.

Halvard Buhaug, "Climate-Conflict Research: Some Reflections on the Way Forward", DOI: 10.1002/wcc.336, http://www.hbuhaug.com/wp-content/uploads/2015/03/Buhaug_WIREsCC_2015.pdf.

Hans Günter Brauch, "Securitizing Climate Change", http://www.afes-press.de/html/Brauch_ISA_NY_2.2.2009.pdf.

Hansen, "Climate Impact of Increasing Atmospheric Carbon Dioxide", *Science*, Vol. 213, No. 4511, 1981.

Halvard Buhaug, Nils Petter Gleditsch, Ole Magnus Theisen, *Implications of Climate Change for Armed Conflict*, Washington, DC: World Bank Group, 2008, http://siteresources.worldbank.org/INTRANETSOCIALDEVELOPMENT/Resources/SDCCWorkingPaper_Conflict.pdf.

H. L. Wlokas, "The Impacts of Climate Change on Food Security and Health in Southern Africa", *Journal of Energy in Southern Africa*, Vol. 19, No. 4, 2008, http://www.scielo.org.za/pdf/jesa/v19n4/04.pdf.

Hee-Eun Kim, "The Role of the Patent System in Stimulating Innovation and Technology Transfer for Climate Change", http://download.springer.com.

H. Turral, J. Burke, J. M. Faurès, "Climate Change, Water and Food Security", http://www.vipp.es/biblioteca/files/original/4f76d55cb58608c5342d40ee63f5cd7e.pdf.

Ian Burton, Elliot Diringer, Joel Smith, "Adaptation to Climate Change: International Policy Options", https://www.c2es.org/docUploads/PEW_Adaptation.pdf.

Idean Salehyan, "From Climate Change to Conflict? No Consensus Yet", *Journal of Peace Research*, Vol. 45, No. 3, 2008, pp. 315–332.

Illia Havrylenko, "U. S. Smart Power in International Relations", *European Political and Law Discourse*, Vol. 2, No. 2, 2015.

Ine's de A'gueda Corneloup, Arthur P. J. Mol, "Small Island Developing States and International Climate Change Negotiations: The Power of Moral 'Leadership'", *Int Environ Agreements*, No. 14, 2014, pp. 281–297, DOI 10.1007/s10784-013-9227-0.

James R. Lee, *Climate Change and Armed Conflict*, Routledge, New York, 2009.

Jeremy Shapiro and Nick Witney, "Towards a Post-American Europe: A Power Audit of EU-US Relations", pp. 23–25, http://pasos.org/wp-content/archive/ECFR_EUUSrelations.pdf.

Jamieson, "Managing the Future: Public Policy, Scientific Uncertainty, and Global Warming", October 1988, Environmental Ethics Conference (Bowling Green, OH, September 9 – 10, 1988).

J. H Chen, B. A. Mccarl, E. Price, "Climate as a Cause of Conflict: An Econometric Analysis", http://ageconsearch.umn.edu/bitstream/229783/2/SAEA2016_ climate%20_ conflict%20paper.pdf.

J. Hansen, G. Russell, A. Lacis, I. Fung, D. Rind, "Climate Response Times: Dependence on Climate Sensitivity and Ocean Mixing", *Science*, Vol. 229, 1985.

Joanna Depledge, *The Organization of International Negotiations: Constructing the Climate Change Regime*, Earthscan, London, UK, 2005.

John Deutch, "Priority Energy Security Issues", in John Deutch, Anne Lauvergeon, Widhyawan Prawiraatmadja eds., *Energy Security and Climate Change*, The Trilateral Commission, Washington, Paris, Tokyo, 2007.

Jon Barnett, Neil Adger, "Climate Change, Human Security and Violent Conflict", *Political Geography*, Vol. 26, 2007, pp. 639 – 655.

Joseph E. Stiglitz, "Economic Foundations of Intellectual Property Rights", *DUKE L. J.*, Vol. 57, 2008.

Joyeeta Gupta, Richard S. J. Tol, "Why Reduce Greenhouse Gas Emission? Reasons, Issue – Lingkages and Dilemmas", in Ekko C. Van Ierland, Joyeeta Gupta, Marcel T. J. Kok, eds., *Issues in International Climate Policy*, Massachusetts, U. S.: Edward Elgar Publishing Limited, 2003.

J. Timmons Roberts, Bradley C. Parks, *A Climate of Injustice: Global Inequality, North – South Politics, and Climate Policy*, MIT Press, Cambridge, MA, 2007.

Julianne Smith and Alexander T. J. Lennon, "Setting the Negotiating Table: The Race to Replace Kyoto by 2012", in Kurt M. Campbell, eds., *Climatic Cataclysm: The Foreign Policy and National Security Impli-*

cations of Climate Change, The Brookings Institution, Washington, D. C., 2008.

Jürgen Scheffran, "The Gathering Storm: Is Climate Change a Security Threat?" *Security Index*, Vol. 15, No. 2009.

Kasturi Das, "Technology Transfer under the Clean Development Mechanism: An Empirical Study of 1000 CDM Projects", www. indiaenvironmentportal. org. in/files/file/gcd_ workingpaper014. pdf.

Keith E. Maskus, *Private Rights and Public Problic Problems: The Global Economics of Intellectual Property in the 21st Century*, Peter G. Peterson Institute for International Economics, Washington, 2012.

Koko Warner, "Climate Change and Global Warming: The Role of the International Community", https://openknowledge. worldbank. org/bitstream/handle/10986/16366/WDR14_bp_Climate_Change_and_Global_Warming_Warner. pdf? sequence = 1.

K. R. Holmes, "Bush's New World Order: What's Wrong with This Picture?" http://research. policyarchive. org/12708. pdf.

Kurt M. Campbell et al., "The Age of Consequences: The Foreign Policy and National Security Implications of Global Climate Change", http://dc – 9823 – 983315321. us – east – 1. elb. amazonaws. com/sites/default/files/publications – pdf/CSIS – CNAS_ AgeofConsequences_ November07. pdf.

Kurt M. Saunders, "Patent Nonuse and the Role of Public Interest as a Deterrent to Technology Suppression", *HARV. J. L. & TECH*, Vol. 15, 2004.

Lavanya Rajamani, "Lima Call to Climate Action: Progress through Modest Victories and Tentative Agreements", *Economic & Political Weekly*, Vol. L, No. 1, 2015.

Lawrence E. Susskind, *Environmental Diplomacy: Negotiating More Effective Global Agreements*, Oxford University Press, New York, 1994.

Lisa Williams, "China's Climate Change Policies: Actors and Drivers", https: //www. lowyinstitute. org/sites/default/files/chinas - climate - change - policies. pdf.

Leigh Glover, *Postmodern Climate Change*, Routledge, New York, 2006.

Loren R. Cass, *The Failures of American and European Climate Policy: International Norms, Domestic Politics, and Unachiveable Commitments*, State University of New York Press, Albany, 2006.

Margarita V. Alario, Leda Nath, Steve Carlton - Ford, "Climatic Disruptions, Natural Resources, and Conflict: The Challenges to Governance", *Journal of Environmental Studies and Sciences*, DOI: 10.1007/s13412 - 015 - 0252 - x, https: //www. researchgate. net/publication/276506022 _ Climatic_disruptions_natural_resources_and_conflict_the_challenges_to_governance.

Maskus, Keith; Okediji, Ruth, "Intellectual Property Rights and International Technology Transfer to Address Climate Change: Risks, Opportunities and Policy Options", http: //www. ictsd. org/downloads/2011/12/intellectual - property - rights - and - international - technology - transfer - to - adress - climate - change. pdf.

Matthew Dornan, "Renewable Energy Development in Small Island Developing States of the Pacific", *Resources*, No. 4, 2015, pp. 490 - 506, Doi: 10.3390/resources4030490.

Matthew Paterson, *Global Warming and Global Politics*, Routledge, London, 1996.

Melinda Kimble, "Climate Change: Emerging Insecurities", in Felix Dodds and Tim Pippard eds. , *Human and Environmental Security: An Agenda for Change*, London: Earthscan, 2005.

Michael A. Vane & Paul E. Roege, "*The Army's Operational Energy Challenge*", http: //www. ausa. org/publications/armymagazine/archive/2011/5/Documents/Vane_ Roege_ 0511. pdf.

Michael Brzoska, "The Securitization of Climate Change and the Power of Conceptions of Security", http: //www. sicherheit - und -

frieden. nomos. de/fileadmin/suf/doc/Aufsatz_ SuF_ 09_ 03. pdf.

Mike S. Schäfer, Jürgen Scheffran, Logan Penniket, "Securitization of Media Reporting on Climate Change? A Cross - National Analysis in Nine Countries", DOI: 10. 1177/0967010615600915, https://www.researchgate.net/publication/282666745_Securitization_of_media_reporting_on_climate_change_A_cross - national_analysis_in_nine_countries.

Misra, A. K., "Climate change and Challenges of Water and Food Security", *International Journal of Sustainable Built Environment*, 2014, http://dx.doi.org/10.1016/j.ijsbe.2014.04.006.

Mostafa K. Tolba, Iwona Rummel - Bulska, *Global Environmental Diplomacy: Negotiating Environmental Agreements for the World, 1973 - 1992*, MIT Press, Cambridge, MA, 1998.

Nick Mabey, "Delivering Climate Security: International Security Responses to a Climate Changed World", http://e4g.digital - pencil.com/docs/E3G_Delivering_Climate_Security_Edited_Summary.pdf.

Nigel Haigh, "Climate Change Policies and Politics in the European Community", in Tim O'Riordan and Jill Jager, eds., *Politics of Climate Change: A European Perspective*, Routledge, London, 1996.

Oran R. Young, "The Paris Agreement: Destined to Succeed or Doomed to Fail?" *Politics and Governance*, Vol. 4, No. 3, 2016, pp. 124 - 132, DOI: 10.17645/pag.v4i3.635.

P. M. Lawrence, "Justice for Future Generations: Climate Change and International Law", https://pure.uvt.nl/portal/files/4393432/Lawrence_ Justice_ 28_ 10_ 2013_ emb_ tot_ 29_ 10_ 2014. pdf.

Ralf Emmers, "Globalization and Non - traditional Security Issues: A Study of Human and Drug Trafficking in East Asia", https://dr.ntu.edu.sg/bitstream/handle/10220/4461/RSIS - WORKPAPER_ 66. pdf? sequence = 1.

R. Boeno, V. Soromenho - Marques, "Climate Change and Securitization: The Construction of Climate Deterrence", http://repositorio.ul.pt/

bitstream/10451/22441/2/ICS_ Boeno_ Alteracoes_ ARI_ en. pdf.

Raymond Clémencon, "The Two Sides of the Paris Climate Agreement: Dismal Failure or Historic Breakthrough?" *Journal of Environment & Development*, Vol. 25, No. 1, 2016, DOI: 10.1177/107049 6516631362.

Reimann, Kim D., "Building Networks from the Outside In: Japanese NGOs and the Kyoto Climate Change Conference", *Political Science Faculty Publications*, 2002, http://scholarworks.gsu.edu/political_ science_ facpub/6.

Richard Y. M. Kangalawe, "Food Security and Health in the Southern Highlands of Tanzania: A Multidisciplinary Approach to Evaluate the Impact of Climate Change and Other Stress Factors", *African Journal of Environmental Science and Technology*, Vol. 6, No. 1, 2012.

Rita Floyd, Stuart Croft, "Geopolitics, History, and International Relations," http://cris.unu.edu/sites/cris.unu.edu/files/European%20non-traditional%20security%20theory%20Stuart%20Croft.pdf.

Riordan and Jill Jager, eds., *Politics of Climate Change: A European Perspective*, Routledge, London, 1996.

Robert C. Bird, "Can Compulsory Licensing Improve Access to Essential Medicines?" http://papers.ssrn.com/sol3/papers.cfm?abstract_ id =1124035.

Robert Fair, "Does Climate Change Justify Compulsory Licensing of Green Technology?" *Intl L. & Mgmt. R.*, Vol. 6, 2010.

Robert Falkner, "The Paris Agreement and the New Logic of International Climate Politics", https://static1.squarespace.com/static/538a0f32e4b0e9ab915750a1/t/57a72a28e4fcb59aefff1ae8/1470573099440/Falkner_ 2016_ TheParisAgreement.pdf, May 1, 2017.

Robert P. Merges, "One Hundred Years of Solicitude: Intellectual Property Law, 1900 – 2000", *CAL. L. REV.*, Vol. 88, 2000.

Roger Revelle and Hans E. Suess, "Carbon Dioxide Exchange Between Atmosphere and Ocean and the Question of an Increase of Atmospheric CO_2, During the Past Decades," *Tellus*, Vol. 9, No. 1, 1957, pp. 18 – 27.

Rohan D'Souza, "Nations Without Borders: Climate Security and the South in the Epoch of the Anthropocene", *Strategic Analysis*, Vol. 39, No. 6, 2015, pp. 720 - 728, DOI: 10. 1080/097 00161. 2015. 1090678.

Scott Barrett, "Climate Change and International Trade: Lessons on their Linkage from International Environmental Agreements", https://www.wto.int/english/res_e/reser_e/climate_jun10_e/background_paper6_e.pdf.

Sebastian Oberthür, "The Architecture of the Global Climate Regime: A Top Down Perspective", http://www.climatepolicy.com.

Shirley V. Scott & Roberta C. D. Andrade, "The Global Response to Climate Change: Can the Security Council Assume a Lead Role?" http://borwn.edu/initiatives/journal-world-affairs/sites/brown.edu.initiatives.journal-world-affairs/files/private/articles/18.2 Scott.pdf, 2012.

Simon Dalby, "Rethinking Geopolitics: Climate Security in the Anthropocene", *Global Policy*, Vol. 5, No. 1, 2014, DOI: 10. 1111/1758 - 5899. 12074.

Stanley R. Sloan, "The US Role in a New World Order: Prospects for George Bush's Global Vision", http://xueshu.baidu.com.

Stephen H. Schneider, "The Global Warming Debate Heats Up: An Analysis and Perspective", *American Meteorlogical Society*, Vol. 71, No. 9, 1990.

Susan F. Martin, "Climate Change and International Migration", http://www.preventionweb.net/files/14679_MartinV3.pdf.

Susy Frankel and Jessica C. Lai, "Recognised and Appropriate Grounds for Compulsory Licences: Reclaiming Patent Law's Social Contract", in Reto M. Hilty and Kung - Chung Liu, *Compulsory Licensing: Practical Experiences and Ways Foward*, DOI: 10. 1007/978 - 3 - 642 - 54704 - 1, Springer Heidelberg New York Dordrecht London, 2015.

S. V. Scott, "Securitizing Climate Change: International Legal Implications and Obstacles", https://www.researchgate.net/profile/S_Scott2/publication/232946454_ Securitizing_ Climate_ Change_ International_ Legal_ Implications_ and_ Obstacles/links/54f4424a0cf299c8d9e66950/Securitizing – Climate – Change – International – Legal – Implications – and – Obstacles. pdf.

Tessa J. Schwartz & Sarah Tierney Niyogi,"Technology Transfer and Intellectual Property Issues Take Center Stage in UNFCCC Negotiations," http：//www. iptoday. com/news – article. asp? id = 4743.

Tim Forsyth and Mareike Schomerus, "Climate Change and Conflict：A Systematic Evidence Review", http：//humanitarianlibrary. org/sites/default/files/2014/02/JSRP8 – ForsythSchomerus. pdf.

Tom Roper,"Small Island States – Setting an Example on Green Energy Use", *RECIEL*, Vol. 14, No. 2, 2005.

Tove Iren S. Gerhardsen, "IP References Left Out of Last – Minute, Weak Global Climate Deal in Copenhagen", http：//www. ip – watch. org/2009/12/19/ip – references – left – out – of – last – minute – weak – global – climate – deal – in – copenhagen/.

Ute Collier and Ragnar E. Löfstedt, "The Climate Challenge", in Ute Collier and Ragnar E. Löfstedt, eds., *Cases in Climate Change Policy：Political Reality in The European Union*, Earthscan Publications Limited, UK, 1997.

Valerie Victoria Benguiat Y. Gomez, "International Public Opinion on China's Climate Change Policies", *Chinese Studies*, Vol. 2, No. 4, 2013.

Victoria Sophie Behrmann, "Tackling Climate Change：Compulsory Licensing as an Instrument?" *Südwestdeutscher Verlag Für Hochschulschriften*, Deutschland/ Germany, 2012.

Warwick J. Mckibbin and Peter J. Wilcoxen, *Climate Change Policy after Kyoto：Blueprint for a Realistic Approach*, Brookings Institution Press, Washington, D. C., 2002.

William A. Nitze, "A Failure of Presidential Leadership", in Irving M. Mintzer and J. Amber Leonard, eds., *Negotiating Climate Change：The Inside Story of the Rio Conventi on*, Cambridge University Press, New

York, U. S., 1994.

Wolfgang Obergassel et al., "Phoenix from the Ashes — An Analysis of the Paris Agreement to the United Nations Framework Convention on Climate Change", http:// www.wupperinst. org.

Zaria Shaw, G20 Research Group, "G20 Leaders' Conclusions on Climate Change, 2008 - 2010", http: //www. g8. utoronto. ca/g20/analysis/conclusions/climatechange - 1. html.

三 国内主要网站

中国外交部新闻办公室: http: //www. ndrc. gov. cn/
中国国家发展和改革委员会: http: //www. ndrc. gov. cn/
中国环境保护部: http: //www. zhb. gov. cn/
中国国家能源局: http: //www. nea. gov. cn/
中国气象局: http: //www. cma. gov. cn/
中国国家知识产权局: http: //www. sipo. gov. cn/
中国气候变化信息网: http: //www. ccchina. gov. cn/
气候变化研究进展: http: //www. climatechange. cn/

四 国外主要网站

联合国文献中心: http: //www. un. org/chinese/documents/
联合国开发计划署: http: //www. undp. org/
联合国环境规划署纲领: http: //www. unep. org/
联合国能源署: http: //www. iea. org/
联合国气候变化框架公约: http: //unfccc. in/2860. php
联合国难民长署: http: //www. unhcr. org/
世界卫生组织: http: //www. who. int/en/
世界银行: http: //www. worldbank. org/
世界贸易组织: http: //www. wto. org/
世界气象组织: https: //www. wmo. int/pages/index_ en. html
政府间气候变化专门委员会: http: //www. ipcc. ch/
美国国务院: https: //www. state. gov/
美国参议院: https: //www. senate. gov/

欧盟委员会：http://ec.europa.eu/
欧洲议会：http://www.europarl.europa.eu/
地球谈判进展：http://enb.iisd.org/enb/

英文缩写表

CDM 清洁发展机制
CMP 《京都议定书》缔约方会议
COP 《联合国气候变化框架公约》缔约方会议
ET   排放贸易
GDP 国内生产总值
INC 政府间谈判委员会
IPCC 政府间气候变化专门委员会
JI   联合履约/联合履行
KP   《京都议定书》
OASIS 小岛屿国家联盟
OECD 经济合作与发展组织
UN   联合国
UNCED 联合国环境与发展会议
UNDP 联合国开发计划署
UNEP 联合国环境规划署
UNFCCC 《联合国气候变化框架公约》
WMO 世界气象组织